SUPERBUR
NARRATIVA

**JENNINGS in SUPERBUR NARRATIVA**

L'AUTUNNO DELL'AZTECO

L'AZTECO

NOMADI

PREDATORE

IL VIAGGIATORE

Gary Jennings

# L'AUTUNNO DELL'AZTECO

*traduzione di* MARIA TERESA MARENCO

Biblioteca Universale Rizzoli

ISBN 88-17-20265-7

Titolo originale dell'opera:
AZTEC AUTUMN

*prima edizione Superbur Narrativa: maggio 1999*
*sesta edizione Superbur Narrativa: maggio 2001*

*A Hugo N. Gerstl*
*per la sua*
*incommensurabile*
*fratellanza.*

TERRE DEGLI YAKI
Fiume Yaqui
Bakúm
TERRE DEI RARÁMURI
MAR DE CORTÉS
Isole delle Donne
Islas Marías
Aztlan
Yakóreke
Compostela
Tonala
Guadalajara
Lago Chapálan
Lago Chapala
MARE OCCIDENTALE
Oceano Pacifico
L'UNICO MONDO
Nuova Spagna
0
150
miglia
0
200
chilometri
MARE MERIDIONALE

POPOLO DEL DESERTO
Rio Grande
Viaggio di Cabeza de Vaca
TERRA DELLE OSSA
MORTE
POPOLO
DEL
FIUME
N
O
E
S
TERRE DEI
CHICHIMÉCA
MARE ORIENTALE
Golfo del Messico
ascalientes
TERRE
DEGLI
OTOMÍ
Verso Cuba
Hispaniola
Florida
TERRE DEI
KUANÁHUATA
N't Thaí
Celaya
Tenochtitlán
Città di Mexíco
Texcóco
San Antonio de Padua
dei Giunchi
o Pátzcuaro
Quaunáhuac
Cuernavaca
Villa Rica de la
Vera Cruz
Vera Cruz
Xochimílco
Quautemálan
Guatemala

# 1

Lo vedo ancora bruciare.

In quel giorno lontano, quando vidi l'uomo dato alle fiamme, avevo già diciotto anni e avevo quindi visto altri morire, offerti in sacrificio agli dei o condannati per delitti scellerati o semplicemente vittime di disgrazie. Ma nei sacrifici si strappava il cuore con il coltello di ossidiana. Per le esecuzioni si ricorreva alla spada maquáhuitl o alle frecce o alla "ghirlanda fiorita" che strangolava. Le morti accidentali erano perlopiù annegamenti di pescatori della nostra città costiera, gente che in qualche modo aveva offeso la dea delle acque. In seguito, negli anni venuti dopo quel giorno lontano, ho guardato gente morire in guerra e in molti altri modi, ma mai, né prima né dopo, ho visto un uomo deliberatamente condannato al rogo.

Mia madre, mio zio e io facevamo parte dell'imponente folla cui i militari spagnoli avevano imposto di assistere alla cerimonia, quindi immaginai che quell'evento dovesse essere una sorta di lezione per tutti i nativi. I soldati radunarono e incanalarono talmente tanta gente nella piazza centrale della città che ci ritrovammo pigiati, spalla a spalla. In uno spazio sgombro, protetto da una fila di armati, un palo di ferro era stato infisso tra le lastre di pietra. Da un lato, per l'occasione, era stato eretto un palco su cui avevano preso posto alcuni preti cristiani spagnoli, tutti abbigliati in lunghe e ampie tonache nere, proprio come i nostri sacerdoti.

Due corpulente guardie spagnole, che scortavano il condannato, lo spinsero in malo modo verso il palo. Quando ci accorgemmo che non era uno spagnolo, pallido e barbuto, bensì uno della nostra gente, sentii mia madre e molti altri tra la folla sospirare: «*Ayya ouíya...*» L'uomo indossava una sorta di tunica larga, informe e incolore, e sul capo aveva una grezza corona di paglia. L'unico ornamento che riuscii a vedere – per via dei bagliori che lanciava nel sole – era una specie di medaglione appeso al collo con un laccio di cuoio.

L'uomo era molto vecchio, anche più di mio zio, e non opponeva resistenza alle guardie. Poiché appariva del tutto rassegnato al proprio fato o indifferente a esso, non capii come mai si dessero tanto da fare per immobilizzarlo. Sopra di lui fu calata una catena di ferro talmente grande e massiccia che la testa del condannato venne infilata in un singolo anello che gli fece da collare. Dopo averlo fissato al palo con quella catena, le guardie cominciarono ad accatastare fascine ai suoi piedi. Nel contempo, il prete più anziano sul palco – immaginai fosse il loro capo – si rivolse al prigioniero chiamandolo con un nome spagnolo, "Juan Damasceno". Poi si lanciò in un lungo discorso, naturalmente in spagnolo, che all'epoca non avevo ancora imparato. Ma un prete più giovane, abbigliato in modo leggermente diverso, tradusse le parole del suo capo in buon náhuatl, il che mi sorprese non poco.

Così potei capire che il vecchio prete stava elencando le accuse mosse al condannato e poi – con voce a tratti suadente, a tratti irata – che voleva convincerlo a una ritrattazione o a un pentimento o qualcosa di simile. Ma, benché presentati anche nella mia lingua, i termini e le espressioni usati dal prete mi lasciarono sconcertato. Dopo quella lunga tirata venne data la parola al prigioniero, che parlò in spagnolo e il suo discorso, tradotto in náhuatl, mi risultò del tutto comprensibile: «Eccellenza, quand'ero ancora un bimbetto, giurai a me stesso che, qualora fossi stato prescelto per la Morte Fiorita, anche su un altare straniero, non avrei sminuito la dignità della mia dipartita».

Juan Damasceno non aggiunse altro, ma tra i preti, le guardie e gli altri dignitari ci fu un gran confabulare e gesticolare prima che venisse dato un ordine severo e definitivo, e uno dei soldati appiccasse il fuoco alle fascine ai piedi del prigioniero.

Com'è noto, dei e dee traggono un perverso piacere nello sconcertare i mortali. Molto spesso stravolgono anche le nostre migliori intenzioni, complicano i nostri piani più semplici e frustrano persino le nostre minime ambizioni. Di solito lo fanno con grande facilità, limitandosi a orchestrare ciò che a noi appare invece come pura coincidenza. E se non sapessi come vanno le cose, avrei detto che noi tre – lo zio Mixtzin, sua sorella Cuicáni col figlio Tenamáxtli, cioè io – ci eravamo trovati a Città di Mexíco per pura coincidenza.

Ben dodici anni prima, nella città in cui vivevamo, Aztlan – il Luogo dei Nivei Aironi – molto più a nord, lungo la costa del Mare Occidentale, avevamo appreso la prima notizia allarmante: l'Unico Mondo era stato invaso da stranieri barbuti e di pelle chiara. Si diceva che avessero attraversato il Mare Orientale in gigantesche case galleggianti, sospinte da immense ali. All'epoca avevo solo sei anni, e avrei dovuto attenderne altri sette prima di poter indossare, sotto il manto, il perizoma máxtlatl che simboleggia il raggiungimento dell'età adulta. Ero quindi una persona insignificante, di nessun peso. Ero però precocemente curioso e lesto d'orecchio. Inoltre, dato che mia madre Cuicáni e io abitavamo nel palazzo di Aztlan con lo zio Mixtzin, suo figlio Yeyac e sua figla Améyatl, venivo sempre a conoscenza di tutte le ultime notizie e dei relativi commenti che esse suscitavano nelle riunioni del Consiglio Parlante dello zio.

Come indica il suffisso *-tzin* del suo nome, lo zio era nobile e, tra noi aztéca, occupava il rango più elevato, essendo l'Uey-Tecútli – il Riverito Governatore – di Aztlan. Qualche tempo prima, quand'ero un bimbetto, il defunto Uey-Tlatoáni Motecuzóma, Riverito Oratore dei Mexíca, la nazione più potente dell'Unico Mondo, aveva concesso a quello che allora era un piccolo villaggio la dignità di "colonia autonoma dei Mexíca". Aveva elevato lo zio Mixtli al rango di Signore Mixtzin e gli aveva affidato il compito di governare Aztlan, esortandolo a fare di quel luogo una colonia prospera, popolosa e civile, di cui la nazione dei Mexíca potesse andar fiera. Così, benché fossimo molto lontani da Tenochtitlán, la capitale – il Cuore dell'Unico Mondo – i messaggeri di Motecuzóma portavano regolarmente e celermente, a noi come alle altre colonie, tutte le informazioni che venivano ritenute importanti per i governatori. Com'era naturale, la notizia dell'arrivo di quegli intrusi d'oltremare non rientrava per niente nell'ordinaria amministrazione e provocò non poche congetture e molta costernazione in seno al Consiglio Parlante di Aztlan.

«Dagli antichi archivi di varie nazioni del nostro Unico Mondo», disse il vecchio Canaútli, il Rammentatore della Storia, che era il nonno dello zio e di mia madre, «risulta che il Serpente Piumato, il più grande di tutti i monarchi, Quetzalcóatl dei Toltéca – che finì per essere adorato come la massima divinità – era barbuto e di pelle chiara.»

«Stai suggerendo che...?» azzardò un altro membro del Consiglio, un sacerdote di Huitzilopóchtli, dio della guerra. Ma Canaútli lo interruppe, come avevo previsto, ben sapendo quanto il mio bisnonno amasse parlare.

«È anche annotato che Quetzalcóatl rinunciò a guidare i Toltéca in conseguenza di un'azione vergognosa. La sua gente non lo avrebbe mai saputo se lui stesso non l'avesse confessata. In preda all'ubriachezza, provocata da un'eccessiva ingestione di octli, commise l'atto dell'ahuilnéma con la propria sorella. O, sostengono alcuni, con la propria figlia. I Toltéca adoravano a tal segno il Serpente Piumato che senza dubbio l'avrebbero perdonato, ma fu lui a non poter assolvere se stesso.»

Alcuni consiglieri annuirono con fare solenne. Canaútli continuò: «Per questo costruì una zattera sulla riva del mare – alcuni dicono che fosse fatta di piume pressate, altri di serpenti intrecciati – e si abbandonò alle correnti del Mare Orientale. I suoi sudditi si prostrarono sulla spiaggia, lamentando a gran voce la sua partenza. Lui li assicurò che un giorno, quando avesse scontato a sufficienza la sua colpa con l'esilio, sarebbe tornato. Ma, col passare degli anni, gli stessi Toltéca pian piano si estinsero. E Quetzalcóatl non ricomparve più».

«Sino a oggi?» ringhiò zio Mixtzin. Non brillava per cordialità e buonumore, e la notizia recata dal messaggero non era tale da entusiasmarlo. «È questo che vuoi dire, Canaútli?»

Il vecchio alzò le spalle e rispose: «Aquín ixnéntla?»

«Chi lo sa?» gli fece eco un altro consigliere anziano. «Essendo stato un pescatore per tutta la vita, so di certo una cosa: è praticamente impossibile che una *zattera* affronti il mare aperto, superando i cavalloni, i frangenti e la risacca.»

«Forse non è impossibile per un dio», osservò un altro. «Ma, per quante difficoltà abbia incontrato il Serpente Piumato in quell'impresa, a quanto pare ne ha tratto vantaggio, visto che è tornato qui su case alate.»

«Perché dovrebbe aver bisogno di svariate imbarcazioni?» chiese un altro ancora. «È partito solo. Ma pare che sia tornato con un gran numero di servitori, o di passeggeri.»

Canaútli replicò: «È passato un tempo immemorabile dalla sua partenza. Dovunque sia andato, potrebbe aver sposato una moglie dopo l'altra e generato una progenie tale da creare nuove nazioni».

«Se questo è davvero il ritorno di Quetzalcóatl», obiettò il sacerdote del dio della guerra, con voce tremula, «vi rendete conto di quali effetti comporterà?»

«Molti cambiamenti in meglio, immagino», rispose mio zio, che si dilettava a mettere in imbarazzo i sacerdoti. «Il Serpente Piumato era un dio mite e benevolo. Tutti i resoconti concordano: l'Unico Mondo non ha mai conosciuto, né prima né dopo di lui, un periodo di pace, felicità e fortuna paragonabile a quello del suo regno.»

«Ma tutti gli altri dei saranno relegati a un rango inferiore, o addiritura eclissati», protestò il sacerdote di Huitzilopóchtli, torcendosi le mani. «E lo stesso accadrà a tutti noi, sacerdoti di quegli dei. Saremo umiliati, considerati ancor meno degli schiavi. Deposti... allontanati... dimenticati e costretti a mendicare e a morire di fame.»

«Appunto», borbottò il mio irriverente zio. «Cambiamenti per il meglio.»

Ma l'Uey-Tecútli Mixtzin e il suo Consiglio Parlante dovettero ben presto ricredersi: tra i nuovi venuti non figurava il dio

Quetzalcóatl, né alcun suo inviato. Nell'anno e mezzo che seguì, non passò mese senza che i messaggeri di Tenochtitlán recassero notizie sempre più straordinarie e sconcertanti. Un corriere ci annunciò che gli stranieri erano solo uomini, non dei né una divina progenie, che si facevano chiamare *españoles* o *castellanos*. I due nomi sembravano intercambiabili ma, essendo il secondo più facile da tradurre in náhuatl, per molto tempo li definimmo Caxtiltéca. Il corriere successivo ci informò che i Caxtiltéca sembravano dei – dei della guerra, perlomeno – in quanto erano avidi, feroci, spietati e bramosi di conquista dato che ora, dal Mare Orientale, stavano avanzando nell'entroterra.

Poi il messaggero successivo riferì che i Caxtiltéca davano indubbiamente prova di capacità divine, o quantomeno magiche, nelle tattiche belliche e nelle armi, poiché molti di loro montavano enormi cervi privi di corna, molti erano muniti di tremendi tubi che lanciavano tuoni e fulmini, altri ancora avevano frecce e lance con punte fatte di un metallo che non si piegava né si spezzava, e tutti indossavano armature di quello stesso metallo, impenetrabili alle normali armi di offesa.

Quindi giunse un messaggero con il manto bianco da lutto e i capelli intrecciati a simboleggiare una disgrazia. Ci annunciò che gli invasori, nella loro avanzata verso ovest, avevano sconfitto nazione dopo nazione, tribù dopo tribù – i Totonáca, i Tepeyahuáca, i Texcaltéca – e avevano incluso nei loro ranghi tutti i guerrieri nativi sopravvissuti. E così il numero di soldati, lungi dal diminuire, era in continuo aumento con l'avanzata. (Potrei precisare, col senno di poi, che molti di quei guerrieri si unirono di buon grado alle forze straniere poiché per lungo tempo la loro gente aveva, con gran riluttanza, pagato tributi enormi a Tenochtitlán, e adesso avevano qualche speranza di potersi vendicare degli oppressori mexíca.)

Infine giunse ad Aztlan un messaggero – con il manto bianco e le trecce foriere di cattive notizie – il quale ci informò che i Caxtiltéca bianchi e i loro alleati indigeni erano entrati addirittura a Tenochtitlán, il Cuore dell'Unico Mondo, e, cosa del tutto impensabile, su *invito personale* del Riverito Oratore Motecuzóma, un tempo potentissimo e ora irresoluto. Inoltre, questi invasori non si erano limitati a passare attraverso la città per proseguire verso ovest, ma l'avevano occupata e sembravano decisi a sistemarsi lì.

Il membro del nostro Consiglio Parlante che più aveva temuto l'arrivo degli stranieri – il sacerdote del dio Huitzilopóchtli – di recente si era decisamente rincuorato nell'apprendere che non correva il rischio di essere destituito dal ritorno di Quetzalcóatl. Ma riprecipitò nello sgomento quando quest'ultimo messaggero ci riferì un'altra notizia: «Nella marcia verso Tenochtitlán, questi barbarici Caxtiltéca hanno distrutto tutti i teocalli, demolito tutte le piramidi e infranto tutte le statue dei nostri dei e dee in ogni città, paese e villaggio che hanno attraversato. Al loro posto gli stranieri hanno installato primitive effigi di una donna bianca dal sorriso insulso, che tiene tra le braccia un bambino bianco. Queste immagini, a loro dire, rappresentano una madre mortale che ha messo al mondo un dio-bambino, e sono la base della loro religione, chiamata Crixtanóyotl».

E così il nostro sacerdote riprese a torcersi le mani. A quanto sembrava, era condannato a essere comunque esautorato... e non da uno dei nostri antichi dei, che avevano prestigio e grandezza, ma da una qualche nuova religione incomprensibile che evidentemente adorava una *donna* comune e un *neonato* insipiente.

Quel messaggero fu l'ultimo ad arrivare da Tenochtitlán o da altri luoghi dei Mexíca recando quelle che si dovevano ritenere notizie autorevoli e affidabili. In seguito ci giunsero solo voci che si diffondevano da una comunità all'altra, che ci arrivavano per bocca di viaggiatori che si spostavano via terra o lungo la costa, navigando in canoe acáltin. Queste chiacchiere dovevano essere depurate da tutto ciò che era impossibile e illogico – miracoli e presagi cui, presumibilmente, avevano assistito sacerdoti e veggenti, esagerazioni attribuibili alle superstizioni della gente comune e cose del genere – ma, anche così, ciò che reggeva al vaglio e poteva quindi essere ritenuto probabile era tremendo.

Col passare del tempo venimmo a sapere una serie di cose di cui non c'era ragione di dubitare: Motecuzóma era morto per mano dei Caxtiltéca; anche i due Riveriti Oratori succedutigli per breve tempo erano periti; l'intera città di Tenochtitlán – case, palazzi, templi, mercati, persino l'enorme icpac tlamanacáli, la Grande Piramide – era stata rasa al suolo; tutte le terre dei Mexíca e le nazioni a loro asservite erano adesso nelle mani dei Caxtiltéca; altre case galleggianti arrivavano dal Mare Orientale e scaricavano un numero sempre crescente di guerrieri bianchi che puntavano a nord, a ovest e a sud per conquistare e sottomettere altre e più remote nazioni. Dalle voci in circolazione risultava che i Caxtiltéca, dovunque giungessero, non avevano neppur bisogno di ricorrere alle loro armi letali.

Un informatore raccontò: «Devono essere i loro dei – quella donna bianca con il bambino, che mi auguro finiscano nel Míctlan – a operare gli stermini. Infliggono alla popolazione delle malattie che uccidono tutti, *tranne* i bianchi».

«E sono malattie orrende», dichiarò un altro viaggiatore. «Si dice che gli ammalati abbiano la pelle coperta di disgustose pustole e foruncoli, e che soffrano a lungo indicibili dolori prima che sopravvenga il sollievo della morte.»

«Orde della nostra gente muoiono di questo morbo», disse un altro ancora. «Ma i bianchi sembrano resistenti a esso. Dev'essere per forza un maleficio lanciato dalla dea bianca e dal dio bambino.»

Venimmo anche a sapere che, a Tenochtitlán e dintorni, tutti i sopravvissuti in buona salute – uomini, donne e bambini – erano stati ridotti in schiavitù e costretti a ricostruire la città usando i materiali recuperati dalle rovine. Ma ora, per volere dei conquistatori, quel luogo doveva essere chiamato Città di Mexíco. Era ancora la capitale di quello che era stato l'Unico Mondo ma che da quel momento, per volere dei conquistatori, prendeva il nome di Nuova Spagna. E si diceva che la nuova città non fosse per nulla simile a quella precedente; gli edifici avevano una struttura complessa e decorazioni ispirate alla *Vecchia* Spagna dei Caxtiltéca, dovunque essa fosse.

In seguito, quando ad Aztlan venimmo a sapere che i bianchi stavano combattendo per assoggettare i territori degli Otomí e dei Purémpecha, ci aspettammo di veder comparire quei predoni sulla nostra soglia, per così dire, dato che il confine settentrionale della terra dei Purémpecha, chiamata Michihuácan, distava novanta lunghe-corse da Aztlan. Ma i Purémpecha opposero una feroce e ostinata resistenza che bloccò gli invasori nel Michihuácan per anni. Gli Otomí, invece, svanirono di fronte agli aggressori e lasciarono che questi si impadronissero della loro terra, per quel che valeva. E non valeva gran che agli occhi di nessuno, inclusi i rapaci Caxtiltéca, perché quel luogo era, ed è tuttora, ciò che noi definiamo la Terra delle Ossa Morte, un deserto arido, squallido e inospitale, come del resto è anche tutta la zona del nord Michihuácan.

Così gli uomini bianchi decisero di por fine alla loro avanzata al limitare meridionale di quello sconsolante deserto (che *loro* chiamarono la Grande Distesa Pelata). In altre parole, fissarono il confine settentrionale della Nuova Spagna lungo una linea che, all'incirca, va dal lago Chapálan a ovest fino alla costa del Mare Orientale, e tale è rimasto sino a oggi. Non ho idea dove avessero invece stabilito il confine meridionale. So che alcuni distaccamenti dei Caxtiltéca conquistarono quelli che un tempo erano i territori maya di Uluümil Kutz e Quautemálan, e anche la zona più a sud, nelle torride Terre Calde, dove poi si stabilirono. In passato i Mexíca avevano avuto rapporti commerciali con quelle terre ma, neppure all'apogeo del loro potere, avevano mai desiderato di impadronirsi di quella zona né di abitarvi.

Durante i movimentati anni di cui ho dato un rapido resoconto, si verificarono anche eventi più prevedibili e meno epocali, relativi alla mia giovinezza. Il giorno in cui compii sette anni, venni portato al cospetto del vecchio e rugoso tonalpóqui di Aztlan, il dispensatore di nomi, affinché consultasse il libro tonálmatl degli appellativi (e valutasse i presagi buoni e cattivi relativi al giorno della nascita) per darmi il nome che avrei usato per il resto della vita. Il mio primo nome, naturalmente, sarebbe stato quello datomi il giorno della mia nascita: Chicuáce-Xóchitl, Sesto Fiore. Come secondo nome il vecchio veggente scelse Téotl-Tenamáxtli, Cinto di Pietra, che a suo dire recava "buoni presagi".

Con l'assegnazione del nuovo nome, cominciò anche la mia istruzione nelle due telpochcáltin di Aztlan, la Casa dell'Irrobustimento e la Casa per l'Apprendimento delle Buone Maniere. A tredici anni, ottenuto il perizoma della virilità, cominciai a frequentare solo il calmécac, dove sacerdoti-insegnanti provenienti da Tenochtitlán educavano all'arte delle parole e in molte altre materie: storia, medicina, geografia, poesia... praticamente tutto ciò che un allievo poteva desiderare di apprendere.

Il giorno del mio tredicesimo compleanno, lo zio Mixtzin mi annunciò: «È tempo che tu celebri anche un altro genere di passaggio. Vieni con me, Tenamáxtli».

Mi accompagnò nel miglior anyanicáti della città dove, tra le numerose fanciulle lì ospitate, scelse la più attraente – bella e giovane quasi quanto sua figlia Améyatl – alla quale disse: «Questo ragazzo da oggi è un *uomo,* perciò ti chiedo di insegnargli tutto quel che un uomo deve sapere sull'atto dell'ahuilnéma. Dedica l'intera notte alla sua istruzione».

La fanciulla sorrise, rispose che avrebbe obbedito e così fece. Devo riconoscere che le sue attenzioni e le attività di quella notte furono di mio totale gradimento, e ne provai la debita gratitudine per il mio generoso zio. Ma devo pure confessare che, a sua insaputa, avevo avuto qualche assaggio di quei piaceri qualche mese prima di meritare il perizoma della virilità.

In quel periodo, e negli anni che seguirono, Aztlan non vide neppure l'ombra dell'esercito dei Caxtiltéca, come del resto non la videro le comunità confinanti, con le quali noi Aztéca scambiavamo merci. Naturalmente, tutte le terre a nord della Nuova Spagna erano sempre state meno densamente popolate delle terre di mezzo. Non mi avrebbe sorpreso se, a nord delle *nostre* terre, ci fossero state tribù isolate che non avevano ancora saputo dell'invasione dell'Unico Mondo e che ignoravano persino l'esistenza di uomini di pelle bianca.

Aztlan e le comunità vicine traevano ovviamente conforto

all'idea di non essere importunate dai conquistatori, ma questa sicurezza dovuta all'isolamento comportava anche degli svantaggi. Non volendo attrarre l'attenzione dei Caxtiltéca, non inviavamo più oltre i confini della Nuova Spagna i mercanti itineranti pochtéca e neppure i messaggeri celeri. In tal modo ci autoescludevamo da ogni possibilità di commercio con quelle zone, che un tempo erano state i mercati più proficui per i nostri prodotti – latte di cocco, dolci, liquore, sapone, perle, spugne – e anche la fonte di approvvigionamento di beni non disponibili nelle nostre terre, dai semi di cacao al cotone e all'ossidiana, da cui ricavavamo strumenti e armi. Per questo i capi di varie cittadine dei dintorni – Yakóreke, Tépiz, Tecuéxe e altre – cominciarono con gran cautela a fare ricognizioni a sud. Inviavano gruppi di tre persone, che includevano sempre una donna e che viaggiavano disarmate, abbigliate con grande semplicità, dovendo apparire come umili contadini che si recavano a una qualche riunione di famiglia. Non portavano nulla che potesse insospettire o ingolosire le guardie di frontiera dei Caxtiltéca; di solito recavano una ghirba di cuoio piena d'acqua e un'altra di pinoli come provvista di viaggio.

Gli esploratori partivano in preda a una comprensibile apprensione, non sapendo quali pericoli sarebbero stati in agguato durante il cammino. Ma erano anche incuriositi, dato che la loro missione consisteva nel riferire ai capi dei villaggi quanto avrebbero visto nelle terre di mezzo, nei paesi e nelle città, specialmente a Città di Mexíco, che adesso era del tutto dominata dai bianchi. Dai loro rapporti sarebbero dipese le decisioni della nostra gente: se contattare i conquistatori e allearci con loro, nella speranza di riprendere i normali scambi commerciali e sociali; se accettare l'impoverimento per poter restare isolati, ignorati e indipendenti; se concentrarci nel potenziamento dell'esercito, delle difese e della scorta di armi per proteggere le nostre terre quando e se fossero arrivati i Caxtiltéca.

Col tempo, e a scaglioni, quasi tutti i nostri esploratori tornarono sani e salvi, senza essere incappati in brutte avventure né all'andata né al ritorno. Solo uno o due gruppi avevano trovato guardie ai confini e, con l'eccezione di quelli rimasti atterriti alla vista del primo uomo bianco in carne e ossa, non avevano niente da riferire riguardo al valico delle frontiere. Le sentinelle li avevano ignorati, quasi fossero rettili del deserto in cerca di nuovi terreni di caccia. E in tutta la Nuova Spagna, nelle campagne come nelle città e nei paesi, inclusa Città di Mexíco, non avevano visto alcun segno – né sentito alcuna voce dagli abitanti – che facesse pensare che i nuovi dominatori fossero più rigidi o severi dei signori mexíca.

«I miei esploratori», dichiarò Kévari, tlatocapíli del villaggio di Yakóreke, «dicono che a tutti i pípiltin sopravvissuti della corte di Tenochtitlán – e agli eredi dei signori defunti – è stato concesso di conservare le case e i terreni e le prerogative nobiliari. In genere, sono stati trattati con clemenza dai conquistatori.»

«Tuttavia, con l'eccezione di quelli ancora ritenuti signori e nobili, non vi sono più pípiltin», obiettò Teciuápil, capo di Tecuéxe. «Né esistono più lavoratori macehuáltin e neppure schiavi tlacótin. Tutta la nostra gente viene ritenuta uguale. E tutti fanno ciò che viene ordinato dagli uomini bianchi. Questo è quanto mi hanno riferito i miei esploratori.»

«Dei miei, ne è rientrato solo uno», disse Tototl, capo di Tépiz. «Ha raccontato che Città di Mexíco è stata quasi completata, con l'eccezione di un grandioso edificio ancora in costruzione. Naturalmente sono spariti tutti i templi degli antichi dei, ma i mercati sembrano animati e prosperi. Per questo i miei altri due esploratori, una coppia di sposi, Netzlin e Citláli, hanno deciso di fermarsi lì in cerca di fortuna.»

«Non mi sorprende», borbottò lo zio Mixtzin al quale gli altri capi stavano riferendo le notizie. «Zoticoni come quelli non hanno mai visto una città in vita loro. Non c'è da stupirsi che parlino in modo positivo dei nuovi signori. Sono troppo ignoranti per fare dei confronti.»

«*Ayya!*» strillò Kévari. «Perlomeno noi e la nostra gente abbiamo cercato di indagare, mentre tu e i tuoi Aztéca ve ne state qui inerti e felici della vostra sorte.»

«Kévari ha ragione», affermò Teciuápil. «Avevamo convenuto che tutti noi capi ci saremmo riuniti per discutere sulle informazioni e decidere che cosa fare con gli invasori Caxtiltéca. Ma tu, Mixtzin, riesci solo a essere beffardo.»

«Sì», confermò Tototl. «Se disprezzi a tal segno gli onesti sforzi dei nostri *zoticoni,* allora manda in esplorazione qualcuno dei tuoi raffinati e istruiti Aztéca. Oppure qualcuno dei tuoi colti immigrati Mexíca. Rimanderemo qualsiasi decisione sino al loro ritorno.»

«No», rispose mio zio dopo una profonda riflessione. «Come questi Mexíca che ora vivono qui con noi, anch'io un tempo ho visto la città di Tenochtitlán all'apogeo del suo splendore e del suo potere. Andrò io stesso.» Si rivolse a me. «Tenamáxtli, preparati, e di' a tua madre di fare altrettanto. Verrete con me.»

Fu questa la sequenza di eventi che ci portò a Città di Mexíco, dove lo zio, sia pur con riluttanza, mi avrebbe permesso di soggiornare per un certo tempo e dove avrei imparato molte cose, incluso lo spagnolo parlato. Ma non appresi mai a leggerlo né a scriverlo, ed è per questo che adesso mi trovo a raccontare i miei ricordi a te, *mi querida muchacha, mi inteligente y bellísima y adorada Verónica,* in modo che tu possa metterli per iscritto per tutti i miei figli e i figli dei miei figli.

E il culmine di quella sequenza di eventi fu che mio zio, mia madre e io arrivammo a Città di Mexíco nel mese di Panquétzalíztli, dell'anno della Tredicesima Canna, quello che voi chiamereste *Octubre* dell'*Año de Cristo* millecinquecentotrentuno, proprio il giorno in cui il vecchio Juan Damasceno veniva mandato al rogo. E solo gli dei burloni e capricciosi non avrebbero ritenuto questa una coincidenza.

Lo vedo ancora bruciare.

# 2

Come reggenti per la durata della sua assenza, Mixtzin nominò la figlia Améyatl e il suo consorte Káuri, mentre il bisnonno Canaútli (che doveva ormai avere due covoni d'anni, ma evidentemente aveva intenzione di vivere in eterno) avrebbe avuto la funzione di consigliere. Poi, senza ulteriori esitazioni e senza alcun congedo formale, Mixtzin, Cuicáni e io lasciammo la città, puntando a sudest.

Era la prima volta che mi capitava di allontanarmi tanto dal mio luogo di nascita. Quindi, benché avessi piena coscienza della serietà della nostra missione, avevo la sensazione che l'orizzonte si schiudesse davanti a me come un grande sorriso cordiale. Mi invitava con visioni ed esperienze per me del tutto nuove. Per esempio, ad Aztlan l'alba arrivava sempre tardi e nel suo pieno splendore, perché prima doveva superare le montagne dell'entroterra. Adesso, non appena ebbi valicato quella catena di monti per giungere in un terreno più pianeggiante, potei infine vedere il sorgere del sole, uno srotolarsi di strisce colorate che andavano dal viola al blu, al rosa, al perla, all'oro. Poi gli uccelli cominciavano a salutare il nuovo giorno con una musica verdeggiante. Essendo autunno, non c'erano precipitazioni, ma il cielo era del colore del vento e percorso da nubi che erano sempre le stesse eppure mai identiche. Le fronde danzanti degli alberi erano una musica visibile e i fiori ciondolanti e ondeggianti erano un'intima preghiera. Quando il tramonto oscurava la terra, si chiudevano i fiori, ma si aprivano le stelle. Mi sono sempre rallegrato che quei boccioli di stelle fossero fuori della portata degli uomini, che altrimenti li avrebbero colti e rubati già da molto tempo. Infine, la notte, saliva una foschia grigia e pallida che nella mia visione rappresentava i sospiri della terra sul punto di ritirarsi a dormire, stanca e soddisfatta.

Il viaggio fu lungo – più di duecento lunghe-corse – perché non era possibile procedere in linea retta. Talvolta era anche arduo e spesso faticoso, ma mai veramente pericoloso, perché Mixtzin aveva già percorso quel cammino. Erano passati quindici anni da allora, ma lo zio ricordava ancora la via più spedita attraverso distese di deserto bruciante, sentieri ai piedi delle montagne che permettevano di aggirarle senza valicarle, e punti in cui si potevano guadare i fiumi senza dover sperare nel passaggio di un'acáli. Ma spesso, per prudenza, eravamo costretti a deviare dal cammino che lo zio ricordava perché, a quanto dicevano le popolazioni del luogo, in alcune zone del Michihuácan infuriavano ancora scontri tra gli implacabili Caxtiltéca e gli ancor più tenaci Purémpecha.

Quando, nelle terre dei Tecpanéca, ci imbattemmo infine in qualche uomo bianco e negli animali chiamati cavalli, e altri chiamati mucche, e altri ancora chiamati segugi, cercammo per quanto ci era possibile di assumere un'aria indifferente come se li conoscessimo da una vita. I bianchi sembravano altrettanto indifferenti nei nostri riguardi, come se anche noi fossimo animali ben noti.

Durante il percorso, zio Mixtzin continuava a indicare a me e a mia madre alcuni punti di riferimento che ricordava dal viaggio precedente: montagne dallo strano profilo; laghetti d'acqua troppo amara per essere bevuta, ma talmente calda da esalare vapore anche al sole; alberi e cactus di varietà ignote nella nostra regione, alcuni carichi di frutti deliziosi. Inoltre, non la smetteva mai di raccontarci le difficoltà incontrate nel primo viaggio verso Tenochtitlán (sebbene ne fossimo già stati edotti in passato, e più di una volta).

«Come sapete, i miei uomini e io stavamo trasportando la gigantesca ruota di pietra scolpita raffigurante la dea della luna Coyolxaúqui, che intendevamo donare al Riverito Oratore Motecuzóma. Una ruota ovviamente è rotonda, e dovrebbe essere facile farla rotolare lungo il cammino. Ma un disco ha anche due lati piatti e quindi qualsiasi buca o asperità inattesa del terreno può farlo inclinare. Benché i miei uomini fossero robusti e attenti, non sempre riuscivano a impedire che la pietra cadesse di lato, talvolta, purtroppo, facendo finire a terra il volto della dea. E quant'era *pesante*! Per risollevare quel disco, lo giuro sul Míctlan, dovevamo chiedere l'aiuto di tutti gli uomini reperibili nei dintorni...»

E, come le volte precedenti, Mixtzin ricordava: «Corsi il rischio di non incontrare neppure l'Uey-Tlatoáni Motecuzóma, perché venni fermato dalle guardie di palazzo e per poco non venni imprigionato come presunto distruttore della città. Come potrete immaginare, al nostro arrivo eravamo lerci e sfiniti, con abiti laceri, e senza dubbio avevamo l'aria di selvaggi capitati da chissà dove. Senza contare che Tenochtitlán era la prima e unica città fra quante avevamo attraversato che avesse vie lastricate e strade rialzate. Non ci venne neppure in mente che rotolare l'enorme Pietra della Luna lungo quelle vie avrebbe deteriorato e schiacciato l'elegante pavimentazione. Ma quando le guardie irate ci furono addosso...» Quel ricordo suscitava sempre l'ilarità di Mixtzin.

Avvicinandoci a Tenochtitlán apprendemmo, per bocca degli abitanti di quei luoghi, alcune cose che ci sarebbero state utili per non arrivare a destinazione del tutto impreparati, con la grossolana ingenuità della gente di campagna. Venimmo informati, tanto per dirne una, che gli uomini bianchi non amavano essere chiamati Caxtiltéca. Avevamo sbagliato nel ritenere i due termini – *castellanos* ed *españoles* – intercambiabili. In seguito avrei capito che tutti i *castellanos* erano *españoles,* ma non tutti gli *españoles* erano *castellanos,* e che questi ultimi provenivano da una particolare *provincia* della Vecchia Spagna chiamata Castiglia. Tutti e tre ci ripromettemmo di chiamare i bianchi "spagnoli", e "spagnolo" la loro lingua. Ci venne inoltre suggerito di fare il possibile per non attrarre la loro attenzione su di noi.

«Non gironzolate per la città guardando a destra e a manca», ci consigliò un contadino che vi era stato di recente.

«Camminate sempre con aria decisa, come se aveste una meta precisa. E portate sempre qualcosa con voi, per esempio mattoni, o blocchi di legno, o un rotolo di fune, come se doveste assolvere un compito assegnatovi. Se vi aggirate a mani vuote, qualche capomastro spagnolo farà in modo di affidarvi un lavoro. E a quel punto dovrete per forza eseguirlo.»

Così preavvertiti procedemmo lungo il cammino. La visione di Città di Mexíco, quando per la prima volta ne scorgemmo il lontano profilo ergersi dal fondo della vallata a conca, fu grandiosa, tale da ispirare un timore reverenziale. Più deludente, invece, fu entrarvi. Mentre camminavamo lungo una strada sopraelevata, lastricata e munita di parapetti che da Tepayáca portava alle isole della città, mio zio borbottò: «Che strano. Questa strada rialzata valicava una distesa d'acqua in cui navigavano acáltin di ogni dimensione. Guardatela adesso».

In effetti, sotto di noi c'era solo un terreno paludoso piuttosto puzzolente, pieno d'erbacce, di rane e punteggiato da qualche airone... molto simile alle paludi intorno ad Aztlan prima che fossero prosciugate.

Ma oltre la strada rialzata sorgeva la città. E, nonostante gli avvertimenti ricevuti durante il viaggio, quel giorno fui spesso tentato di fare quello che mi era stato sconsigliato, poiché l'estensione e lo splendore di Città di Mexíco erano tali da lasciarmi con gli occhi sgranati e impietrito d'ammirazione. Per fortuna, ogni volta c'era lo zio a scuotermi e a farmi proseguire; lui infatti non era particolarmente colpito dalla visione del luogo, avendo potuto ammirare l'ormai scomparsa Tenochtitlán. Indossò anzi i panni della guida per me e mia madre.

«Ora siamo nel quartiere Ixacuálco, la migliore zona residenziale della città, dove abitava l'amico, anche lui di nome Mixtli, che mi aveva convinto a portare fin qui la Pietra della Luna. Sono stato suo ospite in quell'occasione. La sua casa e quelle circostanti erano molto belle e di vari stili. Questi nuovi edifici, invece, sono tutti uguali. Amico», disse allungando una mano per fermare un passante, che portava un fastello di legna da ardere appeso a un'imbracatura intorno alla testa, «amico, questo quartiere si chiama ancora Ixacuálco?»

«*Ayya*», borbottò l'uomo, lanciando a Mixtzin un'occhiata insospettita. «Come fai a non saperlo? Questa zona adesso si chiama San Sebastián Ixacuálco.»

«E cosa vorrebbe dire "San Sebastián"?» domandò lo zio.

L'uomo scostò il carico di legna. «*San* vuol dire "santo", una specie di dio minore dei cristiani spagnoli. Sebastián è il nome di uno di questi santi, ma di cosa sia dio non l'ho mai saputo.»

Ripreso il cammino, Mixtzin continuò la sua esposizione:

«Ma guardatevi intorno. Qui c'era un largo canale con un gran traffico di acáltin che trasportavano merci. Non capisco perché l'abbiano riempito e lastricato per farne una strada. E... *ayyo*... proprio qui davanti, cara sorella e caro nipote», allargò le braccia, agitandole, «ecco, qui, racchiuso nel Muro del Serpente, ondulato e dipinto di vividi colori, c'era il vasto spazio di una piazza di marmi lucenti che era il Centro del Cuore dell'Unico Mondo. E in essa sorgeva il sontuoso palazzo di Motecuzóma. Più oltre, si stendevano i campi per i giochi rituali a palla, i tlachtli. Più in là ancora, c'era la Pietra di Tizoc, dove i guerrieri duellavano all'ultimo sangue. E laggiù...» s'interruppe per afferrare per un braccio un altro passante, che portava un cesto pieno di malta, «amico, dimmi, cos'è questo brutto e gigantesco edificio ancora in costruzione?»

«Come?! Non lo sai? Quello sarà il tempio principale dei preti cristiani. La cattedrale, voglio dire. La chiesa cattedrale di San Francisco.»

«Un altro dei loro santi, eh?» ribatté Mixtzin. «E a quale aspetto del mondo sovrintende questo dio minore?»

A disagio, l'altro rispose: «A quanto mi risulta, straniero, è solo la piccola divinità preferita dal vescovo Zumárraga, il capo di tutti i preti cristiani». E scappò via.

«*Yya ayya*», gemette Mixtzin. «Nínotlancuícui in Teo Francisco. Mi ci pulisco i denti col deuccio Francisco. Se quello è il suo tempio, è davvero un modesto sostituto del suo predecessore. Poiché *laggiù*, cara sorella e caro nipote, *laggiù* sorgeva l'edificio più mirabile mai eretto in tutto l'Unico Mondo. Era la Grande Piramide, imponente ma armoniosa, e talmente alta che bisognava salire centocinquantasei gradini di marmo per arrivare alla cima, da cui gli stupendi e coloratissimi templi degli dei Tlaloc e Huitzilopóchtli incutevano timore e rispetto tutt'intorno. *Ayyo*, certo che allora questa città aveva dei che meritavano di essere adorati! E...»

Si interruppe di colpo mentre tutti e tre venivamo spintonati in avanti come se fossimo stati su una spiaggia, dando le spalle al mare e, dimentichi del susseguirsi delle onde, fossimo stati investiti all'improvviso da un enorme cavallone. A spingerci era la folla che, incanalata dalle guardie, si dirigeva verso la piazza che avevamo visto in lontananza. Eravamo davanti a quel flusso umano e riuscimmo a restare insieme. Così, quando la piazza fu riempita e il movimento si fu placato e tutto ridivenne tranquillo, ci ritrovammo in prima fila davanti al palco dove stavano prendendo posto i preti e davanti al palo cui venne portato e incatenato il condannato. In retrospettiva, direi che la vista era più ravvicinata di quanto avrei desiderato. Perché lo vedo ancora bruciare.

Come ho già detto, il vecchio Juan Damasceno pronunciò poche parole prima che la torcia appiccasse il fuoco alle fascine accatastate intorno a lui. E quando il fuoco gli divorò il corpo, lui non emise un gemito, né un urlo e neppure un lamento. E nessuno dei presenti emise un suono, tranne mia madre, che si lasciò sfuggire un solo singhiozzo. Tuttavia, si udivano dei rumori. Lo *sento* ancora bruciare.

I suoni includevano il familiare crepitio del legno in combustione, il rugghio e il fruscio delle fiamme, lo scoppiettio della pelle che si gonfiava in bolle esplodenti, lo sfrigolio della carne, il sibilo del sangue in evaporazione, gli schiocchi delle ossa che si spezzavano sotto la rapida contrazione dei muscoli e, verso la fine, l'orrido rumore del cranio che andava in frantumi a causa della pressione esercitata dal cervello in ebollizione.

Sentivamo anche l'odore dell'uomo che bruciava. L'aroma della carne umana in cottura è, in un primo momento, appetitoso e delizioso quanto quello di qualsiasi altra carne arrostita alla griglia. Ma quando la carne passò il punto di giusta cottura, si levarono un afrore di fumo e di bruciato, il puzzo rancido del grasso sottocutaneo che si scioglieva e ribolliva, l'effluvio di strinato della tunica, il fulmineo ma nauseabondo tanfo della chioma in fiamme, il fetore degli organi, delle membrane e delle viscere, il sentore dolciastro del sangue che evaporava; poi l'esalazione metallica della catena che sembrava anch'essa in fiamme, il miasma polveroso delle ossa ridotte in cenere e il lezzo rivoltante delle feci bruciate.

Poiché anche l'uomo al palo poteva vedere, sentire e annusare quelle stesse cose, mi chiesi che cosa gli passasse per la mente in quei momenti. Non emetteva suono, ma senza dubbio pensava. A che cosa? Rimpiangeva ciò che aveva fatto, o non fatto, per meritare quella fine orrenda? O riassaporava i piccoli piaceri e le avventure capitategli in vita? O pensava alle persone care che gli sopravvivevano? No: alla sua età probabilmente era sopravvissuto a tutti, tranne forse ai nipoti, se ne aveva; ma di sicuro c'erano state delle donne nella sua vita, dato che, seppur vecchio, mi era apparso come un bell'uomo quand'era stato condotto al palo. Inoltre aveva affrontato con fierezza e senza paura quel fato atroce, e quindi doveva essere stato un uomo importante ai suoi tempi. Era possibile che, nonostante le terribili sofferenze, stesse ridendo dell'ironia della sorte che aveva umiliato a tal punto un uomo come lui, un tempo grande e potente?

E quale dei suoi sensi si era estinto per primo? Aveva conservato la vista quel tanto che bastava per vedere i suoi carnefici e i suoi concittadini riuniti in piazza, e chiedersi che cosa pensassero i vivi nel vederlo morire? Appeso alla catena, era riuscito a vedere le proprie gambe contrarsi e annerirsi e ripiegarsi contro il ventre, e poi le braccia che subivano la stessa sorte, stringendosi sul petto, come se gli arti stessero cercando di proteggere quel torso che avevano fedelmente servito per tutta la vita? Oppure il calore gli aveva fatto esplodere i globi oculari, cancellando qualsiasi luce e visione?

Poi, privato della vista, quell'uomo aveva continuato a seguire l'inarrestabile processo di combustione del suo corpo attraverso i rumori e gli odori? Gli scoppiettii delle bolle sulla pelle, enfie ed eruttanti... chissà se li aveva sentiti? Aveva annusato la propria carne trasformata in una nauseabonda carogna di cui neppure gli avvoltoi tzopilótin avrebbero voluto cibarsi? Oppure si era limitato ad *avvertire* tutte queste cose? Se sì, le aveva percepite come singole sensazioni identificabili o come un'unica, travolgente agonia?

Ma anche dopo aver perso la vista, l'udito, l'odorato – e, spero, ogni altra sensazione – per un certo tempo aveva ancora avuto il cervello. Aveva *pensato* sino all'ultimo? Aveva avuto paura del nulla e della notte infinita del Míctlan, il mondo degli inferi? O aveva sognato una nuova vita eterna nella luminosa, lussureggiante e felice terra del dio del sole Tonatíu? O aveva cercato di attaccarsi disperatamente, ancora per qualche istante, ai ricordi di questo mondo che più gli erano cari? Immagini di gioventù, di cielo e sole, di adoranti carezze, di imprese e di gesta, di luoghi che non avrebbe rivisto mai più? Era riuscito a trarre un estremo, patetico sollievo da questi pensieri e da questi ricordi sino all'istante in cui la testa era scoppiata e *tutto* era finito?

Se questo spettacolo doveva rappresentare una sorta di lezione edificante per la folla costretta ad assistervi, penso che tutti noi ne avemmo più che abbastanza molto presto. Tanto per cominciare, la morte del vecchio Juan Damasceno non aveva un valido scopo: né il suo cuore né il suo sangue erano serviti a nutrire alcun dio, nostro o dei cristiani. Ma i soldati ci lasciarono andare solo dopo che si furono allontanati i preti, i quali rimasero sul palco sino a quando la vittima fu ridotta a fumo e tanfo. Assistettero all'esecuzione dall'inizio alla fine con quell'aria severa di chi compie un penoso dovere che è un'espressione tipica dei preti di qualsiasi religione, ma i loro sguardi smentivano i volti. Gli occhi dei preti brillavano di smanioso piacere e di consenso per ciò che vedevano. Tutti, tranne uno, devo dire... il giovane che aveva tradotto i discorsi in náhuatl.

Il suo viso era triste e non severo, i suoi occhi erano colmi di pietà e non di perfida gioia. E quando infine i preti furono scesi dal palco e si furono allontanati, e i soldati ci ebbero dato l'ordine di disperderci, il giovane sacerdote rimase. Si fermò davanti alla catena penzolante – gli anelli ancora incandescenti – e mestamente abbassò gli occhi sui miseri resti di ciò che era stato appeso a quella catena.

Tutti gli altri, inclusi mio zio e mia madre, si affrettarono a lasciare la piazza. Ma io restai indietro e mi avvicinai al giovane prete, rivolgendogli la parola nella lingua che entrambi conoscevamo.

«Tlamacázqui», esordii in tono rispettoso, ma lui m'interruppe subito alzando una mano.

«Prete? Non sono un prete», obiettò. «Posso chiamarne uno, se mi dici perché vuoi parlare con un prete.»

«Volevo parlare con te», replicai. «Non conosco lo spagnolo degli altri preti.»

«E io ti ripeto che non sono un prete. Talvolta sono lieto di non esserlo. Sono solo Alonso de Molina, notaio di monsignor vescovo Zumárraga. E, dato che mi sono premurato di imparare la vostra lingua, sono anche l'interprete di Sua Eccellenza tra la nostra e la vostra gente.»

Non avevo idea di che cosa fosse un notaio, ma quell'uomo sembrava garbato e, a differenza degli altri, aveva dato prova di una certa compassione umana durante l'esecuzione. Così adesso, nel rivolgermi a lui, ricorsi al titolo onorifico che significa qualcosa di più che "amico": vuol dire "fratello" o addirittura "gemello".

«Cuatl Alonso», dissi. «Mi chiamo Tenamáxtli. Insieme ad alcuni parenti sono appena arrivato da un luogo lontano per ammirare la vostra Città di Mexíco. Non ci aspettavamo di trovare un... uno spettacolo pubblico... allestito per i visitatori. Ti chiedo solo questo. Nonostante la tua eccellente traduzione io, nella mia ignoranza di provinciale, non sono riuscito a capire tutti quei termini di natura legale. Vorresti spiegarmi in parole povere di che cosa era accusato quell'uomo, e perché è stato condannato a morte?»

Il notaio mi scrutò per un attimo prima di chiedermi: «Non sei cristiano?»

«No, Cuatl Alonso. Ho sentito parlare del Crixtanóyotl, ma non so nulla di quella religione.»

«Ebbene, per dirla in parole povere come mi hai chiesto, don Juan Damasceno è stato ritenuto colpevole di aver finto di convertirsi alla nostra religione pur restando un miscredente. Ha rifiutato di ammettere questa colpa e di abiurare la sua religione, per questo è stato condannato a morte.»

«Comincio a capire. Grazie, Cuatl. Un uomo ha questa alternativa: o diventa cristiano o viene ucciso.»

«Be'... non esattamente, Tenamáxtli. Ma se diventa cristiano, deve restare tale.»

«Altrimenti i vostri tribunali lo bruciano vivo.»

«Neppure questo è esatto», dichiarò il notaio, aggrottando la fronte. «I tribunali laici possono comminare pene diverse a seconda dei reati e, se decidono per la condanna a morte, vi sono svariati modi... la fucilazione, il fil di spada, la decapitazione o...»

«O il più crudele di tutti», completai io. «Il rogo.»

«No.» Il notaio, in preda a un certo disagio, scosse il capo. «Solo i tribunali ecclesiastici dell'Inquisizione possono pronunciare questa sentenza. Anzi, è il solo genere di esecuzione che la Chiesa *può* stabilire. Vedi, la Chiesa ha l'obbligo di punire maghi, streghe ed eretici come questo Juan Damasceno, ma non le è consentito di versar sangue. E, chiaramente, sul rogo non vi è spargimento di sangue. Le modalità dell'esecuzione di queste persone sono stabilite dalla legge canonica. Devono perire nelle fiamme, e solo nelle fiamme.»

«Capisco... Sì, le leggi devono essere rispettate.»

«Sono lieto di dire che solo di rado si rende necessario questo tipo di esecuzione», proseguì l'altro. «Sono passati ben tre anni da quando, in questa stessa piazza, è stato bruciato un marrano, anch'egli reo di essersi beffato della nostra fede.»

«Scusa, Cuatl Alonso», chiesi. «Cos'è un marrano?»

«Un ebreo. O meglio, un ebreo convertitosi al Cristianesimo. Hernando Halevi de León sembrava sincero nella sua conversione. Mangiava persino la carne di maiale. Gli venne quindi conferita una reale concessione fondiaria ad Actópan, a nord di qui. E gli venne permesso di sposare una cristiana, Isabel de Aguilar, figlia di una delle migliori famiglie spagnole. Poi si venne a sapere che il marrano proibiva a doña Isabel di recarsi a messa nei giorni in cui aveva il ciclo mensile. Chiaramente, de León era un falso convertito e in segreto continuava a osservare le perniciose restrizioni imposte dal giudaismo.»

Trovando del tutto incomprensibile questo discorso, tornai all'argomento iniziale e osservai: «Quest'uomo, Cuatl... non mi è parso che tu fossi particolarmente felice nel vederlo bruciare».

«*Ayya,* cerchiamo di capirci», si affrettò a dire. «Alla luce delle credenze, delle leggi e dei regolamenti della nostra Chiesa, questo Damasceno ha senza dubbio meritato quella fine. In nessun modo mi permetterei di contestare questo. Solo che... be', nel corso degli anni, mi ero affezionato molto a quel vecchio.» Lanciò un'ultima occhiata alle ceneri. «Adesso, Cuatl Tenamáxtli, mi devi scusare. Il lavoro mi attende. Ma sarò lieto di conversare ancora con te quando ripasserai di qui.»

Avevo seguito il suo sguardo in direzione delle ceneri e mi ero subito accorto che un altro oggetto, oltre il palo e la catena, era sopravvissuto alle fiamme. Era il medaglione che avevo visto brillare alla luce del sole al collo del condannato.

Mentre il notaio Alonso si voltava per andarsene, mi chinai di scatto e raccolsi l'oggetto, che dovetti poi palleggiare più volte tra le mani perché scottava ancora. Era un dischetto di una specie di cristallo giallo, lucido e levigato, piatto su un lato e concavo sull'altro. L'oggetto era stato appeso a un laccio di cuoio, che naturalmente era andato distrutto, ed era stato montato in un cerchietto di rame, di cui restavano alcune tracce nonostante la fusione dovuta al calore.

Nessuno dei soldati che pattugliavano la zona, né degli altri spagnoli che si aggiravano o attraversavano in gran fretta l'enorme spazio aperto della piazza, si accorse che mi ero impossessato del talismano giallo, o quel che era. Lo infilai sotto il mantello e partii alla ricerca dello zio e della mamma.

Li trovai su un ponte che attraversava uno dei pochi canali rimasti in città. Mia madre aveva pianto – aveva ancora il volto rigato di lacrime – e il fratello le aveva cinto le spalle con un braccio, in un gesto consolatore. Stava anche brontolando, più a se stesso che a lei: «Tutti gli altri esploratori hanno parlato bene del governo dei bianchi. Evidentemente non hanno mai assistito a una cosa simile. Al nostro ritorno, sarà mia premura insistere che noi aztéca ci teniamo a debita distanza da questi schifosi...» S'interruppe per chiedermi in tono irato: «Cosa ti ha trattenuto, nipote? Potevamo decidere di tornare a casa senza di te».

«Sono rimasto a scambiare qualche parola con quello spagnolo che parla la nostra lingua. Ha detto che era molto affezionato al vecchio Juan Damasceno.»

«Quello non era il suo vero nome», obiettò lo zio con voce aspra e mia madre si lasciò sfuggire un altro singhiozzo.

La guardai con una punta di sospetto e, in tono esitante, chiesi:

«Tene, quand'eravamo in piazza hai pianto e singhiozzato. Cosa poteva importarti di quell'uomo?»

«Lo conoscevo», rispose lei.

«Ma com'è possibile, Tene? Non avevi mai messo piede in questa città, prima.»

«No. Ma molto tempo fa lui è stato ad Aztlan.»

«Anche senza l'occhio giallo, Cuicáni e io l'avremmo riconosciuto», precisò lo zio.

«L'occhio giallo?» ripetei. «Vuoi dire quest'oggetto?» E tirai fuori il cristallo che avevo raccolto dalle ceneri.

«*Ayyo!*» esclamò mia madre, gioiosa. «Un ricordo del caro scomparso.»

«Perché l'hai chiamato occhio?» domandai a zio Mixtzin. «E se quest'uomo non era Juan Damasceno, come loro l'hanno chiamato, allora chi era?»

«Ti ho parlato molte volte di lui, nipote, ma forse ho dimenticato di accennare all'occhio giallo. Era uno straniero mexícatl approdato ad Aztlan, che risultò avere il mio stesso nome, Tliléctic-Mixtli. Fu lui a far nascere in me il desiderio di imparare l'arte delle parole. E fu a causa sua che, in seguito, portai la Pietra della Luna in questa città dove poi venni ben accolto dal defunto Motecuzóma, il quale mi assegnò tutti quei guerrieri, artisti, maestri e artigiani che tornarono con me ad Aztlan...»

«Certo che mi ricordo questi tuoi racconti, zio. Ma che cosa c'entra l'occhio giallo con tutto questo?»

«*Ayya,* il povero Cuatl Mixtli aveva un difetto agli occhi. L'oggetto che hai in mano è un disco di topazio giallo, molato e levigato in modo speciale, forse magico. Il mio omonimo Mixtli lo avvicinava all'occhio quando voleva vedere molto chiaramente qualcosa. Ma questa sua imperfezione fisica non fu mai di ostacolo al suo spirito d'avventura e alle sue esplorazioni. E, mi sia concesso dirlo, almeno nel caso di Aztlan, al compimento di grandi e nobili imprese.»

«Lo puoi ben dire», mormorai, colpito. «E dobbiamo lamentare la sua perdita. Ci ha dato davvero molto.»

«A te in particolare, Tenamáxtli», mormorò mia madre. «Quell'altro Mixtli era tuo padre.»

Rimasi impietrito e muto, per un lungo istante incapace di fare altro se non fissare il topazio, l'ultimo ricordo dell'uomo che mi aveva generato. Infine, benché mi sentissi soffocare, riuscii a dire: «Perché ce ne stiamo qui con le mani in mano? Perché non facciamo nulla – *io, suo figlio, non faccio nulla* – per infliggere una tremenda vendetta a questi assassini, responsabili dell'orribile morte di mio padre?»

# 3

All'epoca, ad Aztlan c'erano ancora molte persone che ricordavano la visita di quel mexícatl chiamato Tliléctic-Mixtli, Nuvola Scura. Naturalmente lo zio Mixtzin l'aveva ben presente, come pure se ne rammentavano suo figlio Yeyac e sua figlia Améyatl, sebbene allora fossero molto piccini. (La loro madre, la moglie di mio zio, che era stata la prima degli Aztéca a parlare con quel viaggiatore, era morta non molto tempo dopo di febbre malarica.) Un altro che lo ricordava era il vecchio Canaútli, il quale aveva conversato a lungo con quel Mixtli e gli aveva raccontato la storia di Aztlan. Anche la nipote del vecchio, mia madre Cuicáni, serbava un vivido ricordo di quell'uomo, essendosi mostrata ancor più ospitale degli altri, al punto da dividere con lui il suo giaciglio, farsi ingravidare e dargli un figlio. E quel figlio ero io.

Tutti costoro e molti altri Aztéca ricordavano anche il viaggio dello zio a Tenochtitlán per portarvi la Pietra della Luna con l'aiuto di numerosi uomini. E il trionfale ritorno dello zio da quel viaggio è ancora ben impresso nella mente di tutti coloro che a quei tempi vivevano ad Aztlan, me incluso, che all'epoca avevo tre o quattro anni. Quand'era partito, lo zio era solo Tliléctic-Mixtli, tlatocapíli di Aztlan. Non era una grande carica – il termine significava solo "capotribù" – e la sua sfera d'influenza era limitata a un trascurabile villaggio circondato dalle paludi. Lui stesso aveva ripetutamente definito Aztlan come "una fessura tra le chiappe del mondo". Ma vi ritornò ornato di un meraviglioso copricapo piumato e di un manto di piume, accompagnato da una folta scorta e carico di anelli. Adesso recava il nobile nome di Tliléctic-Mix*tzin*, Signore Nuvola Scura, e aveva il titolo di Uey-Tecútli, Riverito Governatore.

Lo zio parlò alla sua gente nel momento stesso del suo arrivo, dato che tutti gli adulti del luogo erano accorsi ad ammirare tanto splendore. Sono in grado di ripetere le sue parole con una certa fedeltà, poiché Canaútli le imparò a memoria e me le riferì quando fui grande abbastanza da capirle.

«Amici aztéca», annunciò lo Uey-Tecútli Mixtzin con voce forte e decisa. «A partire da oggi riallacciamo i legami da tempo dimenticati con i nostri cugini, i Mexíca, il popolo più potente dell'Unico Mondo. Da questo momento diventiamo una colonia dei Mexíca, e una colonia importante, giacché costoro non hanno mai avuto nessun avamposto o baluardo sul Mare Occidentale, così a nord di Tenochtitlán. E noi saremo davvero un baluardo.»

Indicò il folto corteo di persone che lo aveva accompagnato. «Questi uomini non sono venuti con me solo per fare del mio ritorno un mirabile spettacolo. Con le loro famiglie si stabiliranno fra noi e con noi vivranno, come un tempo avevano fatto i loro antenati. Tutte queste persone coraggiose – dai guerrieri ai conoscitori di parole – sono state scelte per le loro capacità e per la loro esperienza nelle arti e nei mestieri. Ci mostreranno che cosa può diventare questo remoto baluardo di Tenochtitlán... una capitale in miniatura, forte, civilizzata, acculturata, ricca e fiera.»

La sua voce divenne ancor più forte e imperiosa. «E voi obbedirete a questi maestri. Noi di Aztlan non saremo più pigri, rozzi, ignoranti e soddisfatti di esserlo. Da oggi in poi, ogni uomo, donna e bambino della città studierà, lavorerà e farà del suo meglio, sino a che non diverremo in tutto e per tutto pari ai nostri ammirevoli cugini mexíca.»

Ho solo un vago ricordo di com'era Aztlan a quei tempi. Tenete presente che allora ero un bimbetto. E un bambino non ammira né disprezza il suo paese natio, né lo ritiene grandioso o squallido: è solo il luogo che ha conosciuto da sempre e al quale è abituato. Ma, grazie a remoti ricordi e a quello che mi è stato raccontato, sono in grado di descrivere con una certa accuratezza il Luogo dei Nivei Aironi così com'era al momento dell'arrivo dell'altro Tliléctic-Mixtli, l'esploratore.

In primo luogo, il "palazzo" in cui lo zio tlatocapíli e i suoi due figli abitavano – come del resto mia madre, la quale era divenuta la governante della casa del fratello dopo la morte della cognata – era composto di numerose stanze ma era a un solo piano. Era fatto di legno, canne e foglie di palma, reso più solido e "ingentilito" da un'intonacatura di conchiglie triturate. Gli altri edifici di Aztlan – abitazioni e botteghe – erano ancor più modesti e fragili, se mai era possibile.

L'intera cittadina era costruita su un isolotto ovale, in mezzo a un lago di considerevoli dimensioni. La sponda più lontana del lago non aveva una vera e propria delimitazione. Le acque salmastre, non potabili, si stendevano a perdita d'occhio verso un terreno paludoso che, a ovest, finiva nel mare. Quelle paludi esalavano umide nebbie notturne, erano infestate da insetti pestilenziali e forse anche da spiriti maligni. Mia zia fu solo una delle tante persone che, ogni anno, morivano di una febbre consuntiva la quale, a detta dei nostri medici, era in qualche modo provocata dalle paludi.

Nonostante la nostra arretratezza sotto molti aspetti, noi Aztéca perlomeno mangiavamo bene. Oltre le paludi si stendeva il Mare Occidentale, dal quale i pescatori catturavano con ogni mezzo non solo i pesci più comuni – razze, pesci spada, sogliole, muggini, granchi, calamari – ma anche prelibatezze come ostriche, vongole, tartarughe, gamberi e gamberetti. Talvolta, dopo una lunga e violenta lotta che di solito provocava la mutilazione o la morte di qualche pescatore, si riusciva a catturare uno yeyemíchi. È un pesce grigio e gigantesco – alcuni esemplari sono grandi quanto una casa – e molto pregiato. Gli abitanti del paese si cibavano sino a scoppiare dei deliziosi e innumerevoli filetti di carne ricavati da una sola di quelle enormi creature. Nel mare c'erano anche ostriche perlifere, che però noi non raccoglievamo, per una ragione che vi svelerò in seguito.

Quanto alle verdure, oltre che delle alghe commestibili, potevamo disporre delle piante della palude. C'erano poi funghi di ogni genere che crescevano ovunque... spesso, purtroppo, anche sugli umidi pavimenti di terra battuta delle nostre case. L'unico vegetale che coltivavamo era il picíetl, che veniva essiccato e fumato. Con la polpa della noce di cocco si preparavano ottimi dolci, mentre dal latte, una volta fermentato, si traeva una bevanda assai più inebriante dell'octli, così diffuso in tutto il resto dell'Unico Mondo. Un altro genere di palmizio ci dava i frutti coyacapúli, mentre la polpa di un'altra palma ancora, una volta essiccata e macinata, produceva un'ottima farina. Sempre da una palma ricavavamo le fibre che venivano tessute per fare la stoffa, e la pelle degli squali ci forniva un cuoio di ottima qualità e resistentissimo. Con le pelli delle lontre facevamo coperte per i nostri giacigli e mantelli per coloro che si avventuravano nelle gelide montagne dell'interno. Dalle noci di cocco e dai pesci ricavavamo oli per alimentare le lampade. (Ammetto che all'olfatto dei nuovi arrivati, non usi alla loro combustione, quell'odore dev'essere parso insopportabilmente rancido.)

Immagino che i maestri mexíca delle varie arti e mestieri, nel loro primo giro d'ispezione di Aztlan per vedere quali miglioramenti potevano essere apportati alla città, abbiano avuto difficoltà a trattenere le risate e il compatimento. Di certo devono aver ritenuto ridicolo il nostro concetto di "palazzo". E l'unico tempio dell'isola – dedicato a Coyolxaúqui, la dea della luna, praticamente l'unica divinità che adorassimo all'epoca – non era una costruzione molto più elegante del palazzo, salvo per gli ornamenti di vari tipi di conchiglie lungo lo stipite del portone.

Comunque gli artigiani non si sentirono scoraggiati da ciò che videro. Si misero subito all'opera, cercando per prima cosa un luogo relativamente asciutto nei dintorni di Aztlan in cui costruire case per se stessi e le loro famiglie. Furono perlopiù le loro donne a occuparsi di erigere le case, servendosi dei materiali disponibili: canne, fronde di palma e fango. Nel frattempo, gli uomini s'inoltrarono nelle montagne vicine dove abbatterono querce e pini per poi portarne i tronchi sul terreno pianeggiante lungo il fiume; là li ridussero ad assi con le quali costruirono delle acáltin assai più grandi delle nostre zattere da pesca, robuste abbastanza da trasportare grossi carichi. Alcuni di questi carichi provenivano dalle montagne: infatti, certi artigiani erano esperti cavapietre che vi cercarono e trovarono depositi di calcare nei quali lavorarono ricavandone grandi lastre e blocchi. Una volta squadrati alla bell'e meglio e livellati su un lato, questi venivano caricati sulle acáltin che, scendendo lungo il fiume, li portavano al mare e da qui raggiungevano poi l'insenatura che confinava con il nostro lago.

I muratori mexíca sgrossarono e levigarono i primi blocchi di pietra per costruire, com'era giusto, un nuovo palazzo per lo zio Mixtzin. Questo edificio, una volta terminato, non si rivelò certo all'altezza dei palazzi di Tenochtitlán, ma per la nostra cittadina rappresentava senza dubbio una meraviglia. A due piani, e con un tetto a falde che lo rendeva alto il doppio, conteneva talmente tante stanze – ivi inclusa una sala del trono per l'Uey-Tecútli – che persino Yeyac, Améyatl e io disponevano di camere da letto separate, cosa che all'epoca era impensabile per chiunque ad Aztlan, e men che meno per tre bambini rispettivamente di dodici, nove e cinque anni com'eravamo noi. E, prima che potessimo trasferirci in questi alloggi, arrivarono altri artigiani – falegnami, scultori, pittori, tessitrici – a ornare ogni locale con statuette, murales, arazzi e altre decorazioni del genere.

Nel contempo, altri capomastri mexíca stavano bonificando e reincanalando le acque della città e dei dintorni. Asportarono detriti e spazzatura dai canali che attraversavano l'isola e li rivestirono di pietre. Drenarono le paludi che costeggiavano il lago scavando nuovi fossati che facevano defluire l'acqua stagnante e affluire quella corrente dai torrenti dell'entroterra. Il lago rimase salmastro, essendo un'unione d'acqua dolce e d'acqua marina, ma non più stagnante, e il terreno paludoso circostante cominciò ad asciugarsi. La conseguenza più immediata fu la riduzione delle venefiche nebbie notturne e dei malefici sciami di insetti e – a riprova che i nostri medici avevano visto giusto – anche gli spiriti della palude si limitarono a colpire solo un paio di persone l'anno con le loro perniciose febbri.

I muratori, terminata la costruzione del palazzo del Riverito Governatore, intrapresero l'erezione di un tempio di pietra per la nostra venerata dea patrona, Coyolxaúqui, un tempio che fece sembrare il precedente un vero tugurio. Era talmente elegante e ben strutturato che persino Mixtzin arrivò a dire: «Rimpiango di aver fatto rotolare sino a Tenochtitlán la Pietra della Luna che raffigura la dea... perché adesso ad Aztlan c'è un tempio che può competere con la sua serena bellezza e perfezione».

«Non dire sciocchezze», lo rimproverò mia madre. «Se tu non l'avessi fatto, ora non avremmo questo tempio. Né tutti gli altri vantaggi ottenuti grazie a quel presente a Motecuzóma.»

Lo zio continuò a brontolare per un certo tempo – non gli piaceva essere contraddetto – ma fu costretto ad ammettere che la sorella aveva ragione.

Poi venne costruita una tlamanacáli, con una tecnica che ci parve molto ingegnosa, pratica e interessante. Mentre gli scalpellini posavano pietre inclinate verso l'interno, erigendo la fascia esterna di una piramide, i manovali riempivano l'interno con carichi di terra, pietrisco, pezzi di legno e tutti i materiali di scarto possibili e immaginabili pressandoli al massimo. Il risultato finale fu una piramide di perfetta fattura che sembrava costruita interamente di blocchi di pietra.

Di certo era solida abbastanza da reggere i due tempietti eretti sulla sommità – uno dedicato a Huitzilopóchtli, l'altro al dio della pioggia Tlaloc – e da sostenere la scalinata frontale che portava alla cima, sulla quale per anni salirono innumerevoli sacerdoti, devoti, dignitari e vittime sacrificali. Non arriverò a dire che la nostra tlamanacáli fosse impressionante quanto la famosa Grande Piramide di Tenochtitlán – che io, peraltro, non ebbi mai modo di vedere – ma senza dubbio era la struttura più imponente mai eretta nelle zone a nord delle terre dei Mexíca.

Poi furono costruiti templi di pietra dedicati praticamente a tutti gli altri dei e dee dei Mexíca, benché alcuni singoli luoghi di culto venissero dedicati a tre o quattro divinità minori insieme. Molti Mexíca venuti a nord con mio zio erano sacerdoti di tutti questi dei. Nei primi anni costoro lavorarono a fianco dei costruttori e con pari impegno. Poi, una volta ultimati i templi, i sacerdoti – oltre a dedicarsi alle pratiche dei loro culti – provvidero a insegnare nelle scuole edificate subito dopo i templi. In seguito i Mexíca s'impegnarono nella costruzione di strutture di minore importanza: un granaio, laboratori e botteghe, un'armeria e altri impianti necessari a una terra civilizzata. Infine presero a trasportare il legname dalle foreste montane e a costruire solide case per loro stessi e per tutti gli Aztéca che ne desideravano una, il che voleva dire per l'intera popolazione, eccezion fatta per alcuni eremiti misantropi che preferivano il vecchio stile di vita.

Quando dico che "i Mexíca" hanno fatto questo e quello, dev'essere chiaro che non erano i soli a lavorare. Ogni gruppo di cavapietre, muratori, carpentieri e così via si avvaleva dell'assistenza dei nostri uomini (e, nel caso di lavori leggeri, anche dei bambini) per realizzare quei progetti. I Mexíca mostravano agli Aztéca ciò che andava fatto, supervisionavano il loro lavoro e, a furia di insegnamenti, rimproveri, correzioni e approvazioni, gli Aztéca furono in grado di fare molte cose nuove di loro iniziativa. Io stesso, prima della cerimonia del conferimento del nome, portavo carichi leggeri, porgevo utensili, distribuivo cibo e acqua ai lavoranti. Le donne e le ragazze imparavano a tessere nuovi materiali – cotone, fibre di agave, piume di airone – assai più raffinati di quelli ricavati dalle palme che usavano un tempo.

Alla fine della giornata di lavoro, i Mexíca non permettevano che i nostri uomini rientrassero a casa a oziare e a ubriacarsi con la bevanda di cocco fermentato. Li affidavano invece ai guerrieri mexíca i quali, pur avendo già lavorato tutto il giorno, erano instancabili. Sottoponevano i nostri uomini alle esercitazioni militari e insegnavano loro l'uso – anche sino a livelli molto avanzati – della maquáhuitl, la spada di ossidiana, della lancia, dell'arco e delle frecce, e tutte le varie tattiche e manovre belliche. Donne e fanciulle erano esentate da questi addestramenti, e in ogni caso non molte tra di loro avevano la stessa tendenza maschile a oziare e a bere. I ragazzi – me incluso – sarebbero stati più che lieti di partecipare all'addestramento militare, che però era riservato solo a chi portava il perizoma della virilità.

Vorrei precisare che tutta questa ristrutturazione di Aztlan e la rieducazione della sua gente non avvennero dalla sera alla mattina, come può sembrare dal mio racconto. Ripeto: all'epoca ero solo un bambino e quindi la demolizione della vecchia Aztlan e la costruzione della nuova città mi parvero procedere al ritmo della mia stessa crescita e maturazione. Di conseguenza, quanto avvenne alla mia città mi sembrò parimenti impercettibile e del tutto normale. Solo oggi, in retrospettiva, riesco a capire che il processo di civilizzazione di Aztlan comportò molti anni di tentativi ed errori, di fatiche e sudore. E non mi sono preso la briga di riferire tutti i fallimenti e le frustrazioni che accompagnarono quel processo. Ma l'impresa riuscì, proprio come aveva voluto lo zio Mixtzin, e qualche anno dopo l'arrivo dei Mexíca, nel giorno in cui mi venne conferito il nome, le scuole telpochcáltin erano già state costruite e mi attendevano.

La mattina, io e i miei coetanei – oltre a un buon numero di ragazzi più grandi che non erano andati a scuola durante l'adolescenza – ci recavamo nella Casa dell'Irrobustimento dove, sotto la guida di un guerriero mexícatl nominato Maestro d'Atletica, facevamo pesanti esercizi fisici e imparavamo le complesse regole del tlachtli e le tecniche fondamentali del combattimento corpo a corpo. Ma le spade, le frecce e le lance da noi impiegate avevano punte non di ossidiana, bensì di piume bagnate di tintura rossa per simulare le ferite quando colpivamo gli avversari.

Nel pomeriggio, noi ragazzi – e anche le ragazze nostre coetanee – frequentavamo la Casa per l'Apprendimento delle Buone Maniere, dove un sacerdote-maestro ci illustrava i principi dell'igiene e della pulizia (di cui molti ragazzi delle classi inferiori non sapevano nulla), ci insegnava i canti rituali, le danze cerimoniali e a suonare alcuni strumenti: tamburi di varie dimensioni e tonalità, il flauto a quattro fori, l'ocarina.

La celebrazione di riti e cerimonie richiedeva la capacità di compiere movimenti e gesti ben precisi, seguendo determinati ritmi e melodie, così come veniva fatto sin dai tempi antichi. Per insegnarci quest'arte, il sacerdote ci mostrava una pagina su cui erano tracciate rudimentali istruzioni. In tal modo venivamo a contatto con i primi elementi della conoscenza delle parole. E la sera, rientrati a casa da scuola, i bambini ripetevano agli adulti ciò che avevano appreso durante il giorno, dato che Mixtzin e i preti vedevano con favore la diffusione del sapere, perlomeno tra i maschi adulti. Quanto alle donne e agli schiavi, si riteneva che non avessero alcun bisogno di conoscere le parole. Mia madre, benché appartenesse alla famiglia di più alto lignaggio di Aztlan, non imparò mai a leggere e a scrivere.

Zio Mixtzin aveva cominciato a imparare quand'era ancora un tlatocapíli di campagna e aveva continuato a studiare per tutta la vita. Aveva iniziato sotto la guida di quel viaggiatore mexícatl, l'altro Mixtli. Poi, durante il viaggio di ritorno da Tenochtitlán col seguito di Mexíca, a ogni sosta notturna si era fatto impartire lezioni da uno dei sacerdoti-maestri. E, una volta rientrato ad Aztlan, aveva preso quel sacerdote come suo insegnante privato. Così, quando cominciai a frequentare la scuola, lo zio era già in grado di inviare a Motecuzóma rapporti di parole-raffigurazioni riguardo lo sviluppo di Aztlan. E per giunta si dilettava a scrivere poesie... il genere di poesie che chi lo conosceva si sarebbe aspettato da lui: ciniche riflessioni sull'imperfezione dell'uomo, del mondo e della vita. Era solito leggercele, e una mi è rimasta particolarmente impressa:

*Perdonare?*
*Mai perdonare,*
*Ma fingere di perdonare.*
*Di' con garbo che hai perdonato.*
*Convincili del tuo perdono.*
*E quanto tremendo sarà l'effetto*
*Quando infine, con un balzo,*
*Li afferrerai alla gola.*

Anche nel primo ciclo di studi a noi ragazzi veniva insegnata un po' di storia dell'Unico Mondo e, per quanto giovane fossi, non potei fare a meno di notare che quello che ci veniva narrato talvolta presentava notevoli discrepanze con alcuni racconti che il mio bisnonno, il Rammentatore della Storia di Aztlan, ogni tanto aveva riferito ai familiari. Per esempio, alla luce degli insegnamenti del sacerdote-maestro mexícatl, si poteva supporre che l'intera nazione dei Mexíca fosse spuntata un bel giorno dalla terra nell'isola di Tenochtitlán, tutti adulti, nel pieno del vigore, della cultura e della civiltà. Poiché questo non concordava con quanto io e i miei cugini avevamo sentito dal vecchio Canaútli, ci premurammo di chiedere delucidazioni.

Il bisnonno rise e, con fare tollerante, proclamò: «*Ayya*, i Mexíca sono dei millantatori. Alcuni di loro non esitano a edulcorare fatti sgradevoli pur di conservare la pomposa immagine che hanno di se stessi».

«Quando zio Mixtzin li ha portati qui, li ha definiti "nostri cugini" e ha accennato a una sorta di "antica parentela"», lo incalzai io.

«Immagino che gran parte dei Mexíca avrebbe preferito che non si accennasse per niente a quella parentela. Ma era un fatto che non poteva essere passato sotto silenzio, specie dopo che tuo... dopo che l'altro Mixtli è capitato qui e ha menzionato la nostra esistenza a Motecuzóma. Insomma... l'altro Mixtli, proprio come avete fatto voi tre, mi ha chiesto la vera storia degli Aztéca e il loro rapporto con i Mexíca, e ha creduto a quanto gli ho detto.»

«Anche noi ti crederemo», dichiarò solennemente Yeyac. «Raccontaci tutto.»

«A una condizione», rispose il bisnonno. «Non usate quanto vi dirò per correggere o contraddire il sacerdote-maestro. Al momento i Mexíca si prodigano per noi. Sarebbe brutto da parte vostra contestare qualche stolta ma innocua illusione che a loro piace coltivare.»

In coro, ci impegnammo a non farlo.

«E allora sappiate, giovane Yeyac-Chichiquíli, giovane Patzcatl-Améyatl, giovane Téotl-Tenamáxtli, che, molti covoni di anni fa – ma in tempi già tramandati nella memoria dei Rammentatori – Aztlan non era soltanto un piccolo villaggio costiero. Era la capitale di un territorio che si stendeva sino alle montagne. Vivevamo con grande frugalità – la gente di oggi direbbe che era una vita primitiva – ma ce la cavavamo piuttosto bene, e di rado attraversavamo momenti di difficoltà. Questo grazie alla dea della luna, Coyolxaúqui, la quale faceva sì che le scure onde del nostro mare e la buia compattezza delle montagne ci fornissero in abbondanza il necessario per vivere.»

«Una volta ci hai detto che noi aztéca non adoravamo altri dei», lo interruppe Améyatl.

«No, nessuno degli altri, neppure quelli generosi come Coyolxaúqui. Neanche Tlaloc, il dio della pioggia, tanto per dirne uno. Basta che ti guardi attorno, ragazza mia.» Il bisnonno rise. «Che bisogno c'era di pregare affinché Tlaloc ci recasse la pioggia? No: eravamo del tutto soddisfatti di come stavano le cose. Il che non significa che fossimo dei debolucci impotenti. *Ayyo,* difendevamo ferocemente i nostri confini quando altri pòpoli invidiosi cercavano di invaderci. Ma, perlopiù, eravamo gente pacifica. Anche quando offrivamo sacrifici alla dea Coyolxaúqui, non immolavamo mai una vergine e neppure un prigioniero nemico. Sul suo altare deponevamo solo piccole creature del mare o della notte. Magari uno strombo dalla conchiglia perfetta... oppure una farfalla notturna dalle grandi e morbide ali verdi...»

S'interruppe per qualche istante, forse contemplando quei bei tempi lontani, ancora prima della nascita del *suo* bisnonno. Lo invitai a continuare: «Sino a che non venne una donna...»

«Ma sì, pensate un po': una donna. E una donna degli Yaki, il popolo più selvaggio e crudele di tutti. Un gruppo di nostri cacciatori la trovò che girovagava senza meta, su nelle nostre montagne, lontanissima dai territori desertici degli Yaki. Quegli uomini la sfamarono, la vestirono e la portarono ad Aztlan. Ma, *ayya ouíya,* era una donna cattiva, che ricambiò i favori dei nostri antenati seminando zizzania tra amici, tra famiglie e tra fratelli.»

«Come si chiamava?» domandò Yeyac.

«Aveva un brutto nome yaki: G'nda Ké. E quel che fece... cominciò col deridere il nostro semplice modo di vivere e la nostra adorazione per la benevola dea Coyolxaúqui. Perché non veneravamo invece il dio della guerra Huitzilopóchtli? ci chiese. Lui, a sua detta, ci avrebbe portato alla vittoria nelle guerre, alla conquista di altre nazioni, alla cattura di prigionieri che avremmo potuto offrire in sacrificio al dio, il quale, così appagato, ci avrebbe concesso altre conquiste, sino a fare di noi i dominatori di tutto l'Unico Mondo.»

«Ma perché ha voluto fomentare passioni così violente in un popolo pacifico?» chiese Améyatl. «Che vantaggio gliene poteva venire?»

«Non ti farà piacere sentire la spiegazione, cara bisnipotina. La maggior parte degli antichi Rammentatori attribuì la sua condotta alla naturale testardaggine delle donne.»

Poiché Améyatl si limitò ad arricciare il naso, Canaútli, dopo aver accennato un sorriso sdentato, continuò: «Sarai lieta di apprendere che la mia teoria è leggermente diversa. È ben noto che i maschi yaki sono crudeli e disumani nei confronti delle loro donne quanto lo sono con tutti gli altri esseri umani non yaki. Sono convinto che quella donna era ossessionata dall'idea di veder trattare tutti i maschi così come lei era stata trattata da quelli del suo stesso popolo. Voleva spingere tutti gli uomini dell'Unico Mondo a massacrarsi a vicenda in guerra, e a sacrificare i loro simili per soddisfare questo o quel dio».

«Come oggi fanno quasi tutte le comunità dell'Unico Mondo», commentò Yeyac. «E come i sacerdoti e i guerrieri mexíca vorrebbero insegnarci a fare. Solo che noi siamo in buoni rapporti con tutti i nostri confinanti. Dovremmo spingerci ben oltre le montagne per impegnarci in battaglia o catturare prigionieri da sacrificare. Tuttavia, l'infame G'nda Ké riuscì nel suo intento.»

«Be', ci riuscì a stento», disse Canaútli. «Convinse centinaia di abitanti di Aztlan a emularla nell'adorazione del sanguinario dio Huitzilopóchtli. Ma centinaia d'altri, più sensati, non vollero convertirsi. Col tempo, G'nda Ké riuscì a dividere gli Aztéca in due fazioni talmente avverse – come ho detto, c'era odio anche tra fratelli – che lei e i suoi seguaci finirono per allontanarsi di qui e sistemarsi in sette caverne sulle montagne, dove si armarono e si addestrarono nelle arti marziali, in attesa che la donna yaki desse l'ordine di partire alla conquista di altri popoli.»

«E senza dubbio, i primi a soffrirne sarebbero stati i pacifici dissidenti di Aztlan», continuò Améyatl, di buon cuore come sempre.

«Certamente. Ma, per fortuna, il tlatocapíli dell'epoca era irascibile e ribelle quasi quanto vostro padre Mixtzin e, come lui, non sopportava gli idioti. Accompagnato dalle guardie della città rimastegli fedeli, si recò sui monti, cinse d'assedio i miscredenti e ne uccise parecchi. Ai sopravvissuti disse: "Prendete il vostro spregevole dio e le vostre famiglie e sparite. Altrimenti vi ucciderò tutti, uomini, donne, bambini e persino i feti nei grembi delle madri".»

«E quelli se ne andarono», conclusi io.

«Sì. Dopo infinite peregrinazioni e dopo molte generazioni, trovarono infine un'altra isola in un altro lago, dove credettero di ravvisare il simbolo del loro dio della guerra – un'aquila appollaiata su un cactus nopáli – e lì si stabilirono. Chiamarono l'isola Tenochtitlán, Il Luogo del Tenoch, che in qualche dimenticato dialetto locale era il nome del cactus nopáli. E per ragioni che non ho mai desiderato approfondire, assunsero il nome di Mexíca. Nell'arco di molti e molti anni prosperarono, combatterono e soggiogarono popoli vicini e lontani.» Canaútli alzò le vecchie spalle ossute a esprimere la sua rassegnazione. «Adesso, per il bene o per il male, grazie agli sforzi di tuo zio e di quell'altro mexícatl, chiamato anch'egli Mixtli, ci siamo di nuovo riconciliati. Vedremo che cosa ne verrà fuori. Ma ora sono stanco di ricordare. Andate, ragazzi, e lasciatemi riposare.»

Mentre ci allontanavamo, mi voltai per chiedere: «E che ne è stato di quella donna yaki... quella G'nda Ké?»

«È stata una delle prime vittime dell'assalto alle sette caverne. Ma si sapeva che si era accoppiata con molti dei suoi seguaci maschi. Quindi non c'è dubbio che il suo sangue scorra ancora nelle vene di molte famiglie mexíca. Forse in tutte. Questo spiegherebbe la ragione per cui sono ancora aggressivi e sanguinari come lei.»

Non saprò mai perché Canaútli non mi avesse detto allora che anch'io avevo almeno una goccia del sangue di quella donna, e che certamente potevo affermare di essere il massimo esempio presente ad Aztlan della "parentela" fra Aztéca e Mexíca, essendo nato da una donna aztécatl e da un padre mexícatl. Forse il vecchio esitò perché riteneva spettasse a sua nipote svelare o nascondere quel segreto di famiglia.

E neppure so che cosa spinse mia madre a tacere. Quand'ero bambino, la popolazione di Aztlan era così ridotta e così unita che molti dovevano essere al corrente del fatto che io ero un figlio illegittimo. Una donna comune, della classe macehuáli, sarebbe stata criticata e forse anche punita se avesse avuto un bastardo. Ma Cuicáni, in quanto sorella dell'allora tlatocapíli, divenuto poi Uey-Tecútli, non doveva certo temere i pettegolezzi e lo scandalo. Tuttavia mi nascose l'identità di mio padre sino a quel terrificante giorno a Città di Mexíco. Posso solo sospettare che, per anni, abbia sperato di veder ritornare ad Aztlan, e tra le sue braccia, quell'altro Mixtli, il quale si sarebbe rallegrato nell'apprendere che aveva avuto un figlio da lei.

In tutta onestà non so neppure come mai, durante la mia infanzia, io non abbia mai mostrato alcuna curiosità riguardo a mio padre. Be', Yeyac e Améyatl avevano un padre ma non una madre; io avevo una madre ma non un padre. Devo aver pensato che una simile situazione fosse normale e molto diffusa. Perché arrovellarsi?

Ogni tanto mia madre esprimeva il suo orgoglio materno con frasi come: «Tenamáxtli, vedo che diventerai un bell'uomo, dai tratti forti, proprio come tuo padre», oppure: «Sei molto alto per la tua età, figliolo. Be', anche tuo padre era molto più alto della media». Ma badavo ben poco a quei commenti: ogni madre è convinta che il suo pulcino diventerà un'aquila.

Naturalmente, se qualcuno avesse fatto delle insinuazioni avrei avuto uno spunto per chiedere notizie di quel padre assente. Ma ero il nipote e il figlio dei signori del palazzo di Aztlan; nessuna persona con la testa sul collo avrebbe corso il rischio di inimicarsi Mixtzin. Né fui mai stuzzicato su quell'argomento dai compagni di giochi o dai bambini del vicinato. E in famiglia, Yeyac, Améyatl e io vivevamo insieme in pace e armonia, più come fratelli che come cugini. O meglio, così fu sino a un certo giorno.

# 4

All'epoca, Yeyac aveva quattordici anni e io sette; mi era stato appena conferito il secondo nome e avevo iniziato da poco la scuola. Abitavamo già nel nuovo e lussuoso palazzo, e noi ragazzi, felici di avere camere singole, eravamo molto gelosi della nostra intimità. Per questo fui piuttosto sorpreso quando un giorno, verso il crepuscolo, Yeyac venne in camera mia senza essere stato invitato e senza aver chiesto il permesso. Si dava il caso che fossimo soli a palazzo – con l'eccezione della servitù che lavorava in cucina o altrove – perché i nostri rispettivi genitori, Mixtzin e Cuicáni, si erano recati nella piazza principale della città per assistere a un'esibizione di danza delle allieve della Casa per l'Apprendimento delle Buone Maniere, cui partecipava anche Améyatl.

Ciò che più mi sorprese fu che Yeyac, entrato senza far rumore mentre io davo le spalle alla porta, avesse allungato la mano sotto il mio manto e me l'avesse infilata tra le gambe per far delicatamente *rimbalzare* il mio tepúli e i miei olóltin, come se volesse soppesarli. Solo a quel contatto mi accorsi della sua presenza e feci un gran balzo in aria, come se mi fossi ritrovato sotto il mantello un granchio dalle possenti chele. Mi girai di scatto e fissai mio cugino, stupefatto e incredulo. Yeyac non solo aveva invaso la mia sfera privata, ma aveva toccato addirittura le mie *parti* intime.

«*Ayya,* che permaloso!» esclamò lui con un sorrisetto. «Sei ancora un bambino, eh?»

«Non mi ero accorto... non ho sentito...» farfugliai.

«Non essere così risentito, cugino. Stavo solo facendo dei confronti.»

«Cosa?» chiesi, perplesso.

«Suppongo che i miei dovevano essere piccini come i tuoi quando avevo la tua età. Ti piacerebbe, cuginetto, avere quello che ho adesso?»

Sollevò il manto, slacciò il perizoma máxtlatl ed ecco sbucare, o meglio, balzare fuori un tepúli di cui non avevo mai visto l'uguale. Non che ne avessi visti molti, solo quelli in mostra quando, con i compagni di giochi, sguazzavamo nudi nel lago. Quello di Yeyac era molto più lungo, eretto, turgido e quasi rosso sulla punta. Be', mi dissi, il nome di mio cugino era Yeyac-Chichiquíli, Freccia Lunga, e quindi era possibile che il vecchio saggio che glielo aveva assegnato fosse stato davvero preveggente. Ma il tepúli di Yeyac appariva talmente turgido e infiammato da spingermi a chiedere, con comprensione: «Ti fa male?»

Lui scoppiò in una sonora risata. «È solo affamato», rispose. «È così che dev'essere quello di un uomo, Tenamáxtli. Più grande è, meglio è. Non vorresti averne uno così?»

«Be'», risposi, incerto. «Suppongo che lo avrò, all'età giusta. Come te.»

«Ah, ma dovresti cominciare a tenerlo in esercizio, cugino, perché con l'uso cresce e migliora. In tal modo, sarai *sicuro* di avere uno strumento poderoso quando sarai grande.»

«Usarlo come?»

«Ti faccio vedere», rispose. «Prendilo in mano.»

Quando mi guidò la mano sul suo tepúli, io la ritrassi indignato ricordandogli: «Sai che il sacerdote ci ha raccomandato di non giocare con queste parti del nostro corpo. Frequenti anche tu lo stesso corso di igiene alla Casa per l'Apprendimento delle Buone Maniere».

(Yeyac era uno di quei ragazzi già grandicelli che aveva dovuto iniziare la scuola a livello elementare, con noi piccini. E, benché portasse il máxtlatl da oltre un anno, non era pronto per passare al calmécac.)

«Buone Maniere!» sbuffò sprezzante. «Sei davvero un ingenuo. I sacerdoti ci proibiscono di procurarci piacere da soli perché sperano che, prima o poi, procuriamo piacere a loro.»

«Piacere?» chiesi, più perplesso che mai.

«Imbecille, il tepúli è destinato al piacere. Credevi che fosse fatto solo per orinare?»

«È l'unica cosa che fa il mio», risposi.

Yeyac, con tono spazientito, continuò: «Ti mostrerò come si fa a trarne piacere. Guarda. Prendi in mano il mio e fa' così». Afferrato il tepúli con una mano, prese a farla scorrere vigorosamente avanti e indietro. Poi mollò la presa, si strinse a me e mi mise in mano il tepúli.

Imitai come meglio potevo il suo movimento. Lui chiuse gli occhi, il suo volto divenne rosso quasi quanto la punta del tepúli e il suo respiro si fece affannoso. Dopo un po', visto che nulla succedeva, protestai: «Ma quant'è noioso!»

«E tu sei molto maldestro», ribatté lui, con voce tremante. «Stringi di più, bimbo! E sii più rapido! E non distrarmi.»

Di lì a poco brontolai: «Ma è *terribilmente* noioso. E quale vantaggio dovrei trarre da tutto questo?»

«Pochéoa!» ringhiò, pronunciando quella che era quasi una parolaccia. «D'accordo. Allora li eserciteremo tutti e due contemporaneamente.» Mi permise di lasciare la presa, ma ricominciò ad accarezzarsi il tepúli. «Sdraiati sul tuo giaciglio e solleva il manto.»

Quando ebbi obbedito, si distese accanto a me, ma girato al contrario... cioè con la testa contro il mio inguine, e la mia contro il suo.

«Adesso», proseguì, sempre accarezzandosi con forza, «prendilo in bocca... così.» E, con mio sommo stupore, s'infilò tra le labbra il mio cosino.

Ma io obiettai con forza: «Assolutamente no. Conosco i tuoi scherzi, Yeyac. Mi piscerai in bocca».

Emise un «Arrg!» di rabbia e di frustrazione, senza però mollare il mio tepúli né rallentare il ritmo con cui accarezzava il proprio. Per un istante temetti che fosse tanto furibondo da staccarmelo con un morso. Ma lui si limitò a stringerlo fra le labbra, succhiandolo e rigirandolo con la lingua. Confesso che quella sensazione non era affatto sgradevole. Mi pareva addirittura che mio cugino potesse aver ragione e che il mio cosino si stesse di fatto allungando grazie a quel trattamento. Però, lungi dall'indurirsi come il suo, si lasciava semplicemente manovrare. Ma tutto questo non durò abbastanza da farmi provare di nuovo un senso di noia, perché il corpo di Yeyac all'improvviso venne scosso da convulsioni e la sua bocca si allargò tanto da accogliere anche il sacco dei miei olóltin, che succhiò con rinnovato vigore. Poi dal suo tepúli sgorgò un fiotto di sostanza bianca, liquida ma densa come sciroppo di latte di cocco, che mi spruzzò la testa.

Allora fui io a strillare «Arrg!» disgustato, precipitandomi a ripulire quella roba appiccicaticcia dai capelli, dalle sopracciglia, dalle ciglia e dalle guance.

Yeyac si staccò da me per ricadere supino e, non appena ebbe ripreso fiato, disse: «*Ayya*, non comportarti come un bimbetto scemo. È solo omícetl. È la fuoriuscita dell'omícetl che provoca questo piacere sublime. Inoltre, l'omícetl è quello che crea i bambini».

«Non voglio nessun bambino!» protestai, ripulendomi con maggiore energia.

«Quanto sei scemo, cugino! L'omícetl ha quest'effetto solo sulle donne. Scambiato tra uomini è un'espressione di... di grande affetto e di passione reciproca.»

«Non nutro alcun affetto per te, Yeyac, non più.»

«Suvvia», mi blandì lui. «Col tempo imparerai a gradire questi nostri giochi. Anzi, li *desidererai ardentemente.*»

«No. I sacerdoti hanno ragione a proibirli. Zio Mixtzin è di rado d'accordo con loro, ma scommetto che, se gli raccontassi questa faccenda, si schiererebbe dalla loro parte.»

«*Ayya...* che permaloso», accennò Yeyac, ma questa volta senza traccia di allegria.

«Non temere: non parlerò. Sei mio cugino e non voglio che tu sia punito. Ma non dovrai mai più toccarmi né mostrarmi le tue parti intime. Va' a fare i tuoi esercizi altrove. E adesso giuralo baciando la terra.»

Con aria delusa e contrariata, si chinò lentamente per posare un dito sulla lastra di pietra del pavimento e poi sulle labbra, in quello che era il rito del giuramento.

E mantenne la promessa. Non cercò mai più di toccarmi e mi si mostrò sempre vestito di tutto punto. Evidentemente aveva trovato altri ragazzi che, a differenza di me, non erano contrari a imparare quello che lui voleva insegnargli. Infatti, quando il guerriero mexícatl che si occupava della nostra istruzione alla Casa dell'Irrobustimento ci assegnava il noioso compito di fare la guardia in luoghi remoti, notavo che Yeyac e tre o quattro ragazzi di varie età si offrivano sempre volontari. E mio cugino forse aveva ragione riguardo ai sacerdoti. Ce n'era uno che, se aveva bisogno di farsi portare qualcosa in camera, esigeva sempre che fosse Yeyac a servirlo, dopodiché i due sparivano per molto tempo.

Ma non me la presi con Yeyac, né gli serbai rancore per quello che mi aveva fatto. I nostri rapporti furono tesi per un certo tempo, poi pian piano divennero semplicemente freddi e forse improntati a un'eccessiva cortesia. Io dimenticai l'episodio sino a quando, molto tempo dopo, avvenne qualcosa che me lo fece ricordare. Nel frattempo, col passare degli anni, il mio tepúli crebbe per conto suo, senza aiuti esterni.

Nel corso degli anni, noi aztéca ci abituammo alla nutrita schiera di dei che i Mexíca avevano portato e in onore dei quali avevano eretto templi. La nostra gente cominciò a partecipare ai riti in onore di questo o quel dio; in un primo momento, credo, solo come segno di rispetto e di cortesia verso i Mexíca che vivevano tra di noi. Ma in seguito anche i nostri Aztéca parvero trarre qualcosa – sicurezza? sollievo? conforto? non saprei – dall'adorazione di quegli dei, anche di quelli che potevano sembrare ripugnanti come il dio della guerra Huitzilopóchtli e la dea dell'acqua Chalchihuítlicué, col volto da ranocchio. Le fanciulle nubili pregavano Xochiquétzal, la dea mexícatl dell'amore e dei fiori, affinché le aiutasse a prendere al laccio un giovane appetibile e a fare un buon matrimonio. I nostri pescatori, prima di prendere il largo, oltre a rivolgere le consuete preghiere a Coyolxaúqui perché li aiutasse a catturare molti pesci, pregavano anche Ehécatl, il dio dei venti mexícatl, affinché non scatenasse contro di loro una burrasca.

A differenza dei cristiani, non si esigeva che le persone adorassero un dio in particolare. E, contrariamente ai cristiani, nessuno veniva punito se cambiava a piacer suo l'oggetto della devozione, o la divideva tra più divinità. Gran parte della nostra gente continuava ad avere una particolare venerazione per la nostra antica dea patrona, ma non vedeva nulla di male nel venerare anche le divinità dei Mexíca... oltretutto, grazie a questi nuovi dei e dee, il numero delle feste era molto aumentato, fornendo così ulteriori occasioni di partecipare a cerimonie, canti e danze. Neppure il fatto che molte di queste divinità richiedessero tributi in forma di cuori umani e sangue sembrava sgomentare la gente.

Mai, in quegli anni, ci impegnammo in guerre al fine di procurarci prigionieri da sacrificare. Ma, stranamente, non mancavano mai persone – aztéca e mexíca – disposte a scegliere *volontariamente* la morte per compiacere quegli dei. I sacerdoti erano riusciti a convincerle che, se avessero continuato a vivere sino a morire di vecchiaia, avrebbero corso il rischio di precipitare nel baratro del Míctlan – il Luogo Oscuro – in cui avrebbero passato un'eternità priva di piaceri, distrazioni, sensazioni e persino dolori, un oltretomba del nulla più assoluto. Invece, a detta dei sacerdoti, chiunque affrontasse la cosiddetta Morte Fiorita sarebbe assurto all'istante nel nobile regno del dio del sole, Tonatíu, in un aldilà di eterna gioia.

Per questo molti schiavi chiedevano di essere sacrificati a qualsiasi divinità – a loro poco importava quale – convinti di poter migliorare la propria condizione. Ma questa flagrante credulità non era limitata agli schiavi. Anche giovani uomini liberi si offrivano al sacrificio, dopodiché venivano scorticati e la loro pelle era indossata da un sacerdote a imitazione e in onore di Xipe Totec, il dio della semina. Le fanciulle si facevano strappare il cuore per simboleggiare la morte della dea-madre Teteoínan nel dare alla luce Centéotl, il dio del mais. Persino i genitori facevano immolare i figli neonati, che venivano soffocati in onore di Tlaloc, il dio della pioggia.

Personalmente non ho mai avuto la minima propensione all'autoimmolazione. Senza dubbio influenzato dall'irriverente zio Mixtzin, non ho mai nutrito grande interesse per le divinità, e men che meno per i sacerdoti. Trovavo particolarmente detestabili quelli dediti al culto dei nuovi dei portati dai Mexíca perché, a riprova della loro nobile vocazione, praticavano sui loro stessi corpi varie forme di mutilazione e, peggio ancora, non si lavavano mai né ripulivano gli abiti. Nei primi tempi del loro soggiorno ad Aztlan avevano indossato rozzi indumenti da fatica e, come tutti gli altri lavoranti, alla sera si lavavano. Ma in seguito, quando non furono più costretti a far parte delle squadre di lavoro e poterono indossare gli abiti sacerdotali, si guardarono bene dal fare un tuffo nel lago, per non parlare dei purificanti bagni di vapore, e ben presto furono lerci in modo ripugnante, così da lasciare al loro passaggio una scia d'aria mefitica. Se mai mi fossi preso la briga di riflettere sulle strane preferenze sessuali del cugino Yeyac, probabilmente mi sarei chiesto con un brivido come potesse lasciarsi abbracciare da simili esseri schifosi.

Ma, come ho già detto, passò molto tempo – ben cinque anni – prima che avessi l'occasione di pensare, e solo di sfuggita, alle proposte del cugino Yeyac. Adesso avevo dodici anni, la mia voce cominciava a cambiare, altalenando fra i toni acuti e gravi, ed ero in attesa di poter indossare il perizoma della virilità. E, assurdamente, la cosa avvenne con le stesse modalità della prima volta.

Insisto nel dire che gli dei traggono gran divertimento dal mettere noi mortali in situazioni che *solo in apparenza* sembrano pure coincidenze. Ero in camera mia a palazzo, con la schiena rivolta alla porta, quando, anche questa volta, una mano s'inserì sotto il mio manto, diede una lieve strizzata ai miei genitali e... mi fece sobbalzare.

«*Yya ouíya,* non riprovarci!» strillai ricadendo a terra e girandomi verso il molestatore.

«Riprovarci?» si stupì lei.

Era mia cugina, Améyatl. Se non ho ancora accennato alla sua bellezza, questo è il momento per dire che, sì, era stupenda. A sedici anni era probabilmente al culmine della bellezza e non v'era donna in tutta Aztlan che potesse starle alla pari.

«Questo è molto indecoroso», la rimproverai con voce ringhiante. «Perché hai fatto una cosa simile?»

«Speravo di tentarti», rispose lei, con franchezza.

«Tentarmi?» pigolai con voce infantile. «A far cosa?»

«A prepararti al giorno in cui indosserai il máxtlatl. Non ti piacerebbe sapere in anticipo come si fa?»

«Si fa cosa?» balbettai.

«Quell'atto intimo che gli uomini e le donne compiono insieme. Ti confesso che a me piacerebbe molto imparare. Ho pensato che potremmo provarci insieme.»

«Ma... perché proprio io?» chiesi con un fil di voce.

Lei fece un sorriso malizioso. «Perché tu, come me, non hai ancora imparato. Ma quella tastatina mi dice che sei del tutto maturo e pronto. Come lo sono io. Ora mi spoglio e vedrai.»

«Ma ti ho già vista nuda. Abbiamo fatto il bagno insieme. Siamo stati insieme nella capanna del bagno di vapore.»

Con un gesto respinse le mie affermazioni. «Allora eravamo bambini. Non mi hai più vista da quando mi è stato conferito l'indumento intimo della femminilità. Vedrai quanto sono cambiata, sia qui... che qui. Puoi toccarmi, e io toccherò te; poi vedremo che cosa ci viene voglia di fare.»

Con i miei compagni avevo spesso discusso – come immagino facciano anche i ragazzini cristiani – sulle differenze fisiche dei maschi e delle femmine, su quello che ritenevamo facessero nell'intimità uomini e donne, su chi stava sopra e chi sotto, sulle possibili varianti, su quanto durava l'accoppiamento e quante volte lo si poteva fare di seguito. Ognuno di noi, prima in segreto e poi in gare collettive, aveva scoperto come verificare che i rispettivi tepúltin fossero debitamente erettili e che le uova olóltin contenessero l'omícetl in quantità non inferiore a quella degli amici.

Inoltre, ogniqualvolta ci veniva imposto di collaborare agli infiniti lavori di ristrutturazione della città, ascoltavamo avidamente le chiacchiere dei lavoranti e i resoconti delle loro avventure con le donne, senza dubbio esagerati. Come tutti i miei coetanei, in proposito avevo solo nozioni vaghe e di seconda mano, in gran parte errate, ai limiti dell'inverosimile e dell'anatomicamente impossibile. Se mai noi ragazzi concordavamo su qualcosa, era il fatto che non vedevamo l'ora di approfondire personalmente quei misteri.

Ed ecco che mi veniva offerto il corpo della fanciulla più bella di Aztlan... non una qualsiasi maátitl da due soldi, né una costosa auyaními, ma una vera principessa. (In quanto figlia dell'Uey-Tecútli, aveva diritto a essere chiamata Améyatzin, e infatti questo era l'appellativo con cui si rivolgeva a lei la gente.) Tutti i miei compagni avrebbero colto al volo l'occasione, con gioia, gratitudine e molti ringraziamenti a ogni divinità possibile e immaginabile.

Ma tenete presente che, sebbene mia cugina avesse quattro anni più di me, noi due eravamo cresciuti insieme. L'avevo conosciuta quand'era una bimbetta spesso sporca, con il moccolo al naso, le ginocchia sbucciate, talvolta in preda alle lacrime o ai capricci, e in seguito l'avevo vista nei panni della sorella maggiore che mi prendeva in giro e mi tormentava. Naturalmente era diventata molto più composta e gentile col passare degli anni, tuttavia io la consideravo ancora una sorella maggiore. Come tale non aveva misteri per me, e quindi non poteva essere un oggetto di desiderio. Non riuscivo a guardarla con la stessa curiosità che dedicavo a tutte le belle donne che incontravo, chiedendomi: *Be'... e se noi due...?*

Tuttavia quella era un'occasione che non potevo certo buttar via. Anche se l'accoppiamento con mia cugina si fosse rivelato noioso, o addirittura sgradevole com'era stato con Yeyac molto tempo prima, ora mi si offriva la possibilità di esplorare un corpo femminile adulto e tutte le sue pieghe segrete, di scoprire quello che nessuno mi aveva ancora compiutamente e credibilmente spiegato: come di fatto avveniva l'accoppiamento.

A mio merito, devo dire che sollevai qualche obiezione, sia pur debole: «Perché hai scelto me? Perché non Yeyac? È più vecchio di noi due. Dovrebbe essere in grado di insegnarti molto più di...»

«*Ayya!*» esclamò lei con una smorfia. «Avrai senz'altro capito che mio fratello è un cuilóntli. Lui e i suoi amanti si dedicano solo al cuilónyotl.»

Sì, l'avevo capito, e a quel punto conoscevo anche i termini usati per indicare quel tipo d'uomo e quel genere di abitudini sessuali, ma ero stupito che li conoscesse anche una fanciulla riservata come lei. Ed ero ancor più stupito che una fanciulla riservata potesse disinvoltamente togliersi il corpetto, come stava facendo in quel momento Améyatl.

Ma di colpo la sua espressione di gioiosa attesa si trasformò in sgomento. Gridò: «È questo che intendevi quando hai detto "riprovarci"? Che tu e Yeyac...? *Ayya,* cugino, sei anche tu un cuilóntli?»

Non riuscii a rispondere subito perché ero rapito nel vedere quei seni divinamente tondi, levigati e invitanti, sormontati da un bocciolo rosato che senza dubbio doveva avere il sapore del nettare. Améyatl aveva ragione: adesso era molto diversa. Un tempo era piatta come me, con capezzoli appena accennati come i miei. Ma, superato quell'istante di incantato stupore, mi affrettai a rassicurarla: «No, non lo sono. Yeyac una volta mi ha dato una toccatina, proprio come hai fatto tu. Ma l'ho respinto. Non ho alcun interesse per il cuilónyotl».

Mi sorrise rasserenata: «Allora procediamo con l'amore del tipo giusto». E con un rapido, aggraziato gesto lasciò cadere a terra la gonna.

«Del tipo giusto?» ripetei come un pappagallo. «Ma quello è il genere con cui si fanno i bambini.»

«Solo se si vuole», precisò lei. «Credi che sia ancora una bimbetta? Sono una donna adulta e ho imparato come evitare la gravidanza. Prendo ogni giorno una dose di radice tlatlaohuéhuetl in polvere.»

Non avevo idea di che cosa fosse, ma le credetti sulla parola. Però, sempre a mio vanto, devo dire che sollevai un'ultima obiezione: «Un giorno vorrai sposarti, Améyatl. E vorrai prendere come sposo un píli del tuo rango. E lui vorrà trovarti vergine». La mia voce divenne un gracidio mentre lei cominciava a sciogliere, con gesti lenti e invitanti, il tochómitl di feltro che le avvolgeva i fianchi. «Mi risulta che una donna, dopo aver fatto l'amore anche una sola volta, non è più vergine, e questo appare evidente la notte delle nozze. In tal caso, saresti fortunata a essere accettata come moglie persino da un...»

Lei sospirò esasperata dal mio farneticare nervoso. «Ti ho già detto che ho ricevuto lumi. Se mai avrò una prima notte, sarò preparata. C'è un unguento astringente che mi renderà più impraticabile di una vergine di otto anni. E poi, all'interno si inserisce una specie di uovo di piccione che, all'insaputa del marito, si romperà al momento opportuno.»

Con voce ridivenuta aspra, dissi: «A quanto pare, hai riflettuto molto prima di invitarmi a...»

«*Ayya,* ma vuoi stare zitto? O hai paura di me? Smettila di blaterare, cretino, e vieni qui!» E, sdraiatasi sul giaciglio, mi trasse accanto a sé, e io mi arresi completamente.

Scoprii che mi aveva detto il vero affermando di essere cambiata anche in *quel* posto. Quando, in passato, l'avevo vista nuda, avevo notato solo una piccola piega all'inguine. Adesso la tipíli era qualcosa di più di una fessurina e al suo interno si celavano meraviglie. *Meraviglie.*

Sono certo che chiunque avesse osservato le nostre inesperte esplorazioni, persino un cuilóntli del tutto privo d'interesse per la cosa, avrebbe riso a crepapelle. Con la mia voce inaffidabile, che variava dagli acuti di un flauto al rimbombo di un tamburo, continuavo a balbettare scemenze come: «È questo il modo giusto?» e «Cosa faccio adesso?» e «Preferisci che faccia così... o così?»

Améyatl, con più calma, suggerì: «Se la allarghi delicatamente con le dita, come se fosse la conchiglia di un'ostrica, troverai una perlina, il mio xacapíli...» Poi, per niente con calma: «Sì! Ecco! *Ayyo, sì!*» E di lì a poco rinunciò a ogni compostezza, io persi ogni traccia di nervosismo, ed entrambi cominciammo a emettere grida indistinte di piacere ed estasi.

La cosa che ricordo meglio di quell'accoppiamento e dei successivi è quanto appropriato fosse il nome di mia cugina, Patzcatl-Améyatl. Quando giacevamo insieme, lei era proprio una Fonte di Succo. Da allora ho conosciuto molte altre donne, ma nessuna che sprigionasse tanti succhi quanto lei. Quella prima volta, non appena l'ebbi toccata, la sua tipíli cominciò a trasudare un limpido fluido lubrificante. Ben presto i nostri corpi, e persino il giaciglio, ne furono inumiditi. Quando infine arrivammo al momento della penetrazione, la membrana che proteggeva la verginità di Améyatl cedette senza difficoltà. Il passaggio era stretto, verginale appunto, ma non ci fu bisogno di alcuna forzatura. Il mio tepúli, lubrificato da quei succhi, penetrò agevolmente. In seguito, Améyatl cominciò a inumidirsi non appena scioglieva il tochómitl e, più tardi ancora, nell'istante in cui entrava in camera mia. A volte, quand'eravamo in compagnia di altri, completamente vestiti e al meglio del nostro comportamento, lei mi lanciava un'occhiata che voleva dire: «Ti guardo, Tenamáxtli... e sono tutta bagnata».

Per questo il giorno del mio tredicesimo compleanno sorrisi tra me quando il padre di Améyatl, poco elegantemente ma animato da buone intenzioni, mi chiese di accompagnarlo nella più lussuosa casa di auyaníme di Aztlan e me ne scelse una di prima qualità. Da quel giovincello pretenzioso che ero, ritenevo di sapere tutto sull'atto dell'ahuilnéma con una donna. Be', non tardai a scoprire – con gran piacere e alcuni momenti di vera sorpresa e punte di lieve sbigottimento – che c'erano molte cose che ignoravo, cose che mia cugina e io non ci saremmo mai sognati di provare.

Per esempio, ebbi un istante di perplessità quando la ragazza mi fece con la bocca quello che pensavo fosse riservato ai cuilóntli, dato che era ciò che aveva tentato di farmi Yeyac. Ma ora il mio tepúli era più maturo e la ragazza lo eccitò con tanta bravura da farlo gioiosamente zampillare. Poi mi mostrò come fare la stessa cosa con il suo xacapíli. Imparai che quella modesta perlina, benché molto più piccola dell'organo maschile, può essere succhiata e leccata sino a che, senz'altro intervento, il corpo della donna viene travolto da sussulti di gioia. Nell'apprendere questo, cominciai a sospettare che le donne, in realtà, non hanno *bisogno* dell'uomo – o meglio, del suo tepúli – dato che un'altra donna e persino un bambino possono dar loro quello stesso tipo di piacere. Quando espressi questo sospetto la ragazza rise, ma mi diede ragione e mi disse che l'amore tra donne è chiamato patlachúia.

Quando la mattina successiva tornai a palazzo, Améyatl mi attendeva con impazienza e mi invitò ad andare in un luogo dove potevamo conversare indisturbati. Sebbene sapesse dove avevo passato la notte e che cosa avevo fatto per tutte quelle ore, non era né gelosa né turbata. Tutt'altro. Era desiderosa di sapere se avevo imparato cose nuove, o esotiche o voluttuosamente perverse che avrei potuto insegnarle. Quando sorridendo le risposi di sì, lei avrebbe voluto trascinarmi subito nella sua stanza o nella mia. Ma io la supplicai di lasciarmi riposare per riprendere le forze. Mia cugina trovò seccante l'idea dell'attesa, ma io le assicurai che avrebbe gradito molto di più i miei insegnamenti non appena avessi avuto il vigore necessario per impartirli.

E così fu. Per i cinque anni successivi ci sollazzammo insieme, cogliendo tutte le occasioni possibili. Non venimmo mai colti sul fatto né, a quanto mi risulta, fummo oggetto di sospetti da parte di suo padre, suo fratello o mia madre. Però non fummo mai veramente innamorati. Per entrambi l'altro era semplicemente lo strumento più a portata di mano e più ben disposto. Proprio com'era avvenuto il giorno del mio tredicesimo compleanno, Améyatl non manifestò mai rabbia o indignazione le poche volte in cui scoprì che avevo assaporato le grazie di una servetta o una schiava. (Giuro che è capitato *pochissime* volte, e nessuna di loro è mai stata all'altezza della mia cara cugina.) Né io mi sarei sentito tradito se Améyatl avesse fatto la stessa cosa. Ma so che non l'ha fatto. Dopotutto era di nobile lignaggio e non avrebbe messo a repentaglio la propria reputazione con una persona meno affidabile di me.

Non mi ritrovai col cuore infranto quando, a ventun anni, Améyatl dovette rinunciare a me per sposarsi. Come la maggior parte dei matrimoni tra giovani pípiltin, anche il suo fu combinato dai rispettivi padri, Mixtzin e Kévari, tlatocapíli di Yakóreke, una comunità a sud della nostra. Améyatl divenne ufficialmente la promessa sposa di Káuri, che aveva la sua stessa età. Era evidente (ai miei occhi come a quelli del vecchio Canaútli, il Rammentatore della Storia) che lo zio stava tessendo un'alleanza con il popolo di Yakóreke affinché Aztlan potesse, col tempo, ridiventare la capitale di tutti i territori e i popoli circostanti com'era stata in passato.

Non so se Améyatl e Káuri siano mai arrivati a conoscersi a fondo, né se abbiano finito con l'amarsi, ma so che in ogni caso sarebbero stati costretti a obbedire ai desideri dei rispettivi padri. Inoltre, a mio avviso, Káuri era una persona piuttosto simpatica e uno sposo accettabile per mia cugina; quindi, il giorno delle nozze, la mia sola emozione fu un certo nervosismo. Ma dopo che il sacerdote di Xochiquétzal ebbe legato i loro mantelli nel nodo del matrimonio, i festeggiamenti furono terminati e la coppia si fu ritirata nelle lussuose stanze a loro destinate nel palazzo, nessuno degli ospiti udì grida scandalizzate levarsi dalla camera. Ne dedussi con sollievo che l'unguento astringente e l'uovo di piccione all'interno, suggeriti anni prima dalle vecchie consigliere di Améyatl, erano stati sufficienti a convincere Káuri di aver sposato una vergine intatta. E senza dubbio lei lo persuase ulteriormente affettando una verginale imperizia in quell'atto che da anni praticava con consumata abilità.

Améyatl e Káuri si sposarono pochi giorni prima che io, lo zio e mia madre partissimo per Città di Mexíco. A mio parere lo zio diede prova di perspicacia affidando la reggenza non all'erede legittimo Yeyac, ma all'intelligente figlia e al suo sposo. Sarebbe passato molto, molto tempo prima che rivedessi Améyatl, e in circostanze che nessuno dei due avrebbe neppur lontanamente immaginato il giorno in cui ci congedammo da lei per metterci in viaggio.

# 5

Mi trovavo quindi in quello che era stato il Cuore dell'Unico Mondo, le nocche sbiancate che stringevano il topazio appartenuto a mio padre, gli occhi probabilmente lampeggianti di furia, e dicevo a mio zio e a mia madre che bisognava fare *qualcosa* per vendicare la morte dell'altro Mixtli.

Mia madre si limitò a piagnucolare desolata, ma Mixtzin mi guardò con una comprensione temperata dallo scetticismo e mi domandò con tono beffardo: «Secondo te che cosa dovremmo fare, Tenamáxtli? Dar fuoco alla città? La pietra non brucia facilmente. E poi siamo solo in tre. L'intera, potentissima nazione dei Mexíca non è riuscita a resistere a questi bianchi. Che cosa dovremmo fare noi?»

Stupidamente balbettai: «Io... io...» Mi bloccai per rimettere ordine nei miei pensieri e proseguii: «I Mexíca sono stati colti di sorpresa perché sono stati invasi da un popolo di cui ignoravano persino l'esistenza. Fu l'elemento sorpresa, seguito dalla confusione, a provocare la sconfitta dei Mexíca. Non hanno saputo riconoscere le capacità, l'astuzia e la sete di potere dei bianchi, ecco tutto. Adesso l'intero Unico Mondo li conosce. Quello che ancora non sappiamo è dove siano vulnerabili gli spagnoli. Devono avere un punto debole da qualche parte, un ventre molle che può essere aggredito e svuotato».

Mixtzin fece un ampio gesto con un braccio a indicare la città intorno a noi e chiese: «Dov'è? Mostramelo. Sarò lieto di aiutarti in questo sventramento. Tu e io contro tutta la Nuova Spagna».

«Ti prego, zio, non beffarti di me. Ti citerò qualche riga da una tua poesia... *Mai perdonare... infine, con un balzo, li afferrerai alla gola.* Senza dubbio gli spagnoli hanno una breccia. Si tratta solo di trovarla.»

«Ma devi farlo proprio tu, nipote? Negli ultimi dieci anni, nessun uomo delle nazioni sconfitte ha trovato una fessura nell'armatura degli spagnoli. E dovresti riuscirci tu?»

«Perlomeno io mi sono fatto un amico tra i nemici. Quel tal notaio che parla la nostra lingua. Mi ha invitato ad andare a trovarlo quando voglio. Magari potrei strappargli qualche indizio utile...»

«E allora va'. Parla. Ti aspetteremo qui.»

«No, no», risposi. «È probabile che ci voglia molto tempo per conquistare la sua fiducia, per tentare di strappargli rivelazioni utili. Chiedo a te, in quanto zio e in quanto mio Uey-Tecútli, il permesso di restare qui tutto il tempo necessario.»

«*Ayya ouíya...*» mormorò mia madre, rattristata.

Mixtzin si sfregò il mento, pensoso. Infine mi chiese: «Dove abiterai? Come ti manterrai? I semi di cacao che abbiamo portato con noi si possono scambiare solo nei mercati indigeni. Per altre spese o pagamenti, mi è stato detto che occorrono delle cose chiamate *monete.* Pezzi d'oro, d'argento e di bronzo. Tu non ne possiedi e io non sono in grado di fornirtele».

«Cercherò un lavoro per il quale mi pagheranno. Forse quel notaio può aiutarmi. Tieni anche presente che il tlatocapíli Tototl ha detto che due suoi esploratori di Tépiz sono qui in città. Ormai avranno un tetto sotto cui ripararsi e forse saranno disposti a dividerlo con un antico vicino.»

«Sì.» Mixtzin annuì. «Me lo ricordo. Tototl mi ha detto i loro nomi. Netzlin e sua moglie Citlali. Sì, se riesci a trovarli...»

«Allora posso fermarmi qui?»

«Ma, Tenamáxtli», piagnucolò mia madre, «e se finissi con l'accettare e adottare il modo di vita dell'uomo bianco...»

Sbuffando risposi: «Molto improbabile, Tene. Qui sarò come un verme in un frutto coyacapúli. Lo userò per sfamarmi sino a farlo morire».

Chiedemmo a vari passanti se c'era un luogo in cui avremmo potuto fermarci per la notte e uno di loro ci indicò la Casa dei pochtéca, un punto di ritrovo dei mercanti di passaggio che fungeva anche da magazzino per le loro merci. Ma all'ingresso c'era un guardiano che, in tono di scusa ma con fermezza, ci proibì l'accesso.

«L'edificio è riservato ai pochtéca», spiegò, «cosa che voi chiaramente non siete, dato che non avete carichi né un seguito di portatori.»

«Cerchiamo solo un posto in cui dormire», brontolò zio Mixtzin.

«Il guaio è che, originariamente, la Casa dei pochtéca era grande e sfarzosa quasi quanto un palazzo ma, come il resto della città, ha subito le conseguenze della demolizione», spiegò il guardiano. «L'edificio che l'ha sostituita è piccolo e modesto, e quindi c'è spazio solo per i mercanti.»

«E allora, in questa accogliente e ospitale città dove trovano alloggio i visitatori?»

«C'è un posto che i bianchi chiamano *Mesón*. È stato istituito dalla Chiesa cristiana per alloggiare e sfamare i viaggiatori o i poveri. La Mesón de San José.» E ci indicò dov'era situata.

Mio zio imprecò fra i denti: «Per Huitzli, un altro dei loro insignificanti *santos*!» Ma ci andammo comunque.

La Mesón, come il *Colegio*, era gestita da quelli che a noi parvero preti, sino a che non apprendemmo da altri ospiti che si trattava solo di frati, una gerarchia più bassa nell'ambito del clero cristiano. Arrivammo verso il tramonto, proprio mentre uno di questi frati attingeva con un mestolo in grandi pentoloni per riempire di cibo le ciotole delle persone in coda. Per la maggior parte non erano stanchi viaggiatori come noi, bensì laceri e disperati abitanti della città stessa. Evidentemente erano talmente poveri da dover questuare vitto e alloggio, visto che nessuno fece alcun tentativo per pagare, né i frati parvero attendersi alcun compenso.

Date le circostanze, mi aspettavo che quel cibo gratuito fosse un pastone scadente, destinato solo a riempire lo stomaco come l'atóli. Invece nelle nostre ciotole venne versata una calda e saporita zuppa d'anatra, piena di pezzi di carne. A ognuno di noi venne anche dato un cibo tiepido, tondeggiante, marroncino e coperto da una crosta. Guardammo che cosa ne facevano gli altri e notammo che lo mangiavano a morsi e lo usavano per raccogliere il fondo della zuppa, proprio come noi avevamo sempre fatto con i tláxcaltin, rotondi e piatti.

«I nostri tláxcaltin di farina di mais, gli spagnoli li chiamano *tortillas*», chiarì un uomo tutto pelle e ossa che era stato in fila con noi. «E questo loro pane lo chiamano *bolillo*. È fatto con una farina ricavata da una specie di erba che chiamano grano, che a loro sembra migliore del mais e che cresce in luoghi dove non si può coltivare il mais.»

«Qualunque cosa esso sia, è buono», osservò timidamente mia madre.

E aveva fatto bene a mostrarsi esitante perché zio Mixtzin la rimbeccò aspramente all'istante: «Sorella Cuicáni, non voglio sentire alcuna parola d'elogio per *qualsiasi* cosa abbia a che fare con questi uomini bianchi!»

L'uomo rinsecchito disse di chiamarsi Pochotl, rimase con noi per tutta la durata del pasto e ci diede ulteriori informazioni: «Questi spagnoli nel loro Paese devono avere poche anatre e di piccole dimensioni, visto che qui le prediligono a ogni altra carne. Naturalmente nei nostri laghi ce ne sono a bizzeffe e gli spagnoli hanno dei sistemi strani ma efficienti per ucciderle...» S'interruppe e alzò una mano. «Ecco. Avete sentito? Al tramonto gli stormi ritornano al lago e i cacciatori spagnoli ne uccidono centinaia tutte le sere.»

Da est sentimmo levarsi degli scoppiettii, simili a tuoni lontani, e il rumore continuò per un certo tempo.

«Per questo», continuò Pochotl, «la carne di anatra è talmente abbondante che la si può anche offrire gratis a noi poveracci. Personalmente, preferirei la carne di pitzóme, se me la potessi permettere.»

Zio Mixtzin ringhiò: «Noi non siamo poveracci!»

«Siete nuovi di qui, allora. Restate per un po' e vedrete.»

«Che cos'è un pitzóme?» domandai. «Non ho mai sentito questa parola.»

«Un animale portato dagli spagnoli e allevato in gran quantità. È come il nostro cinghiale, solo che è addomesticato e molto più grasso. La sua carne, che loro chiamavo *puerco*, è tenera e saporita come una coscia umana ben cotta.» Mia madre e io sussultammo nel sentire quell'affermazione, ma Pochotl non vi badò. «Anzi, tale è la somiglianza fra la carne umana e quella del pitzóme che molti di noi credono che gli spagnoli e questi animali siano imparentati, e che entrambi si riproducano con una copulazione incrociata.»

Adesso i frati ci stavano facendo cenno di lasciare lo stanzone in cui avevamo mangiato per salire nel dormitorio al piano superiore. A quanto ricordavo, quella era la prima volta che mi coricavo senza aver fatto prima un bagno di vapore, o almeno una nuotata nel più vicino specchio d'acqua. Al piano di sopra c'erano due camerate, una per gli uomini e l'altra per le donne; così mio zio e io andammo in una direzione e mia madre, rattristata all'idea della separazione, nell'altra.

«Spero di ritrovarla sana e salva domattina», borbottò zio Mixtzin. «*Yya*, spero proprio di rivederla. Questi preti bianchi sono capacissimi di avere una regola per cui l'aver sfamato una donna li autorizza ad abusare di lei.»

Per tranquillizzarlo, gli risposi: «Nello stanzone dove abbiamo mangiato c'erano donne più giovani e appetibili di Tene».

«Chissà che gusti hanno questi stranieri se, come ha detto quell'uomo, si ritiene che si accoppino anche con le scrofe. Io li ritengo capaci di tutto.»

Quell'uomo, Pochotl – così magro da smentire il suo nome, che indica un albero di grandi dimensioni – ci raggiunse di nuovo e prese posto nel giaciglio accanto al mio, da dove continuò a fornirci informazioni su Città di Mexíco e i conquistatori spagnoli.

«Questa», ci raccontò, «un tempo era un'isola circondata dalle acque del lago Texcóco. Ma ora quel lago si è prosciugato a tal punto che la sponda più prossima è a una lunga-corsa dalla città... e ci sono canali che devono essere periodicamente dragati per consentire il passaggio delle acáltin per il trasporto delle merci. La strada rialzata che collega la città alla terraferma una volta attraversava grandi distese di limpida acqua lacustre, mentre adesso, come avrete visto anche voi, quella zona si è ridotta a una palude. Un tempo anche gli altri laghi erano collegati con il Texcóco e fra di loro. In pratica era un solo grande lago. Si poteva percorrere in barca un tragitto di circa venti lunghe-corse, o di venti leghe come dicono gli spagnoli, dall'isola di Tzumpánco a nord sino ai giardini di Xochimílco a sud. Adesso bisogna attraversare delle vaste aree paludose che separano quei laghi. Alcuni sostengono che la colpa è degli alberi.»

«Gli *alberi*!?» esclamò mio zio.

«La vallata è racchiusa da catene di montagne che, prima dell'arrivo dell'uomo bianco, erano tutte coperte da foreste, simili a un manto di *pelliccia*.»

Mixtzin rispose lentamente, cercando di evocare i propri ricordi. «Sì, hai ragione. In effetti, durante questo viaggio sono rimasto colpito dal fatto che i monti sembrassero più marrone che verdi.»

«Perché sono stati spogliati degli alberi», spiegò Pochotl. «Gli spagnoli li hanno abbattuti – tutti quanti – per ricavarne legname da costruzione e da bruciare. In verità è possibile che questo abbia scatenato l'ira di Chicomecóatl, la dea della vegetazione. Per vendicarsi, forse ha convinto il dio Tlaloc a inviare piogge scarse e infrequenti, come di fatto sta avvenendo, e ha persuaso Tonatíu a risplendere con maggior furore, come infatti succede. Quale che sia la ragione, i nostri dei del tempo si sono comportati in modo molto strano dall'arrivo di quelle divinità del Crixtanóyotl.»

«Scusa, amico Pochotl», intervenni cambiando argomento. «Spero di trovare del lavoro qui in città. Non per fare grossi guadagni, ma a sufficienza da sopravvivere. È possibile?»

Il magrolino mi scrutò dalla testa ai piedi. «Hai qualche capacità particolare, ragazzo? Sai scrivere la lingua dell'uomo bianco? Sei bravo in qualche attività artigianale? Hai delle qualità artistiche?»

«No, niente di tutto ciò.»

«Bene», concluse tetro. «Allora non dovrai lasciarti spaventare dal duro lavoro manuale: sollevare blocchi di pietra e cesti di malta per le nuove costruzioni, o fare il portatore tamémi, o dragare fango ed escrementi dai canali. Se con questo tipo di lavoro si possa o no vivere, dipende da quanto poveramente riuscirai a campare.»

«Be'», dissi con un nodo alla gola. «Avevo sperato in qualcosa di più...»

Zio Mixtzin m'interruppe: «Amico Pochotl, tu sei uno che parla bene. Ne deduco che hai una certa intelligenza e una certa cultura. E chiaramente non ami i bianchi. E allora come mai vivi della loro carità?»

«Perché conosco un mestiere», disse Pochotl con un sospiro. «Ero un artigiano che lavorava l'oro e l'argento. Facevo eleganti gioielli – collane, braccialetti, anelli per labbra, diademi, bracciali da caviglia – tutte cose che non interessano agli spagnoli. L'oro e l'argento, loro li fondono in lingotti da spedire in Spagna al re, oppure ne ricavano monete. Che barbari! Gli altri metalli da loro usati – quelli che chiamano ferro, rame e bronzo – vengono lavorati dai fabbri che ne ricavano ferri da cavallo, armature, spade e roba simile.»

«E tu non sapresti fare quel lavoro?» chiese Mixtzin.

«Qualunque cretino muscoloso sarebbe in grado di farlo. Io considero questo tipo di lavoro al di sotto della mia dignità. E non voglio che le mie mani d'artista si coprano di calli e si deformino. Un giorno, chissà mai, potrebbe esserci di nuovo un lavoro decente che potrei svolgere per loro.»

Stavo ascoltando distrattamente. Seduto a gambe incrociate sul giaciglio puzzolente – recava l'odore di innumerevoli ospiti non lavati – contemplavo le poco allettanti prospettive che il magrolino mi aveva descritto. Mi ero ripromesso di fare qualsiasi cosa gli dei mi avessero imposto pur di attuare la mia vendetta contro l'uomo bianco, e avrei mantenuto quella promessa. La prospettiva di lavori duri e mal pagati non mi spaventava. Ma lo scopo fondamentale del mio soggiorno in città era la ricerca di qualche punto debole nel potere che gli spagnoli esercitavano sull'Unico Mondo, una qualche pecca nel sistema di governo e di controllo della Nuova Spagna, un punto cieco nella loro onniveggente organizzazione, mirata a impedire qualsiasi genere di sconfitta. Era improbabile che riuscissi a spiare gran che stando con gli altri manovali in fondo a un canale, o chino sotto il fardello dei portatori. Be', forse il notaio Alonso de Molina avrebbe potuto procurarmi un lavoro migliore, che mi avrebbe dato maggiori possibilità di usare occhi, orecchie e istinto.

Adesso Pochotl stava dicendo a mio zio: «I bianchi hanno introdotto numerosi cibi nuovi e saporiti. I loro polli, per esempio, hanno una carne più abbondante, tenera e succulenta dei nostri grossi huaxolómi, che loro chiamano tacchini. Poi coltivano una canna da cui traggono una polvere detta zucchero, molto più dolce del miele o dello sciroppo di cocco. E hanno portato un nuovo tipo di fagiolo, che indicano col nome di fava, e altre verdure chiamate cavoli, carciofi, lattuga e rapanelli. Roba buona per chi può permettersi di comprarla o per chi ha ancora un pezzetto di terra su cui coltivarla. Ma credo che qui da noi gli spagnoli abbiano trovato anche moltissime cose a loro ignote. Fanno follie per i nostri xitómatl, chili, chocólatl e ahuácatl che, a quanto dicono, non esistono nella Vecchia Spagna. Ah, poi stanno imparando ad apprezzare il fumo del nostro picíetl».

Pian piano mi accorsi che nell'oscurità dello stanzone vi erano altre persone sveglie, immerse in conversazioni, proprio come lo zio e Pochotl. Gran parte delle voci parlavano in náhuatl e non dicevano cose che valesse la pena di ascoltare. Altre conversazioni erano in lingue incomprensibili e, per quel che ne capivo io, potevano esprimere tutta la saggezza del mondo o i più riposti segreti degli dei. A quell'epoca non ero in grado di distinguere le nazionalità di quelle persone. Ma dopo poche notti passate nel ricovero dei frati avrei appreso una cosa interessante: che quasi tutti quegli uomini, con l'eccezione di alcuni nati a Città di Mexíco, erano approdati nella Mesón de San José da luoghi a *nord* della città, talvolta *molto* a nord.

Era comprensibile. Come ho detto, tutte le nazioni e i popoli a sud di Città di Mexíco – e anche a est – si erano da tempo arresi alla conquista spagnola e ormai si erano abituati alla presenza e al potere dei nuovi dominatori per quanto riguardava scambi commerciali e interazione sociale. I visitatori provenienti da quelle zone dovevano alloggiare nella Casa dei pochtéca, dove noi eravamo stati respinti... oppure, cosa non impossibile, potevano anche essere ospiti presso qualche lussuoso palazzo spagnolo.

Gli ospiti di questa Mesón, invece, erano i senzatetto della città o gli abitanti dei territori settentrionali dell'Unico Mondo, non ancora conquistati dagli spagnoli. Erano qui in veste di esploratori, come lo zio Mixtzin, per valutare gli uomini bianchi e stabilire quale potesse essere il futuro della nostra gente, oppure – come gli ex esploratori Netzlin e Citláli – erano venuti per cercare di campare nel lusso della città dell'uomo bianco. Forse, mi dissi, qualcuno era arrivato qui per fare entrambe le cose, come me e come il verme nel frutto coyacapúli, con la speranza di scavare e distruggere questa Nuova Spagna dall'interno. Se vi erano altri animati da questo intento sovversivo, dovevo trovarli e unirmi a loro.

I frati ci svegliarono all'alba e ci fecero scendere al pianoterra. Lo zio e io fummo lieti di constatare che mia madre era incolume, e tutti e tre scoprimmo con gioia che i frati, per colazione, stavano distribuendo ciotole di atóli accompagnate addirittura da una tazza di chocólatl fumante.

Evidentemente mia madre, come lo zio Mixtzin, aveva passato gran parte della notte a chiacchierare con altre ospiti della Mesón, poiché ci riferì, con maggiore vivacità di quanta avesse mostrato durante tutto il viaggio: «Qui ci sono donne che hanno fatto le serve nelle migliori famiglie spagnole, in alcune delle case più lussuose, e hanno cose meravigliose da raccontare. Specie per quello che riguarda certe nuove stoffe che non si sono mai viste nell'Unico Mondo. C'è un tessuto che si chiama lana: si ricava dal vello di creature ricciute che loro chiamano pecore, che vengono allevate in gran numero nella Nuova Spagna. La pelliccia non viene infeltrita, ma ridotta a un filo – un po' come si fa con il cotone – che poi viene tessuto per formare una stoffa. La lana può essere calda come una pelliccia, dicono, e può venir colorata in tinte vivaci come le piume del quetzal».

Fui lieto di constatare che Tene aveva scoperto novità tali da cancellare – o almeno attutire – il ricordo di ciò che aveva visto il giorno prima, ma lo zio si limitò a lanciare qualche brontolio mentre lei chiacchierava.

Mi guardai attorno nello stanzone, cercando di non farmi troppo notare, per capire se lì dentro avrei potuto trovare degli alleati nella mia campagna di spionaggio e nell'eventuale complotto. Be', non lontano da noi c'era lo scheletrico Pochotl, che divorava la ciotola di atóli. Lui poteva essere utile in quanto originario della città, di cui era un buon conoscitore, però non me lo vedevo nei panni di un guerriero, qualora si fosse arrivati a un vero e proprio scontro. E chi, tra gli altri, poteva essermi utile? C'erano bambini, adulti e anziani, maschi e femmine. Avrei potuto reclutare una di queste ultime, perché vi sono luoghi in cui una donna, a differenza di un uomo, può recarsi senza suscitare alcun sospetto.

«E poi mi hanno parlato di un tessuto ancor più straordinario», stava dicendo mia madre. «Si chiama seta e si dice che sia leggero quanto una ragnatela, ma brillante alla vista, voluttuoso al tocco e robusto quanto il cuoio. Non lo fabbricano qui, ma lo fanno venire dalla Vecchia Spagna e, cosa davvero incredibile, si dice che i suoi fili vengano prodotti da *vermi.* Forse si riferiscono a qualche specie di ragno.»

«È tipico delle donne farsi incantare da sciocchezze e carabattole», brontolò Mixtzin. «Se quest'Unico Mondo fosse popolato solo da donne, gli uomini bianchi lo potrebbero facilmente avere in cambio di qualche gingillo, senza scatenare nessuna reazione.»

«Suvvia, fratello, non è così», continuò lei con aria saggia. «Detesto gli uomini bianchi quanto te e con maggior ragione, dato che mi hanno resa vedova. Ma, visto che ci hanno portato tutte queste cose curiose... e dato che siamo qui dove le possiamo vedere...»

Com'era prevedibile, Mixtzin scattò: «Nel nome della più profonda oscurità del Míctlan, Cuicáni, saresti disposta a fare dei *baratti* con questi orrendi invasori?»

«Naturalmente no», rispose mia madre. Poi con il tipico senso pratico femminile, aggiunse: «Non abbiamo monete per fare degli scambi. Non voglio acquistare nessuna di quelle stoffe. Vorrei solo vederle e toccarle. So che hai fretta di lasciare questa città straniera. Ma non ci porterebbe molto fuori strada fare un salto al mercato e dare un'occhiata alle merci esposte».

Lo zio borbottò e brontolò, ma naturalmente non l'avrebbe certo privata di quel piccolo piacere che non sarebbe mai più stato accessibile a mia madre. «Allora, se proprio devi bighellonare, sarà meglio partire subito. Addio, Tenamáxtli.» Mi posò la mano sulla spalla. «Ti auguro buona fortuna nel tuo folle progetto. Ma ancor più ti auguro di poter tornare a casa sano e salvo, e tra non molto tempo.»

Il congedo da Tene fu più lungo e più toccante, con baci e abbracci, lacrime e raccomandazioni di badare alla salute, di mangiare cibi nutrienti, di muoversi cautamente fra gli imprevedibili uomini bianchi e, soprattutto, di non aver niente a che fare con le donne bianche. Poi i due si diressero all'estremità settentrionale della città, verso la piazza del mercato principale del luogo. Io m'incamminai verso un'altra piazza, quella in cui il giorno prima mio padre era stato bruciato vivo. Ero solo ma non a mani vuote; uscendo dalla Mesón de San José, vidi una grande giara di terracotta incustodita. La issai sulla spalla come se stessi portando acqua o atóli ai manovali impegnati a costruire un edificio. Camminavo lentamente per dar l'impressione che la giara fosse pesante e perché ritenevo che quella fosse l'andatura di un manovale mal pagato, ma soprattutto perché volevo scrutare ben bene tutte le persone, i luoghi e le cose in cui m'imbattevo.

Il giorno prima ero rimasto a bocca aperta, stupefatto di fronte all'aspetto complessivo della città, guardando ogni scena con un colpo d'occhio: i viali larghi e lunghi, fiancheggiati da edifici immensi di un'architettura a me ignota, con facciate di pietra o intonacate, ornate di fregi complessi e contorti ma privi di significato come i ricami con cui alcuni dei nostri rifiniscono l'orlo del mantello, con le vie laterali più strette, dove le case erano più piccole, addossate le une alle altre e non ornate con altrettanta eleganza.

Ora mi concentrai sui particolari. Così mi accorsi che i grandi palazzi lungo i viali e sulle piazze erano perlopiù luoghi di lavoro per i funzionari del governo della Nuova Spagna e i *loro* numerosi sottoposti, consiglieri, cancellieri, scrivani e cose simili. Fra gli uomini che entravano e uscivano dai palazzi in abiti di foggia spagnola – portando libri o carte o sacche da messaggero o semplicemente esibendo espressioni altere e boriose – notai che alcuni erano di carnagione scura e glabri come me. Altri palazzi grandiosi erano chiaramente abitati dai dignitari della religione dell'uomo bianco e dai *loro* numerosi subordinati e tirapiedi. Anche fra questi, con vesti talari ed espressioni piuttosto compiaciute, ve n'erano molti senza barba e con il colorito bronzeo. Solo nei dintorni dell'edificio destinato ai militari – il quartier generale degli alti ufficiali e le caserme dei soldati semplici – non vidi nessuno della mia gente in uniforme da parata, in tenuta da lavoro o munito di armi di alcun genere. Alcune delle costruzioni *davvero* enormi e superdecorate erano, naturalmente, palazzi in cui risiedevano i rappresentanti di altissimo rango del governo, della Chiesa e dell'esercito, e ogni portone era sorvegliato da sentinelle armate e vigili, che di solito tenevano al guinzaglio uno dei feroci cani da combattimento portati dagli spagnoli.

Vidi anche altri cani, di taglie e forme diverse e di aspetto tranquillo, sebbene nessuno di essi sembrasse imparentato con i piccoli e grassocci cani techíchi che da tempo immemorabile avevamo allevato nell'Unico Mondo al solo scopo di avere una scorta alimentare. Anzi, a Città di Mexíco non si trovava più un solo pezzo di techíchime perché tutti gli indigeni ormai andavano pazzi per la carne di *puerco* e gli spagnoli non si sognavano neppure di toccare la carne di techíchi. C'erano altri animali del tutto nuovi per me, che immaginai fossero una varietà spagnola dei nostri giaguari, puma e océlotl. Ma erano molto più piccoli, addomesticati, tranquilli e con una voce tutt'altro che ruggente. E, a somiglianza del puma, anche questi felini in miniatura facevano le fusa.

Le casette addossate nelle vie laterali erano le abitazioni e i laboratori dei nuovi residenti, tutti bianchi. Al pianoterra c'erano delle botteghe che vendevano mercanzie di vario genere, fabbri ferrai, scuderie per cavalli o luoghi di ristoro aperti al pubblico... al pubblico bianco. Nei due o tre piani sovrastanti c'erano le abitazioni dei mercanti e degli artigiani.

Con l'eccezione di quelle cui ho accennato, tutte le persone dalla pelle scura che transitavano nei viali e nelle viuzze erano messaggeri che si recavano di gran corsa da qualche parte o tamémime che arrancavano sotto pesanti fardelli. Costoro erano vestiti come me, con un manto tilmatl, un perizoma máxtlatl e sandali cactli. Altri dovevano essere servitori di famiglie bianche perché erano abbigliati alla spagnola, con giacche, stretti calzoni al ginocchio, stivali e cappelli di varie fogge. Alcuni dei più vecchi avevano strani segni incisi sulle guance. In un primo momento pensai che quelle cicatrici fossero il risultato di ferite riportate in guerra o in duello, perché la loro forma non mi diceva nulla. Poi ne vidi altri con lo stesso segno sul volto e altri ancora con cicatrici analoghe ma di segno diverso. Era chiaro che erano stati marchiati deliberatamente. Non potei stabilire se anche le donne fossero state trattate allo stesso modo perché per le strade non vidi che uomini.

Appresi in seguito che quella zona della città in cui mi stavo aggirando era chiamata la Traza, un vasto rettangolo che comprendeva molti viali e vie e che costituiva il centro di Città di Mexíco. La Traza era riservata alle residenze, alle chiese, alle botteghe e agli uffici amministrativi dei bianchi e delle loro famiglie. C'erano delle eccezioni: gli uomini dall'incarnato bronzeo in abiti talari vivevano negli edifici ecclesiastici insieme ai preti bianchi, e alcuni dei servitori indigeni delle famiglie bianche dormivano e mangiavano nelle case in cui lavoravano. Ma tutti gli altri abitanti indigeni – inclusi quelli che lavoravano per i funzionari governativi – la sera rientravano nelle *colaciones*, le parti della città che sorgevano fuori della Traza sino al limitare dell'isola. E quei settori, per qualità, aspetto e pulizia, andavano dal rispettabile al tollerabile, allo schifoso.

Guardando i bei palazzi che sorgevano nella Traza, mi chiesi se gli spagnoli ignorassero i disastri naturali cui andava soggetta quella città, cosa di cui tutti erano al corrente nell'Unico

Mondo. Tenochtitlán era stata spesso allagata da inondazioni dei laghi circostanti, e due o tre volte era stata spazzata via quasi completamente. Immaginai che ormai, con l'abbassamento del livello dell'acqua nel lago Texcóco, quel pericolo non doveva più sussistere.

Tuttavia l'isola, essendo semplicemente un affioramento dell'instabile fondo lacustre, spesso era stata devastata da quello che noi chiamiamo tlalolíni, e che gli uomini bianchi chiamano terremoto. In qualche caso, solo alcune strutture di Tenochtitlán si erano leggermente spostate o inclinate di lato o erano affondate per un certo tratto nel terreno. Altre volte invece l'intera isola aveva tremato violentemente e si era sollevata, facendo crollare di colpo gli edifici e travolgendo la gente per le strade. Per questo, all'epoca della prima visita di zio Mixtzin, tutte le costruzioni principali avevano una base larga e solida, mentre quelle meno importanti poggiavano su palificazioni che si limitavano a ondeggiare o a cedere lievemente per compensare le scosse dell'isola.

Un'altra cosa che dovevo apprendere in seguito era che gli spagnoli avevano già cominciato a capire quella caratteristica dell'isola per esperienza diretta. L'imponente cattedrale di San Francisco, la struttura più grande e quindi più pesante eretta all'epoca dai bianchi – e non ancora completata – era già visibilmente inclinata. I muri di pietra presentavano varie crepe e i pavimenti di marmo erano sollevati in più punti.

«È l'opera maligna dei demoni pagani», dichiararono i preti del luogo. «Non avremmo mai dovuto costruire questa casa di Dio nel punto in cui sorgeva il tempio mostruoso degli infedeli rossi, per giunta usando le pietre del tempio stesso. Dobbiamo ricominciare da capo e in un altro luogo.»

Per questo i costruttori della cattedrale stavano alacremente puntellando la base dell'edificio e rinforzando i muri, cercando con ogni mezzo di tenerla in piedi e intatta almeno fino al completamento dei lavori. Nel contempo stavano mettendo a punto il progetto di una *nuova* cattedrale, che sarebbe stata costruita a una certa distanza dalla prima e con vaste fondamenta sotterranee, che si sperava avrebbero contribuito a tenerla in piedi.

Non sapevo nulla di tutto ciò il giorno in cui, con la grande giara vuota sulla spalla, attraversai l'immensa piazza in cui sorgeva la cattedrale. Posai la giara accanto al portale principale, in modo da sembrare più un visitatore rispettabile che un manovale. Chiesi a svariati uomini bianchi in abito talare che entravano o uscivano dalla chiesa se potevo entrare anch'io. (All'epoca ignoravo tutte le regole relative all'ingresso in quei luoghi: per esempio, non sapevo se si dovesse baciare il suolo prima o dopo aver varcato la soglia.) Fu ben presto evidente che nessuno di questi preti, frati o quello che erano – e alcuni abitavano nella Nuova Spagna da almeno dieci anni – capiva una sola parola di náhuatl. E non passò nessuno dei nostri diventati cristiani. Così cercai di ripetere, come meglio potevo, le parole "notaio", "Alonso" e "Molina".

Infine uno dei preti fece schioccare le dita confermando di aver capito, mi fece varcare il portale – niente bacio al suolo, anche se lui a un certo punto fece una sorta di piccolo inchino reverenziale – e mi guidò nel cavernoso interno lungo navate, corridoi e scale. Notai che tutti i religiosi in chiesa si toglievano il cappello – ne indossavano d'ogni tipo, da quelli piccoli e tondi a quelli larghi e rigonfi – e tutti avevano un cerchio rasato in cima al capo.

La mia guida si fermò davanti a una porta aperta e mi fece cenno di entrare. In quella stanzetta, seduto a un tavolo, c'era Alonso. Stava fumando del picíetl, ma non come facciamo noi, che arrotoliamo le foglie secche e triturate in un tubo di canna o di carta. Lui teneva fra le labbra un aggeggio lungo e sottile di argilla bianca, con un'estremità rivolta verso l'alto piena di picíetl in lenta combustione, e aspirava il fumo dall'estremità più sottile.

Il notaio teneva davanti a sé uno dei nostri libri di carta-corteccia e stava copiando le sue numerose parole-raffigurazioni. O meglio, dovrei dire che stava traducendole, poiché il testo che lui riportava su un'altra carta non era in parole-raffigurazioni. Per scrivere usava una penna d'anatra appuntita che immergeva in un vasetto di liquido nero e poi tracciava dei ghirigori di quell'unico, singolo colore... quello che ora so essere il tipo di scrittura degli spagnoli.

Terminata una riga, alzò il capo e parve lieto di vedermi, anche se ebbe difficoltà a ricordare il mio nome: «*Ayyo*, che piacere rivederti... ehm... Cuatl...»

«Tenamáxtli, Cuatl Alonso.»

«Ah sì, certo, Tenamáxtli.»

«Mi hai detto che potevo venire a trovarti.»

«Ma certo, anche se non ti aspettavo così presto. Che cosa posso fare per te, fratello?»

«Insegnami a parlare e a capire lo spagnolo, per favore, fratello notaio.»

Mi scrutò a lungo prima di chiedere: «Perché?»

«Sei il solo spagnolo che ho incontrato che sappia parlare la *mia* lingua. E mi hai detto che sei un utile tramite di comunicazione fra la tua gente e la mia. Forse potrei rendermi utile allo stesso modo. Se nessuno dei tuoi compatrioti riesce a imparare il náhuatl...»

«Oh, non sono il solo a parlarlo», ribatté lui. «Ma gli altri, man mano che si impadroniscono della lingua, vengono inviati in altre parti della città o nelle zone più remote della Nuova Spagna.»

«Allora, vuoi insegnarmi?» insistetti. «Se non puoi tu, magari uno degli altri...»

«Posso e voglio farlo», rispose. «Non ho tempo per impartirti lezioni private, ma ogni giorno insegno al Colegio de San José. È una scuola fondata appositamente per istruire voi *indios*... la tua gente. Tutti i preti che insegnano al Colegio parlano almeno passabilmente náhuatl.»

«Allora sono fortunato», commentai, contento. «Si dà il caso che abiti accanto alla scuola, nella Mesón dei frati.»

«E sei ancor più fortunato, Tenamáxtli, perché sta proprio per iniziare un corso per principianti. Il che ti faciliterà l'apprendimento. Se ti presenterai domattina al cancello del Colegio all'ora prima...»

«Ora prima?» chiesi, smarrito.

«Ah, dimenticavo. Come non detto. Non appena avrai fatto colazione – che sarebbe l'ora delle Laudi – va' al cancello del Colegio e aspettami. Farò in modo che tu sia debitamente accettato e iscritto, e che ti venga detto l'orario delle lezioni.»

«Non potrò mai ringraziarti abbastanza, Cuatl Alonso.»

Lui riprese la penna, convinto che stessi per andarmene. Vedendomi esitante, mi chiese: «C'è qualcos'altro?»

«Oggi ho visto una cosa, fratello. Puoi spiegarmi il suo significato?»

«Che tipo di cosa?»

«Puoi prestarmi la penna per un momento?» Me la tese, e io tracciai con quel liquido nero il segno G sul dorso della mano (per non sciupare la sua carta). «Cos'è, fratello?»

Lui la guardò e disse: «*Ge*».

«Ge?»

«È il nome di quel carattere. Ge. È la lettera iniziale... – be', non esiste un equivalente in náhuatl. Imparerai tutte queste cose alle lezioni del Colegio. Ge è una particella della lingua spagnola, così come lo sono *hache, i, jota*... e così via. Dove l'hai visto?»

«Era la cicatrice sulla faccia di un uomo. Non so se incisa con una lama o marchiata a fuoco.»

«Ah sì... il marchio.» Aggrottò la fronte e distolse lo sguardo. Sembrava ch'io avessi il dono di mettere a disagio Cuatl Alonso. «In quel caso, la lettera iniziale G sta per guerra. Vuol dire che quell'uomo era un prigioniero di guerra, e quindi adesso è uno schiavo.»

«Ne ho visti parecchi con quel marchio. Ne ho visti altri... così.» Scrissi sul dorso della mano HC e JZ e forse altri segni che adesso non ricordo.

«Sono altre lettere iniziali», spiegò lui. «HC sta per il marchese Hernán Cortés. JZ corrisponde a Sua Eccellenza il vescovo Juan de Zumárraga.»

«Sono nomi? I nomi delle persone vengono marchiati sulle loro guance?»

«No, no. I nomi dei loro proprietari. Quando uno schiavo non è un prigioniero catturato durante la conquista di dieci anni fa, ma semplicemente acquistato, allora il padrone può marchiarlo – come un cavallo – per dimostrare che è di sua proprietà.»

«E le schiave? Sono marchiate anche loro?»

«Non sempre.» Sembrò di nuovo imbarazzato. «Se una è giovane e graziosa, il padrone preferisce non deturparla.»

«Questo lo capisco», conclusi, restituendogli la penna. «Grazie, Cuatl Alonso. Mi hai già insegnato qualcosa d'interessante sul carattere degli spagnoli. Non vedo l'ora di imparare la vostra lingua.»

# 6

Avevo intenzione di chiedere al notaio Alonso un altro favore: che mi suggerisse un qualche tipo di lavoro con cui mantenermi. Ma non appena ebbe nominato il Colegio de San José, decisi all'istante di non porgli quella domanda. Avrei continuato a vivere nella Mesón sino a che i frati me l'avessero permesso. Era proprio accanto alla scuola e, non dovendo lavorare per procurarmi vitto e alloggio, avrei avuto tutto il tempo per trarre vantaggio da ogni tipo d'istruzione che fosse impartito nel Colegio.

Non avrei vissuto negli agi, naturalmente. Due pasti al giorno, e neppure troppo sostanziosi, non erano certo sufficienti a sostenere uno della mia età, vigoroso e di grande appetito. Inoltre, dovevo trovare un modo per tenermi pulito. Nella sacca da viaggio avevo portato due cambi d'abito, oltre a quello che indossavo, e quegli indumenti dovevano essere lavati a rotazione. Altrettanto importante era riuscire a lavare me stesso. Be', se avessi trovato quella coppia di Tépiz, forse avrei potuto procurarmi acqua calda e sapone amóli, anche se i due fossero stati sprovvisti di una capanna per il bagno a vapore. Nel frattempo avevo con me una certa quantità di semi di cacao con i quali avrei potuto acquistare lo stretto necessario nel mercato indigeno e magari qualche genere alimentare per integrare la scarsa dieta dei frati.

«Se vuoi, puoi star qui per sempre», mi disse l'ossuto Pochotl, che ritrovai in coda per la cena al mio rientro alla Mesón. «I frati non faranno obiezioni o, con tutta probabilità, non se ne accorgeranno neppure. I bianchi sono soliti dire che non sanno "distinguere un lercio indio da un altro". Io dormo qui da mesi e raspo quei due miseri pasti al giorno sin da quando ho venduto gli ultimi grani della mia provvista d'oro e d'argento.» E aggiunse con malinconia: «Potrai anche non crederci, ma una volta ero bello grasso».

«Che cosa fai tutto il giorno?» gli domandai.

«Talvolta, sentendomi in colpa perché vivo da parassita, rimango qui ad aiutare i frati a pulire le pentole e il dormitorio dei maschi. A quello delle donne provvedono alcune suore – sono l'equivalente femminile dei frati – che vengono qui da un posto chiamato il Refugio de Santa Brígida. Ma perlopiù gironzolo per la città ricordando com'era nei tempi andati, oppure vado a curiosare nei mercati guardando le cose che vorrei poter acquistare. Non faccio niente, ecco.»

Eravamo arrivati in prossimità dei pentoloni e un frate ci stava riempiendo le ciotole – anche quel giorno servivano zuppa d'anatra – e porgendo un *bolillo* quando, come la sera precedente, si levò a est il lontano rumoreggiare del tuono.

«Eccoli in azione», commentò Pochotl. «Di nuovo a prendere anatre. I volatili sono puntuali come quelle strazianti campane delle chiese che scandiscono le divisioni della giornata rompendoci i timpani. Ma, *ayya,* non dobbiamo lamentarci. Anche a noi tocca una parte di quelle anatre.»

Presi la ciotola e il pane pensando che prima o poi sarei dovuto andare nella zona orientale dell'isola al tramonto per vedere il metodo impiegato dai cacciatori spagnoli per abbattere le anatre.

Pochtol mi raggiunse nella mensa e disse: «Ti ho confessato di essere un mendicante e un fannullone. E tu che cosa sei, Tenamáxtli? Sei ancora giovane e forte, e non mi pare che tu abbia paura di lavorare. Perché hai deciso di stare qui tra noi poveri disgraziati?»

Gli indicai il Colegio adiacente. «Prenderò lezioni là. Per imparare a parlare lo spagnolo.»

«E perché mai?» mi chiese, leggermente stupito. «Non parli neppure tanto bene il náhuatl.»

«Non il náhuatl moderno che si parla qui, questo è vero.

Mio zio mi ha detto che noi di Aztlan parliamo la lingua di un tempo. Ma tutti quelli che ho incontrato qui mi capiscono, e io capisco loro. Tu, per esempio. Inoltre, come avrai notato, molti altri ospiti della Mesón – quelli provenienti dalle terre dei Chichiméca molto più a nord – parlano diversi dialetti náhuatl, ma si capiscono fra di loro senza troppe difficoltà.»

«E chi se ne importa di come parla il Popolo del Cane?»

«Qui ti sbagli, Cuatl Pochotl. Ho sentito molti Mexíca chiamare i Chichiméca il Popolo del Cane... e i Téochichiméca il Popolo del Cane Selvatico... e gli Zácachichiméca il Popolo del Cane Rabbioso. Ma sono in errore. Questi nomi non derivano da chichíne, il termine che indica il cane, ma da chichíltic, che vuol dire rosso. Questi popoli sono di nazioni e tribù diverse, ma quando, collettivamente, si fanno chiamare Chichiméca, intendono solo gente dalla pelle rossa, cioè simili a tutti noi dell'Unico Mondo.»

Pochotl sbuffò. «Non simili a me, ti prego. Sono gente ignorante, sporca e crudele.»

«Perché vivono nelle crudeli lande desertiche del nord.»

Lui alzò le spalle. «Se lo dici tu. Comunque, perché mai vuoi imparare lo spagnolo?»

«Per imparare a conoscere gli spagnoli. Il loro carattere, le loro superstizioni cristiane. Tutto.»

Pochotl usò l'ultimo pezzo di *bolillo* per ripulire il fondo della ciotola, poi disse: «Hai visto l'uomo che hanno bruciato vivo ieri, vero? E allora sai già tutto quel che c'è da sapere sugli spagnoli e i cristiani».

«Be', so una cosa. La mia giara è sparita proprio davanti alla cattedrale. Dev'essere stato un cristiano a rubarla. Io l'avevo solo presa in prestito. Adesso devo una giara a questi frati.»

«Ma di che cosa stai parlando, in nome di tutti gli dei?»

«Di niente. Lascia perdere.» Scrutai a lungo quell'uomo che si era autodefinito un mendicante, un parassita, un fannullone. Però conosceva la città da una vita. Decisi di fidarmi di lui. Gli dissi: «Voglio sapere tutto degli spagnoli perché intendo sconfiggerli».

Pochotl fece un'aspra risata. «E chi non vorrebbe? Ma chi è in grado di farlo?»

«Forse tu e io.»

«*Io?!*» La sua risata fu fragorosa. «*Tu?!*»

Sulla difensiva, continuai: «Ho ricevuto lo stesso addestramento militare di quei guerrieri che hanno reso i Mexíca l'orgoglio, il terrore e i dominatori dell'Unico Mondo».

«Quell'addestramento non sembra essere servito molto a quei guerrieri», ringhiò lui. «Dove sono adesso? I pochi rimasti vanno in giro con i volti marchiati. E tu pensi di riuscire là dove loro hanno fallito?»

«Un uomo deciso e motivato può fare qualsiasi cosa.»

«Ma nessun uomo può fare tutto.» Scoppiò in un'altra risata. «Neppure tu e io.»

«Con altri, naturalmente. Molti altri. Quei Chichiméca, per esempio, che tu tanto disprezzi. Le *loro* terre non sono state conquistate, e neppure la popolazione. E non sono l'unica nazione del nord che sfidi ancora l'uomo bianco. Se insorgessero e marciassero a sud... Be', ne riparleremo quando avrò iniziato gli studi.»

«Parlare. Certo, parlare. Ho sentito tante di quelle *parole...*»

Ero da poco in attesa davanti all'ingresso del Colegio quando arrivò Alonso che mi salutò con cordialità e aggiunse: «Temevo che tu potessi cambiare idea, Tenamáxtli».

«Riguardo all'apprendimento della tua lingua? Affatto: sono ben deciso a...»

«Riguardo alla conversione al Cristianesimo», precisò lui.

Preso alla sprovvista, protestai: «Non abbiamo mai discusso una cosa del genere».

«Davo per scontato che tu avessi capito. Il Colegio è una scuola *parroquial.*»

«È una parola che non mi dice nulla, Cuatl Alonso.»

«Una scuola cristiana. Finanziata dalla Chiesa. Per frequentarla devi essere un cristiano.»

«Be', insomma...» mormorai.

Lui rise e disse: «Non è una cosa dolorosa da farsi. Il *Bauti-*

*smo* comporta solo una spruzzata di acqua e sale. Ma ti purifica dei tuoi peccati, ti dà modo di accedere agli altri sacramenti della Chiesa e ti assicura la salvezza dell'anima».

«Be'...»

«Passerà molto tempo prima che tu abbia l'istruzione sufficiente per il *Catecismo*, la *Confirmación* e la prima *Comunión.*»

Tutte quelle parole non avevano alcun senso per me. Ma ne dedussi che per molto tempo sarei stato solo una sorta di apprendista cristiano. Se nel frattempo fossi riuscito a imparare lo spagnolo, senza dubbio sarei potuto scappare di lì prima di essere totalmente impegnato in quella religione straniera. Alzai le spalle e accondiscesi: «Come vuoi. Accompagnami».

Alonso mi condusse all'interno del palazzo e in una stanza che lui definì "l'ufficio del *registrador*". Questo personaggio era un prete spagnolo, rapato in cima alla testa come tutti gli altri che avevo visto, ma molto più grasso, il quale mi guardò senza mostrare soverchio entusiasmo.

Dopo che i due si furono parlati piuttosto a lungo in spagnolo, il notaio mi disse: «Al momento del *Bautismo* il convertito riceve un nome cristiano, ed è nostra abitudine conferire il nome del santo del giorno in cui avviene il *Bautismo.* Oggi è la festa di sant'Ilarione l'eremita, quindi il tuo appellativo sarà Ilario Ermitaño».

«Preferirei di no.»

«Come?»

Un po' esitante, suggerii: «Mi pare che ci sia un nome cristiano che suona come Juan...»

«Sì, certo», confermò Alonso, con aria perplessa. Avevo citato quel nome perché – dovendo assumerne uno a tutti i costi – quello era stato l'appellativo cristiano assegnato a Mixtli, il mio defunto padre. Evidentemente Alonso non lo collegò all'uomo condannato a morte perché rispose, compiaciuto: «Allora sai già qualcosa della nostra fede. Juan era il *discípulo* prediletto da Gesù». Non dissi nulla perché anche quelle erano parole prive di significato per me, e lui continuò: «Allora preferiresti il nome di Juan?»

«Se non ci sono regole che lo vietano.»

«No, non ci sono regole in proposito... ma adesso chiedo...» Si rivolse al prete grasso e, dopo aver confabulato con lui, mi annunciò: «Padre Ignacío mi informa che oggi è anche la festa di un santo minore che si chiama Juan de York, un tempo priore di un monastero in Inghilterra. Bene, Tenamáxtli, il tuo nome cristiano sarà Juan Británico».

Anche gran parte di quel discorso mi risultò incomprensibile. Quando poi padre Ignacío mi spruzzò l'acqua sulla testa e mi fece leccare del sale dal suo palmo, ritenni quel rito una totale sciocchezza. Ma lo tollerai perché chiaramente significava molto per Alonso, e io non volevo deludere un amico. Così divenni Juan Británico e – cosa che al momento non potevo sapere – fui per l'ennesima volta vittima degli dei che si divertono a provocare quelle che sembrano semplici coincidenze. In futuro avrei usato assai di rado quel nuovo nome, eppure esso sarebbe venuto alle orecchie di certi stranieri ancor più sconosciuti degli spagnoli, causando eventi molto strani.

«Allora, Juan Británico», disse Alonso, «decidiamo quali altri corsi vuoi seguire, oltre quello di spagnolo.» Prese un foglio dal tavolo del prete e lo scorse. «Lezioni di dottrina cristiana, naturalmente. E, se in seguito sentissi di avere la vocazione al sacerdozio, c'è anche un corso di latino. Lettura, scrittura... be', sarebbe prematuro. Molti corsi sono tenuti in lingua spagnola, quindi non puoi frequentarli subito. Ma i maestri di lavori artigianali sono indigeni che parlano náhuatl. C'è qualcosa che t'interessa fra questi corsi?» E mi lesse l'elenco: «Falegnameria, lavorazione del ferro, conciatura delle pelli, calzoleria, selleria, lavorazione del vetro, fabbricazione di birra, filatura, tessitura, ricamo, fattura di pizzi, mendicità...»

«*Mendicità!?*» esclamai.

«Se tu volessi diventare frate in un ordine mendicante.»

Risposi seccamente: «Non ambisco a farmi frate, ma credo di poter già essere definito un mendicante, visto che alloggio alla Mesón».

Alonso alzò gli occhi dal foglio. «Dimmi, Juan Británico, sai leggere i libri di parole-raffigurazioni aztéca e maya?»

«Ho ricevuto una buona istruzione», risposi. «Sarei immodesto se dicessi che sono molto bravo.»

«Allora potresti essermi d'aiuto. Sto cercando di tradurre in spagnolo i pochi libri rimasti in questo Paese. Sono stati quasi tutti bruciati in quanto malvagi, demoniaci e nemici della vera fede. Me la cavo piuttosto bene con i libri compilati da persone di lingua náhuatl, ma altri sono stati fatti da scribi che parlavano altre lingue. Pensi di potermi aiutare a decifrarli?»

«Posso provare.»

«Bene. Allora chiederò a Sua Eccellenza il permesso di corrisponderti una paga. Non sarà gran cosa, ma almeno non avrai la sensazione di essere un disgraziato che vive di carità.» Dopo aver scambiato qualche parola col grasso Ignacío, mi comunicò: «Per il momento ti ho iscritto solo a due corsi, spagnolo e insegnamento religioso, tenuto da padre Diego. Per gli altri vedremo in seguito. Nel frattempo passerai le ore libere nella cattedrale, ad aiutarmi a decifrare questi libri indigeni che noi chiamiamo *códices*».

«Sarà un piacere», affermai. «Mi sento molto obbligato verso di te, Cuatl Alonso.»

«Adesso andiamo al piano superiore. I tuoi compagni di classe saranno già seduti sulle panche ad aspettarmi.»

Era proprio così, e nel vederli fui sconcertato dal fatto che ero il solo adulto in mezzo a una ventina di ragazzi e quattro o cinque fanciulle. Provai la stessa impressione che doveva aver avuto mio cugino Yeyac molti anni prima, nella scuola di Aztlan, quando aveva dovuto iniziare a studiare con compagni che erano solo dei bimbetti. Non credo ci fosse in quella stanza un solo ragazzo grande abbastanza da portare il máxtlatl sotto il manto, e le poche ragazze sembravano anche più giovani. Un altro particolare che saltava subito agli occhi era la varietà di colori della pelle. Naturalmente nessuno dei bambini era bianco come gli spagnoli. Gran parte di loro aveva il mio stesso incarnato, ma alcuni erano molto più chiari e due o tre assai più scuri. Capii che quelli di pelle chiara dovevano essere stati generati dall'accoppiamento tra spagnoli e noi "indios".

Ma da dove venivano quelli molto scuri? Ovviamente uno dei genitori era della mia gente... ma l'altro?

Per il momento non feci alcuna domanda. Sedetti su una delle panche sistemate in file e – mentre i ragazzini si giravano e allungavano il collo per guardare stupiti questo adulto grande e grosso – attesi l'inizio della prima lezione. Alonso si piazzò dietro un tavolo a un'estremità della stanza e devo dire che ammirai molto il modo intelligente con cui affrontava l'insegnamento.

«Cominceremo con l'esercitarci nei *suoni* delle vocali della lingua spagnola: a, e, i, o, u», disse in náhuatl. «Sono gli stessi suoni di queste parole della vostra lingua. Ascoltate. Ac*á*li... T*e*ne... *i*xtlil... p*o*chotl... calp*ú*li.»

Le parole da lui pronunciate erano note anche ai più piccini della classe poiché significavano "canoa", "madre", "nero", "albero ceiba" e "famiglia".

Alonso continuò: «Risentirete questi stessi suoni in queste parole spagnole. Ascoltate. *Acáli... banca. Tene... dente. Ixtlil... piso. Pochotl... polvo. Calpúli... muro*».

Ci fece ripetere più volte quelle parole, facendoci notare la somiglianza dei suoni "delle vocali". Solo in seguito – per non confonderci – ci spiegò il significato delle parole spagnole.

«*Banca*», compitò posando la mano su una delle panche in prima fila. «*Dente*», e indicò un suo dente. «*Piso*», e batté il piede sul pavimento della stanza. «*Polvo*», e passò la mano sul tavolo sollevando una nube di polvere. «*Muro*», e puntò l'indice verso la parete alle sue spalle.

Poi tornò a farci ripetere più e più volte quelle parole spagnole, indicando insieme a lui gli oggetti che designavano. Quindi riprese a parlare nella nostra lingua dicendo: «Molto bene. Ora, chi di voi può dirmi altre cinque parole náhuatl che abbiano questi stessi suoni: a, e, i, o, u?»

Quando nessuno aprì bocca, Alonso ordinò con un cenno a una bimbetta in prima fila di alzarsi. Lei obbedì e, timidamente, esordì: «Acáli... Tene...»

«No, no», la corresse il maestro agitando un dito. «Queste

sono le stesse parole che ho detto io. Ce ne sono molte altre. Chi me ne può dire cinque?»

Restammo tutti in silenzio scambiandoci timide occhiate. Allora Alonso indicò me.

«Juan Británico, tu sei il più grande e so che hai in testa una bella riserva di parole. Elencane cinque che contengano gli stessi suoni.»

Avevo già riflettuto sulla questione e – non so perché – me ne erano venute in mente cinque in particolare. Così, con una malizia degna di uno scolaretto con metà dei miei anni, sorrisi e pronunciai: «*Maátitl... ahuilnéma... tipíli... chitóli... tepúli*».

I bimbi più piccoli assunsero un'aria perplessa, ma gran parte dei grandicelli ne riconobbero almeno qualcuna e rimasero a bocca aperta inorriditi, o sghignazzarono coprendosi la bocca con la mano, perché quelle erano parole che nessun maestro – specie uno che insegna in una scuola cristiana – vorrebbe mai sentire.

Lanciandomi un'occhiataccia, Alonso sbottò: «Molto divertente, sfacciato *babalicón.* Adesso va' nell'angolo e girati verso il muro. Resta lì sino alla fine della lezione, e vergognati».

Non sapevo che cosa fosse un *babalicón,* ma potevo benissimo immaginarlo. Così rimasi nell'angolo, sentendomi giustamente punito e rimpiangendo di aver parlato in quel modo di fronte a un uomo che era stato gentile con me. Comunque, il resto della lezione fu dedicato alla ripetizione di parole *innocue* che contenevano quegli stessi suoni. Ma, avendo imparato i suoni e mandato a memoria le cinque parole spagnole, non persi molto a essere castigato e ignorato.

Alla fine della lezione, Alonso mi prese in disparte: «Hai fatto una cosa maleducata, sconveniente e infantile, Juan. E ho dovuto essere severo con te per ammonire anche gli altri. Ma devo ammettere che il tuo perfido capriccio ha contribuito a far rilassare quei bambini. Gran parte di loro era tesa e nervosa di fronte a questa nuova esperienza. D'ora in poi andremo tutti più d'accordo e c'intenderemo meglio. Perciò ti perdono questa monelleria. Per questa volta».

Promisi con convinzione che non avrei più fatto una cosa

simile. Poi Alonso mi condusse nella stanza dove si stavano riunendo i compagni dell'altro corso e dove mi avrebbero impartito le prime nozioni di religione cristiana. Fui lieto di constatare che qui non ero l'alunno più vecchio. Non c'erano bambini e le donne erano pochissime; inoltre, fra questi allievi non si rilevava la stessa inquietante diversità di colore presente nei ragazzi dell'altra classe. Il corso però era chiaramente iniziato già da tempo, forse da mesi. Quindi mi trovai immerso in quelli che, per me, erano abissi al di là di ogni possibile comprensione.

Quel primo giorno, il prete-maestro stava spiegando il concetto cristiano della *Trinità*. Padre Diego era completamente pelato e non semplicemente tonsurato, e sembrava felice di sentirsi chiamare tete, il diminutivo affettuoso che nella nostra lingua significa "padre". Poiché parlava il náhuatl quasi bene quanto Alonso, capii tutto ciò che *diceva*, ma non il *senso* delle sue parole. Per esempio, il termine Trinità nella nostra lingua corrisponde a yeyíntetl e indica un gruppo di tre persone o cose riunite insieme, come le tre punte di un triangolo o le foglie trilobate di certe piante. Ma tete Diego continuò a invitare noi tutti ad adorare quello che, chiaramente, era un gruppo di *quattro*.

A tutt'oggi, devo ancora incontrare uno spagnolo cristiano che non adori una Trinità formata da un Dio che non ha nome, dal figlio di Dio, che si chiama Jesucristo, dalla madre di quel figlio, María Virgen, e da un Espíritu Santo il quale, pur non avendo un nome, è uno di quei piccoli dei denominati *santos*, come san José e san Francisco. Comunque sia, questi sono quattro da adorare, e come si possa fare una Trinità di quattro elementi non l'ho mai capito.

# 7

Quel giorno, e tutti i giorni che seguirono, salvo quelli chiamati "domenica", una volta terminate le lezioni al Colegio mi presentavo da Alonso de Molina in cattedrale. Seduti fra pile di codici di corteccia, di fibra di agave, di strisce di pelle di daino, discutevamo l'interpretazione di questa o quella pagina, di un paragrafo e talvolta anche di un unico simbolo dipinto.

Naturalmente, il notaio aveva già dimestichezza con nozioni fondamentali come il sistema numerico degli Aztéca e dei Mexíca, i vari metodi impiegati da altri popoli – nelle lingue degli Tzapotéca e dei Mixtéca, per esempio – e quelli usati da nazioni più antiche che non esistevano più ma che ci avevano tramandato la storia dei loro tempi, come i Maya e gli Olméca. Alonso sapeva inoltre che in qualsiasi libro compilato da uno scriba di qualunque nazione, una persona raffigurata con un náhuatl – cioè una lingua – accanto alla testa significava un individuo che stava parlando. Se la lingua era curva, voleva dire che la persona cantava o recitava poesie. Se la lingua era trapassata da una spina, la persona stava mentendo. Il notaio era anche in grado di riconoscere i simboli usati dalla nostra gente per indicare montagne, fiumi e altre caratteristiche geografiche. Conosceva molte delle nostre parole-raffigurazioni. Ma ogni tanto dovevo correggere alcune sue interpretazioni errate.

«No», gli dicevo per esempio, «gli abitanti delle zone più meridionali dell'Unico Mondo – i popoli del Quautemálan – non chiamano il dio Quetzalcóatl con quel nome. Non sono mai stato nelle loro terre ma, a detta dei maestri del mio calmécac, in quelle lingue meridionali lo stesso dio è sempre stato noto con il nome di Gúkumatz.»

Oppure gli dicevo: «No, Cuatl Alonso, non chiami con il nome giusto gli dei qui raffigurati. Sono gli itzceliúqui, gli dei *ciechi.* Per questo li vedrai sempre dipinti con volti tutti neri».

Ricordo che quella particolare precisazione mi spinse a chiedere ad Alonso come mai alcuni giovanissimi allievi del Colegio avessero la pelle così scura da apparire quasi nera. Il notaio mi spiegò che in un luogo chiamato Africa esistevano uomini e donne di una miserevole razza inferiore, che in spagnolo venivano chiamati *moros* o *negros.* Erano rozzi e selvaggi, difficili da civilizzare e da domare. Quelli che si riusciva ad ammansire diventavano schiavi degli spagnoli... un piccolo numero di essi aveva avuto persino l'onore di essere arruolato nell'esercito spagnolo. Molti di costoro avevano fatto parte delle truppe che avevano conquistato l'Unico Mondo e, come i loro commilitoni bianchi, erano stati premiati con l'assegnazione di concessioni nella Nuova Spagna e di schiavi, che erano prigionieri di guerra "indios", quegli uomini che recavano la lettera G marchiata sul volto.

«Per strada, ho visto due o tre uomini neri», confermai. «Sembrano amare le cose sfarzose. Vestono in modo ancor più vistoso dei bianchi delle classi alte. Forse perché hanno dei visi così brutti. Quei nasi larghi, enormi e schiacciati, quelle labbra sporgenti e quei capelli crespi. Però non ho visto nessuna donna nera.»

«Altrettanto brutte, credimi», dichiarò Alonso. «A gran parte dei *conquistadores* mori sono state assegnate concessioni sulla costa orientale, nei dintorni di Villa Rica de la Vera Cruz. Alcuni di loro hanno importato mogli nere. Ma in genere preferiscono le indigene... molto più chiare e più belle.»

Da tutti i guerrieri ci si aspetta che violentino le donne dei nemici sconfitti, e naturalmente i conquistatori spagnoli non erano stati da meno. Ma, a detta di Alonso, i soldati mori erano ancor più libidinosi e portati a catturare e a stuprare *qualsiasi* creatura di sesso femminile che non riuscisse a sottrarsi alle loro grinfie. Alonso non era sicuro se questo avesse causato la nascita di mostri come bambini-tapiro o bambini-alligatore, ma nella Nuova Spagna e nelle altre colonie più antiche, i *patrones,* sia spagnoli che mori, avevano ancora l'abitudine di abusare a loro capriccio delle proprie schiave. Inoltre, benché non se ne parlasse molto, c'erano fondate prove che pure alcune donne spagnole avessero fatto la stessa cosa... non solo le baldracche importate dalla Spagna per esercitare la prostituzione, ma anche alcune mogli e figlie di dignitari di altissimo lignaggio. Mosse dal vizio, dalla libidine o anche da una semplice curiosità, capitava che copulassero con uomini d'ogni colore o classe sociale e persino con i loro schiavi. Tutte queste perverse unioni fra razze diverse, argomentò Alonso, avevano prodotto bambini il cui colore andava dal quasi nero al quasi bianco.

«Fin da quando Velázquez ha conquistato Cuba», mi spiegò, «abbiamo ritenuto opportuno fare una classificazione di queste razze miste. Il risultato dell'unione tra un indio o un'india con un bianco o una bianca è chiamato *mestizo.* Il figlio di genitori mori e bianchi si chiama *mulato,* da mulo, che è un animale ibrido. Un accoppiamento fra indios e mori darà luogo a un *pardo* bruno-giallastro. Se un *mulato* o un *pardo* si dovessero accoppiare con una persona bianca, il bambino sarebbe un *cuarterón,* cioè un essere con un solo quarto di sangue indio o moro nelle vene, che talvolta può apparire del tutto simile a un bianco.»

«E allora perché prendersi la briga di fare una classificazione così precisa?» domandai.

«Suvvia, Juan Británico! Perché può succedere che il padre o la madre di un bastardo di sangue misto possano provare un certo senso di responsabilità verso il piccolo, o magari anche affezionarsi a lui. Come hai notato, qualche volta mandano anche a scuola questi bastardini e non è escluso che il genitore lasci al figlio un titolo o delle proprietà. Nulla glielo impedisce. Ma le autorità – specie quelle ecclesiastiche – devono registrare tutto con precisione, per impedire l'imbastardimento dell'incontaminato sangue spagnolo. È anche possibile che un *cuarterón* si faccia passare per bianco e riesca quindi a farsi sposare da una persona di pura ascendenza spagnola... be'... è già successo.»

«Com'è possibile che altri ne vengano a conoscenza?»

«In anni abbastanza recenti, a Cuba, un uomo e una donna in apparenza bianchi generarono quello che chiamiamo un *turna atrás*... un bambino decisamente nero. La donna naturalmente si dichiarò innocente, affermando di essere di pura ascendenza castigliana e di impeccabile fedeltà coniugale. E in seguito i pettegoli locali sostennero che, se vi fossero state registrazioni accurate risalenti alla fase iniziale dell'insediamento spagnolo a Cuba, forse si sarebbe potuto provare che quello che aveva il sangue nero era il *marito* bianco. Ma ormai la Chiesa aveva mandato al rogo la donna e il bimbo. Ecco perché adesso siamo molto accurati nelle nostre registrazioni. Perché la sia pur minima traccia di sangue non bianco, evidente o meno che sia, fa di chi la possiede un essere inferiore.»

«Inferiore», ripetei. «Certo, naturalmente.»

«Ci sono distinzioni anche fra noi spagnoli. I bambini decisamente bianchi e spagnoli che vedi nelle aule del Colegio sono chiamati *criollos*, il che significa che sono nati su questa sponda dell'oceano. I ragazzi più grandi e i loro genitori che, come me, sono nati nella madrepatria sono chiamati *gachupines* – che significa "portatori di speroni" – e sono gli spagnoli per eccellenza. Col tempo immagino che i *gachupines* snobberanno i *criollos*, come se l'essere nati sotto un altro cielo possa costituire una differenza per quel che riguarda la posizione sociale. Per me, tutto ciò implica solo l'obbligo di apporre queste definizioni nei registri del censo e del catasto.»

Annuii per mostrargli che stavo seguendo il suo discorso, anche se parole come "speroni" e "censo" non mi dicevano proprio nulla.

«Per quel che riguarda i bastardi», continuò Alonso, «ho accennato solo ad alcune delle classificazioni. Se, per esempio, un *cuarterón* si accoppia con un bianco, il loro figlio è un *octavo*. Le sottoclassificazioni arrivano sino al *decimosexto*, che sarebbe un bambino probabilmente indistinguibile da un bianco, anche se la Nuova Spagna è una colonia troppo recente per avere simili esemplari. Poi ci sono altri nomi per tutte le possibili combinazioni di sangue bianco, indio e moro. *Coyotes, barcinos, bajunos*, gli sventurati *pintojos* dalla pelle maculata e molti altri ancora. Annotare tutte queste classificazioni può essere complicato e seccante, tuttavia dobbiamo farlo per poter distinguere il rango di ogni persona, dal più elevato al più basso.»

«Certo», ripetei.

Col tempo, girando per la città, mi sarei accorto che molta della mia gente era arrivata ad accettare, e addirittura a condividere in forme evidenti e tutt'altro che ambigue, il concetto spagnolo secondo il quale noi eravamo creature non pienamente umane. E il consenso a questa valutazione di inferiorità trovava espressione, assurdamente, nella pelosità.

Da tempo gli spagnoli sapevano che la maggioranza della popolazione dell'Unico Mondo era decisamente meno pelosa di loro. Noi "indios" siamo dotati di folte chiome ma, con l'eccezione di qualche popolo di una o due tribù anomale, abbiamo solo una traccia di peli sul volto e sul corpo. Ai maschi, dal momento della nascita e per tutta l'infanzia, viene ripetutamente lavato il volto con acqua bollente e calce. Così, nell'adolescenza non hanno neanche una traccia di peluria. Le bambine, naturalmente, non devono subire quel trattamento preventivo. Ma né maschi né femmine hanno mai peli sul petto o sotto le ascelle, e solo alcuni di noi hanno qualche ciuffetto di ymáxtli nella zona genitale.

Gli spagnoli bianchi invece sono pelosi, e, per loro stessa definizione, sono infinitamente superiori agli indios. Suppongo che il sangue di un antenato bianco, per quanto diluito dal passare delle generazioni, conferisca ai discendenti una tendenza alla pelosità. Perciò, un po' alla volta i nostri uomini smisero di andar fieri dei loro volti glabri. Le madri non scottavano più i volti dei loro piccini. Gli adolescenti che si ritrovavano qualche peluzzo sulle guance lo lasciavano crescere, facendo tutto il possibile per arrivare ad avere una barba vera e propria. Chi vedeva spuntare qualche pelo sul petto o sotto le ascelle si guardava bene dallo strapparlo o rasarlo.

Peggio ancora, le giovani donne – persino quelle per altri versi graziose – non si vergognavano più di avere peli sulle gambe o sotto le ascelle. Anzi, presero a portare gonne corte per mettere in mostra le gambe pelose e tagliarono le maniche delle camicie per esibire i cespuglietti delle ascelle.

A tutt'oggi chi tra i nostri, maschi o femmine, ha peli sul volto o sul corpo – siano essi una spolverata di peluria o un vero e proprio manto di pelliccia – li mette bene in mostra. Naturalmente l'irsutismo è un segno di genia imbastardita, ma di questo loro non si curano, perché equivale a proclamare agli altri: «Voi gente glabra avrete magari lo stesso mio colore di pelle, ma io e voi non apparteniamo più alla stessa razza umile e disprezzata. La mia eccessiva pelosità significa che ho del sangue spagnolo nelle vene. Basta guardarmi per capire quanto io sia superiore».

Ma sto andando troppo avanti nella mia narrazione. All'epoca in cui mi stabilii a Città di Mexíco non c'erano in giro moltissimi mulatti e meticci o altri tipi di incroci. Avevo da poco compiuto diciannove anni... benché non fossi in grado di dire esattamente quando secondo il calendario cristiano, con il quale non avevo ancora dimestichezza. In ogni modo, i conquistatori bianchi e mori non erano stati ancora fra di noi tanto a lungo da aver generato molti bimbi del tipo che avevo visto alle lezioni del Colegio.

Quello che invece avevo notato sin dall'inizio era che per le strade si aggirava un tal numero di ubriachi da far impallidire persino le più licenziose festività religiose di Aztlan. A qualsiasi ora del giorno e della notte ti imbattevi in molti uomini e non poche donne che barcollavano o addirittura crollavano nell'oblio dell'alcool in punti in cui i passanti sobri erano costretti a scavalcare i loro corpi. La nostra gente, sacerdoti inclusi, non era mai stata del tutto astemia, ma neppure aveva il vizio di abusare – tranne che nelle feste – di bevande inebrianti come il latte di cocco fermentato di Aztlan, o il tesgüino che i Rarámuri ricavavano dal mais, o il chápari che i Purémpecha facevano col miele, o il diffusissimo octli che gli spagnoli chiamavano *pulque*, ricavato dall'agave il cui nome spagnolo è *maguey*.

Potevo solo supporre che i Mexíca si fossero dati al bere per dimenticare, almeno temporaneamente, il loro senso di sconfitta e di disperazione, ma Cuatl Alonso contestò quell'idea.

«È stato ampiamente dimostrato», sostenne, «che tutti gli indios sono molto sensibili ai volgari effetti dell'alcool, dai quali sono particolarmente attratti e che cercano di procurarsi non appena ne hanno l'occasione.»

«Non posso parlare per gli abitanti di questa città, ma altrove non ho mai constatato una simile propensione negli indios», replicai.

«Be', noi spagnoli abbiamo sottomesso molti altri popoli», ribatté lui. «Berberi, maomettani, ebrei, turchi, francesi. Neppure i francesi si sono dati in massa all'alcool dopo la sconfitta. No, Juan Británico, dal nostro lontano sbarco a Cuba alla successiva espansione qui nella Nuova Spagna, abbiamo trovato che i nativi erano ubriaconi di natura. Ponce de León ha osservato lo stesso fenomeno presso i Pellirosse della Florida. Sembra essere un difetto congenito della vostra gente, così come lo è la facilità con cui soccombete a banali malattie tipo il morbillo e il vaiolo.»

«Non posso negare che molti si ammalino e muoiano.»

«Le autorità, e in particolare la Chiesa, hanno caritatevolmente cercato di contenere l'attrazione che l'alcool esercita sui deboli indios. Abbiamo cercato di convertirli ai brandy e ai vini spagnoli nella speranza che queste bevande, molto più inebrianti, avrebbero spinto la gente a bere di meno. Ma naturalmente erano alla portata solo dei nobili ricchi. Allora il *gobernador* ha fatto costruire una fabbrica di birra a San Antonio de Padua – il paese che un tempo si chiamava Texcóco – con l'intento di indirizzare gli indios verso una bevanda alcolica più leggera e più a buon mercato, ma non è servito a nulla. Il *pulque* è tuttora il liquore più disponibile e più a basso costo, dato che può essere fatto anche in casa, e di conseguenza resta il mezzo preferito dagli indios per prendere una sbronza. Alle autorità non è rimasta altra soluzione che promulgare una legge che proibisce ai nativi di bere in eccesso, incarcerando chi disobbedisce. Ma non è una legge applicabile alla lettera, perché ci costringerebbe a mettere in galera l'intera popolazione india.»

*O a ucciderli*, pensai. Di recente mi era capitato di vedere una donna di mezza età del tutto ubriaca, traballante e urlante, che veniva presa da tre soldati del reparto addetto al pattugliamento della città. Non si erano presi il disturbo di portarla in carcere. Con chiaro entusiasmo si erano messi a colpirla con le impugnature dei loro tubi tonanti sino a farle perdere i sensi. Poi avevano usato le spade, non per infilzarla e ucciderla, ma solo per praticarle un reticolo di tagli su tutto il corpo, in modo che, quando e se la donna si fosse ripresa dallo svenimento, sarebbe rimasta cosciente quel tanto che bastava per rendersi conto che stava morendo dissanguata.

«A proposito di *pulque*», dissi, per cambiare argomento, «si fa con l'agave, quella che voi chiamate *maguey*. E mentre traducevamo l'ultimo testo, Cuatl Alonso, ti ho sentito parlare del *maguey* come di un cactus. Non lo è. Ha le spine, ma non una struttura lignea interna come i cactus. È una *planta*, proprio come qualsiasi arbusto o erba.»

«Grazie, Cuatl Juan. Ne prendo nota. Bene... rimettiamoci al lavoro.»

Continuai a dormire e a fare colazione e cena alla Mesón de San José, e presi a passare le domeniche libere nei vari mercati della città, chiedendo ai mercanti e ai passanti se conoscessero un certo Netzlin e una certa Citlháli, originari della cittadina di Tépiz. Per un lungo periodo la mia ricerca non diede alcun frutto. Ma non stavo perdendo tempo, né mentre cercavo quei due, né alla Mesón.

I contatti con i frequentatori del mercato mi aiutarono ad aggiornare il mio modo antiquato di parlare il náhuatl e ad ampliare il mio lessico, grazie all'apporto dei termini più moderni dei Mexíca. Inoltre stavo il più possibile con i ricchi pochtéca provenienti da luoghi remoti, che dal sud portavano merci da vendere in città, e anche con i loro robusti portatori che di fatto avevano trasportato le merci sin lì. Così imparai un buon numero di parole e di frasi delle lingue meridionali: quella dei Mixtéca, che si fanno chiamare Uomini della Terra, quella degli Tzapotéca, il Popolo delle Nuvole, e persino gli idiomi parlati nelle terre del Chiapa e del Quautemálan.

Ogni sera invece, alla Mesón, ero in compagnia di stranieri del nord. C'erano dei Chichiméca che parlavano un náhuatl quasi arcaico quanto il mio, ma comprensibile. Perciò stavo soprattutto con gli Otomí, i Purémpecha e con i membri del cosiddetto Popolo che Corre, acquisendo in tal modo utili nozioni delle lingue otomíte, poré e rarámuri. In passato, nella mia terra natia, non avevo mai avuto modo di scoprire il dono che avevo per le lingue, che adesso era evidente. Immagino di aver ereditato questa abilità dal mio defunto padre, il quale doveva aver appreso molte lingue nei suoi lunghi viaggi nell'Unico Mondo. Devo dire una cosa, però: le lingue dei nostri popoli, per quanto potessero essere molto diverse dal náhuatl e talvolta difficili da pronunciare per me, non erano mai *tanto* diverse e ostiche quanto lo spagnolo, la cui padronanza mi richiese molto tempo.

Alla Mesón potevo anche conversare ogni sera con l'uomo che conosceva la città da tutta una vita, l'ex orafo Pochotl, che chiaramente aveva deciso di passare il resto dei suoi anni sfruttando l'ospitalità dei frati di San José. Durante i nostri incontri io mi limitavo perlopiù ad ascoltarlo, cercando di non sbadigliare, mentre lui recitava le sue infinite lagnanze e proteste contro gli spagnoli, contro il tonáli che dalla nascita lo aveva destinato alla sua attuale indigenza e contro gli dei che gli avevano assegnato quel tonáli. Ma capitava spesso che lo ascoltassi con maggiore attenzione, poiché Pochotl dispensava utili informazioni. Per esempio, fu lui a darmi per la prima volta un quadro degli ordini, dei ranghi e delle autorità attraverso i quali la Nuova Spagna veniva governata.

«Il personaggio principale», mi spiegò, «è un certo Carlos, che risiede in quello che gli spagnoli chiamano il Vecchio Mondo. Talvolta viene definito "re", altre volte "imperatore", altre ancora "la corona" o "la corte". Ma è ovvio che è l'equivalente di un Riverito Oratore, come avevamo noi mexíca.

Molti, molti anni fa, questo re mandò navi cariche di guerrieri a conquistare e colonizzare un posto chiamato Cuba, che è una grande isola del Mare Orientale, da qualche parte oltre l'orizzonte.»

«Ne ho sentito parlare», intervenni. «Adesso è popolata da bastardi di vari colori.»

Pochotl batté le palpebre e chiese: «Cosa?»

«Oh, niente. Ti prego, continua.»

«Dodici o tredici anni fa, da questa Cuba venne qui un generale di Carlos, Hernán Cortés, che guidò la conquista dell'Unico Mondo. Cortés, com'è naturale, si aspettava che il re lo nominasse signore e padrone di tutto ciò che aveva conquistato. Ma, come oggi è risaputo ovunque, in Spagna c'erano molti dignitari e molti dei suoi stessi ufficiali che erano gelosi dell'arroganza di Cortés. Costoro convinsero il re a porre un limite alla sua smania di potere. Così oggi Cortés ha solo il titolo altisonante ma inutile di Marqués del Valle – di questa valle di Mexíco – mentre il vero compito di governare spetta ai membri di quella che loro chiamano l'*Audiencia*, l'equivalente di quello che nei tempi andati si chiamava il Consiglio Parlante del Riverito Oratore. Cortés, disgustato, si è ritirato nella sua tenuta a sud di qui, a Quaunáhuac...»

«Mi risulta che quel luogo non si chiami più così.»

«Be', sì e no. Il nostro nome, "Circondata di Foreste", dagli spagnoli viene pronunciato *Cuernavaca*, il che è ridicolo perché nella loro lingua vuol dire "Corno di Vacca". In ogni modo, ora Cortés è lì che si macera nella sua bella tenuta. Non so perché debba prendersela tanto, dato che le sue greggi di pecore, le sue piantagioni di canna da zucchero e i tributi che tuttora riceve da numerose tribù e nazioni hanno fatto di lui l'uomo più ricco della Nuova Spagna. Forse di tutti i domini della Spagna.»

«Non m'interessano molto gli intrighi che i bianchi architettano fra di loro. Né le ricchezze che hanno ammassato. Parlami invece, e con dovizia di particolari, del potere che esercitano su di *noi*.»

«Molti non trovano troppo gravosa la loro dominazione», rispose Pochotl. «Parlo di quelli che hanno sempre fatto parte delle classi inferiori: contadini, manovali e simili. Alzano così di rado gli occhi dal loro lavoro che forse non si sono neppure accorti che i padroni sono di un altro colore.»

E continuò con altre precisazioni. La Nuova Spagna era governata dai membri dell'*Audiencia* ma, ogni tanto, re Carlos inviava oltreoceano un regio ispettore chiamato *visitador*, per assicurarsi che l'*Audiencia* svolgesse debitamente i propri compiti. I *visitadores* facevano rapporto a un consiglio della Vecchia Spagna, il *Consejo de los Indios*. Quell'istituzione era, presumibilmente, preposta alla protezione dei diritti di tutti gli abitanti della Nuova Spagna, nativi e spagnoli, e aveva la facoltà di cambiare, emendare o revocare qualsiasi legge promulgata dall'*Audiencia*.

«Personalmente, sono convinto che il *Consejo* sia stato istituito soprattutto per assicurarsi che venga pagato il *quinto*», osservò Pochotl.

«Il *quinto*?»

«Il quinto che appartiene al re. Ogni volta che dalla nostra terra viene ricavato un pizzico di polvere d'oro o una manciata di zucchero – o di semi di cacao, di cotone o di qualsiasi altra cosa – un quinto di esso viene riservato al re, prima che gli altri prendano la loro parte.»

Le leggi e i regolamenti dell'*Audiencia* promulgati a Città di Mexíco, continuò a spiegare Pochotl, venivano inviati ai funzionari spagnoli chiamati *corregidores* che si trovavano nelle principali comunità della Nuova Spagna. Questi funzionari, a loro volta, ordinavano agli *encomenderos* residenti nei loro distretti di attenersi a tali leggi e di assicurarsi che fossero rispettate dalla popolazione indigena.

«Naturalmente gli *encomenderos* sono perlopiù spagnoli», precisò, «ma non tutti. Alcuni sono i signori sopravvissuti alla conquista o i discendenti dei nostri antichi padroni. Al figlio e alle due figlie di Motecuzóma, per esempio, non appena si furono convertiti al Cristianesimo ed ebbero assunto nomi spagnoli – Pedro, Isabel e Leonor – vennero assegnate delle *encomiendas*. E lo stesso è stato per il principe Fiore Nero, il figlio di Nezahualpíli, il grande e mai troppo compianto Riverito Oratore di Texcóco. Quel figlio si batté a fianco dei bianchi, e così oggi è *Hernando* Fiore Nero e un ricco *encomendero.*»

«*Encomendero. Encomienda.* Di che cosa si tratta?» chiesi.

«Un *encomendero* è una persona che ha ottenuto un'*encomienda,* che sarebbe un territorio di estensione variabile in cui l'*encomendero* è il padrone. Le città, i paesi e i villaggi della zona gli versano tributi in denaro o in merci, chiunque coltivi o produca qualsiasi cosa gliene dà una parte, tutti devono obbedire ai suoi ordini, che si tratti di costruire una casa o di lavorare le sue terre, di curare il suo bestiame o di andare a caccia e a pesca per lui, e persino, se lui lo richiede, di prestargli le mogli o le figlie. O, immagino, i figli, se si tratta di un'*encomendera* di tendenze lascive. Un'*encomienda* non include la terra, solo tutti quelli che vi abitano e tutto ciò che vi sorge o vi cresce.»

«Ma certo», esclamai. «Come si potrebbe possedere la *terra*? Possedere un pezzo di mondo? È un'idea inconcepibile.»

«Non per gli spagnoli», affermò Pochotl con un gesto ammonitore. «Ad alcuni di loro viene concessa quella che si chiama un'*estancia,* e questo include anche la proprietà della terra. Può anche essere trasmessa in eredità da una generazione all'altra. Il marchese Cortés, per esempio, non solo possiede tutta la popolazione e i prodotti di Quaunáhuac, ma anche tutto il terreno. E la sua ex concubina Malinche, quella traditrice della sua gente, viene adesso rispettosamente chiamata la vedova Jaramillo e possiede un'immensa isola sul fiume che è la sua *estancia.*»

«È una cosa irragionevole», ringhiai. «Contro natura. Nessuna persona può affermare di possedere neppure un minuscolo frammento di mondo. È stato messo qui dagli dei, e sono loro a governarlo. In passato lo hanno anche mondato degli uomini. Appartiene solo agli dei.»

«Se solo gli dei lo mondassero di nuovo», sospirò Pochotl. «Degli uomini bianchi, intendo dire.»

«L'*encomienda* posso capirla», osservai io. «Non è diverso da quello che facevano i nostri stessi governanti. Esigevano tributi, reclutavano lavoratori. Non ho mai sentito dire che richiedessero compagne di letto, ma immagino che, volendo, avrebbero potuto farlo. E capisco anche quando mi dici che molte persone, a tutt'oggi, non hanno percepito alcuna differenza con l'avvento dei nuovi padroni...»

«Ho parlato di classi inferiori», mi rammentò Pochotl. «Quelli che gli spagnoli chiamano *indios rústicos*: zoticoni, bifolchi, sacerdoti della nostra antica religione, altre persone di scarsa utilità. Ma io appartengo alla classe dei cosiddetti *indios pallos*... persone di qualità. E, per Huitzli, *io* sì che vedo la differenza. Come pure tutti gli artisti, gli artigiani, gli scribi e...»

«Sì, sì», lo interruppi, visto che ormai sarei stato in grado di esporre quelle lagnanze bene quasi quanto lui. «E che mi dici di questa città? Dev'essere l'*encomienda* più grande e più ricca della colonia. A chi è stata concessa? Al vescovo Zumárraga, forse?»

«No, anche se talvolta si ha l'impressione che sia lui il padrone. Tenochtitlán – scusa, Città di Mexíco – è l'*encomienda* della corona. Del re in persona. Di Carlos. Di tutte le cose qui prodotte o scambiate – qualsiasi bene, dagli schiavi ai sandali, fino all'ultimo *maravedí* di rame dei guadagni qui realizzati – Carlos non si limita a prendere il quinto che gli appartiene, ma *tutto.* Inclusi i gioielli d'oro e d'argento che erano l'opera di tutta la mia vita...»

«Sì, sì», ripetei.

«Naturalmente», proseguì Pochotl, «a qualsiasi cittadino può essere imposto di interrompere l'occupazione con cui si guadagna da vivere per contribuire all'abbellimento della città del re, con lavori di scavo, di costruzione o di pavimentazione. Ormai la maggior parte degli edifici di Carlos sono finiti. Per questo il vescovo ha dovuto attendere con impazienza che venisse dato il via ai lavori della cattedrale, che è ancora in costruzione. E credo che Zumárraga faccia faticare i lavoranti ancor più di quanto facessero i costruttori regi.»

«Allora... per come la vedo io...» rimuginai pensoso, «per fomentare una rivolta si dovrebbero sobillare in primo luogo i *rústicos.* Spingerli a rovesciare i padroni delle *estancias* e delle *encomiendas.* Solo a quel punto, noi delle classi superiori potremmo muovere contro le classi superiori *spagnole.* La pentola deve cominciare a bollire dal basso verso l'alto... come di fatto avviene nelle pentole.»

«*Ayya,* Tenamáxtli!» Esasperato, Pochotl si tirò i capelli. «Stai di nuovo battendo il tuo solito tamburo con la membrana allentata? Pensavo che avessi abbandonato quella stolta idea della ribellione, visto che ora sei entrato nelle grazie del clero cristiano.»

«E sono ben felice di esserlo», gli risposi, «perché in questa situazione posso vedere, sentire e apprendere cose che altrimenti mi sarebbero precluse. Ma no, non ho rinunciato alla mia decisione. Un giorno tenderò la membrana del tamburo in modo che lo si possa sentire. In modo che risuoni come un tuono. In modo che la sua sfida sia assordante.»

# 8

Da un po' di tempo avevo raggiunto un tale livello di conoscenza della lingua spagnola che mi consentiva di capire quasi tutto ciò che udivo, anche se ero troppo timido per cercare di parlare al di fuori dell'aula in cui Alonso teneva lezione. Il notaio, al corrente del fatto, doveva aver avvertito i religiosi della cattedrale in cui lui e io lavoravamo insieme – e chiunque altro vi si recava per ragioni di servizio – di non discutere di argomenti riservati a portata del mio orecchio. Non potei fare a meno di notare, infatti, che quando due o più spagnoli conversavano in mia presenza a un certo punto mi lanciavano un'occhiata e si allontanavano. Invece, quando mi aggiravo per la città, ero liberissimo di ascoltare e spiare senza farmi notare e, fingendo di osservare le verdure in mostra al mercato, mi capitava di sentire conversazioni interessanti.

«L'ennesimo prete impiccione», brontolò uno spagnolo che, a giudicare dall'abbigliamento, doveva essere un personaggio di un certo prestigio. «Le sue false lacrime per il crudele trattamento riservato agli indios sono solo un pretesto per stabilire regolamenti a proprio vantaggio.»

«Giusto», rispose il suo interlocutore, abbigliato con altrettanto sfarzo. «Sarà anche un vescovo, ma resta pur sempre un ecclesiastico ipocrita e astuto. *Riconosce* che abbiamo portato in questi territori un dono impagabile – il Vangelo di Cristo – e che questi indios ci devono quindi tutta la dedizione e il duro lavoro che possiamo esigere da loro. *Eppure* dice che dovremmo farli lavorare meno strenuamente, picchiarli più raramente e nutrirli meglio.»

«O rischiare di farli morire», riprese il primo, «com'è accaduto durante la conquista e nella successiva pestilenza... prima che quei disgraziati venissero confermati nella fede! Zumárraga sostiene che vuol salvare non le loro vite, ma le loro anime.»

«Insomma», ribadì l'altro, «noi dovremmo irrobustirli e viziarli, anche a detrimento dell'apporto lavorativo che possono darci. Dopodiché *lui* li requisisce per far costruire altre chiese, cappelle e santuari in tutto questo dannato Paese, prendendosene il merito. Se poi qualche indio gli dà fastidio, il vescovo Zurriago può sempre farlo *bruciare.*»

Continuarono un bel po' su questo tono, e la cosa mi fece piacere perché era stato il vescovo Zumárraga a far condannare mio padre a quella morte orrenda. Quando i due uomini lo chiamavano Zurriago, non stavano pronunciando in modo errato il suo nome, ma facevano un gioco di parole per beffarsi di lui: *zurriago* infatti in spagnolo significa "flagello". Pochotl mi aveva raccontato la vicenda del marchese Cortés, screditato dai suoi stessi ufficiali. Adesso sentivo due "valorosi" cristiani che diffamavano la loro massima autorità ecclesiastica. Se tanto i soldati quanto i civili potevano apertamente criticare e provare antipatia per i loro superiori, voleva dire che gli spagnoli non erano tutti così conformisti da presentare un fronte unito e compatto davanti a una qualsiasi opposizione. Né erano così sicuri della loro tanto decantata autorità da essere invincibili. Queste piccole rivelazioni sul pensiero e lo spirito spagnolo mi parvero incoraggianti e potenzialmente utili per il futuro, e quindi degne di essere ricordate.

Quello stesso giorno, in quello stesso mercato, trovai infine gli esploratori di Tépiz che da tempo andavo cercando. A un banchetto pieno di cesti di vimini e canne, chiesi al proprietario – come facevo ovunque – se per caso conoscesse un tal Netzlin e sua moglie, originari di Tépiz.

«Altroché! Netzlin sono io», esclamò l'uomo guardandomi con uno stupore venato di apprensione. «E mia moglie si chiama Citlali.»

«*Ayyo,* finalmente!» proruppi. «Che bello sentire qualcuno

che parla con l'accento degli Aztéca! Io mi chiamo Tenamáxtli, e vengo da Aztlan.»

«E allora, benvenuto a te, antico vicino!» rispose l'uomo con entusiasmo. «Che bello risentire il náhuatl parlato alla vecchia maniera, e non come lo pronunciano questi di città! Citláli e io siamo qui da quasi due anni, ma è la prima volta che sento una voce del mio Paese natio.»

«E potrà anche essere l'unica per molto tempo», dissi. «Mio zio ha dato ordine agli abitanti di Aztlan e delle comunità vicine di evitare ogni contatto con l'uomo bianco.»

«Tuo *zio*?» chiese Netzlin, perplesso.

«Mio zio Mixtzin, lo Uey-Tecútli di Aztlan.»

«*Ayyo,* certo, lo Uey-Tecútli. Sapevo che aveva dei figli. Scusami: non sapevo che tu fossi un suo nipote. Ma se lui ha proibito ogni contatto con gli spagnoli, perché tu sei qui?»

Mi guardai attorno prima di rispondere: «Di questo preferirei parlare in privato, Cuatl Netzlin».

«Ah», accennò lui, strizzando l'occhio. «Un altro esploratore segreto, eh? Allora permettimi di invitarti nella mia umile casa, Cuatl Tenamáxtli. Dammi solo il tempo di raccogliere la mercanzia. Dato che è piuttosto tardi, saranno ben pochi i clienti delusi dalla mia assenza.»

Lo aiutai a impilare i cesti e poi ci dividemmo il carico che, nel suo insieme, doveva essere un bel peso per una sola persona da portare ogni giorno al mercato. Mi condusse per stradine secondarie fuori dalla Traza dei bianchi, verso una *colación* a sudest chiamata San Pablo Zoquípan. Durante il tragitto Netzlin mi disse che, subito dopo aver deciso con la moglie di fermarsi in città, era stato assegnato ai lavori di riparazione degli acquedotti che portavano l'acqua nell'isola. Veniva pagato quel tanto che bastava per comprare della farina di mais con cui Citláli faceva l'atóli, che costituiva la loro unica alimentazione. Poi, quando era riuscito a dimostrare al tepízqui del suo *barrio* che lui e la moglie conoscevano un modo migliore per guadagnarsi da vivere, gli era stato concesso il permesso di lavorare in proprio.

«Tepízqui», ripetei. «È chiaramente una parola náhuatl,

però non l'ho mai sentita. E *barrio,* se non sbaglio, è il termine spagnolo che indica una sezione di una comunità, un piccolo quartiere, vero?»

«Sì. Il tepízqui è uno di noi. Cioè, è il funzionario mexícatl che ha il compito di controllare che nel suo *barrio* venga rispettata la legge dell'uomo bianco. Naturalmente è alle dipendenze di un funzionario spagnolo, un *alcalde,* il quale sovrintende a tutta la *colación* di *barrios* e ai suoi abitanti.»

Netzlin aveva mostrato al suo tepízqui quanto abili fossero lui e la moglie nella fabbricazione dei cesti. Il tepízqui l'aveva riferito all'*alcalde* il quale, a sua volta, l'aveva comunicato al *corregidor* suo superiore e quel funzionario aveva informato il *gobernador* della regia *encomienda* che, come sapevo, includeva tutti i quartieri e tutti gli abitanti di Città di Mexíco. Il *gobernador* aveva presentato e discusso la questione durante una delle riunioni dell'*Audiencia* e infine, ripercorrendo quella trafila in direzione opposta, Netzlin aveva ottenuto una *concesión real* che gli consentiva di vendere le sue merci al mercato in cui lo avevo trovato.

Osservai che una persona doveva affrontare un numero spaventoso di passaggi e consultazioni per poter vendere il prodotto del proprio lavoro.

Netzlin alzò le spalle per quanto glielo permetteva il carico. «Per quel che ne so, le cose erano altrettanto complicate quando la città era governata da Motecuzóma. Perlomeno la *concesión* mi esenta dall'essere reclutato per fare il manovale.»

«Perché hai preferito intrecciare cesti?» domandai.

«Perché è lo stesso lavoro che Citláli e io facevamo a Tépiz. Le canne che raccoglievamo nelle paludi del nord non sono tanto diverse da quelle che crescono nei laghi di qui. Canne ed erbacce di palude, in pratica, sono la sola vegetazione presente sulle sponde di questi laghi, anche se mi hanno detto che un tempo questa era una valle fertile e verdeggiante.»

Annuii. «Adesso puzza solo di fango e muffa.»

Netzlin continuò: «La notte mi impantano nella fanghiglia per raccogliere canne e giunchi. Durante il giorno, mentre io sono al mercato, Citláli li intreccia. I nostri cesti si vendono bene perché sono molto più belli e robusti di quelli fatti dai cestai locali. Le famiglie spagnole hanno una decisa predilezione per i nostri prodotti».

Questo era interessante. «Quindi hai avuto a che fare con gli abitanti spagnoli. Hai imparato un po' la loro lingua?»

«Pochissimo», rispose, tutt'altro che dispiaciuto. «Ho a che fare con i servi: cuoche e sguattere, lavandaie e giardinieri. Sono tutti dei nostri, quindi non ho alcun bisogno di imparare i farfugliamenti dell'uomo bianco.»

Avere accesso ai domestici poteva essere ancor più utile ai miei fini che conoscere i padroni stessi.

«Comunque», proseguì Netzlin, «Citlali e io guadagniamo più di quasi tutti i nostri vicini del *barrio*. Mangiamo carne o pesce almeno due volte al mese e ci è capitato persino di assaggiare uno di quei frutti strani e costosi che gli spagnoli chiamano *limón*.»

«È tutto quello a cui aspiri, Cuatl Netzlin? Essere un cestaio che vende i suoi prodotti al mercato?»

Mi guardò con sincero stupore. «Non sono mai stato altro.»

«Supponiamo che qualcuno ti proponesse di condurti in battaglia e alla gloria. Per liberare l'Unico Mondo dall'uomo bianco. Che ne diresti?»

«*Ayya*, Cuatl Tenamáxtli! I bianchi sono quelli che mi comprano i cesti. Mi mettono in condizione di mangiare. Se volessi liberarmi di loro, non dovrei fare altro che tornare a Tépiz. Ma là nessuno ha mai pagato altrettanto bene i miei cesti. E poi non sono mai stato in guerra e non riesco neppure a immaginare che cosa sia la gloria.»

Rinunciai all'idea di reclutarlo come guerriero, ma pensai che avrebbe potuto comunque essermi utile se avessi voluto infiltrarmi tra la servitù di qualche palazzo spagnolo. Mi spiace dire che Netzlin non sarebbe stato l'unico potenziale coscritto a rifiutare di battersi contro i bianchi perché la sua sopravvivenza dipendeva dal loro denaro. Tutti coloro che mi dissero di no avrebbero potuto citarmi – se l'avessero conosciuto – un vecchio proverbio spagnolo: uno zoppo dovrebbe essere pazzo per spezzare la propria stampella. E, per descrivere più appropriatamente un uomo che accampava una simile ragione per non unirsi alla mia causa, io avrei potuto ripetere quel che avevo sentito blaterare da un rozzo spagnolo, e cioè che quel tale preferiva *lamer el culo del patrón.*

Arrivammo nel *barrio* di Netzlin a San Pablo Zoquípan, che è una delle zone periferiche non *troppo* squallide della città. Con un certo orgoglio il cestaio mi disse che si era costruito la casa con le sue mani e con l'aiuto della moglie – come avevano fatto gran parte dei vicini – usando i mattoni di fango essiccati al sole che in spagnolo si chiamano *adobe.* Con fierezza mi indicò anche la casetta per i bagni di vapore in fondo alla strada, opera collettiva dei residenti del *barrio.*

Passammo oltre la tenda che fungeva da porta ed entrammo nella casetta di due stanze dove lui mi presentò la moglie. Citlali era più o meno della sua età – dovevano essere entrambi sulla trentina – e aveva un volto dolce e un carattere allegro. E non tardai a capire che era tanto intelligente quanto lui era ottuso. Al nostro arrivo stava intrecciando un cesto, benché fosse in stato di gravidanza avanzata e dovesse sistemare le gambe *intorno* al pancione per star seduta sul pavimento di terra battuta dove lavorava. Con tatto le chiesi se nelle sue condizioni fosse opportuno svolgere un lavoro manuale.

Lei rise e, senza alcun imbarazzo, rispose: «In realtà, la pancia è più un aiuto che un ostacolo. La posso usare come forma per foggiare cesti di ogni dimensione e capacità».

Netzlin mi chiese: «Dove sei alloggiato, Tenamáxtli?»

«Vivo della carità dei cristiani. Sto alla Mesón de San José. La conosci?»

«Sì, certo», rispose lui. «Citláli e io abbiamo usufruito di quei dormitori per alcune notti dopo il nostro arrivo. Ma non sopportavamo di dormire separati.»

Netzlin poteva anche non avere la stoffa del guerriero, pensai, ma chiaramente era un marito devoto.

«Cuatl Tenamáxtli, perché non vieni a stare qui con noi fino a quando non potrai permetterti una casa tutta tua?» intervenne Citláli.

«È meravigliosamente ospitale e gentile da parte tua, mia signora. Ma se trovavate inaccettabile essere separati alla Mesón, vi risulterebbe ancor più intollerabile avere un estraneo in casa. Tanto più che tra breve si unirà a voi un altro estraneo, molto più piccino.»

Lei fece un sorriso cordiale. «Siamo tutti stranieri in questa città. Tu non saresti più estraneo del piccolo in arrivo.»

«Sei più che gentile, Citláli», replicai. «La verità è che *potrei* permettermi di abitare altrove. Ho un lavoro che è pagato leggermente meglio di quello dei manovali. Ma sto studiando lo spagnolo nel Colegio accanto alla Mesón, e quindi preferisco restare lì sino a quando non mi peserà troppo.»

«Studi la lingua dell'uomo bianco?» domandò Netzlin. «È per questo che sei in città?»

«In parte anche per questo.» Proseguii col dirgli che intendevo imparare tutto il possibile sui bianchi. «In modo da essere in grado di fomentare una rivolta contro di loro. Per cacciarli da tutte le terre dell'Unico Mondo.»

«*Ayyo...*» sospirò Citláli, guardandomi con quello che poteva essere timore o ammirazione... o forse con il sospetto di aver accolto un folle in casa sua.

Netzlin osservò: «Per questo mi hai chiesto se aspiravo alla lotta e alla gloria. E adesso capisci», continuò indicando la moglie, «perché ero tutt'altro che entusiasta. Stiamo per avere il nostro primo figlio».

«Primo figlio!» esclamò Citláli ridendo. Poi, rivolgendosi a me: «Primo *figlio.* A me non importa che sia un figlio o una figlia. Mi basta che sia vivo e vegeto».

«Sarà un maschio», dichiarò Netzlin. «Voglio che sia così.»

«Naturalmente hai ragione a non volerti imbarcare in nessuna avventura in un momento simile. Però avrei un favore da chiederti. Se i tuoi vicini non hanno nulla in contrario, potrei usare ogni tanto il bagno di vapore?»

«Ma certo. So che alla Mesón non c'è modo di lavarsi. Come fai a mantenerti passabilmente pulito?»

«Mi lavo con l'acqua di un secchio, che adopero anche per pulire gli abiti. I frati mi permettono di riscaldare l'acqua sul fuoco. Però non ho fatto un bel bagno di vapore sin da quando ho lasciato Aztlan. Temo di puzzare come un bianco.»

«No, no», mi rassicurarono entrambi. Poi Netzlin continuò: «Neppure un rozzo zácachichimécatl appena arrivato dal deserto ha un tanfo come quello dei bianchi. Vieni, Tenamáxtli, andiamo subito a fare un bagno di vapore. Poi ci berremo un po' di octli e fumeremo un poquíetl o due.»

«E la prossima volta che vieni», aggiunse Citláli, «ricordati di portare i tuoi indumenti di ricambio, perché mi occuperò io del tuo bucato.»

Così, da quel momento in poi, passai con quelle simpatiche persone – e nel loro bagno di vapore – tanto tempo quanto ne passavo a conversare con Pochotl alla Mesón. Naturalmente stavo anche molto col notaio Alonso, sia al Colegio sia nel suo studio alla cattedrale. Spesso interrompevamo l'interpretazione dei vecchi codici dipinti per fumare e discutere di vari argomenti. Il mio spagnolo era migliorato al punto da permettermi di capire meglio le parole che lui era costretto a usare spesso perché non avevano equivalenti in náhuatl.

«Juan Británico», mi domandò un giorno, «conosci monsignor Suárez-Begega, l'arcidiacono di questa cattedrale?»

«No, non lo conosco. Però l'ho visto nei corridoi.»

«Evidentemente anche lui ti ha visto. In quanto arcidiacono, come saprai, si occupa dell'amministrazione della cattedrale e deve assicurarsi che tutto qui sia appropriato alla dignità del luogo. E mi ha chiesto di riferirti un messaggio.»

«Un messaggio? A me? Da una persona così importante?»

«Sì. Vuole che tu cominci a indossare i *pantalones.*»

Lo guardai battendo le palpebre. «Un personaggio importante come Suárez-Begega si abbassa sino al livello dei miei polpacci nudi? Mi vesto come tutti i Mexíca che lavorano qui. Nel modo in cui noi uomini ci siamo sempre vestiti.»

«Questo è il punto», continuò Alonso. «Gli altri sono manovali e muratori, al massimo artigiani. *Capas, calzoncillos* e *guaraches* vanno benissimo per loro. Ma il tuo compito qui ti consente – ti obbliga, secondo monsignore – di vestirti come uno spagnolo.»

«Se lui vuole», risposi aspro, «posso ammantarmi con un farsetto orlato di pelliccia, brache strette, cappello piumato, catene e bracciali, e farmi passare per un moro spagnolo pieno di boria.»

Soffocando un sorriso, il notaio replicò: «Niente pelliccia, catene o piume. Basteranno una comune camicia, brache e stivali. Ti darò il denaro per acquistarli. E devi indossarli solo qui e al Colegio. Fra la tua gente puoi vestirti come preferisci. Fallo per me, Cuatl Juan, in modo che l'arcidiacono la smetta di farmi la predica a questo proposito».

Gli borbottai che affettare un aspetto da spagnolo era per me sgradevole quanto abbigliarmi da moro, ma infine acconsentii: «Certo. Lo faccio per te, Cuatl Alonso».

Lui, con asprezza pari alla mia, ribatté: «Questo sgradevole spagnolo bianco ti ringrazia».

«Scusami», gli dissi. «Tu personalmente non sei affatto sgradevole. Ma dimmi una cosa, per favore. Tu parli sempre di spagnoli bianchi o di bianchi spagnoli. Vuoi dire che, da qualche parte, ci sono spagnoli che non sono bianchi? O che ci sono altri bianchi oltre gli spagnoli?»

«Ti assicuro, Juan, che tutti gli spagnoli sono bianchi. Con la possibile eccezione degli ebrei di Spagna convertitisi al Cristianesimo. Hanno una carnagione olivastra e grassa. Ma, sì, ci sono molti altri bianchi oltre gli spagnoli. Quelli di tutte le nazioni d'Europa.»

«Europa?»

«È un vasto continente, di cui la Spagna rappresenta solo una nazione. Un po' com'era un tempo il vostro Unico Mondo: un unico, ampio territorio occupato da svariate nazioni. Tuttavia, tutti i nativi europei sono bianchi.»

«Allora sono tutti di pari livello tra loro e rispetto agli spagnoli? Sono tutti cristiani? Sono tutti ugualmente superiori ai non bianchi?»

Il notaio si grattò la testa con la penna con cui stava scrivendo. «Mi rivolgi domande che lascerebbero perplessi persino i filosofi. Ma farò del mio meglio per risponderti. Tutti i bianchi sono superiori ai non bianchi, questo è certo. Ce lo dice la Bibbia, per via delle diversità tra Sem, Cam e Jafet.»

«E chi sarebbero?»

«I figli di Noè. Il tuo maestro, padre Diego, te lo potrà spiegare meglio di me. Quanto all'uguaglianza tra gli europei, be'...» Fece una risata leggermente autoironica. «Ogni nazione – inclusa la nostra beneamata Spagna – suole considerarsi superiore a tutte le altre. Come senza dubbio vi ritenete voi aztéca qui nella Nuova Spagna.»

«Questo è vero», convenni. «O lo è stato sino a qualche tempo fa. Ma ora che ci ritroviamo assimilati a tutti gli altri come semplici indios, potremmo scoprire di avere più cose in comune di quanto pensassimo.»

«Per quanto riguarda l'altra tua domanda, sì, tutta l'Europa è cristiana, salvo qualche sporadico eretico, gli ebrei e i turchi nei Balcani. Ma mi spiace dover dire che, di recente, persino tra i crisitani sono sorti dissidi e insoddisfazioni. Alcune nazioni – l'Inghilterra, la Germania e altre – hanno contestato il dominio della Santa Chiesa.»

Stupefatto nell'udire una simile notizia, chiesi: «Hanno smesso di adorare i quattro della Trinità?»

Alonso, preoccupato, evidentemente non udì il "quattro" da me pronunciato. Con aria cupa, rispose: «No, no, tutti i cristiani continuano a credere nella Trinità. Quello in cui alcuni non credono più è il papa».

«Il papa?» ripetei perplesso, pensando tra me che c'era una quinta entità da adorare. Era concepibile un così strano concetto aritmetico? Una Trinità di *cinque*?

Alonso proseguì: «Il papa Clemente Séptimo. Il vescovo di Roma. Il successore di san Simón Pedro. Il vicario di Jesucristo sulla terra. Il capo di tutta la Chiesa cattolica. L'autorità suprema e infallibile».

«Questo non è un altro Espíritu Santo? È una persona in carne e ossa?»

«Ma certo. Un prete. Un uomo, proprio come te e me, ma più vecchio. E infinitamente più santo, in quanto porta i calzari del pescatore.»

«Calzari?» domandai senza capire. «Del pescatore?» Avevo conosciuto molti pescatori ad Aztlan. Nessuno di loro portava calzari né era neppur remotamente santo.

Alonso emise un sospiro di esasperazione. «Simón Pedro era un pescatore prima di diventare il più importante discepolo di Cristo, il primo tra gli Apostoli. Viene considerato il primo papa di Roma. Dopo di lui ce ne sono stati molti altri, ma si dice che ognuno di loro indossi i calzari del pescatore, acquisendo così la stessa preminenza e autorità. Juan Británico, mi viene il sospetto che tu, durante le lezioni di padre Diego, ti sia pigramente perso in sogni a occhi aperti. È cosi?»

«No», mentii e, sulla difensiva, affermai: «So recitare il Credo, il Pater Noster e l'Ave Maria. E ho imparato a memoria i livelli delle gerarchie ecclesiastiche: suore e frati, abati e badesse, padri, monsignori, vescovi. Poi... ehm... c'è qualcosa di più in alto del nostro vescovo Zumárraga?»

«Gli arcivescovi», continuò Alonso, spazientito. «I cardinali, i patriarchi. E, al vertice, il papa. Ti raccomando di stare più attento alle lezioni di padre Diego, se vuoi entrare a far parte della comunità cristiana.»

Mi astenni dal dirgli che con la Chiesa volevo avere solo il coinvolgimento strettamente necessario ai miei piani personali. E proprio perché quei piani erano ancora molto nebulosi continuavo a frequentare i corsi di religione, che consistevano soprattutto nell'imparare a recitare regole e invocazioni, gran parte delle quali – come il Pater Noster – in una lingua che neppure gli spagnoli fingevano di capire. Quando gli allievi, su insistenza di tete Diego, si recavano in chiesa per assistere a una funzione chiamata messa, ogni tanto mi ero intruppato nel gruppo. Anche quella era una cosa del tutto incomprensibile per chiunque, tranne, immagino, per i preti e gli *acólitos* che dicevano messa. Noi nativi, i meticci e gente simile sedevamo in un loggiato separato, ma la puzza della folla di spagnoli sporchi sarebbe stata comunque insopportabile se non fosse stato per le inebrianti nubi di fumo d'incenso.

In ogni modo, dato che non mi ero mai interessato molto neppure alla mia religione originaria – se non per godermi le molte feste da essa contemplate – non morivo certo dalla voglia di abbracciarne una nuova. Ero particolarmente propenso a disprezzare una religione che, a quanto pareva, non era in grado di contare oltre il *tre*, dato che gli oggetti di venerazione, secondo i miei calcoli, erano almeno quattro, e forse anche cinque, ma venivano definiti una "Trinità".

Nonostante le bizzarrie matematiche della sua fede, tete Diego spesso inveiva contro la nostra antica religione, ritenendola *sovraffollata* di dei. Il suo volto rosato divenne percettibilmente cianotico quando, un giorno, osservai che il Cristianesimo da un lato affermava di riconoscerne uno solo, ma di fatto accordava quasi altrettanto prestigio a esseri venerabili chiamati *santos, angeles* e *arcángeles*. Erano tanti quanti i nostri dei, e molti di essi sembravano crudeli e vendicativi come alcune nostre empie divinità che i cristiani chiamavano demoni. Da come la vedevo io, la differenza principale tra la vecchia religione e quella nuova di tete Diego, dissi, era che noi *sfamavamo* i nostri dei, mentre i cristiani *mangiavano* i propri, o pretendevano di farlo in un rito chiamato Comunione.

Procedetti col dire: «Ci sono molti altri aspetti per i quali il Cristianesimo non rappresenta un passo avanti rispetto al nostro *paganismo*, come lo chiamate voi. Per esempio, tete, anche noi confessavamo i nostri peccati alla buona e comprensiva dea Tlazoltéotl, che significa "Divoratrice di Lordure", la quale ci ispirava atti di contrizione o ci dava l'assoluzione, proprio come fanno i vostri preti. Quanto al miracolo del parto della Vergine, abbiamo anche noi molti dei che sono venuti al mondo nello stesso modo. Come del resto è capitato a uno dei capi mortali dei Mexíca. Era Motecuzóma Primo, il grande Riverito Oratore che era prozio del Motecuzóma minore, che regnava all'epoca del vostro arrivo. Era stato concepito quando sua madre era ancora vergine e...»

«Basta!» sbraitò tete Diego, il cranio pelato ormai in fiamme. «Hai uno strano senso dell'umorismo, Juan Británico, ma per oggi hai scherzato abbastanza. Sei al limite del blasfemo e addirittura dell'eresia. Esci dall'aula e non tornare sino a che non ti sarai pentito e non ti sarai *confessato,* non davanti a un qualche Lercio Mangiatore, ma a un *confessore sacerdote!*»

Non lo feci mai, né allora né in seguito, ma quando tornai a scuola, il giorno seguente, ce la misi tutta per apparire contrito e pentito. E continuai a frequentare le lezioni per una ragione che non aveva nulla a che vedere con lo studio comparato delle religioni, né con l'approfondimento del modo di pensare e agire degli spagnoli, né con l'attuazione dei miei piani di ribellione. Adesso andavo a scuola solo per vedere ed essere visto da Rebeca Canalluza. Non avevo ancora compiuto l'atto dell'ahuilnéma con una femmina bianca né con una nera, e forse non ne avrei mai avuto l'opportunità. Ma nella persona di Rebeca Canalluza in certo qual modo avrei potuto assaporare entrambi quei tipi di donna.

In altre parole, era quella che Alonso aveva classificato come una mulatta, nata dall'unione di un moro e una bianca.

Poiché all'epoca c'erano pochissime donne nere nella Nuova Spagna, il sangue moro doveva venirle dal padre, mentre la madre doveva essere una spagnola scostumata o dotata di una perversa curiosità. Ma la madre aveva contribuito ben poco all'aspetto di Rebeca, così come il latte di cocco non schiarisce più di tanto una tazza di chocólatl.

Perlomeno la ragazza aveva ereditato dalla madre capelli ondulati e non crespi come quelli dei mori. Ma per il resto... *ayya,* aveva il naso schiacciato con le narici dilatate, i labbroni violacei e tutto quello che si vedeva di lei era del colore di un seme di cacao. Inoltre, dedussi che le donne more si sviluppavano molto presto perché, sebbene avesse solo undici o dodici anni e fosse piccola per la sua età, Rebeca aveva curve da donna, seni notevoli e natiche che si potevano solo definire prominenti. E le occhiate che mi lanciava erano cariche del desioso apprezzamento di una donna matura per l'accoppiamento.

Queste cose le vedevo da solo. Quello che non potevo indovinare era la ragione per cui le era stato assegnato un nome così spregiativo e quasi insultante. Non tanto per quello cristiano, Rebeca: fra le molte storie edificanti raccontateci da tete

Diego c'era anche quella della Rebeca biblica, la cui caratteristica peggiore, a quanto ricordavo, era una certa propensione a farsi comprare con cianfrusaglie d'oro e d'argento. Ma il termine *Canalluza* significa "furfanteria, gentaglia". Se quello era il nome della madre, be', certamente era appropriato. Ma mi chiedevo come mai le fosse stato attribuito *prima* di accoppiarsi con un nero.

In ogni modo, la piccola e scura Rebeca Canalluza da tempo mi seguiva con neri occhi vogliosi e, quando per la prima volta comparvi al Colegio con una camicia a maniche lunghe, brache e stivali alti, mi guardò con occhi infuocati – forse perché, avendo lei stessa sempre indossato abiti di foggia spagnola, doveva aver pensato che avessi voluto imitarla – e cominciò *letteralmente* a seguirmi, a sedersi accanto a me sulle panche dell'aula e a piazzarsi vicino a me le rare volte in cui andavo a messa. La cosa non mi dispiaceva. Da quando avevo lasciato Aztlan non ero stato neppure con una donna di strada, e poi nutrivo la stessa perversa curiosità che doveva aver animato la madre di Rebeca quando era andata col nero, pensando: *Chissà che effetto fa?* Rimpiangevo solo che Rebeca non fosse un po' più grande e graziosa. Tuttavia, incominciai a ricambiare le sue occhiate e i suoi sorrisi e finimmo col conversare, anche se il suo spagnolo era molto meglio del mio.

«La ragione del mio orrendo nome», mi spiegò quando glielo chiesi, «è che sono orfana. Non saprò mai chi sono mio padre e mia madre. Come molti altri neonati, sono stata abbandonata davanti alla porta del Refugio de Santa Brígida, dove ho vissuto sin da allora. Le suore che si occupano degli orfani traggono uno strano piacere nell'affibbiarci nomi insultanti, per marchiarci come figli della colpa.»

Questa era un'usanza spagnola con cui non avevo dimestichezza. Tra noi indios c'erano naturalmente bambini che avevano perso il padre o la madre o entrambi i genitori... vittime di malattie, della guerra o di qualche altro disastro. Ma nelle lingue indigene che conoscevo non esisteva un termine come *orfano,* perché nessun bambino veniva mai abbandonato o emarginato o affidato alla comunità. Ogni bambino ci era caro e, se restava solo al mondo, veniva immediatamente ed entusiasticamente adottato da qualche coppia, che poteva essere priva di figli o averne una gran schiera.

«Perlomeno mi hanno dato un nome di battesimo decente», continuò Rebeca. «Ma quel poveraccio laggiù», lo indicò senza farsi notare, «quel brutto *pardo* che è un altro orfano del Refugio è stato chiamato Niebla Zonzón.»

«*Ayya!*» esclamai, a metà tra l'ilarità e la compassione. «Entrambi i nomi vogliono dire "confuso, annebbiato, stupido"!»

«E, *ay de mí,* lo è proprio», dichiarò Rebeca con un sorriso smagliante. «Be', l'hai sentito anche tu balbettare e impappinarsi quando parla qui a scuola.»

«Comunque, le suore vi assicurano un'educazione... Sempre che l'istruzione religiosa si possa chiamare educazione.»

«Per me lo è. Intendo diventare suora, prendere il velo.»

«Pensavo si trattasse di calzari», osservai, confuso.

«Come?»

«Oh, niente. Che cosa vuol dire "prendere il velo"?»

«Diventare la sposa di Cristo.»

«Credevo fosse morto.»

«Non ascolti con molta attenzione il nostro tete, vero, Juan Británico?» mi rimproverò con un tono severo quanto quello di Alonso. «Diventerò sposa di Cristo solo *di nome.* Tutte le suore sono chiamate così.»

«Be', è meglio del nome Canalluza», commentai. «Anche il brutto *pardo* Niebla Zonzón riuscirà a cambiare nome?»

«*¡Vaya al cielo... no!*» rispose lei, ridendo. «Non ha il cervello per entrare in un ordine religioso. Quando esce dall'aula, il povero scemo Zonzón va in uno scantinato dove impara a conciare le pelli. Per questo puzza sempre in quel modo.»

«Dimmi», le domandai, «che cosa comporta... diventare la sposa di questa divinità morta?»

«Vuol dire che, come qualsiasi sposa, mi dedicherò solo a lui per il resto della vita. Rinuncerò ai maschi mortali, a qualsiasi piacere e frivolezza. Non appena avrò fatto la Cresima e la Prima Comunione, diventerò novizia in un convento. Da quel momento, la mia sarà una vita di dovere, obbedienza, lavoro...» abbassò gli occhi «...e castità.»

«Ma quel momento non è ancora arrivato», osservai.

«Ma non è lontano», ribatté lei, sempre a occhi bassi.

«Rebeca, ho quasi dieci anni più di te.»

«Sei bello», dichiarò senza alzare gli occhi. «Avrò te, da ricordare negli anni in cui mi dedicherò solo a Jesucristo.»

In quel momento di malinconia, la fanciulla era quasi graziosa, e certamente degna di compassione. Non avrei potuto rifiutare quella richiesta tenera e timida neppure se avessi voluto. Così stabilimmo di incontrarci in un luogo appartato, dopo il tramonto, dove le diedi ciò che voleva ricordare.

Nonostante la sua volonterosa collaborazione, il nostro accoppiamento non fu facile. In primo luogo, come avrei dovuto prevedere, era difficile togliersi con grazia gli indumenti di foggia spagnola... i miei come i suoi. Bisognava fare maldestre contorsioni che diminuivano non poco il piacere di spogliarsi. Secondariamente, le diverse taglie dei nostri corpi si rivelarono uno svantaggio. Io sono più alto della media dei maschi aztéca e mexíca – a detta di mia madre, era una caratteristica che avevo ereditato da mio padre Mixtli – e, come ho già detto, nonostante le curve femminee Rebeca era ancora piccola. Per lei quello era il primo tentativo di congiungimento e, a giudicare dalla goffaggine con cui procedemmo quella notte, si sarebbe detto che ero anch'io alle prime armi. Lei non riusciva ad allargare le gambe quel tanto che mi avrebbe consentito di sistemarmi comodamente fra di esse, e così riuscii a inserire solo l'estremità del tepúli nella sua tipíli. Dopo molti e frustranti tentativi, decidemmo di farlo come i conigli, lei puntellata su gomiti e ginocchia, e io che glielo infilavo da dietro. E anche così, le sue straordinarie natiche furono in qualche modo un ostacolo.

Da quell'esperienza imparai due cose. Rebeca, nelle parti intime, era ancor più nera che altrove ma, una volta aperte le labbra, dentro era rosa quanto qualsiasi altra donna. Inoltre, essendo vergine, perse un po' di sangue, dandomi così modo di appurare che era rosso come quello di chiunque altro. Da allora tendo a pensare che tutte le persone, quale che sia il loro colore esterno, dentro sono fatte della stessa carne.

Rebeca si beò tanto di quel primo ahuilnéma che in seguito lo rifacemmo ogni volta che ci capitò l'occasione. Riuscii a insegnarle alcune piacevoli varianti che avevo appreso dall'auyaními di Aztlan e che avevo perfezionato con mia cugina Améyatl. Così godemmo l'uno dell'altra sino alla vigilia del giorno in cui il vescovo Zumárraga impartì a lei e a molte altre orfane il sacramento della Cresima.

Non presenziai alla cerimonia, ma riuscii a intravedere Rebeca nell'abito prescritto per il rito: appariva piuttosto comica, con il capo e le mani nere in netto contrasto con il bianco del vestito, il cui candore era pari solo a quello dei suoi denti, scintillanti in un sorriso a metà fra l'eccitazione e il nervosismo. Da quel giorno non la toccai né la vidi più, perché non riemerse mai dal Refugio de Santa Brígida.

# 9

«*¿A cuántos patos ha matado hoy?*» domandai con una certa diffidenza.

«*¡Caray, cientos! ¡Y a tenazón!*» mi rispose con un sorriso fiero. «*Unos gansos y cisnes además.*»

Be', aveva capito che gli stavo chiedendo quante anatre avesse ucciso quel giorno e, a mia volta, avevo afferrato la sua risposta: «Ah, centinaia! E senza neanche prendere la mira. Ho preso anche qualche oca e dei cigni».

Era la prima volta che mettevo alla prova la mia padronanza dello spagnolo con qualcuno che non fosse Alonso o un compagno di scuola. Questo giovane era un soldato incaricato di abbattere le anatre sul lungolago e sembrava gentile, forse perché, vedendo che indossavo abiti di foggia spagnola, mi aveva preso per un servitore addomesticato e convertito. Continuò: «*Por supuesto, no comemos los cisnes. Demasiado duro a mascar*». E si prese la briga di chiarirmi il concetto aprendo e chiudendo in modo esagerato le mascelle. «Naturalmente, non mangiamo i cigni. Troppo duri da masticare.»

Ero venuto altre volte sul lungolago a osservare quelli che Pochotl aveva definito "i sistemi strani ma efficienti" usati dagli spagnoli per abbattere gli uccelli che, al tramonto, tornavano al lago. Il metodo, in effetti, era strano, comportava l'uso del tubo tonante (propriamente chiamato *arcabuz)* ed era veramente efficiente.

Un buon numero di archibugi venivano saldamente legati a pali infissi nel lungolago, con le canne puntate a pelo d'acqua. Un'altra batteria di archibugi, analogamente fissati a pali, era puntata verso l'alto, con angolature e direzioni diverse. Tutte quelle armi potevano essere manovrate da un solo soldato che, per prima cosa, tirava una cordicella che faceva sputare lampi e fumo dalla fila di archibugi puntati a pelo d'acqua uccidendo molti degli uccelli che vi si erano posati e spaventando il resto, che volava via. A questo punto il soldato tirava un'altra corda e gli archibugi variamente puntati verso l'alto sparavano tutti insieme abbattendo interi stormi in volo. Poi il soldato passava da un'arma all'altra, facendo qualcosa all'imboccatura del tubo tonante, e qualche altra cosa nella parte posteriore. Quando aveva terminato questo compito, in genere gli uccelli sopravvissuti si erano calmati ed erano tornati a posarsi sull'acqua, così l'abbattimento in due tempi ricominciava. Infine, prima che scendesse la notte, il soldato inviava degli uomini nelle canoe a raccogliere gli uccelli colpiti.

Benché avessi assistito diverse volte a questo metodo di caccia, quella era la prima volta che trovavo il coraggio di porre delle domande.

«Noi indios usiamo solo le reti», dissi al giovane soldato, «in cui facciamo finire gli uccelli. Il vostro metodo è molto più efficace. Come funziona?»

«Semplicissimo», rispose lui. «Al *gatillo* di tutti gli archibugi puntati verso il pelo dell'acqua si lega una cordicella.» (Ero già in piena confusione, dato che *gatillo* per me significava solo "gattino".) «Tutte le cordicelle vengono poi legate a un singolo spago che io tiro per azionare tutte le armi contemporaneamente. Nello stesso modo vengono legate cordicelle ai *gatillos* degli archibugi puntati verso l'alto...»

«Questo l'ho visto», lo interruppi. «Ma come funziona l'archibugio stesso?»

«Ah!» esclamò lui. Con orgoglio, mi condusse accanto a una delle armi fissate ai pali, s'inginocchiò e cominciò a fornirmi le spiegazioni. «Questa cosa qui è il *gatillo.*» Era un pezzetto di metallo che sporgeva dalla parte posteriore dell'archibugio, ed era foggiato a mezzaluna in modo da poter essere tirato con un dito o, come in quel caso, da una cordicella. Il "gattino" era all'interno di una sorta di schermatura, destinata evidentemente a impedire che venisse tirato per sbaglio. «E questa cosa qui è una rotella, che viene azionata da una molla che non puoi vedere, alloggiata nell'otturatore qui dentro.» La rotella aveva le dimensioni di una moneta *ardite*, era fatta di metallo e munita di denti lungo tutta la circonferenza.

«Che cos'è una molla?».

«Una striscetta di metallo che viene avvolta da questa chiave.» Mi mostrò la chiave, che poi usò per disegnare sul terreno ai nostri piedi una spirale avvolta strettamente. «Ecco che aspetto ha una molla, e ogni *arcabucero* ha con sé una chiave.» La infilò in un foro, che lui aveva chiamato "otturatore", e le diede un paio di giri che provocarono un lieve rumore raspante. «Ecco, la rotella è pronta a girare. Adesso, questa cosa qui è quella che chiamiamo "zampa di cane".» Era un altro piccolo pezzo di metallo, per nulla simile alla zampa di un cane ma somigliante piuttosto alla testa di un uccello che stringeva un sassolino nel becco. «Questa pietra», spiegò il soldato, «è una *pirita.*» Riconobbi in quella pietra ciò che noi chiamiamo "oro finto".

«Adesso armiamo la zampa di cane tirandola indietro, pronta a colpire», proseguì, facendola scattare all'indietro con un clic, «e un'altra molla la tiene fissa in posizione. Poi... guarda... quando premo il *gatillo*, la rotella gira e, nello stesso istante, la zampa di cane spinge la *pirita* contro la rotella e provoca un getto di scintille, come vedrai.»

Accadde esattamente come aveva detto e il soldato parve più fiero che mai.

«Ma dal tubo non è scaturito nessun lampo, né un rumore, né del fumo», obiettai io.

Lui fece un sorriso di compatimento. «È perché non ho ancora caricato l'archibugio né messo la polvere da sparo nella *cazoleta.*»

Tirò fuori due sacchetti di pelle e da uno di essi lasciò ricadere nel mio palmo un mucchietto di polvere scura. «Questa è la *pólvora.* Adesso, come vedrai, ne verso una dose nella bocca del *cañon* e la premo con un pezzetto di stoffa. Poi, da quest'altro sacchetto, prendo un *cartucho.*» Mi mostrò un sacchetto trasparente, che sembrava ricavato da un tratto d'intestino di un animale, pieno di minuscoli pallini di metallo. «Per sparare ai nemici o ad animali di grandi dimensioni, naturalmente ci serviamo di una *bala* grande e pesante. Ma per gli uccelli usiamo un *cartucho de perdigones.*» E, con una lunga asta di metallo, premette il contenuto nella canna. «Infine, metto solo una spolverata di *pólvora* nella *cazoleta.*» Quest'ultima era una sorta di tazzina che sporgeva dall'otturatore, da cui sarebbero venute le scintille provocate dalla rotella e dall'oro finto. «Come vedi», concluse il soldato, «c'è un forellino che dalla *cazoleta* va al *cañon,* in cui è pressata una carica di *pólvora.* Ecco, ora avvolgo la molla e *tu* premi il *gatillo.*»

Mi inginocchiai accanto all'arma carica con un misto di curiosità, timidezza e paura. Ma la curiosità era l'emozione prevalente, perché ero venuto lì e avevo abbordato il giovane soldato proprio per arrivare a questo. Inserii il dito sotto l'otturatore, lo misi intorno al *gatillo* e premetti.

La rotella girò, la zampa di cane si abbassò, volarono scintille e si levò un rumore simile a un basso ringhiare rabbioso, seguito da uno sbuffo di fumo... poi l'archibugio rinculò e io mi scostai di scatto mentre la bocca dell'arma ruggiva lanciando una fiammata, un getto di fumo azzurro e, senza dubbio, tutti quei pallini mortali. Quando mi fui ripreso dallo choc e dal rimbombo assordante, vidi che il giovane soldato rideva di cuore.

«*¡Cáspita!*» esclamò. «Scommetto che sei il primo e unico indio che ha sparato con una simile arma. Non dire a nessuno che ti ho permesso di farlo. Adesso vieni a guardare mentre carico tutti gli archibugi per far fuoco un'altra volta.»

Lo seguii dicendo: «Allora la *pólvora* è l'ingrediente essenziale dell'archibugio. L'otturatore, la rotella e il *gatillo* servono solo a far agire la *pólvora*».

«Appunto», rispose. «Senza *pólvora* non ci sarebbero armi da fuoco al mondo. Non ci sarebbero *arcabuces, granadas, culebrinas, petardos. Ni siquiera triquitraques. Nada.*»

«Ma cos'è questa *pólvora*?» chiesi. «Di che cosa è fatta?»

«Ah, *questo* non te lo posso dire. È già stato fin troppo avventato da parte mia lasciarti sparare l'archibugio. Abbiamo ricevuto l'ordine di non permettere agli indios di toccare qualsiasi arma dell'uomo bianco, e la mia punizione per questo potrebbe essere molto severa. Non ti posso certo rivelare la composizione della *pólvora*.»

La mia aria avvilita spinse il soldato ad aggiungere: «Ti dirò solo questo. La *pólvora* è ovviamente una cosa da uomini, per usi prettamente virili. Ma, stranamente, uno degli ingredienti è un contributo molto *intimo* fornitoci dalle *signore*».

Continuò a ridere mentre ricaricava le armi, e io sgusciai via. Non si accorse della mia scomparsa, come non si accorse che avevo infilato nel sacchetto alla cintura la piccola quantità di *pólvora* che lui mi aveva versato in mano, né che avevo preso una delle chiavette con cui si avvolgeva la molla, rimasta accanto a uno degli archibugi.

Con questi oggetti mi incamminai verso la cattedrale, cercando di procedere di buon passo prima di dimenticare i particolari di quei meccanismi che mi erano stati mostrati. Era passata l'ora di compieta quando arrivai nello studio di Alonso, il quale, probabilmente, era andato alla funzione in chiesa. Trovai una striscia di corteccia e, con un carboncino, cominciai a disegnare: il *gatillo* e il suo alloggiamento, il cane, la rotella, la molla...

«Sei tornato per lavorare sino a tardi, Juan Británico?» domandò Alonso entrando.

Riuscii a dissimulare la mia sorpresa. «Sto solo esercitandomi in alcune parole-raffigurazioni», risposi con aria indifferente, appallottolando la corteccia ma tenendola ben salda in mano. «Tu e io facciamo tali e tante traduzioni dell'opera di altri scribi che ho paura di dimenticare come si scrive. Così, non avendo di meglio da fare, sono venuto qui a esercitarmi.»

«Mi fa piacere. Vorrei anche chiederti una cosa.»

«*A su servicio,* Cuatl Alonso», replicai, sperando di non apparire sul chi vive.

«Vengo da una riunione con il vescovo Zumárraga, l'arcidiacono Suárez-Begega, l'ostiario Sánchez-Santoveña e altri ecclesiastici. Tutti hanno convenuto che la cattedrale ha bisogno di suppellettili e arredi più solenni e sfarzosi. Finora abbiamo usato oggetti di ripiego solo perché fra non molto verrà costruita una nuova cattedrale. Nondimeno, poiché articoli come il calice, l'ostensorio, la pisside e l'acquasantiera – e anche oggetti più grandi, come il cancello tra la navata e il coro e il fonte battesimale – possono essere agevolmente trasportati nel nuovo edificio, abbiamo deciso di procurarci tutti questi arredi, ma di una qualità degna di una cattedrale.»

«Immagino che non vi occorra il *mio* consenso!»

Alonso sorrise. «Non direi proprio! Ma tu potresti esserci d'aiuto visto che, a quanto mi risulta, vai molto in giro per la città. Questi arredi e accessori devono essere d'oro, d'argento e di pietre preziose. Un tempo la tua gente era di una bravura straordinaria in questi lavori. Prima di mandare un banditore per le strade perché inviti qualche orafo a farsi avanti, ho pensato che forse tu avresti potuto indicarci qualcuno.»

«Cuatl Alonso» esclamai, battendo le mani per la gioia, «conosco proprio l'uomo giusto.»

Rientrato alla Mesón, chiesi a Pochotl: «Conosci quell'arma spagnola che noi chiamiamo il tubo tonante?»

«Sì, certo: l'archibugio», rispose. «Perlomeno ho visto quello che può fare. Uno di essi ha trapassato mio fratello maggiore facendogli un buco... come se avesse lanciato un giavellotto invisibile.»

«Sai come funziona l'archibugio?»

«Come funziona? No. Come potrei saperlo?»

«Mi hai detto di essere un artista di grande ingegno. Potresti fabbricarne uno?»

«Fare un arnese che è, nel contempo, pazzesco e prodigioso? Una cosa che ho visto solo da lontano? Senza neppure sapere come funziona? Ma sei tlahuéle, amico, o semplicemente xolopítli?»

Tlahuéle e xolopítli sono due parole náhuatl che significano "pazzo". La prima indica una persona in preda a una follia violenta e pericolosa, la seconda designa uno non proprio sano di mente, ma più o meno innocuo.

Continuai: «Potresti costruirne uno se ti mostrassi le parti di cui è composto?»

«Ma come potresti darmi queste informazioni? Nessuno di noi ha il permesso di avvicinarsi alle armi e alle armerie dell'uomo bianco.»

«*Io* l'ho fatto. Ecco: guarda.» Gli mostrai i disegni che avevo tracciato e, sul momento, con un carboncino, completai i particolari che non avevo potuto inserire a causa dell'interruzione di Alonso. Dissi a Pochotl che le immagini rappresentavano il modo in cui i vari componenti funzionavano così da produrre i mortali effetti dell'archibugio.

Pochotl borbottò: «Be', non sarebbe impossibile forgiare i pezzi e assemblarli nel modo da te indicato. Ma questo è un lavoro da comune fabbro ferraio, non da orafo, da artista creatore di splendidi gioielli. Potrebbe fare tutto, tranne quelle strane cose che hai chiamato molle».

«Appunto: tutto, tranne le molle», ribattei. «Per questo mi sono rivolto a te.»

«Ammesso e non concesso ch'io riesca a procurarmi il ferro necessario, perché dovrei perdere tempo a fare un arnese così complicato?»

«Perdere tempo!?» esclamai, sarcastico. «Che altro fai, oltre a mangiare e dormire?»

«Comunque sia, ti ho già detto che non voglio aver niente a che fare con la tua ridicola idea di rivoluzione! Fabbricare illegalmente un'arma per te mi coinvolgerebbe nel tuo folle delirio e finirei bruciato vivo al tuo fianco!»

«Se è per questo, io ti scagionerò e andrò solo al rogo», lo rassicurai. «Ma che cosa faresti se in cambio dell'archibugio ti offrissi un premio cui non sapresti resistere?»

Lui non rispose e si limitò a lanciarmi un'occhiataccia.

«I cristiani stanno cercando un orafo che faccia diversi oggetti d'oro, d'argento e di pietre preziose per la loro cattedrale.» Gli occhi di Pochotl si illuminarono. «Piatti e calici, altri contenitori e articoli che non ti so descrivere, tutti finemente lavorati. Cose splendide. L'uomo che le farà lascerà un'eredità ai posteri. Una strana posterità, naturalmente, ma...»

«L'arte è arte!» esclamò Pochotl. «Anche se è al servizio di stranieri, per una religione straniera!»

«Senza dubbio», convenni, assecondandolo. «E come tu stesso hai osservato, sono una specie di beniamino del clero cristiano. Se dovessi mettere una buona parola per un certo impareggiabile orafo...»

«Lo faresti? *Yyo ayyo,* Cuatl Tenamáxtli, *lo faresti*?»

«Se lo facessi, sono convinto che a quell'artista orafo verrebbe senz'altro commissionato il lavoro. In cambio, gli chiederei solo di perdere il suo tempo *libero* nella costruzione del mio archibugio.»

Pochotl mi strappò i disegni di mano. «Dammeli perché devo riflettere sulla faccenda.» Si allontanò borbottando: «... Devo trovare il modo di procurarmi i metalli...» Poi si voltò e mi apostrofò accigliato: «Da quanto mi hai raccontato sul funzionamento dell'archibugio, è chiaro che un componente essenziale è quello che hai chiamato *pólvora.* A che ti serve ch'io faccia quest'arma se non hai la *pólvora*?»

«Ne ho un pizzico», risposi, «e credo di essere in grado di scoprire di che cosa è composta. Quando tu avrai fabbricato l'arma, spero di avere *pólvora* in abbondanza. Quel giovane soldato è stato abbastanza avventato da darmi un indizio che potrebbe essermi utile.»

«L'indizio», spiegai più tardi a Netzlin e Citlali, «è che le *donne* forniscono un loro contributo alla miscela. Un contributo *intimo,* l'ha definito lui.»

Citlali, a quella dichiarazione, sgranò gli occhi, mentre lei, il marito e io ci accoccolavamo a terra ed esaminavamo il pizzico di *pólvora* posato su un pezzo di corteccia.

«Come vedete», continuai, «la polvere sembra grigia. Ma, usando la punta di una piccola piuma, sono riuscito a separarne i granelli quasi impalpabili. A quanto mi par di vedere, è fatta di tre tipi di polvere diversa. Una è nera, l'altra gialla e l'altra ancora bianca.»

Netzlin, scettico, borbottò: «Tutto questo lavoro di fino per apprendere che cosa? I granelli potrebbero essere il polline di tre fiori diversi».

«Ma non è così», dichiarai. «Ne ho già identificati due, semplicemente posandoli sulla lingua. Quelli neri non sono altro che carbone. Quelli gialli sono la polvere di quel deposito che si forma intorno ai coni vulcanici. Gli spagnoli usano questa sostanza anche per altri scopi: per conservare la frutta, per fabbricare tinture, per rendere impermeabili le botti in cui tengono i vini... E la chiamano *azufre.*»

«In altre parole, questi due componenti te li potresti procurare facilmente», osservò Netzlin. «Ma la tua astuta indagine non è riuscita a far luce sui granelli bianchi. È così?»

«Sì. Posso solo dirti che hanno un sapore abbastanza simile al sale, ma con una punta di amaro. Per questo ho portato qui la *pólvora»*, mi rivolsi a Citláli, «perché il soldato ha accennato alle donne.»

Lei sorrise di buon grado ma alzò le spalle, perplessa. «Ho individuato i granelli bianchi, ma non li riconosco affatto. Perché mai gli occhi di una donna dovrebbero vedere meglio dei tuoi, Tenamáxtli?»

«Forse non gli occhi», risposi. «È risaputo che gli altri sensi e le intuizioni delle donne sono molto più acuti di quelli dell'uomo. Ecco: ti darò un certo numero di granelli bianchi.» Avevo portato con me una piumetta, con la quale separai una minuscola quantità della sostanza ignota. «Adesso prova ad assaggiarli, Citláli.»

«Devo proprio?» chiese lei, guardandoli con diffidenza. Poi si protese in avanti – con grande sforzo date le dimensioni della sua pancia – abbassò il capo sulla polvere e l'annusò. «Devo davvero assaggiarli?» domandò di nuovo, raddrizzando la schiena. «Hanno lo stesso odore dello xitli.»

«*Xitli?»* ci stupimmo all'unisono Netzlin e io, poiché il termine significa "urina".

Citláli, rossa per l'imbarazzo, confidò: «Be', come il *mio* xitli, in ogni modo. Vedi, Tenamáxtli, in questa strada c'è un solo gabinetto pubblico, e soltanto le donne prive di qualsiasi pudore vanno lì a orinare. Gran parte di noi usa i pitali axixcáltin che, una volta pieni, vengono svuotati nel pozzo nero di quel gabinetto.»

«Ma nessuno – neppure una donna spagnola, ne sono più che sicuro – potrà orinare *polvere*», obiettai. «A meno che tu, Citláli, non sia una creatura molto insolita.»

«Non lo sono per niente, stupidello!» sbottò, fingendosi arrabbiata e arrossendo di nuovo. «Però ho notato che sul fondo del pitale, quando è pieno di xitli, si depositano delle specie di piccoli cristalli biancastri.»

La guardai sgranando gli occhi e riflettendo.

«Nello stesso modo in cui sul fondo di una brocca d'acqua talvolta si forma una sorta di muffa o un'incrostazione», spiegò ulteriormente lei, come se mi ritenesse tanto stupido da aver bisogno di altri esempi.

Continuai a fissarla, facendola arrossire sempre di più.

«Questi cristalli di cui parlo», continuò lei, «se venissero triturati finemente con una macina, darebbero una polvere proprio come questa.»

Con il fiato mozzo, azzardai: «Potresti aver colto nel segno, Citláli».

«Cosa!?» esclamò Netzlin. «Tu credi che sia questo il motivo per cui il soldato ha accennato alle donne in relazione alla polvere segreta?»

«Un legame *intimo*», gli ricordai.

«Ma lo xitli delle donne può essere diverso da quello degli uomini?»

«Be', per un certo aspetto so che è così, e lo sai anche tu. Avrai notato che, quando un uomo orina sull'erba, questa non subisce alcun mutamento. Ma se è una donna a farlo, l'erba si secca e muore.»

«Hai ragione», dissero insieme Netzlin e sua moglie. Poi lui aggiunse: «È una cosa così risaputa che nessuno ci bada più».

«Anche il carbone è una sostanza molto diffusa», proseguii, «come lo è l'*azufre* vulcanico. Non mi stupirebbe se qualcosa di comune come lo xitli delle donne potesse fornire il terzo ingrediente della *pólvora*. Citláli, scusa la mia sfacciataggine, ma potrei prendere in prestito il tuo pitale per fare qualche esperimento con il suo contenuto?»

Lei divenne quasi cianotica per l'imbarazzo, ma non smise

di ridere. «Fa' quello che vuoi, uomo strampalato. Però ricordati di riportarmi il pitale. Adesso che sono vicina al parto, il vaso mi occorre ancor più di frequente.»

Reggendolo con entrambe le mani, portai il pitale, coperto ma pieno di liquido sciaguattante, alla Mesón... e, strada facendo, fui oggetto di occhiate curiose da parte dei passanti, perché tutti sapevano che forma avesse un pitale.

Per tutto quel tempo avevo continuato ad abitare alla Mesón – o perlomeno a dormire e a mangiare lì – come faceva anche Pochotl, mentre molti altri ospiti erano arrivati e ripartiti. Così, sentendomi in colpa per vivere costantemente alle spalle dei frati di San José, spesso mi ero unito a Pochotl per aiutarli a pulire l'ostello, raccogliere legna per alimentare il fuoco, mescolare e servire la zuppa e attività del genere. Avrei potuto pensare che i frati tollerassero la mia lunga permanenza perché sapevano che studiavo nel Colegio. Ma poiché erano altrettanto tolleranti verso Pochotl, chiaramente non stavano mostrando alcuna preferenza per me. A mio parere, stavano generosamente spingendo la carità al limite estremo della benevolenza. Benché fossi uno dei loro principali beneficiari, il giorno in cui rientrai dalla visita a Netzlin ebbi la faccia tosta di chiedere una spiegazione in proposito a uno dei frati che serviva la zuppa.

Con mio grande stupore, il frate mi rise in faccia. «Credi che facciamo tutto questo per amore di vagabondi oziosi come voi?» ringhiò. «Lo facciamo in nome di Dio, per la salvezza delle nostre anime. Il nostro ordine ci impone di umiliarci, di lavorare tra la feccia della feccia, gli scarti della terra. Sono qui alla Mesón solo perché erano così tanti i confratelli che si erano offerti di stare nel lebbrosario che là non c'era più posto per me. Ho dovuto accontentarmi di servire degli indios pelandroni come voi. E, così facendo, acquisto meriti per il paradiso. Ma una cosa che non sono obbligato a fare è *stringere amicizia* con voi. Perciò tornatene con i tuoi compagni cialtroni dalla pelle rossa.»

Be', di certo la carità si presentava sotto strane forme. Mi domandai se le monache di Santa Brígida provassero lo stesso disprezzo per gli orfani di colore loro affidati, occupandosi di quei poveretti in nome di Dio, ma in realtà in previsione di un compenso nell'aldilà. Mi chiesi se anche Alonso de Molina fosse stato gentile e mi avesse aiutato solo per quella stessa ragione. Naturalmente, simili pensieri non fecero che rafforzare la mia decisione di non abbracciare mai una religione così grossolana. Era già una disgrazia che il mio tonáli avesse voluto farmi nascere nell'Unico Mondo in un'epoca in cui avrei dovuto passare la vita con questi cristiani; non volevo certo starmene con loro anche nell'aldilà.

Non sentendomi più in colpa, bensì vergognandomi di me stesso per aver accettato la carità pelosa dei frati, decisi che avrei lasciato la Mesón. Gli ecclesiastici della cattedrale mi avevano pagato una miseria per il mio lavoro col notaio Alonso, escludendo quello che avevano speso per i miei tre capi di vestiario spagnolo: camicia, calzoni e stivali. Tuttavia, avendo usato solo pochi soldi per qualche raro pasto a mezzogiorno, avevo dei modesti risparmi che mi avrebbero permesso di prendere alloggio in uno degli ostelli a buon mercato, riservati agli indigeni e situati nei quartieri periferici della città. Quando andai a dormire, avevo deciso che quella sarebbe stata la mia ultima notte alla Mesón e che la mattina seguente avrei raccolto le mie cose – tra cui ora figurava il pitale di Citláli – e me ne sarei andato. Ma, non appena ebbi formulato quel proposito, risultò che la decisione era già stata presa in mia vece, senza dubbio dai soliti dei dispettosi e ficcanaso che da parecchio tempo mi stavano alle calcagna.

Nella notte venni svegliato – come del resto tutti gli altri ospiti del dormitorio – da un vecchio guardiano che i frati lasciavano a sorvegliare la Mesón in loro assenza.

«*¡Señor Tennamotch! ¿Hay aquí un señor bajo el nombre de Tennamotch?*»

Capii che cercava me. Il mio nome, come molte altre parole náhuatl, era difficile da pronunciare per gli spagnoli, che non erano in grado di riprodurre il suono "sc" rappresentato dalla lettera *x* con cui traslitteravano il mio nome. Mi alzai dal giaciglio, mi buttai il manto sulle spalle e scesi al pianoterra per raggiungere il vecchio.

«*¿Señor Tennamotch?*» sbraitò, irritato per essere stato disturbato. «*Hay aquí una mujer insistente y importuna. La vejezuela demanda a hablar contigo.*»

Una donna? Che chiedeva con insistenza di parlarmi? La sola donna che sarebbe potuta venire a cercarmi nel cuore della notte era la mulatta Rebeca, ma era molto improbabile che avesse fatto una cosa simile. E poi il guardiano aveva parlato di una "vecchia strega". Sconcertato, seguii l'uomo sino al portone dove mi attendeva una donna anziana che non avevo mai visto prima.

Con le lacrime che le scorrevano sulle guance rugose, mi disse in náhuatl: «Sono la levatrice della sua amica Citláli. Il bambino è nato, ma il padre è morto».

Rimasi scioccato, ma non abbastanza da non correggere le sue parole. «Senza dubbio vuoi dire che è morta la madre.» Pur sapendo che anche le donne dall'aspetto più sano e robusto potevano morire di parto, ebbi una stretta al cuore al pensiero che fosse capitato a una cara persona come Citláli.

«No, no! Il padre. Netzlin.»

«Cosa? Com'è potuto succedere?» Poi ricordai il grande ardore con cui aveva desiderato veder nascere il figlio. «È morto per l'emozione? Di un colpo inferto dagli dei?»

«No, no. Ha aspettato nell'altra stanza, camminando avanti e indietro. Nel momento in cui il piccolo ha lanciato il primo vagito, Netzlin si è precipitato in strada gridando: "Ho un figlio!" anche se non aveva neppure visto il piccolo.»

«E allora? È rientrato e ha scoperto che era una femmina? Ed è stato *quello* a ucciderlo?»

«No, no. Ha riunito tutti gli uomini del *barrio* e ha comprato dell'octli, e tutti si sono ubriacati, e lui più degli altri.»

«Ed è stato *quello* a ucciderlo?» chiesi, sempre più frustrato. «Vecchia madre, come narratrice non sei molto dotata. Meglio che ti limiti a fare la levatrice.»

«Be'... sì. Però, dopo stanotte, penso che potrei anche rinunciare al mio umile mestiere e...»

«Ma vuoi finire il discorso?» gridai, fuori di me per l'impazienza.

«Sì, sì. Si potrebbe dire che è stato il bere a uccidere il povero Netzlin. È stato preso dai soldati che lo hanno picchiato e ferito a morte.»

Ero troppo sbigottito per parlare. La vecchia levatrice continuò: «Sono venuti i vicini a dircelo. Citláli era già sull'orlo del delirio e, a peggiorare le cose, la notizia della morte del marito l'ha fatta quasi impazzire. Ma è stata in grado di dirmi dove potevo trovarti e...»

«Come sarebbe a dire... a peggiorare le cose? Il parto ha avuto delle brutte conseguenze per lei? Soffre molto? È in pericolo di vita?»

«Vieni e basta, Tenamáxtli. Ha bisogno di conforto. Ha bisogno di te.»

Anziché continuare a rivolgerle domande ricevendo risposte che rischiavano di portare *me* sull'orlo del delirio, dissi: «Va bene, vecchia madre. Sbrighiamoci».

Avvicinandoci alla casa buia, non udimmo grida né gemiti né altri suoni allarmanti provenire dall'interno. Lasciai che la vecchia mi precedesse e attesi mentre lei entrava in punta di piedi nella camera. Tornò con l'indice sulle labbra, sussurrando: «Finalmente si è addormentata».

«*Non sarà mica morta?*» chiesi in un sussurro che avrebbe voluto essere un grido.

«No, no. Dorme, e questa è una bella cosa. Adesso vieni a vedere il piccolo. Ma fa' piano. Dorme anche lui.»

Con le molle prese dal focolare un tizzone con cui accese una lampada a olio di cocco e mi fece strada nella stanza in cui dormiva Citláli. Accanto al suo giaciglio, in una cassetta foderata di paglia, dormiva il piccolo, avvolto in una coperta. La levatrice tenne alta la lampada in modo ch'io potessi guardarlo. Mi parve come qualsiasi altro neonato: rosso e rugoso quanto la levatrice, ma apparentemente intero, col giusto numero di orecchie, dita e così via. Non aveva capelli, è vero, ma in questo non c'era nulla di insolito.

«Perché volevi che lo vedessi, vecchia madre?» sussurrai.

«Ho già visto dei neonati in vita mia, e questo non mi sembra diverso dagli altri.»

«*Ayya,* amico Tenamáxtli, non ha occhi.»

«Il bambino è cieco? Come fai a saperlo?»

«Non è solo cieco. *Non ha occhi.* Guarda meglio.»

Poiché il piccolo era addormentato, avevo dato per scontato che avesse le palpebre chiuse. Ma adesso mi accorsi che non le aveva proprio. Dalla linea delle sopracciglia agli zigomi si stendeva solo la stessa delicata pelle del resto del volto, con due lievi incavi là dove avrebbero dovuto esserci gli occhi.

«Per tutta l'oscurità del Míctlan», mormorai inorridito. «Hai ragione, vecchia madre. È un mostro.»

«Per questo Citláli era così sconvolta, ancor prima di sapere della morte di Netzlin. Perlomeno a lui è stato risparmiato questo dispiacere.» Esitò prima di chiedermi: «Lo butto in un canale?»

Quella sarebbe stata la cosa più clemente, sia per Citláli sia per il piccolo. Anzi, secondo gli usi dell'Unico Mondo, sarebbe stato un atto *obbligatorio.* I bambini nati con dei difetti nel corpo o nella mente venivano soppressi non appena la menomazione veniva scoperta. Era la cosa naturale da farsi, in modo che quelle creature non diventassero un peso per se stessi e per la comunità o, peggio ancora, non procreassero figli menomati come loro. La soppressione di quegli sfortunati non provocava lacrime, rimpianti, discussioni. Chiaramente era necessaria per mantenere integre le migliori qualità fisiche e mentali della razza. Una nazione, il Popolo delle Nuvole di Uaxyácac, nota per la sua bellezza, eliminava persino i bambini che erano semplicemente *brutti.*

Ma, mi dissi, questo non era più l'Unico Mondo, libero di seguire le sue antiche e sagge tradizioni. Sapevo che i cristiani lasciavano vivere e crescere i loro bastardi con i colori di pelle più vari... persino quei disgraziati con la carnagione chiazzata che venivano chiamati *pintojos,* da cui tutti distoglievano lo sguardo tanto facevano schifo. Quindi doveva esserci una qualche legge cristiana che imponeva di tenere in vita *qualsiasi* bambino – per quanto mal procreato e non voluto – quale che fosse il costo, in termini di dolore, per se stesso, i genitori e la società. Non ero certo che esistesse una simile legge; dovevo ricordarmi di chiedere ad Alonso se i cristiani erano davvero così insensibili e spietati. A buon conto dissi alla levatrice che il fato di quella povera creatura non doveva essere stabilito quella notte stessa.

«Non sta a me decidere. Netzlin ti avrebbe senz'altro detto di eliminarlo. Ma lui non c'è più e il solo genitore è Citlali. Aspetteremo che si svegli.»

# 10

«Voglio tenere il bambino», dichiarò Citlali al risveglio, dopo che le ebbi detto qualche parola di conforto e incoraggiamento e lei fu in grado di valutare le due improvvise sventure con maggior pacatezza della notte precedente.

Le domandai: «Hai pensato a quello che dovrai sopportare? Oltre a dover accudire in continuazione al bambino – forse fino a che diventerà adulto, o fino a che uno di voi due morrà – dovrai subire il disprezzo e la derisione di tutta la nostra gente, specie dei sacerdoti. E a che razza di tonáli è stato destinato il tuo bambino? Una vita di totale dipendenza dalla madre. Una vita in cui gli sarà impossibile affrontare non solo le eventuali difficoltà ma persino i più banali compiti quotidiani. Praticamente non ha speranza di fare alcunché nella vita che gli possa assicurare un posto nel felice aldilà di Tonatíucan. Non troverai neppure un tonalpóqui che si degni di consultare il libro dei presagi per dare al bimbo un nome di buon augurio».

«Allora il nome datogli alla nascita sarà il suo unico appellativo», mormorò lei, irremovibile. «Ieri era il giorno dei Due Venti, vero? E allora il suo nome sarà Ome-Ehécatl, e sarà molto appropriato. Neppure il vento ha occhi.»

«Ecco, l'hai detto. Ome-Ehécatl non ti vedrà mai, Citlali, non saprà mai che aspetto ha sua madre, non si sposerà mai né ti darà dei nipoti, e non potrà mantenerti quando sarai vecchia. Tu sei ancora giovane, attraente, piena di talento nel tuo lavoro e hai un buon carattere, ma è improbabile che tu riesca ad attrarre un altro marito, avendo un simile fardello sulle spalle. Nel frattempo...»

«Ti prego, Tenamáxtli, basta così», mi interruppe lei, con aria triste. «Nei miei sogni ho già affrontato tutti questi ostacoli, uno dopo l'altro. E hai ragione. Sono immensi. Tuttavia, Ome-Ehécatl è tutto ciò che mi resta di Netzlin e della nostra vita insieme. E quel poco lo voglio conservare.»

«Va bene», decisi. «Se devi proprio persistere in questa follia, voglio aiutarti. Avrai bisogno di un amico e di un alleato per lottare contro questi ostacoli.»

Lei mi guardò, incredula. «Ti assumeresti questo carico?»

«Sino a quando potrò, Citlali. Ma, bada bene, non parlo di matrimonio né di una sistemazione permanente. Verrà un giorno in cui vorrò fare... altre cose.»

«Quel piano di cui hai parlato... cacciare i bianchi dall'Unico Mondo?»

«Sì, quello. Ma per il momento avevo già deciso di lasciare la Mesón e di trovare un altro alloggio. Starò qui con te – se sei d'accordo – e ti darò i miei risparmi. Non credo di aver bisogno di ulteriori lezioni di spagnolo né di dottrina cristiana. Continuerò a lavorare con il notaio alla cattedrale per poter guadagnare qualcosa e nel tempo libero mi occuperò del banco di Netzlin al mercato. Vedo che hai una riserva di cesti da vendere e, quando avrai ripreso le forze, potrai farne degli altri. Non sarai costretta a lasciare solo Ome-Ehécatl. La sera, mi potrai aiutare nei miei esperimenti per fare la *pólvora.*»

«È più di quanto avessi potuto sperare. È un'offerta molto generosa da parte tua.» Ma aveva un'aria vagamente turbata.

«Sei stata cortese con me sin da quando ci siamo conosciuti. E credo che tu mi sia già stata d'aiuto nella faccenda della *pólvora.* Vuoi sollevare delle obiezioni alla mia offerta?»

«Ti dico solo che non ho intenzione di risposarmi, né di essere la donna di chicchessia. Anche se quello fosse il prezzo della sopravvivenza.»

Risposi con freddezza: «Non ti ho proposto nulla di simile. Né pensavo che tu giungessi a simili conclusioni».

«Perdonami, caro amico.» Mi prese la mano nella sua. «Sono certa che tu e io potremmo facilmente diventare... e conosco quella radice in polvere che impedisce di... ma non *sempre* evita che... *Ayya,* Tenamáxtli, sto cercando di dirti che un giorno potrei desiderarti... ma non vorrei correre il rischio di avere un altro bambino deforme come...»

«Ho capito, Citlali. Ti prometto che vivremo insieme in castità, come fratello e sorella, scapolo e nubile.»

E così facemmo per un lungo periodo, durante il quale avvennero molte cose che cercherò di narrarvi nella giusta sequenza.

Quel primo giorno portai via i miei averi – incluso il pitale – dalla Mesón, nella quale non avrei più messo piede. Portai con me anche l'orafo Pochotl e lo condussi alla cattedrale dove lo presentai al notaio Alonso, raccomandandolo come l'uomo più qualificato per realizzare tutti gli ammennicoli sacri che occorrevano.

Prima che Alonso, a sua volta, lo accompagnasse dagli ecclesiastici che gli avrebbero dato istruzioni e avrebbero supervisionato il suo lavoro, informai Pochotl della mia nuova sistemazione e gli dissi a bassa voce: «Naturalmente ti vedrò qui alla cattedrale e seguirò con interesse il procedere del tuo lavoro. Ma conto di vederti anche nella mia nuova casa per sapere i progressi compiuti in quell'*altra* direzione».

«Lo farò senz'altro. Se qui mi va bene, avrò verso di te un enorme debito di riconoscenza, Cuatl Tenamáxtli.»

Quella sera stessa diedi il via ai tentativi di fare la *pólvora.* Nonostante tutti gli spostamenti del pitale, i piccoli cristalli biancastri che, come aveva detto Citláli, si sarebbero formati sul fondo, non si erano sciolti. Li estrassi dallo xitli e li misi ad asciugare su un pezzo di corteccia. Poi, in via sperimentale, misi il pitale stesso sul fuoco sino a che l'urina restante cominciò a bollire. Il puzzo tremendo che si levò spinse Citláli a dire scherzosamente che rimpiangeva di avermi accolto in casa sua. Ma la prova si rivelò fruttuosa: una volta evaporata l'urina, mi ritrovai con un altro deposito di cristalli che lasciai ad asciugare. Nel frattempo, mi recai al mercato dove non ebbi difficoltà ad acquistare pezzi di carbone di legna e di *azufre* giallo, che mi portai a casa. Mentre riducevo in polvere tali sostanze con il tacco dello stivale spagnolo, Citláli, sebbene fosse ancora a letto, pestava i cristalli di xitli su una macina métlatl. Poi, sulla striscia di corteccia, mescolai con cura i granuli neri, gialli e bianchi. Per evitare il rischio di incidenti, feci il lavoro nella viuzza fangosa dietro casa. Alcuni bambini del quartiere, attratti in precedenza dal tanfo che avevo prodotto, mi guardarono incuriositi mentre avvicinavo un tizzone alla miscela di polveri. Il risultato meritò i loro applausi benché non fosse né un tuono né un lampo, ma solo una piccola scintilla seguita da una nube di fumo.

Non ero deluso al punto da non fare un piccolo inchino per ringraziare i bambini per i loro battimani. Avevo già intuito, esaminando il pizzico di *pólvora* preso al soldato, che la mistura non era composta di uguali quantità di polvere nera, bianca e gialla. Ma dovevo pur cominciare *in qualche modo*, e questo primo tentativo era stato un successo sotto un aspetto importante. La nube di fumo azzurrognolo aveva lo stesso identico odore del fumo emesso dagli archibugi sul lungolago. Quindi i cristalli estratti dall'urina delle donne *dovevano* essere il terzo ingrediente della *pólvora*. Adesso, per trovare il giusto equilibrio, dovevo solo provare diverse proporzioni delle tre polveri. Il problema principale era poter disporre di una quantità sufficiente di cristalli di xitli. Avevo avuto una mezza idea di chiedere ai bambini raccolti intorno a me di correre a casa e riportarmi gli axixcáltin delle loro madri. Ma accantonai quel progetto perché avrebbe provocato la curiosità dei vicini che, probabilmente, si sarebbero chiesti che cosa ci facesse un pazzo a piede libero nel loro quartiere.

Passarono alcuni mesi durante i quali continuai a bollire urina ogni volta che ne avevo l'opportunità, sino a che, immagino, anche i vicini si furono abituati al tanfo, mentre io personalmente ne ero totalmente disgustato. Quella fatica produsse sì dei cristalli, ma in quantità ridotta, rendendo quindi difficili gli esperimenti di miscelatura con le altre due polveri. Prendevo nota di tutte queste prove, scrivendole su un pezzo di carta che custodivo con molta cura. Le annotavo così: due parti nera, due gialla, una bianca; tre parti nera, due gialla, una bianca e così via. Ma nessuna miscela mi diede risultati più confortanti della prima, quando avevo usato le tre polveri in uguali proporzioni. In altre parole, le miscele perlopiù davano luogo solo a una scintilla, un sibilo e un po' di fumo; alcune poi non reagivano per niente.

Nel frattempo avevo spiegato ad Alonso il motivo per cui non frequentavo più i corsi al Colegio. Il notaio convenne con me che il mio spagnolo, a quel punto, sarebbe migliorato di più con l'esercizio che con lo studio delle regole grammaticali. Non approvò altrettanto la mia decisione di abbandonare le lezioni di dottrina cristiana di tete Diego.

«Potresti mettere in pericolo la salvezza della tua anima immortale, Juan Británico», affermò in tono solenne.

«Dio non apprezzerebbe che io metta a repentaglio la mia salvezza per aiutare una povera vedova?»

«Be'...» rispose incerto. «Ma solo sino a quando lei non sarà in grado di provvedere a se stessa. Poi devi riprendere la prepararazione per la Cresima.»

Da quel momento, il notaio prese a chiedermi ogni tanto notizie sulla salute e lo stato della vedova, e ogni volta gli rispondevo, con tutta onestà, che era ancora relegata in casa, dovendo occuparsi del bambino malformato. In seguito credo che Alonso abbia continuato ad avvalersi dei miei servigi, anche quando non gli furono più di alcuna utilità – dandomi da tradurre pagine sempre più oscure e inutili di manoscritti realizzati in luoghi e tempi remoti – solo perché sapeva che i miei guadagni erano quasi interamente destinati a mantenere quel piccolo nucleo familiare.

Quando non ero impegnato nel mio lavoro, mi recavo nei vari laboratori che la cattedrale aveva fornito a Pochotl. Gli ecclesiastici inizialmente avevano messo alla prova la sua abilità dandogli un piccolo pezzo d'oro per vedere che cosa ne avrebbe ricavato. Non ricordo che cosa Pochotl avesse creato, ma fu un oggetto che mandò in estasi i preti. Da quel momento gli affidarono quantità sempre maggiori d'oro e d'argento e gli fornirono istruzioni su ciò che doveva fare – candelieri, turiboli e vari vasi – lasciando a lui la scelta del disegno e apprezzando enormemente tutti i risultati del suo lavoro.

Così adesso Pochotl aveva a disposizione una fonderia in cui venivano fusi e affinati i metalli da lui impiegati, una fucina in cui venivano forgiati i metalli meno preziosi come il ferro e l'ottone, un locale contenente i mortai e i crogioli per la liquefazione, un laboratorio con banconi e strumenti per lavori di precisione. Naturalmente aveva molti assistenti, alcuni dei quali, come lui, erano stati orafi a Tenochtitlán. Ma gran parte dei suoi aiutanti erano schiavi – in prevalenza mori, perché quella gente è immune al calore più torrido – i quali svolgevano i compiti che non richiedevano grande abilità.

Naturalmente Pochotl era felice come se fosse entrato vivo nel beato mondo di Tonatíucan. «Hai notato, Tenamáxtli», mi chiedeva sorridendo, «come sto diventando di nuovo bello grasso adesso che sono ben pagato e ben nutrito?» Amava mostrarmi ogni oggetto che produceva ed era lieto che li ammirassi quanto i preti.

Ma alla cattedrale non parlavamo mai dell'altro lavoro, di cui discutevamo solo quando veniva a casa mia per pormi domande sulle varie parti dell'archibugio che avevo disegnato per lui: «Questo pezzo deve muoversi così? O così?»

In seguito cominciò a portarmi i pezzi veri e propri per avere la mia approvazione o i miei commenti.

«È stato perfetto che tu mi abbia trovato lavoro alla cattedrale proprio quando mi hai chiesto di costruire quest'arma. Anche solo forgiare il lungo tubo dell'archibugio sarebbe stato impossibile senza gli strumenti di cui ora dispongo. Oggi, mentre stavo cercando senza successo di piegare una sottile striscia di metallo per fare quella che tu hai chiamato una molla, sono stato inaspettatamente interrotto da un certo padre Diego, che mi ha sorpreso parlandomi in náhuatl.»

«Lo conosco», dissi. «Ti ha colto sul fatto? E non avrà certo creduto che una molla potesse essere un qualche ornamento per la chiesa. Ti ha rimproverato per aver trascurato il tuo lavoro?»

«No. Ma mi ha domandato con che cosa stessi trafficando. Astutamente, gli ho risposto che avevo in mente un'invenzione e stavo cercando di realizzarla.»

«Un'invenzione, eh?»

«È quello che ha detto anche padre Diego, e ha riso di me. Ha osservato: "Questa non è un'invenzione, Pochotl. È un aggeggio che noi gente civilizzata conosciamo da tempo immemorabile". Poi indovina che cosa ha fatto.»

«Ha capito che era un pezzo dell'archibugio», brontolai io. «Il nostro progetto segreto è stato scoperto e sventato.»

«No, no. Per niente. Si è allontanato ed è tornato portandomi una manciata di diversi tipi di molle: quella a spirale che mi occorre per far girare la ruota dentata», me la mostrò, «e poi anche quella piatta che si piega in avanti e all'indietro, e serve per azionare quello che tu chiami zampa di cane», e mi mostrò anche quella. «In altre parole, adesso so come fare questi oggetti, ma non ho più bisogno di realizzarli. Il buon padre me li ha regalati.»

Emisi un sospiro di sollievo. «Fantastico!» esclamai. «Una volta tanto gli dei amanti delle coincidenze sono stati buoni. Devo dire che stai andando molto meglio di me, Pochotl.» E gli riferii gli scoraggianti esperimenti con la *pólvora.*

Lui, dopo un istante di riflessione, mi suggerì: «Forse non stai conducendo gli esperimenti nelle condizioni giuste. Da quanto mi hai detto sul funzionamento dell'archibugio, credo che non si possa stabilire l'efficacia della *pólvora* se non la si comprime in uno spazio ristretto prima di darle fuoco».

«Forse», ammisi. «Ma ho a disposizione solo dei pizzichi di *pólvora.* Ci vorrà molto tempo prima che ne possa fare a sufficienza da *comprimerla* dentro qualcosa.»

Ma, proprio il giorno seguente, gli dei delle coincidenze diedero un'altra spinta positiva al mio progetto.

Come avevo promesso a Citláli, passavo parte delle mie giornate al banco del defunto Netzlin. Non dovevo far altro che star lì fra i cesti in attesa dei clienti: Citláli mi aveva detto i vari prezzi – in semi di cacao, o in frammenti di stagno o in monete *maravedí* – e gli acquirenti potevano giudicare da sé la qualità dei prodotti senza bisogno che io gliela facessi notare. I clienti potevano anche mettere alla prova i cesti versandovi dell'acqua. Erano intrecciati così strettamente da non lasciare passare i liquidi, e men che meno semi, farina o quant'altro fossero destinati a contenere. Non avendo altro da fare, tra un cliente e l'altro passavo il tempo a chiacchierare con i passanti, a fumare picíetl o a versare sul banco mucchietti di polvere di carbone, *azufre* e xitli in modo da poter meditare serio serio su di esse e sulle infinite combinazioni possibili.

«*Ayya*, Cuatl Tenamáxtli!» tuonò un vocione con tono di finto sgomento. «Hai intenzione di farmi concorrenza?»

Alzai gli occhi. Era un pochtécatl di nome Peloloá che avevo conosciuto in precedenza. Veniva regolarmente a Città di Mexíco portando i due prodotti principali dello Xoconóchco, quella Terra Calda lungo la costa meridionale da cui proveniva gran parte del cotone e del sale molto prima che l'uomo bianco mettesse piede nell'Unico Mondo.

«Per Iztocíuatl!» esclamò, invocando la dea del sale e indicando il mio misero mucchietto di polvere bianca. «Hai intenzione di invadere il mio campo?»

«No, Cuatl Peloloá», risposi con un mesto sorriso. «Non è un tipo di sale che la gente si precipiterebbe a comprare.»

«Hai ragione», dichiarò lui, portandosi qualche granello alla bocca prima ch'io potessi dirgli che si trattava di essenza d'urina. Poi mi sorprese dicendo: «È solo la prima estrazione. Quello che gli spagnoli chiamano *salitre.* Costa così poco che non potresti campare vendendo questo prodotto».

«*Ayyo*», sussurrai. «Conosci questa sostanza?»

«Ma certo. Chiunque provenga dallo Xoconóchco sa di che cosa si tratta.»

«Quindi, nella tua terra, fate bollire l'urina delle donne?»

Con aria sconcertata mi domandò: «Cosa?!»

«Niente. Non importa. Hai chiamato questa polvere "la prima estrazione". Che cosa vuol dire?»

«Esattamente quello che ho detto. C'è chi prende dell'acqua marina e, filtrandola, ne cava direttamente il sale. Non si fa così. Il sale si ottiene con un procedimento molto più complesso. Certo, arginiamo le secche delle lagune e le lasciamo asciugare, ma poi quegli ammassi e quelle scaglie di sostanza secca devono essere liberati dalle impurità. In primo luogo, vengono passati al setaccio e sciacquati con acqua dolce per eliminare la sabbia, le conchiglie e le alghe. Poi si fanno bollire, sempre in acqua dolce. Da quella prima bollitura si ricavano dei cristalli che, a loro volta, vengono setacciati. Quelli sono i cristalli di prima estrazione – salnitro – che è precisamente quello che hai qui, con la differenza che tu li hai ridotti in polvere. Per arrivare all'impareggiabile bontà del *vero* sale, occorre tutta una serie di ulteriori trattamenti.»

«Hai detto che questo salnitro è in vendita e costa poco.»

«I contadini dello Xoconóchco lo comprano solo per spargerlo sui campi di cotone. Sostengono che aumenti la fertilità del suolo. Gli spagnoli lo adoperano nelle concerie. Non so quale uso tu avessi in mente...»

«La conciatura!» mentii. «Sì, ecco. Pensavo di mettere in vendita anche articoli di pelle. Solo che non sapevo dove procurarmi il salnitro.»

«Sarò lieto di fornirtene un carico intero nel mio prossimo viaggio al nord», promise Peloloá. «Costa pochissimo, ma a te non farò pagare niente. Sei un amico.»

Corsi a casa per dare la lieta novella. Ma, eccitato com'ero, mi comportai in modo ridicolo. Varcai di corsa la soglia gridando: *«Adesso puoi smettere di orinare, Citláli!»*

Il mio maldestro ingresso le provocò un tale scoppio di ilarità che solo dopo un certo tempo riuscì a dire, boccheggiando: «Una volta ti ho definito strampalato. Mi ero sbagliata. Tu sei completamente... xolopítli!» E ci volle un bel po' prima che potessi riprendermi quel tanto che bastava per correggere il mio annuncio e spiegarle la fortuna che mi era capitata.

Citláli suggerì timidamente (ed era di rado timida): «Magari dovremmo fare una piccola festa. Per mostrare la nostra gratitudine alla dea Iztocíuatl».

«Una festa? Di che genere?»

Lei, sempre con tono timido e rossa in volto, spiegò: «Da un mese a questa parte ho preso la radice tlatlaohuéhuetl. Non credo che dovremmo preoccuparci delle conseguenze se dovessimo mettere alla prova le sue presunte virtù».

La guardai... "con occhi nuovi" stavo per dire, ma non sarebbe la verità. Io l'avevo desiderata per tutto il periodo in cui avevamo dormito in giacigli separati, ma non l'avevo dato a vedere. Inoltre era talmente tanto tempo che non avevo rapporti intimi con una donna, dopo la piccola e scura Rebeca, che stavo pensando di ricorrere ai servigi di una maátitl.

Citlali dovette interpretare la mia esitazione come una sorta di riluttanza poiché si permise di dire ridendo, e facendo ridere anche me: «Niez tlalqua ayquic axitlinéma». Che significa: "Prometto di non pisciare".

Così ci abbracciammo ridendo. E l'allegria, come appresi allora per la prima volta, è il modo migliore per cominciare.

Nel frattempo, Ome-Ehécatl era passato dallo stadio di neonato a quello di bimbetto che cominciava a muovere i primi passi. Mi aspettavo che morisse da un giorno all'altro, e senza dubbio pensava così anche Citlali, perché un bambino con una deformità fisica così evidente di solito ha altre deficienze che non sono visibili, e non vive a lungo. Durante l'infanzia di Ome-Ehécatl, l'unico difetto che si manifestò fu la sua incapacità di parlare, che probabilmente implicava anche la sordità. Questo doveva aver turbato Citlali più di me: francamente ero lieto che il piccolo non piangesse mai.

Comunque, il suo cervello sembrava funzionare a dovere. Quando fu in grado di camminare, Ome-Ehécatl imparò a girare con destrezza per la casa e a stare alla larga dal focolare. Quando Citlali decideva di fargli prendere una boccata d'aria, lo portava in strada e gli dava una spintarella. Ome-Ehécatl zampettava intrepido in mezzo alla via, con la certezza che la mamma si era assicurata che non vi fossero ostacoli. Citlali era sempre dolce e gentile con tutti, ma per quella creatura credo che provasse un vero affetto materno. Teneva il piccolo sempre pulito, ordinato e ben nutrito, benché da principio lui avesse avuto difficoltà a succhiare al seno e, in seguito, a tenere in mano il cucchiaio. Trovai piuttosto sorprendente l'atteggiamento dei bambini del quartiere, i quali sembravano considerare Ome-Ehécatl una sorta di giocattolo – non proprio umano come loro, ma neppure inanimato come una bambola di paglia o di creta – e si trastullavano con lui in modo quasi affettuoso, senza mai fargli del male o deriderlo. Nell'insieme Ome-Ehécatl, essendo sopravvissuto molto più di quanto normalmente vivano creature così deformi, passò quegli anni felicemente per quanto gli era consentito dalle sue condizioni.

Sapevo che, indipendentemente dalla durata della vita del figlio, la principale preoccupazione di Citláli riguardo al piccolo era la questione dell'aldilà. E poi doveva anche nutrire un certo timore per il proprio destino dopo la morte. Nessuna persona dell'Unico Mondo è necessariamente condannata al nulla del Míctlan – come capita ai cristiani con l'inferno – semplicemente perché è nata, vissuta e morta. Tuttavia, per non finire nel Míctlan, una persona deve avere fatto qualcosa in vita per meritarsi di stare nel Tonatíucan del dio del sole, o in aldilà altrettanto invitanti.

La sola speranza che ha un bimbo di conquistarsi quel mondo ultraterreno è sacrificarsi – o meglio, essere sacrificato dai genitori – per soddisfare la bramosia e la vanità di questo o quel dio. Ma nessun sacerdote avrebbe mai accettato di sacrificare, neppure a una divinità minore, un essere inutile come Ome-Ehécatl. Per un adulto il modo di migliore di raggiungere l'aldilà è morire in battaglia o sull'altare di un dio, o compiere gesta tali da compiacere gli dei. Anche una donna adulta può sacrificarsi o compiere imprese nobili quanto quelle dei maschi (e alcune l'hanno fatto), ma perlopiù le femmine si conquistano un posto nel Tonatíucan o nel Tlálocan semplicemente allevando figli il cui tonáli li ha destinati a essere guerrieri, o vittime sacrificali, o madri. Ma Ome-Ehécatl non sarebbe mai potuto diventare nulla del genere; per questo Citláli probabilmente nutriva dei timori sul proprio fato dopo la morte.

# 11

Alcuni mesi dopo il nostro fortuito incontro al mercato, il pochtécatl Peloloá tornò dallo Xoconóchco con un tamémi recante un grande sacco di salnitro di “prima estrazione” e me lo offrì cerimoniosamente, chiedendo persino al portatore di consegnarmelo a casa. A quel punto cominciai a dedicare ogni momento libero alla preparazione di miscele delle varie polveri in proporzioni diverse, annotando i risultati di tutti gli esperimenti. Adesso avevo molto più tempo libero di prima, dato che sia io sia Pochotl eravamo stati sollevati dai rispettivi incarichi presso la cattedrale.

«È perché la Chiesa ha un nuovo papa a Roma», mi spiegò Alonso, con tono di scusa. «Il vecchio papa Clemente Séptimo è morto e gli è succeduto Paulo Tercero. Siamo stati appena informati della sua salita al soglio pontificio e delle prime direttive da lui emanate a tutto il clero cattolico.»

«Non mi sembri tanto felice di questa notizia, Cuatl Alonso», osservai.

Fece una smorfia. «La Chiesa impone che i preti siano celibi, casti e onorabili... o perlomeno che fingano di esserlo. Ciò senza dubbio dovrebbe valere per il papa, che è a capo di tutti i preti, ma è risaputo che questo papa, quand’era ancora padre Farnese, ha cominciato la scalata della gerarchia ecclesiastica *lamiendo el culo del patrón,* come dice la gente sboccata. In altre parole, ha spedito sua sorella, la bella Giulia, a letto con il papa Alessandro Sexto, conquistandosi così notevoli avanzamenti. E lo stesso Paulo non è stato per niente casto in vita sua. Ha svariati figli e nipoti. E uno di questi è stato nominato cardinale subito dopo l'elezione di Paulo. Ed è un nipote di soli *quattordici anni.*»

«Interessante», bofonchiai, benché non lo pensassi affatto. «Ma questo che cos'ha a che fare con noi qui?»

«Fra le altre direttive, papa Paulo ha decretato che tutte le diocesi devono cominciare a contenere le spese. Il che significa che non possiamo più finanziare neppure un piccolo lusso come la tua collaborazione all'interpretazione dei codici. Inoltre il papa si è *specificamente* rivolto al vescovo Zumárraga per quello che lui chiama lo "spreco" di oro e argento in "cianfrusaglie". Tutti i metalli preziosi che la Chiesa ha acquisito qui nella Nuova Spagna devono essere divisi con le diocesi meno ricche. O comunque così dice il papa.»

«Tu non gli credi?»

Alonso fece un lungo sospiro. «È chiaro che tendo a non fidarmi di lui, visto quel che mi risulta della sua vita privata. Tuttavia, ho l'impressione che papa Paulo stia prelevando un proprio *quinto* dai tesori della Nuova Spagna. Comunque stiano le cose, ecco la ragione per cui Pochotl deve smettere la sua meravigliosa opera di orafo e tu non potrai più aiutarmi a tradurre i codici.»

Gli sorrisi. «Tu e io sappiamo, Cuatl Alonso, che da lungo tempo ti sei caritatevolmente inventato del lavoro da assegnarmi. Ma adesso ho messo da parte qualche soldo. Credo che la vedova e l'orfano che mantengo non patiranno molto se lascio questo lavoro.»

«Mi spiace vederti andar via, Juan Británico. Ma ti prego caldamente di sfruttare appieno il tempo libero riprendendo le lezioni di dottrina con padre Diego.»

«È gentile e premuroso da parte tua suggerirmelo», gli risposi con tutta sincerità, senza però promettergli niente.

Lui sospirò, poi disse: «Vorrei darti un piccolo regalo d'addio». Prese un oggetto lucente che teneva ferme le carte sul suo tavolo. «Di questi tempi tutti possiedono una cosa simile – tutti gli spagnoli, intendo – ma questa, in particolare, mi è stata donata da quello sventurato eretico che tu e io abbiamo visto bruciare davanti alla cattedrale.»

*Ayyo,* pensai, un regalo fattogli da mio padre, che adesso passava a me. Alonso me lo porse: era un pezzo di cristallo delle dimensioni del palmo della mano, rotondo e levigato. Tra i miei averi conservavo ancora quell'altro cristallo, lasciatomi involontariamente da mio padre: quello era un topazio giallo, questo invece era un quarzo trasparente e aveva un'altra forma, essendo concavo su entrambi i lati.

«Il vecchio mi ha raccontato di aver trovato questi oggetti nelle terre meridionali e di averne fatto utensili molto diffusi tra la popolazione», spiegò Alonso. «Adesso sono molto comuni tra noi spagnoli, e sono veramente utili, ma a quanto pare voi indios li avete dimenticati.»

«Utili?» chiesi. «Come?»

«Guarda.» Mi tolse il cristallo di mano e lo alzò verso un raggio di luce che filtrava dalla finestra. Con l'altra mano prese un pezzo di carta-corteccia e lo tenne in modo che la luce lo colpisse attraverso il cristallo. Regolando le posizioni dei due oggetti, fece sì che la luce sulla corteccia diventasse un puntolino molto luminoso e, dopo qualche istante, la carta-corteccia cominciò a emettere un fil di fumo prima di prendere fuoco. Alonso spense la fiamma soffiandovi sopra e mi restituì il cristallo. «Un cristallo ustorio», concluse. «Noi lo chiamiamo anche *lente,* per via della forma, simile al legume omonimo. Come hai visto, con questo oggetto si può accendere un fuoco senza bisogno di pietra focaia e ferro, o senza dover sfregare dei bastoncini. Perlomeno quando splende il sole. Sono certo che ti sarà utile.»

*Non c'è dubbio,* pensai esultante. Era come un dono divino. No... un dono di mio padre Mixtli, che di certo adesso era nel Tonatíucan. Doveva aver visto dall'aldilà i miei tentativi di realizzare la *pólvora* – ben sapendo le ragioni che mi spingevano a farlo – e aveva deciso di facilitarmi il compito. Mio padre Mixtli, pur essendo morto da tempo e quindi estraneo ai travagli dei mortali, doveva approvare il mio progetto di liberare l'Unico Mondo dai dominatori stranieri. E questo era un modo per farmelo sapere, da quella incommensurabile distanza che separa i vivi dai morti.

Naturalmente non parlai di tutto ciò ad Alonso, al quale mi limitai a dire: «Ti ringrazio molto, davvero. Penserò a te ogni volta che userò la lente». Poi mi congedai da lui.

Neppure Pochotl si dolse eccessivamente di non poter più lavorare alla cattedrale. Aveva accortamente investito la paga costruendosi una casa più che decente e un laboratorio in una delle migliori *colaciones* della città. La casa, di fatto, era proprio al limitare della Traza riservata ai cittadini spagnoli. Inoltre, la sua fama di abile orafo si era diffusa tra quella gente che, abbagliata dagli oggetti da lui realizzati per la cattedrale, aveva già cominciato a commissionargli lavori.

«I bianchi stanno finalmente cercando di emularci nella cultura, nella raffinatezza e nel buon gusto», argomentò Pochotl. «L'hai notato, Tenamáxtli? Puzzano persino un po' meno di prima. Hanno preso da noi l'abitudine di lavarsi, anche se non lo fanno altrettanto di frequente e con la stessa accuratezza. E adesso hanno imparato ad apprezzare il genere di gioielli che ho sempre creato, molto più fini ed elaborati di quelli eseguiti dai loro grossolani orafi. Così mi portano l'oro, l'argento e le gemme e mi dicono quel che vogliono – collane, anelli, else di spade – e lasciano a me la scelta del disegno. Finora sono stati tutti soddisfatti e mi hanno pagato profumatamente. E per il momento nessuno mi ha mai fatto osservazione se mi tengo un po' del metallo avanzato.»

«Sono molto felice per te», gli assicurai. «Spero solo che ti resti un po' di tempo libero per...»

«*Ayyo*, sì. L'archibugio è quasi finito. I pezzi di metallo sono pronti e non mi resta che montarli sull'impugnatura di legno. Per quanto sembri strano, mi è stato di grande aiuto l'allontanamento dalla cattedrale. Il vescovo mi ha ordinato di sgomberare i laboratori e ha piazzato lì delle guardie per assicurarsi che non portassi via i metalli preziosi che mi erano stati affidati. Cosa che non ho fatto, però ho colto l'occasione per scrutare ben bene il modo in cui erano assemblati gli archibugi di quei soldati. E tu a che punto sei con la *pólvora*?»

Ero ancora impegnato nella ricerca, apparentemente infinita, della giusta proporzione dei tre elementi, e non riferirò la noia e i tentativi frustranti insiti in questo compito. Dirò solo che infine ci riuscii con una miscela che consisteva per due terzi di salnitro e per un terzo di carbone e *azufre* in ugual misura.

Quando, un pomeriggio, usai la lente per dar fuoco a un mucchietto di polvere grigiastra – in quella che sarebbe stata la prova conclusiva – nella viuzza dietro casa non c'era alcun bambino. Si erano ormai stancati di vedere quei continui, miseri sfrigolii. Questa volta però la polvere lanciò scintille, producendo solo un piccolo sbuffo di acre fumo azzurrognolo. Ma, cosa ancor più importante, emise quel rumore rabbioso, simile a un ringhio soffocato, che avevo sentito quando il giovane soldato mi aveva lasciato tirare il *gatillo.* Finalmente sapevo come fare la *pólvora* e potevo fabbricarne in notevoli quantità. Dopo una breve danza di vittoria con muti ma sentiti ringraziamenti al dio della guerra Huitzilopóchtli e al mio riverito defunto padre Mixtli, corsi a casa di Pochotl per annunciargli il successo.

«*Yyo ayyo,* hai tutta la mia ammirazione!» esclamò lui. «Anch'io, come vedi, ho quasi finito.» Mi indicò il banco di lavoro su cui erano posati i pezzi che avevo già esaminato, ai quali si era aggiunto il calcio di legno che stava foggiando. «Mentre finisco il lavoro, fa' quello che ti avevo suggerito in passato: prova la *pólvora* pressata in un contenitore ristretto.»

«D'accordo», gli risposi. «Nel frattempo, però, dovresti fondermi anche delle palle di piombo che possano essere sparate con l'archibugio. Devono essere di dimensioni tali da poterle infilare nel tubo, ma di un diametro solo *leggermente* inferiore a esso.»

Andai al mercato ed elemosinai da un vasaio un pezzetto di creta. Lo portai a casa e, sotto gli occhi orgogliosi di Citláli, vi versai sopra una piccola quantità di *pólvora,* poi vi avvolsi tutto intorno il resto della creta in modo da farne una palla delle dimensioni di un frutto di nopáli, praticai un piccolo foro con una piuma e misi il tutto a seccare accanto al focolare. Il giorno dopo, quando la palla fu dura come un vaso, la portai fuori.

Trattandosi di una novità, i bambini si raccolsero intorno a me, molto interessati anche dalla lente che stavo per usare. Ma io feci loro segno di tenersi a una certa distanza – e mi protessi il volto con un braccio – prima di concentrare i raggi del sole sul foro nella palla. Per fortuna presi quelle precauzioni, perché la palla svanì in un istante con un lampo che brillò anche alla luce del giorno, una nube di fumo acre e un rumore forte quasi quanto quello dell'archibugio che una volta avevo sparato; poi ci fu una pioggia di frammenti aguzzi che mi colpirono il braccio alzato e il petto nudo. Alcuni bambini lanciarono dei gridolini, ma nessuno di noi si fece qualcosa di più di qualche graffio. In ritardo pensai che avrebbe potuto esserci una pattuglia di ronda abbastanza vicina da sentire l'esplosione. Non arrivò nessuno, ma decisi che da quel momento in poi avrei condotto gli esperimenti lontano dalla città.

Così, alcuni giorni dopo, munito di una palla di argilla come la precedente e un po' di polvere in un sacchetto, presi un'acáli sulla costa occidentale dell'isola e mi recai su un'altura dell'altra sponda chiamata Chapultépec, la Collina delle Cavallette. Avrei anche potuto andarci a piedi, perché in quel punto l'acqua del lago, fetida e brunastra, mi arrivava alle ginocchia. Mi era stato detto che un tempo, sul fianco roccioso dell'altura, erano state scolpite facce gigantesche, le immagini dei quattro Riveriti Oratori dei Mexíca. Ma quei volti erano spariti perché i soldati spagnoli li avevano usati come bersagli per le loro esercitazioni con gli immensi tubi tonanti montati su ruote che venivano chiamati *culebrinas* e *falconetes.* L'altura adesso era una semplice parete rocciosa, la cui unica caratteristica importante era l'acquedotto che portava in città l'acqua delle sorgenti del Chapultépec.

Anche il parco circostante creato dall'ultimo Motecuzóma – ornato di giardini, fontane e statue – era sparito. Non restavano che erba, fiori di campo, arbusti e, qua e là, gli altissimi e vetustissimi cipressi ahuehuétquin, talmente duri e invulnerabili che neppure gli spagnoli erano riusciti ad abbattere. Le sole persone che vidi da quelle parti erano gli schiavi che lavoravano tutti i giorni per riparare le frequentissime falle e rotture dell'acquedotto. Dovetti inoltrarmi per un certo tratto per restare solo e trovare un punto privo di cespugli in cui posare l'oggetto che avevo portato con me.

Questa volta avevo fatto una palla di argilla con una base appiattita, in cui avevo praticato il foro. La posai in modo che il foro fosse al livello del suolo. Aprii il sacchetto e, partendo dal foro, lasciai cadere una traccia sottile di *pólvora* per un certo tratto, passando attorno alle radici di un grande cipresso. Poi mi misi al riparo dietro un tronco, presi la lente ustoria, concentrai i raggi solari che filtravano tra il fogliame e diedi fuoco all'estremità della traccia di polvere. Come avevo sperato, questa cominciò a lanciare ringhi e scintille che procedettero verso la palla di argilla. Capii subito che questo non poteva essere un modo molto pratico per dar fuoco alle palle sperimentali perché sarebbe bastato un soffio di vento per interrompere l'avanzare delle scintille. Ma quel giorno non c'era vento. Lo scintillio proseguì attorno al cipresso, sparendo dalla mia vista, ma l'odore acre della *pólvora* che bruciava mi giunse comunque alle narici.

Poi, benché me lo fossi aspettato, o quantomeno lo avessi ardentemente sperato, si levò un tal boato che mi fece sobbalzare. Persino l'albero dietro il quale mi ero rifugiato parve ondeggiare. Innumerevoli uccelli si levarono dalla vegetazione circostante strillando e gracchiando, e gli arbusti fremettero alla fuga precipitosa degli animali. Sentii il sibilo delle schegge di argilla che volavano in tutte le direzione, mentre foglie e ramoscelli tranciati cadevano a terra e il fumo azzurrognolo diffondeva il suo acre odore tutt'attorno, nell'aria immota.

In lontananza udii anche delle grida umane. Non appena tutto cessò di ricadere a terra, lasciai il riparo dietro il tronco e andai nel punto in cui avevo posato la palla. C'era un'ampia zona di terreno annerita e gli arbusti intorno erano bruciacchiati e avvizziti. Poco più oltre, c'era un coniglio morto, trapassato da una scheggia.

Le grida si stavano facendo sempre più vicine ed eccitate. Solo in quel momento mi ricordai che gli spagnoli avevano eretto, sulla sommità della Collina delle Cavallette, un forte recintato che chiamavano il Castillo, un luogo sempre pieno di soldati che lì venivano addestrati. Naturalmente anche la recluta più sprovveduta avrebbe riconosciuto il rumore di un'esplosione di *pólvora* e – dato che proveniva da una foresta di solito deserta – si sarebbe precipitata fuori con i commilitoni per vedere come e dove era avvenuta e chi l'aveva provocata. Non volevo lasciare prove per quei soldati. Non avevo tempo di cancellare le tracce della bruciatura, ma raccolsi il coniglio prima di correre verso la sponda del lago.

Quella sera Pochotl venne da me e da Citlàli con un oggetto avvolto in un manto bisunto e un sorriso rugoso sul volto. Col piglio furtivo di un cospiratore posò l'involto a terra e lo aprì lentamente, sotto i nostri occhi eccitati. Ed eccola lì: la copia perfetta di un archibugio, dall'aria molto autentica.

«*Ouiyo ayyo*», mormorai, genuinamente compiaciuto e pieno di ammirazione per l'abilità di Pochotl. Citlàli sorrise prima all'uno e poi all'altro, felice per entrambi.

Pochotl mi porse la chiave per avvolgere la molla all'interno. La inserii nell'alloggiamento, la girai e sentii il rumore raspante che avevo udito quando avevo osservato il soldato. Poi, col pollice, tirai indietro la zampa di cane che teneva la scheggia di oro finto e con un clic si bloccò nella posizione voluta. Infine tirai il *gatillo* con l'indice. La zampa di cane si abbassò, l'oro finto colpì la rotella dentata nell'istante in cui essa veniva fatta ruotare dalla molla... e le scintille schizzarono attraverso la *cazoleta*, proprio come doveva succedere.

«Naturalmente», commentò Pochotl, «la prova cruciale si potrà fare solo quando sarà caricato con la *pólvora* e una di queste.» Mi tese un sacchetto con le palle di piombo. «Ma ti consiglio di farlo molto lontano da qui, Tenamáxtli. Cominciano già a circolare voci. Oggi la guarnigione di Chapultépec ha sentito un'inspiegabile esplosione.» Mi fece l'occhiolino. «I bianchi temono – e con ragione – che qualcuno oltre a loro sia in possesso di una certa quantità di *pólvora*. I soldati di ronda fermano e perquisiscono tutti gli indios che portano vasi o cesti o altri recipienti dall'aria sospetta.»

«Me l'aspettavo», risposi. «D'ora in poi dovrò essere molto più prudente.»

«Un'altra cosa», mi ammonì Pochotl. «Considero la tua idea di rivoluzione una vera follia. Rifletti, Tenamáxtli. Hai visto quanto tempo ho impiegato per fare quest'archibugio. Ritengo che funzioni come dovrebbe, ma non puoi pensare che io o qualcun altro ti fabbrichiamo le migliaia di armi di cui avrai bisogno per essere alla pari dell'uomo bianco.»

«È vero», risposi. «Ma non occorre farne altri. Se questo funziona come dovrebbe, lo userò per... be'... procurarmene un altro da un qualche soldato spagnolo. Poi userò quei due per prenderne altri due. E così via.» Pochotl e Citláli mi lanciarono un'occhiata indecifrabile, che poteva essere d'orrore o di ammirazione. «Ma adesso», gridai esultante, «celebriamo questa fausta occasione!»

Andai a comprare un vaso del miglior octli e bevemmo felici – perfino Ome-Ehécatl ebbe un assaggio – sino a che, verso mezzanotte, ci ritrovammo piuttosto ubriachi. Pochotl si fermò a dormire nell'altra stanza per non correre il rischio di incontrare i soldati di ronda. Citláli e io, sghignazzando e incespicando, ce ne andammo in camera dove continuammo i festeggiamenti in modo ancor più entusiasta.

Per la serie successiva di esperimenti feci delle palle d'argilla non più grandi di un uovo di quaglia, ognuna delle quali conteneva una quantità di *pólvora* grande quanto un'unghia. Le palle, esplodendo, facevano un rumore poco più forte di quello prodotto da un frutto di ricino che scoppia lasciando cadere i semi, e così i bambini del quartiere si stancarono anche di questo. Gradivano invece un altro divertimento che avevo escogitato per loro: li spedivo nelle strade circostanti perché spiassero l'avvicinarsi dei soldati e corressero a segnalarmi la loro presenza. Poiché avevo ormai imparato a fabbricare una *pólvora* soddisfacente e avevo osservato la sua forza distruttiva quando le davo fuoco in un contenitore ristretto, adesso cercavo di trovare il modo di far esplodere le palle piene di *pólvora,* piccole o grandi, a distanza... un sistema più affidabile dello spargimento di una traccia di polvere.

Ho già accennato al modo in cui la nostra gente di solito fumava il picíetl: avvolto in quello che chiamiamo poquíetl, un tubetto di canna o di carta che brucia lentamente insieme alle foglie... e non in una pipa d'argilla che non brucia, come invece fanno gli spagnoli.

Talvolta sia noi sia i bianchi amavamo mescolare al picíetl qualche altro ingrediente – cacao in polvere, certi semi o certi fiori secchi – per modificarne il gusto. Adesso mi diedi ad arrotolare svariati poquíeltin di carta che contenevano le foglie di picíetl mescolate con varie tracce di *pólvora.* Un normale poquíetl brucia pian piano mentre il fumatore aspira le boccate ma, se lo si posa per un certo tempo, di solito si spegne. Pensai che l'aggiunta della *pólvora* avrebbe fatto sì che il tubetto continuasse a bruciare anche se lasciato a se stesso.

Non mi sbagliavo. Sperimentando questi piccoli poquíetin di carta di varie circonferenze e lunghezze, riempiti di picíetl e *pólvora* in diverse proporzioni, trovai infine la giusta combinazione. Inserito nel foro di una minuscola palla d'argilla, il poquíetl acceso continuava a bruciare per un certo tempo – lungo o breve, a seconda della sua lunghezza – prima di raggiungere l'interno e demolire la pallina con un rumore secco. Non c'era modo di stabilire *accuratamente* i tempi di questo processo – per far esplodere diverse palle simultaneamente, per esempio – ma potevo fare un poquíetl di una lunghezza tale che, una volta acceso, mi avrebbe permesso di allontanarmi dal punto dell'esplosione prima che la combustione raggiungesse il foro. Potevo anche avere la certezza che né la brezza né i passi di una persona avrebbero disturbato il processo di combustione, come invece poteva facilmente avvenire con la traccia di polvere.

Per verificare questi dati, feci una cosa talmente ardita, pericolosa e decisamente malvagia che non ebbi neppure il coraggio di avvertire in anticipo Citláli. Preparai una palla piena di *pólvora* delle dimensioni di un pugno e inserii nel foro un poquíetl piuttosto lungo. In un giorno di sole, la infilai nel sacchetto che portavo alla cintura e mi recai nella Traza, accanto all'edificio che molto tempo prima avevo scoperto essere la caserma dei soldati semplici spagnoli. Come sempre, all'ingresso c'era una sentinella con armatura e archibugio. Assunsi un'aria il più possibile stupida e inoffensiva e le passai davanti, diretto all'angolo dell'edificio, dove mi fermai e mi chinai come se dovessi togliermi un sassolino da un sandalo.

In silenzio e con rapidità riuscii ad accendere l'estremità del poquíetl e a sistemare la palla tra la pietra angolare e i ciotoli della via. Diedi un'occhiata alla sentinella, che non badava a me, come del resto non mi guardava nessun'altra persona in quella strada affollata. Mi rialzai e mi allontanai. Avevo già fatto almeno un centinaio di passi quando udii l'esplosione. Persino da quella distanza sentii il sibilo delle schegge volanti, una delle quali mi sfiorò la schiena. Mi voltai e vidi con soddisfazione il caos che avevo causato.

Non vi erano danni visibili all'edificio, tranne una chiazza nera e fumante sul muro laterale, ma sull'acciottolato giacevano due persone sanguinanti – un uomo abbigliato alla spagnola e un tamémi col fardello rovesciato a terra. Dalla caserma uscirono correndo non solo la sentinella ma anche diversi soldati, alcuni dei quali semivestiti, ma tutti armati. Quattro o cinque indios cominciarono a correre lungo la strada, terrorizzati dall'evento, e i soldati si lanciarono all'inseguimento. Con aria indifferente, tornai indietro e mi unii alla folla che guardava a bocca aperta, chiaramente estranea al fatto.

Lo spagnolo a terra, ancora vivo, sussultava e gemeva, e un soldato chiamò il *médico* della caserma per prestargli le prime cure; il povero tamémi invece era morto. Me ne dolsi, ma ero certo che gli dei l'avrebbero considerato un caduto in battaglia e sarebbero stati benigni con lui. Naturalmente questa non era stata una vera battaglia, però avevo sferrato un secondo colpo al nemico. Adesso, dopo questi due episodi inesplicabili, i bianchi dovevano aver capito che, all'improvviso, erano minacciati da una rivolta e dovevano essere sconcertati, forse anche spaventati da quell'idea. Come avevo promesso a mia madre e a mio zio, ero diventato il verme nel frutto coyacapúli che lo rodeva dall'interno.

Per il resto della giornata i soldati – l'intero contingente della città, credo – si sparpagliarono per tutti i quartieri degli indios, perquisendo le case, i mercati, i sacchi o fagotti portati dai nativi, e costringendo anche alcune persone a spogliarsi. Ma dopo quel primo giorno rinunciarono all'impresa, perché probabilmente gli ufficiali avevano capito che l'eventuale *pólvora* illegale poteva essere nascosta con facilità (come avevo nascosto la mia) e che i suoi ingredienti, presi singolarmente, erano totalmente innocui per cui la loro presenza poteva essere facilmente spiegata. A casa nostra non vennero neppure, e io me ne stetti tranquillo, godendomi la sconfitta dell'uomo bianco.

Il giorno successivo, però, la sconfitta toccò a me, quando un messaggero di Alonso venne a casa mia ordinandomi di presentarmi dal notaio non appena mi fosse stato possibile. Indossai gli abiti spagnoli, mi recai alla cattedrale e lo salutai cercando di apparire stupido e innocuo.

Alonso non ricambiò il saluto e mi guardò con aria cupa per alcuni istanti prima di dirmi: «Pensi ancora a me ogni volta che usi la lente ustoria, Juan Británico?»

«Ma certo, Cuatl Alonso, sempre. Come mi hai detto, è un utilissimo...»

«Non chiamarmi più "Cuatl"», scattò lui. «Non siamo più gemelli, fratelli e neppure amici. Del resto credo che tu abbia smesso di fingerti un cristiano, mite e tranquillo, rispettoso e obbediente verso la fede e i tuoi superiori.»

Replicai con spavalderia: «Non sono mai stato mite e tranquillo, e non ho mai considerato i cristiani miei superiori. E non chiamarmi più Juan Británico».

Alonso mi fulminò con un'occhiata, ma mantenne la calma. «Ora ascoltami. Non sono ufficialmente coinvolto nella caccia che l'esercito dà all'autore di certi atti che hanno disturbato la pace della città, ma sono preoccupato, come dovrebbe esserlo qualsiasi cittadino onesto e rispettoso delle leggi. Non accuso te personalmente, ma so che hai molte conoscenze fra la tua gente. Sono convinto che potresti trovare il responsabile di quelle azioni con la stessa rapidità con cui ci hai procurato un orafo quando ne avevamo bisogno.»

Sempre con spavalderia, affermai: «Non sono un traditore

della mia gente, notaio, così come non devo a te alcuna obbedienza».

Lui sospirò e riprese: «Chiudiamola qui, allora. Un tempo siamo stati amici, e quindi non ti denuncerò alle autorità. Ma ti avverto: nello stesso istante in cui uscirai di qui, sarai seguito e sorvegliato. Ogni tuo movimento, ogni tuo incontro, ogni conversazione, ogni *starnuto* sarà osservato, annotato e riferito. Prima o poi ti tradirai, oppure tradirai qualcun altro, magari una persona a te cara. Se al rogo non ci finisci tu, sta' certo che qualcuno ci finirà».

«È una minaccia intollerabile», replicai. «Non mi lasci altra scelta se non abbandonare per sempre questa città.»

«Credo che sarebbe la cosa migliore», rispose con freddezza, «per te, per la città e per tutti coloro che in qualche modo hanno avuto contatti con te.»

Mi congedò immediatamente e uno dei servitori indigeni della cattedrale non cercò neppure di passare inosservato mentre mi seguiva sino a casa.

# 12

Avevo già deciso di lasciare Città di Mexíco ancor prima che Alonso me lo suggerisse con tanta freddezza. Intendevo andarmene perché ormai disperavo di poter reclutare un esercito di rivoltosi tra gli abitanti della città. Come il povero Netzlin – e ora Pochotl – gli uomini del posto dipendevano troppo dai padroni bianchi per potersi o volersi ribellare. E quand'anche l'avessero voluto, erano ormai così fiacchi e privi di qualsiasi spirito bellicoso che non avrebbero mai osato tentare davvero. Se volevo trovare uomini come me, avversi alla dominazione spagnola e battaglieri abbastanza da sfidarla, dovevo tornare da dov'ero venuto. Dovevo tornare a nord, nelle terre non ancora soggiogate.

«Sarò molto lieto se vorrai venire con me», assicurai a Citláli. «Ho apprezzato infinitamente la tua vicinanza, il tuo appoggio e... be', tutto ciò che hai significato per me. Ma sei una donna e hai qualche anno più di me: potresti trovare il ritmo del mio passo troppo veloce per te. Specie dovendo condurre Ome-Ehécatl per mano.»

«Quindi te ne vai proprio», mormorò lei, sconfortata.

«Ma non per sempre, checché ne dica il notaio. Sono deciso a tornare qui. Alla testa di un esercito che scaccerà i bianchi da ogni campo e foresta, da ogni villaggio e città, inclusa questa. Però non succederà tanto presto. Quindi non ti chiedo di aspettarmi, cara Citláli. Sei ancora una bellissima donna. Potresti trovare un altro marito buono e devoto, aquín ixnéntla? Comunque, adesso Ome-Ehécatl è grande abbastanza da accompagnarti al mercato. Con quello che guadagnerai lì, più la somma che abbiamo messo da parte, e senza una terza bocca da sfamare...»

Lei m'interruppe: «Ti aspetterei per tutto il tempo necessario, caro Tenamáxtli. Ma come posso sperare di vederti tornare? Stai per mettere a repentaglio la tua vita».

«Sarei in pericolo anche se restassi qui. Anche tu hai rischiato la tua vita. Se mi avessero colto mentre facevo esperimenti con la *pólvora*, saresti finita bruciata viva con me.»

«Ho corso questo rischio perché lo affrontavamo insieme. Al tuo fianco andrei dovunque, farei qualsiasi cosa.»

«Ma bisogna tener conto di Ome-Ehécatl...»

«Sì», sussurrò lei. Poi, all'improvviso, scoppiò in lacrime e mi chiese: «Perché sei così deciso ad attuare questo folle progetto? Perché non ti vuoi rassegnare a guardare in faccia la realtà e a convivere con essa, come hanno fatto gli altri?»

«*Perché?*» ripetei, stupefatto.

«*Ayya*, so quel che hanno fatto i bianchi a tuo padre, ma...»

«E questa non ti sembra una ragione sufficiente?» ribattei. «Lo vedo ancora bruciare!»

«E hanno anche ucciso mio marito, un tuo amico. Ma a *te* che cosa hanno fatto? Tenamáxtli, tu non hai subito danni né insulti, se escludiamo quelle poche parole pronunciate dal frate alla Mesón. Su tutti gli altri bianchi che hai conosciuto non hai mai avuto nulla da ridire. La gentilezza di quel Molina, gli altri maestri che ti hanno insegnato quello che sapevano, persino quel soldato che ti ha dato l'imbeccata in questa faccenda della *pólvora*...»

«Sono solo briciole della loro mensa! Quel ricco banchetto che un tempo era nostro! Non so se il mio tonáli preveda ch'io riesca a restituirlo alla nostra gente. Ma sono certo che m'invita a provare. Non posso rassegnarmi a raccogliere le briciole. E per questo sono disposto a rischiare la vita.»

Citláli parve rattrappirsi in un sospiro sconsolato. «Per quanto resterai ancora con me? Quando conti di partire?»

«Non immediatamente, perché non voglio scappare via come un cane techíchi, con la testa bassa e la coda fra le gambe. Voglio lasciare un ricordo indelebile a Città di Mexíco... e in tutta la Nuova Spagna. E quello che ho in mente è un crimine che tu e io possiamo commettere insieme.»

Non posso certo confutare quello che aveva detto Citlali. Io, dagli spagnoli, non avevo mai subito sofferenze, privazioni, reclusione e neppure insulti. Ma, negli anni in cui avevo abitato in quella città, avevo conosciuto molti miei conterranei cui era capitato. Erano, come ho già detto, gli schiavi con la G o con i marchi dei proprietari. Erano gli sventurati ubriachi che avevo visto picchiare e ferire a morte dai soldati di ronda, com'era successo a Netzlin. E avevo visto il sangue puro della mia razza contaminato e infangato dai vari bastardi dei mori e degli spagnoli.

Conoscevo anche – fortunatamente non per esperienza personale, ma attraverso i pochi che erano riusciti a fuggire – gli orrori delle *obrajes.* Erano grandi opifici, protetti da mura di pietra e da cancelli di ferro, in cui cotone o lana venivano lavati, cardati, filati, tinti e tessuti per ottenere stoffe. Le *obrajes* erano state fondate dai *corregidores* spagnoli per trarre profitto dai condannati per vari crimini. Criminali indios, naturalmente. Anziché essere rinchiusi in galera a far niente, questi malviventi erano obbligati a svolgere lavori noiosi, sporchi e logoranti (lavori che erano anche un insulto per la dignità di un uomo). Non venivano pagati, venivano alloggiati in luoghi squallidi e malsani, erano malnutriti, coperti di stracci e nell'impossibilità di lavarsi, e non potevano lasciare l'*obraje* sino alla scadenza dei termini di reclusione, che molti di loro non raggiungevano mai, dato che morivano molto prima.

Queste *obrajes* erano talmente redditizie che gli spagnoli le adottarono anche nelle attività private, ottenendo gratuitamente dallo Stato la manodopera dei prigionieri al punto da svuotare le carceri. Allora i proprietari delle *obrajes* cominciarono a blandire la nostra gente perché affidasse loro i figli. Questi bambini, a detta dei proprietari, avrebbero imparato un mestiere e i genitori, nel contempo, avrebbero risparmiato il denaro necessario per allevarli. Peggio ancora, gli abati e le badesse degli orfanotrofi cristiani, come il Refugio de Santa Brígida, vennero facilmente convinti a offrire agli indios affidati alle loro cure, non appena giungevano all'età della ragione, la scelta fra il prendere gli ordini o la condanna al lavoro in un'*obraje*. (Agli orfani di sangue misto, come Rebeca Canalluza, fu risparmiata quella terribile maledizione perché non si poteva avere la certezza che un giorno o l'altro qualche genitore spagnolo non venisse a riconoscere e a riprendersi i propri figli.)

I criminali ridotti in schiavitù, che avessero meritato o no la condanna, erano perlomeno uomini adulti, a differenza degli orfani e degli "apprendisti" così reclutati, i quali, proprio come i prigionieri, in pratica non uscivano mai più dai cancelli delle *obrajes*. Erano costretti a lavorare in modo disumano, spesso sino alla morte, e subivano violenze e umiliazioni che erano risparmiate agli adulti. Le *obrajes* venivano sorvegliate non dai proprietari spagnoli ma da mori e mulatti assunti per pochi soldi. Costoro, desiderosi di mostrare la loro superiorità nei confronti dei semplici *indios rústicos*, picchiavano e riducevano alla fame i bambini, quando non costringevano le bambine all'ahuilnéma e i maschietti al cuilónyotl.

I *corregidores* e gli *alcaldes* cristiani, i proprietari cristiani delle *obrajes* e i tepízquin indigeni convertiti al Cristianesimo erano tutti in collusione nel perpetrare queste atrocità, con la connivenza della Chiesa cristiana, non solo per il proprio interesse, com'era ovvio, ma anche per un'altra ragione: gli spagnoli infatti erano fermamente convinti che tutto il nostro popolo fosse formato da fannulloni e vagabondi che non avrebbero mai lavorato se non sotto la minaccia di punizioni immediate, fame o morte violenta.

Questo non era e non è mai stato vero. In passato, di frequente le donne e gli uomini sani e robusti erano stati costretti dai nostri signori – nobili locali o Riveriti Oratori – a svolgere lavori non retribuiti e spesso faticosi per la realizzazione di opere pubbliche. In questa città, per esempio, tali opere avevano incluso l'acquedotto del Chapultépec e la Grande Piramide. E la nostra gente svolgeva di buon grado questi compiti perché considerava il lavoro collettivo come una forma di interazione sociale. Accettava qualsiasi fatica a condizione che venisse presentata come un'occasione di socializzazione e non come un lavoro vero e proprio. I dominatori spagnoli, che avrebbero potuto trarre vantaggio da questo nostro atteggiamento, preferirono invece usare la frusta, la spada, la prigione, le *obrajes* e la minaccia del rogo.

Ammetto che tra i bianchi c'erano alcuni uomini ottimi e ammirevoli... come Alonso de Molina, tanto per citarne uno, e altri che avrei conosciuto in seguito. Persino tra i mori ce ne fu uno che divenne un mio fido alleato, amico e compagno d'avventura. E poi ci sei stata tu, *mi querida Verónica.* Ma del nostro incontro parlerò al momento opportuno.

Ammetto pure che la speranza di liberare la mia terra dal dominio spagnolo era, almeno in parte, dettata dallo spirito di vendetta per la morte di mio padre. Il mio scopo era poi in certa misura ignobile in quanto io, come qualsiasi giovane, sognavo di essere acclamato dal popolo come un eroe vittorioso o, se fossi morto in combattimento, di essere accolto dai grandi guerrieri del passato non appena avessi raggiunto il Tonatíucan. Tuttavia, ribadisco che la mia massima aspirazione era far insorgere *tutta* la nostra gente tiranneggiata e sottrarre all'oblio l'Unico Mondo.

Per rendere memorabile la mia partenza da Città di Mexíco avevo architettato un saluto tempestoso. Benché avessi già messo in allarme e in agitazione gli spagnoli in un paio di occasioni, tutto si era placato dopo qualche giorno di tranquillità. Venivano fermate solo alcune persone dall'aria veramente sospetta, e unicamente nell'ambito della Traza. Davo per scontato di essere ancora sotto la vigile sorveglianza di una spia della cattedrale, ma feci tutto il possibile affinché non *vedesse* nulla che giustificasse la sua attenzione.

Quando informai Citláli del mio piano, lei rise e lo approvò, pur tremando di paura e nel contempo fremendo nella trepidazione dell'attesa, e acconsentì con entusiasmo ad aiutarmi. Mi accinsi quindi a preparare quattro palle di argilla, grandi come quelle usate nel gioco del tlachtli e imbottite di *pólvora,* e misi Citláli a parte dei particolari del piano.

«L'ultima volta, sono riuscito solo a fare una macchia nera sul fianco della caserma degli spagnoli e a uccidere un tamémi di passaggio. Questa volta vorrei provocare un'esplosione all'interno di un edificio – e sono certo che causerà grandi danni – senza però uccidere nessun innocente. Be', è pur vero che in giro ci sono sempre svariate maátime che si vendono ai soldati, ma quelle non le considero delle innocenti.»

«Hai in mente la stessa caserma nella Traza?»

«No. La via è sempre affollata. Però conosco un luogo al cui interno e nei cui dintorni ci sono solo degli spagnoli. Il forte dove vengono addestrati i militari, il Castillo sulla Collina delle Cavallette.»

Citláli esclamò: «E io dovrei portare questi oggetti distruttivi *dentro* quell'edificio? In un luogo pieno di soldati?»

«La palizzata è circondata da alberi più-vecchi-dei-vecchi, ed è poco sorvegliata. Di recente mi sono aggirato nei dintorni per un'intera giornata senza farmi scoprire, ho spiato da dietro i tronchi di questi alberi e sono abbastanza sicuro che si può facilmente entrare e uscire dal Castillo senza pericolo di farsi catturare.»

«Vorrei tanto esserne convinta anch'io», brontolò lei.

«I cancelli della recinzione sono sempre aperti e i *cadetes,* come vengono chiamate le reclute, li varcano in continuazione. Come pure i loro istruttori. E anche i civili spagnoli, quelli che portano cibi e altri rifornimenti. E così fanno le maátime. La sentinella armata al cancello si limita a guardarsi attorno, senza curarsi di nulla. Non interroga nessuno, neppure le baldracche. Immagino che gli spagnoli si sentano così tranquilli da poter allentare la sorveglianza in un luogo simile; quale persona sana di mente tenterebbe di far danni all'interno di una *guarnigione militare*?»

«Solo io: Citláli, la Coraggiosa e Avventata», declamò lei, con fare malizioso. «Ti prego, Tenamáxtli, assicurami che agirò in pieno possesso delle mie facoltà mentali.»

«Quando ti avrò spiegato tutto, vedrai quanto ben studiato è il mio piano», la tranquillizzai. «Ora, io non posso varcare quel cancello senza essere fermato e senza dubbio arrestato. Ma tu potrai farlo.»

«Fingendo di essere una maátitl? *Ayya,* assomiglio davvero a una puttana?»

«Per niente. Sei molto più carina di tutte loro. Recherai un cesto pieno di frutta e terrai Ome-Ehécatl per mano. Nulla potrebbe apparire più innocente di una giovane madre che passeggia nei boschi con il figlioletto. Se qualcuno dovesse chiederti qualcosa, tu dirai che una delle maátime è tua cugina e le stai portando della frutta in dono. Oppure che speri di vendere i frutti ai cadetti. Hai bisogno di denaro per mantenere il figlio malformato. T'insegnerò le frasi spagnole necessarie a esprimere questi concetti. Nessuno ti fermerà. Poi, una volta all'interno del forte, poserai il cesto e te ne andrai. Se possibile, mettilo accanto a qualcosa di infiammabile.»

«Un cesto di frutta? Queste palle d'argilla non assomigliano per niente alla frutta.»

«Dammi il tempo di completare l'opera. Adesso, come vedi, sto inserendo nel foro di una palla un poquíetl sottile, lungo quanto il mio avambraccio. Prima che tu ti avvicini al cancello, lo accenderò in modo che impieghi molto a bruciare e a incendiare la palla, dando a te e a Ome-Ehécatl il tempo di uscire dal forte. Quella palla, scoppiando, darà fuoco alle altre tre. E, tutte insieme, dovrebbero provocare un'esplosione spettacolare. Bene. Quando le palle saranno essiccate, le metterò in uno dei tuoi bellissimi cesti e le coprirò con frutti comprati al mercato.» M'interruppi e mormorai, quasi tra me: «Devono essere frutti coyacapúli. E devo trovarne alcuni che abbiano dentro un verme, come me».

«Cosa?» chiese Citláli, perplessa.

«Una battuta del tutto personale. Non ci badare. I coyacapúli sono leggeri, tanto per non appesantire troppo il cesto. Che comunque porterò io sino al Castillo. Per concludere: nel primo giorno di sole, noi tre usciremo di casa e, senza dar nell'occhio, ci dirigeremo verso la sponda occidentale, io con il cesto, tu con Ome-Ehécatl per mano...»

E così facemmo qualche giorno più tardi, tutti e tre in immacolati abiti bianchi e con aria disinvolta e innocente. Agli occhi di qualsiasi osservatore dovevamo aver l'aria di una famigliola felice che andava a fare una merenda all'aperto. E ritenevo che dovesse esserci un osservatore specifico: una delle spie inviate dalla cattedrale.

Oltre al cesto recavo, nascosto sotto il mantello, il mio archibugio, sistemato verticalmente con il calcio sotto l'ascella. Questo mi costringeva a un'andatura un po' rigida, però l'arma era del tutto invisibile. L'avevo caricata in precedenza, come avevo visto fare dal soldato: una generosa dose di *pólvora*, uno straccio e una palla di piombo infilati nella canna, una scheggia di oro finto sotto la zampa di cane, di modo che l'unica cosa che mi occorreva era un pizzico di *pólvora* sulla *cazoleta* per predisporre l'arma al lancio del proiettile letale. Non avevo idea di come si puntasse l'archibugio ma, se la fortuna mi avesse assistito, la palla di piombo avrebbe colpito un soldato o un cadetto spagnolo.

Chiunque ci stesse seguendo probabilmente ebbe un attimo di perplessità quando, sul lungolago, mi vide chiamare un traghettatore e salire sull'acáli con i miei due compagni. Chiesi al barcaiolo di puntare a sud, verso i giardini di Xochimílco – dove talvolta si recavano le famiglie spagnole per una scampagnata – sino a che non fui certo che nessun'altra imbarcazione ci stava seguendo. Quindi gli ordinai di tornare indietro e di approdare alla riva paludosa di quello che un tempo era il parco del Chapultépec. Salimmo la collina senza incontrare anima viva sino a che non comparve il tetto del forte. Poi avanzammo, riparandoci dietro gli alberi, fin quando non furono ben visibili il cancello e tutte le persone che andavano e venivano o se ne stavano lì nei pressi. Nessuno ci aveva ancora notato. Infine raggiungemmo l'ahuéhuetl dall'enorme tronco che avevo scelto in precedenza, distante non più di cento passi dal cancello, e lì ci nascondemmo.

«Sembra un giorno come gli altri al Castillo», dissi liberandomi dell'archibugio e posandolo a terra. «C'è il solito numero di sentinelle e nessuno sembra sul chi vive. Quindi, più in fretta agiamo meglio è. Voi due siete pronti?»

«Sì», rispose Citlàli con voce tranquilla. «A tua insaputa, ieri sera siamo andati tutti e due da un sacerdote della benevola dea Tlazoltéotl, al quale ho confessato tutte le colpe della nostra vita. Inclusa questa, se mai è una colpa.» Vista l'espressione sul mio volto, si affrettò ad aggiungere: «Nel caso qualcosa dovesse andare storto. Quindi sì, siamo pronti».

Avevo sussultato nell'udire Citlàli pronunciare il nome di quella dea, perché nessuno la invoca se non si sente prossimo alla morte... nel qual caso le chiede di inghiottire i suoi peccati per presentarsi purificato nell'aldilà. Ma se questo faceva sentire meglio Citlàli...

«Questo poquíetl, bruciando, lascerà una scia di fumo e di odore», la informai mentre, con la lente ustoria, concentravo i raggi di sole sulla carta che sporgeva leggermente dal cesto. «Ma oggi è ventilato da queste parti, quindi nessuno se ne accorgerà. Se qualcuno sentirà l'odore, penserà che i cadetti abbiano fatto delle esercitazioni con gli archibugi. E, ti ripeto, il poquíetl ti darà il tempo necessario per...»

«Dammi il cesto prima che mi lasci vincere dal nervosismo e dalla vigliaccheria.» Lo prese e diede la mano a Ome-Ehécatl. «E dammi un bacio per... incoraggiarmi.»

Lo avrei fatto comunque, e con amore, senza che lei me lo chiedesse. Citlàli esitò, sbirciò oltre il tronco sino a che fu sicura che non arrivasse nessuno. Poi, con aria serena e tranquilla, s'incamminò con il piccolo al fianco sbucando sul sentiero illuminato dal sole, come se fosse salita sulla collina attraversando il bosco. Distolsi gli occhi da loro quel tanto che bastava per caricare la *cazoleta* con un pizzico di *pólvora* e per armare la zampa di cane, pronto a sparare. Ma quando levai gli occhi su di loro, vidi qualcosa di sconcertante.

Molti uomini al cancello scrutavano con sorrisi compiaciuti la bella donna che si stava avvicinando. Non c'era nulla di strano in questo. Ma non appena i loro sguardi si abbassavano su Ome-Ehécatl, i volti mutavano espressione, esprimendo incredulità e disgusto. Questo risvegliò l'attenzione della sentinella armata al cancello, la quale guardò i due in arrivo e si dispose a intercettarli. Era una circostanza che avrei dovuto prevedere, ma non ci avevo affatto pensato, altrimenti avrei ordinato a Citláli di rinunciare al piano se l'avessero interrogata con troppa insistenza.

Citláli si fermò davanti alla guardia con la quale scambiò qualche parola. Forse il soldato le aveva detto qualcosa come: «In nome di Dio, che specie di mostro ti porti appresso?» Ma lei non era in condizione di capire né di dare una risposta appropriata. Forse aveva pronunciato una delle frasi che le avevo insegnato: che stava andando a trovare una cugina maátitl, o che voleva vendere la frutta. Avrebbe potuto semplicemente posare il cesto e allontanarsi, come se fosse stata offesa.

La guardia, vista da vicino la bella donna, parve non badare più al piccolo deforme. Dal mio nascondiglio potei scorgerla sorridere e dare un ordine, facendo un segno minaccioso con l'archibugio. Citláli lasciò andare la mano del bambino e – con mio grande stupore – porse il cesto al figlio, che dovette usare entrambe le mani per sorreggerlo. Poi Citláli fece girare il piccolo verso il cancello e gli diede una spintarella. Mentre Ome-Ehécatl trotterellava obbediente verso l'ingresso, lei alzò le mani e cominciò a sciogliere i lacci della camicia huipil. Né la sentinella né gli altri uomini badarono al bambino che portava il cesto oltre il cancello. Tutti gli occhi erano lascivamente puntati su Citláli che si spogliava.

Ovviamente la guardia le aveva ordinato di togliersi i vestiti per perquisirla, e lei stava obbedendo con la voluttuosa lentezza di una maátitl per distrarre l'attenzione da Ome-Ehécatl che adesso era all'interno della recinzione, fuori del mio campo visivo. Ecco un'altra preoccupante eventualità cui non avevo pensato. Dalle mie osservazioni precedenti sapevo che l'ingresso del forte era proprio davanti al cancello: presumibilmente Ome-Ehécatl avrebbe continuato in linea retta, entrando nel Castillo. E poi che cosa sarebbe successo?

Adesso ero in piedi dietro il tronco, sporgendo il capo quel tanto che bastava per osservare la scena, e sfioravo incerto il *gatillo* dell'archibugio. Era il momento di sparare? Certamente ero tentato di uccidere alcuni dei bianchi che si erano riuniti per guardare con occhi vogliosi Citláli che adesso era nuda dalla cintola in su. La vedevo di schiena, ma sapevo che aveva un seno notevole. Cominciò, sempre con lentezza e con aria provocante, a sciogliere la cinta della lunga gonna. Mi parve – e forse quegli spettatori ghignanti ebbero la stessa impressione – che quella gonna impiegasse un covone di anni a cadere a terra. Poi Citláli ci mise un altro covone d'anni a rimuovere il tochómitl. Quando infine buttò a terra l'indumento e rimase nuda, il soldato di guardia mosse un passo verso di lei, imitato da tutti gli altri uomini.

In quell'istante, dall'interno del forte si levò un boato seguito da una nube di fumo che fece fare un balzo agli uomini, i quali si guardarono a bocca aperta mentre un altro tuono ancor più forte squassava il forte. Al terzo boato, le tegole rosse del tetto tremarono e danzarono, e alcune di esse caddero. Poi, come se tutti quei boati fossero stati solo un preliminare – come talvolta capita che il grande vulcano Citlaltépetl si schiarisca due o tre volte la gola prima di eruttare una devastante colata di lava – il forte emise una deflagrazione che deve essersi sentita in tutta la vallata.

Il tetto si sollevò in aria e si disintegrò lanciando ancor più in alto le tegole e le travi. Dal basso si levò una terrificante nube gialla, rossa e nera che era un insieme di fiamme, fumo, scintille, pezzi non identificabili di arredi del forte e brandelli di corpi umani. Ero certo che non poteva essere stata la mia *pólvora,* per quanto usata in abbondanza, a provocare un simile cataclisma. Probabilmente Ome-Ehécatl doveva aver raggiunto le riserve di *pólvora* del forte stesso, o qualche altro deposito di materiale altamente infiammabile nel momento stesso in cui le mie palle di argilla erano esplose. Per qualche istante mi chiesi se per caso il piccolo non fosse stato guidato dal nostro dio della guerra Huitzilopóchtli. O dallo spirito del mio defunto padre. Oppure quello era semplicemente il tonáli di Ome-Ehécatl?

Ma ora avevo altre cose di cui preoccuparmi. Mentre il forte esplodeva, anche tutte le persone all'esterno barcollarono come colpite da una mazzata – incluse la guardia e Citláli – e alcuni degli uomini caddero a terra. Gli abiti di Citláli volarono via. Non trovavo una spiegazione per questi fatti. Poi ebbi la sensazione che un paio di mani a coppa mi avessero colpito le orecchie. Un vento potente, con la forza di un muro franante, si abbatté contro gli alberi della foresta. Foglie, ramoscelli e rami volarono via, lontano dal luogo di quella spaventosa esplosione. Il muro di vento si placò all'improvviso, così com'era venuto, ma se non fossi stato dietro l'albero, dalla *cazoleta* sarebbe stata spazzata via la *pólvora,* rendendo così inutilizzabile l'archibugio.

Quando tutte le persone che stavano fra me e il cancello ebbero riacquistato l'equilibrio, guardarono inorridite le macerie oltre la recinzione, il fuoco ruggente, i frammenti di pietra, legno e armi – e uomini – ricadere dal cielo. (Alcuni di quelli caduti a terra non si rialzarono: erano stati colpiti dai detriti dell'esplosione.) La guardia al cancello fu la prima a capire chi fosse responsabile del disastro. Si girò verso Citláli con il viso distorto da un ringhio. Lei si voltò e corse verso di me mentre l'uomo le puntava l'archibugio alla schiena.

Anch'io presi la mira con il mio e premetti il *gatillo.* L'archibugio reagì come doveva, con un rombo e una scossa che mi attraversò la spalla e mi fece fare un balzo all'indietro. Non so se il colpo andò a segno perché avevo la visuale offuscata dalla nube di fumo dello sparo, di certo non avevo impedito alla sentinella di far fuoco a sua volta. Citláli stava correndo verso di me con i bei seni ondeggianti e, un istante dopo, il suo torso si aprì come un rosso fiore sbocciante. Fiotti di sangue e frammenti di carne schizzarono davanti a lei finendo a terra, e su di essi lei cadde prona e giacque immobile.

Non vidi né udii alcun segno di inseguimento mentre fuggivo lungo il fianco della collina. Evidentemente, nel tumulto generale nessuno aveva sentito lo sparo del mio archibugio, come avevo previsto. E se avevo colpito qualcuno, i soldati dovevano aver pensato che fosse stato vittima di un frammento lanciato dall'esplosione. Giunto sulla sponda del lago, non mi fermai ad attendere una canoa. Attraversai il tratto fangoso, poi m'immersi nell'acqua torbida che mi arrivava alle ginocchia e raggiunsi la città, restando vicino alle cataste di tronchi dell'acquedotto per evitare di essere visto dalle due sponde. Raggiunta l'isola, dovetti attendere un po' prima di sgusciare tra la folla che si era raccolta a guardare la colonna di fumo che ancora gravava sulla Collina delle Cavallette.

Mi precipitai verso la *colación* di San Pablo Zoquípan e la casa che Citlali e io avevamo diviso, percorrendo strade che erano praticamente deserte. Dubitavo che la spia della cattedrale mi stesse seguendo: doveva essere sulla riva del lago con tutti gli abitanti della città. Ma se fosse stata in servizio e se mi avesse seguito o fermato, non avrei esitato a ucciderla. All'interno della casa ricaricai l'archibugio in modo che fosse pronto se ce ne fosse stato bisogno. Poi mi issai sulle spalle, assicurandolo con un'imbracatura intorno alla fronte, il fagotto contenente i miei averi che avevo avuto l'accortezza di preparare in anticipo. Presi anche il piccolo gruzzolo – semi di cacao, pezzetti di stagno e un assortimento di monete spagnole – e il sacco di salnitro, l'ingrediente della *pólvora* che poteva essere difficile da reperire altrove. Infine, con una cinghia mi legai l'archibugio ad armacollo.

Uscito in strada, notai che nessuno dei rari passanti badava minimamente a me e, guardandomi ogni tanto alle spalle, vidi che nessuno mi seguiva. Non puntai a nord verso la strada rialzata di Tepeyáca, da cui non molto tempo prima mia madre, mio zio e io eravamo arrivati a Città di Mexíco. Se avessero spedito soldati all'inseguimento, il notaio Alonso, in coscienza, si sarebbe sentito in dovere di dir loro che, con molta probabilità, ero diretto a casa, nella città di Aztlan di cui gli avevo parlato. Mi diressi invece a ovest, imboccando la strada rialzata che porta alla cittadina di Tlácopan. E, una volta lasciata l'isola, mi voltai quel tanto che bastava per levare il pugno chiuso contro la città – quella città che aveva ucciso mio padre e la mia donna – giurando che sarei tornato per vendicarli.

Nella mia vita sono successe molte cose che hanno gravato per sempre sul mio cuore. Una di esse è la morte di Citlali. E ho subito molte tristi perdite che hanno lasciato vuoti che non saranno mai colmati. Una di queste è la morte di Citlali.

L'ho definita la mia donna, e indubbiamente in senso fisico lo era. Era anche adorabile e affettuosa – e per lungo tempo avrei sentito la sua mancanza – ma in verità devo dire che non l'ho mai amata totalmente. Lo sapevo allora e lo so ancor meglio oggi perché, a un certo punto della vita, avrei amato qualcuno con tutto me stesso. Anche se fossi stato completamente preso da Citláli, non l'avrei mai sposata. Per prima cosa perché era stata la moglie di un altro. In secondo luogo, perché non avrei mai potuto sperare di avere dei figli da lei, avendo sotto gli occhi il triste esempio di Ome-Ehécatl.

Sono certo che Citláli conosceva bene i sentimenti che provavo per lei – o meglio, la loro scarsa intensità – ma non lo diede mai a vedere. Aveva detto: «Farei qualsiasi cosa...» sottintendendo che, se ce ne fosse stato bisogno, sarebbe morta per me. E lo aveva fatto, ottenendo anche qualcosa d'altro. Attuando il mio beffardo e insultante addio alla città, aveva conquistato per se stessa e il figlio non solo la mia gratitudine ma anche quella degli dei.

Come ho già spiegato, Ome-Ehécatl non avrebbe avuto alcuna speranza di sfuggire alla dannazione del nulla eterno del Míctlan... né l'avrebbe avuta Citláli, avendo partorito un figlio così mostruoso che nessun sacerdote avrebbe accettato di sacrificarlo a un dio. Ma adesso Citláli era riuscita a sacrificare se stessa e il figlio e, nel contempo, ad annientare molti bianchi. Quell'impresa, degna di un eroico guerriero, aveva di certo compiaciuto tutti i nostri antichi dei, assicurando a lei e a Ome-Ehécatl un aldilà di felicità e di splendore. Sapevo che entrambi sarebbero stati felici in quell'eternità, e speravo persino che gli dei volessero benignamente dare la vista al bimbo per permettergli di gustare le meraviglie di quel mondo in cui erano andati, qualunque esso fosse.

# 13

Da noi c'è un detto: un uomo che non sa dove va non deve aver paura di smarrirsi. Il mio solo intento era quello di allontanarmi a sufficienza da Città di Mexíco per poi piegare a nord, verso le terre non ancora conquistate dagli spagnoli. Perciò, da Tlácopan prosegui verso ovest e, dopo un lungo tragitto, mi ritrovai nel Michihuácan, la patria dei Purémpecha.

Questo popolo era uno dei pochi dell'Unico Mondo che non era mai stato soggiogato o costretto a pagare tributi ai Mexíca. A quell'epoca, la ragione principale dell'incrollabile indipendenza del Michihuácan era che gli artigiani e gli armaioli purémpe conoscevano i segreti della lavorazione di un metallo brunastro con il quale si foggiavano lame così resistenti e affilate che, in battaglia, avevano facilmente la meglio sulle friabili armi di ossidiana dei Mexíca. Dopo qualche tentativo di soggiogare il Michihuácan, i Mexíca avevano optato per una tregua, e da quel momento le due nazioni avevano instaurato liberi rapporti commerciali – o meglio, quasi liberi, in quanto i Purémpecha non avevano mai svelato ad altri popoli dell'Unico Mondo i segreti del loro straordinario metallo. Naturalmente, quel metallo ora non è più un segreto: gli spagnoli lo riconobbero a prima vista come bronzo; né quelle lame brunastre potevano competere con il ferro ancor più duro e affilato dell'uomo bianco, e neppure con il più tenero piombo scagliato con l'ausilio della *pólvora*.

Ma, a dispetto degli armamenti inferiori, i coraggiosi Purémpecha avevano lottato contro gli spagnoli con maggior impegno di qualsiasi altra nazione invasa. Non appena i bianchi ebbero conquistato e sottomesso quella che oggi è la Nuova Spagna, uno dei loro capitani più avidi e crudeli, un certo Guzmán, aveva condotto un contingente armato a ovest di Città di Mexíco, nella direzione che avevo preso io. Il suo intento era di soggiogare un territorio e una popolazione pari a quelli acquisiti dal suo comandante Cortés. Benché il termine Michihuácan significhi solo Terra di Pescatori, Guzmán non tardò a scoprire – come già era capitato ai Mexíca – che quella nazione avrebbe potuto essere più appropriatamente definita Terra dei Guerrieri Indomiti.

L'avanzata – peraltro lentissima – in quel territorio pittoresco di colline verdeggianti costò a Guzmán migliaia di uomini. I Purémpecha ebbero perdite anche maggiori ma, a quanto pareva, c'erano sempre altri guerrieri disposti a resistere ostinatamente. Per aprirsi – con il fuoco, le esplosioni e la distruzione del territorio – un varco sino al confine settentrionale del Michihuácan, contiguo alla terra chiamata Kuanáhuata, e a ovest, sulla costa del Mare Occidentale, Guzmán impiegò quasi quindici anni. (Come ho già detto, all'epoca in cui mia madre, mio zio e io ci recammo a Città di Mexíco, fummo spesso costretti ad aggirare zone del Michihuácan in cui infuriavano ancora aspre battaglie.) Come guerriero devo ammettere che, considerato l'impegno in termini di perdite umane e di tempo, Guzmán si era conquistato il diritto di appropriarsi di quelle terre e dar loro un nome di sua scelta: Nuova Galizia, in onore della provincia spagnola da cui proveniva.

Ma costui fece anche azioni imperdonabili. Riunì i pochi guerrieri purémpe che era riuscito a catturare vivi e tutti gli altri uomini e ragazzi della Nuova Galizia, che un giorno sarebbero potuti diventare guerrieri, e li deportò come schiavi nell'isola di Cuba e in un'altra isola vicina, chiamata Isla Española. In tal modo Guzmán si assicurò che quegli uomini, incapaci di parlare la lingua dei nativi delle isole e dei mori importati come schiavi, sarebbero stati incapaci di fomentare rivolte contro i dominatori spagnoli.

Per tale ragione, al momento del mio arrivo nel Michihuácan, la popolazione del luogo era formata unicamente da donne, uomini anziani e fanciulli appena adolescenti. Essendo il primo adulto in giovane età capitato da quelle parti in epoca recente, venni ben accolto e guardato con curiosità. Nel mio viaggio verso ovest, in quelli che erano stati i territori dei Mexíca, ero stato costretto a chiedere riparo e cibo nei villaggi e nelle fattorie incontrati durante il cammino. Gli abitanti mi concedevano sempre ospitalità, ma dovevo *chiederla*. Qui, nel Michihuácan, venni sommerso da offerte di cibo, bevande e posti in cui dormire, e da inviti a restare quanto volevo. Quando passavo davanti alle case di campagna lungo la strada, le donne – perché non vi erano maschi – correvano fuori della porta e, tirandomi per il manto, mi invitavano a entrare.

Io ero una novità per loro quanto loro lo erano per me, benché mi fossi aspettato di trovarli gentili e ospitali avendo conosciuto alla Mesón o nei mercati di Città di Mexíco un buon numero di anziani purémpe, mercanti o messaggeri o semplici vagabondi. Avevano crani pelati come uova di huaxolómi e, a quanto mi venne detto, tali erano anche le teste delle donne e dei bambini del loro Paese, perché i Purémpecha ritengono la testa rapata il massimo dell'avvenenza. Tuttavia, la vista di quegli uomini col cranio rasato non mi aveva colpito particolarmente perché avevano l'età per essere calvi. Ben diversa fu l'impressione che provai nel vedere che nel Michihuácan tutti – dai bimbetti alle donne, giovani e anziane – erano pelati come vecchietti.

Gran parte degli abitanti dell'Unico Mondo, me incluso, andava fiera dei propri capelli e li portava lunghi. Noi uomini li lasciavamo crescere sino alle spalle con una frangia sulla fronte, le donne li portavano lunghi sino alla vita o anche di più. Ma gli spagnoli, convinti che barba e baffi fossero i soli simboli di virilità, ritenevano che i nostri uomini avessero un'aria effeminata e le nostre donne sembrassero delle sciattone. Coniarono addirittura una parola, *balcarrota* (mucchio di fieno), per definire in modo spregiativo le nostre acconciature. E poiché ci accusavano continuamente di piccoli furti ai loro danni, erano convinti che nascondessimo quegli oggetti tra le chiome. Perciò Guzmán e gli altri signori spagnoli della

Nuova Galizia dovevano compiacersi dei crani rapati dei Purémpecha.

Tuttavia, in questa terra vigevano altre abitudini che di certo non erano gradite agli spagnoli. Infatti i cristiani provano un gran turbamento di fronte a qualsiasi accenno al sesso e inorridiscono di fronte a comportamenti sessuali fuori della norma – molto più di quanto non facciano, per esempio, di fronte ai sacrifici umani offerti agli "dei pagani". Gli uomini purémpe che avevo conosciuto in città quando stavo imparando i rudimenti della loro lingua mi avevano insegnato molti termini poré relativi al sesso. Quegli uomini, ripeto, erano vecchi e da tempo avevano perso la potenza e il desiderio sessuale. Tuttavia, facevano lascivamente schioccare le bocche sdentate quando raccontavano i vari, inusitati e scandalosi modi in cui da giovani avevano soddisfatto le loro brame *con il beneplacito degli usi locali.*

Ho detto "inusitati e scandalosi" non perché io sia mai stato un modello di castità e di pudore. Ma gli Azteca, la mia gente, i Mexíca e gran parte degli altri popoli sono sempre stati moralisti quasi quanto i cristiani per quanto riguardava il sesso. A differenza dei bianchi non avevamo leggi e regolamenti scritti a questo proposito, ma la tradizione ci insegnava che certe cose non si dovevano assolutamente fare. L'adulterio, l'incesto, la promiscuità (tranne durante certi riti della fertilità), il concepimento di bastardi, lo stupro (tranne se praticato dai guerrieri nei territori di conquista), la seduzione dei minori, l'atto di cuilónyotl tra maschi e la patlachúia tra femmine erano tutte cose proibite. Se da un lato – a differenza dei cristiani – riconoscevamo che chiunque poteva presentare devianze o depravazioni, e che qualsiasi persona *normale* poteva comportarsi male se travolta dalla lussuria, d'altro canto non approvavamo certe azioni. Quando simili episodi venivano alla luce, il colpevole e chi vi aveva preso parte venivano quantomeno evitati per sempre dalle persone perbene, o mandati in esilio, o severamente puniti, o addirittura messi a morte col cappio della "ghirlanda fiorita".

Ma, come quei vegliardi mi avevano già svelato con tanta

gioiosa impudicizia, gli usi del Michihuácan non avrebbero potuto essere più diversi. Né più tolleranti. Tra i Purémpecha era consentito qualsiasi atto sessuale possibile e immaginabile a condizione che le due (o più) persone coinvolte fossero consenzienti – o quantomeno non protestassero a gran voce, come nel caso di animali usati da uomini e donne con quel genere di gusti. In tempi passati, raccontavano i vecchi, solo i cervi e le cerve avevano i due requisiti necessari: erano cioè creature facilmente catturabili e avevano orifizi femminili o protuberanze maschili utilizzabili. Gli anziani dicevano addirittura che copulare con un cervo o una cerva era ritenuto da tutti, e in particolare dai sacerdoti, un lodevole atto di devozione religiosa perché i Purémpecha credono che questi animali siano manifestazioni terrene del dio del sole. Ma dall'arrivo degli spagnoli, avevano detto i vecchi, molte donne purémpe e gli adolescenti maschi sopravvissuti avevano avuto motivo di essere loro grati per aver introdotto muli e asini, capre e pecore.

Be', io non avevo alcuna predilezione del genere e, se per caso alcune delle donne da me incontrate nel Michihuácan si erano intrattenute con quei surrogati animali dei loro maschi perduti, non appena mi videro furono ben liete di rinunciare a quel tipo di accoppiamento. Dovunque mi trovassi, ero conteso da talmente tante donne e fanciulle che potevo permettermi il lusso di scegliere le più graziose. In un primo momento, ammetto che mi fu difficile abituarmi alle donne con il cranio rapato. Talvolta era persino difficile distinguere le ragazze dai ragazzi, perché da quelle parti maschi e femmine vestono più o meno allo stesso modo. Poi, pian piano, cominciai ad ammirare la rapatura quasi come gli stessi Purémpecha e mi accorsi che la bellezza del volto di certe donne viene in effetti messa in rilievo dall'assenza di chiome. E il fatto di aver rinunciato alla capigliatura non aveva certo diminuito il loro fervore amatorio.

Solo una volta commisi un errore sotto quel profilo, e ne attribuisco la responsabilità al chápari, la bevanda che i Purémpecha ricavano dal miele delle api nere della loro terra, un liquore molto più inebriante dei vini spagnoli. Mi ero fermato per una notte in una locanda dove gli unici altri ospiti erano un anziano pochtécatl e un messaggero quasi vecchio quanto lui. La proprietaria era una donna pelata e le sue tre aiutanti dovevano essere le figlie. Nel corso della serata mi servii in abbondanza del delizioso chápari della locanda. Mi ridussi in uno stato tale di ubriachezza che dovetti essere condotto nella mia stanzetta, spogliato e deposto sul giaciglio dalla più giovane e graziosa delle servette che, di sua iniziativa, prodigò al mio tepúli quelle ardenti succhiate che avevo sperimentato per la prima volta con la auyaními di Aztlan e in seguito, ripetutamente, con mia cugina Améyatl e altre donne. Nessun uomo è mai troppo ubriaco da non apprezzare al massimo quell'esperienza.

Così, in seguito, chiesi alla servetta di spogliarsi per restituire il favore al suo xacapíli. Ubriaco com'ero, l'avevo già preso in bocca prima di rendermi conto che era un po' troppo grosso per essere uno xacapíli. Lo sputai fuori, non per la ripugnanza ma solo perché ero scoppiato in una gran risata di fronte a quella scoperta. Il bel ragazzino parve ferito e si staccò da me, col tepúli tanto afflosciato da assumere quasi le proporzioni di uno xacapíli. Poiché quella vista m'ispirò un desiderio di sperimentazione, feci cenno al fanciullo di avvicinarsi. Quando infine se ne andò, nella stravaganza dell'ubriachezza gli regalai una moneta *maravedí,* poi caddi in un sonno profondo e mi svegliai la mattina successiva in preda a un violento mal di testa e con vaghissimi ricordi degli esperimenti notturni con il ragazzo.

Data l'abbondanza di donne e fanciulle – per tacere dei fanciulli e degli animali domestici, se mai mi fosse venuta voglia di condurre ulteriori esperimenti – e la dovizia di tante altre cose buone prodotte dalla terra del Michihuácan, avrei potuto pensare di aver raggiunto prematuramente il Tonatíucan, o uno degli altri aldilà di eterna beatitudine. Oltre la sconfinata libertà sessuale, il Michihuácan offriva una dilettevole varietà di cibi e bevande: i delicati pesci d'acqua dolce introvabili altrove, le uova e le zuppe di tartaruga, animale che abbonda lungo la costa, la quaglia arrostita in un involucro d'argilla, i colibrì allo spiedo, il chocólatl aromatizzato con vaniglia e, naturalmente, l'insuperabile chápari. In quella terra, anche l'occhio si beava contemplando i prati ondulati e fioriti, i ruscelli scintillanti e i limpidi laghi, i frutteti generosi, i campi coltivati, il tutto circondato da montagne verde-azzurre. Sì, un uomo giovane, sano e forte poteva essere tentato di fermarsi per sempre nel Michihuácan. E l'avrei anche fatto, se non avessi avuto una missione da compiere.

«*Ayya,* da queste parti non recluterò mai degli uomini», dissi. «Devo proseguire.»

«E che ne diresti di donne guerriere?» chiese la mia compagna del momento, una deliziosa giovane le cui lunghe ciglia sembravano ancor più folte in contrasto con la testa rapata. Si chiamava Pakápeti, che significa "In punta di piedi". Mi limitai a lanciarle un'occhiata perplessa, e lei aggiunse: «Gli spagnoli hanno commesso un errore uccidendo e portando via solo i maschi. Ignoravano le capacità di noi donne».

Sbuffai, divertito. «Donne guerriere? Sciocchezze.»

«Sei tu che dici delle sciocchezze», reagì lei. «Sarebbe come affermare che un uomo a cavallo corre più veloce di una donna. Ho visto uomini e donne spagnoli a cavallo. E la rispettiva velocità dipende dal *cavallo.*»

«Non ho né uomini né cavalli», osservai mestamente.

«Hai quello», obiettò lei, indicando l'archibugio. Avevo fatto esercitazioni di tiro tutto il pomeriggio, cercando, con modesto successo, di centrare i frutti ahuácatin su un albero vicino alla sua capanna. «Una donna potrebbe usarlo bene quanto te», proseguì, frenando a fatica il sarcasmo. «Fabbrica o ruba altri tubi tonanti e...»

«Intendo farlo non appena avrò riunito un gruppo abbastanza consistente da giustificare la necessità di armi.»

«Non dovrei andare tanto lontano per reclutarti un buon numero di donne forti e vendicative e disposte a battersi», insistette lei. «Fatta eccezione per quelle che gli spagnoli hanno preso come schiave – o compagne di letto – nessuno si accorgerebbe della nostra scomparsa da casa.»

Sapevo che cosa intendeva dire. Fino a quel momento, nel mio cammino verso ovest, ero stato alla larga dalle molte *estancias* spagnole che, naturalmente, includevano i migliori terreni coltivabili e i migliori pascoli del Michihuácan. Non essendoci più maschi purémpe, ed essendo le donne ritenute adatte solo a lavori domestici, la coltivazione della terra veniva fatta da schiavi maschi importati. Da lontano avevo visto i mori al lavoro, controllati da sorveglianti spagnoli a cavallo, tutti muniti di frusta. I nuovi padroni del Michihuácan avevano destinato la maggior parte della terra alla coltivazione di prodotti molto richiesti sul mercato: il grano da loro importato, la canna da zucchero, un'erba chiamata *alfalfa* e gli alberi su cui crescono frutti a noi sconosciuti chiamati *manzanas, naranjas, limónes* e *aceitunas*. Nei terreni meno fertili pascolavano pecore, mucche o cavalli, e c'erano recinti per maiali, galline e tacchini. Persino nei luoghi paludosi, che non erano mai stati coltivati prima, adesso cresceva un grano acquatico straniero chiamato riso. Poiché gli spagnoli riuscivano a ricavare prodotti e guadagni da quasi tutti i terreni del Michihuácan, le aree lasciate ai Purémpecha erano poche, piccole e le meno fertili.

Pakápeti aggiunse: «Hai detto che si mangia bene da queste parti. Ti spiego il perché. Della poca terra coltivata a mais, pomodori e peperoni si occupano i vecchi e le vecchie. I bambini raccolgono frutta, noci, bacche e il miele per fare i dolci e il chápari. Sono le donne che procurano la carne. Selvaggina di piccola taglia, pesci e talvolta cinghiali e puma».

Dopo una pausa, proseguì con ironia: «E non ci serviamo di un tubo tonante. Usiamo il vecchio metodo del roccolo, le lenze e le armi da caccia di ossidiana. Inoltre noi donne abbiamo continuato a praticare l'antica arte dei vasai purémpe, facendo oggetti che barattiamo per altri cibi con le tribù della costa, o per procurarci maiali, polli e agnelli dagli spagnoli. Viviamo anche senza uomini, e non ce la caviamo male, ma siamo qui solo perché i padroni bianchi tollerano la nostra presenza. Per questo dico che nessuno si accorgerebbe della nostra scomparsa se andassimo in guerra».

«Perlomeno riuscite a campare», obiettai. «Non vivreste altrettanto bene se foste coinvolte in una guerra. E magari non vivreste per niente.»

«Altre donne hanno combattuto contro gli spagnoli, sai. Le donne dei Mexíca, durante gli scontri finali nelle strade di Tenochtitlán, salirono sui tetti per lanciare sugli invasori pietre e nidi di vespe e persino mucchi di escrementi.»

«Non è che sia servito a molto. Di recente ho conosciuto una donna mexícatl ancor più coraggiosa. Ha *ucciso* un buon numero di spagnoli ed è morta compiendo quel gesto.»

Pakápeti insistette: «Anche noi daremmo volentieri la vita se potessimo eliminare alcuni di loro». Si protese verso di me spalancando gli straordinari occhi neri orlati dalle meravigliose ciglia. «Mettici alla prova, Tenamáxtli. Sarebbe l'ultima cosa che gli spagnoli si aspetterebbero. Una rivolta di *donne*!»

«Ed è l'ultima cosa in cui vorrei vedermi coinvolto», risposi ridendo. «Io... alla guida di un esercito di femmine. Pensa: tutti i defunti guerrieri del Tonatíucan sussulterebbero, o per le risate o per l'orrore. L'idea è assurda, mia cara. Devo trovare degli uomini.»

«E allora va' a cercare i tuoi maschi», sbottò lei, raddrizzando la schiena e assumendo un'espressione contrariata. «Ce n'è ancora qualcuno nel Michihuácan.» Agitò la mano in direzione del nord.

«Ci sono ancora degli uomini qui?» chiesi, sorpreso. «Uomini purémpe? Guerrieri? Si sono nascosti?»

«No. Sono ancora in fasce», proruppe, sprezzante. «Non sono guerrieri e non sono Purémpecha. Sono Mexíca, importati qui per contribuire all'insediamento delle nuove colonie intorno al lago Pátzcuaro. Ma temo che troverai quegli uomini meno gagliardi e più miti di me e di tutte le donne che potrei raccogliere.»

«Ammetto, Pakápeti, che tu sei tutt'altro che mite. Chi ti ha dato il nome deve aver mal interpretato il libro tonálmatl. Parlami di questi Mexíca. Importati da chi? A che scopo?»

«So solo quello che ho sentito dire. Un prete spagnolo, per qualche strana ragione tutta sua, ha fondato alcune colonie intorno al Lago dei Giunchi e, non essendoci più maschi purémpe da queste parti, ha dovuto portare uomini – con le loro famiglie – dalle terre dei Mexíca. Ho anche sentito dire che quel prete coccola quei coloni come se fossero i suoi bambini. I suoi neonati in fasce, come ho detto.»

«Padri di famiglia», borbottai. «Probabilmente hai ragione quando dici che non saranno inclini a ribellarsi. Specie se vengono trattati così bene dal loro padrone. Ma se è così, questo prete non ha l'aria di essere un tipico cristiano.»

Pakápeti alzò le spalle: quel gesto mi rallegrò il cuore perché la fanciulla era nuda e i suoi seni aggraziati saltellarono nel movimento. Lei, col cuore per nulla rallegrato, mi disse gelida: «Va' a vedere. Il lago è solo a tre lunghe-corse da qui».

Il Lago dei Giunchi ha lo stesso colore del chalchíhuitl, la giada, la pietra che viene ritenuta sacra da tutti i popoli dell'Unico Mondo. E le montagne basse e tondeggianti che circondano il lago hanno la medesima tinta verde-azzurra, in una tonalità più scura. Quando giunsi in cima a uno di questi monti, il lago mi apparve come un luminoso gioiello caduto su un tappeto di muschio. Nel lago c'è un'isola, Xarákuaro, che un tempo dev'essere stata la sfaccettatura più lucente di quella gemma poiché, a quanto mi è stato detto, era coperta di templi e altari che brillavano e scintillavano nei loro rivestimenti di pitture multicolori, di lamine d'oro e di piume. Ma i soldati di Guzmán avevano raso al suolo quegli edifici e distrutto tutta la vegetazione dell'isola.

Erano sparite anche tutte le comunità che sorgevano intorno al lago, inclusa Tzintzuntzaní, che significa "Là dove volano i colibrì". Era stata la capitale del Michihuácan, una città composta interamente di palazzi, in uno dei quali aveva abitato Tzímtzicha, l'ultimo Riverito Oratore dei Purémpecha sconfitti. Dalla cima del monte vedevo una sola reliquia del passato: la piramide a est del lago, notevole per dimensioni e forma, che riuniva in sé elementi squadrati e ricurvi. E quella iyákata – il termine poré per piramide – era un ricordo di tempi antichissimi, essendo stata eretta da un popolo stanziatosi lì prima dei Purémpecha. Già ai tempi di Tzímtzicha era diroccata e coperta di vegetazione, ma era pur sempre una visione mirabile.

La sponda del lago era punteggiata da villaggi che avevano sostituito quelli rasi al suolo da Guzmán, ma non avevano nessuna caratteristica particolare essendo stati costruiti in stile spagnolo, con case di adobe basse e con il tetto piatto. Nel villaggio più vicino, direttamente sotto l'altura dove mi ero fermato, vedevo gente per le strade. Erano abbigliati nello stile dei Mexíca ed erano tutti del mio colore. Non vidi alcuno spagnolo tra di loro. Perciò scesi nel villaggio e salutai il primo uomo in cui m'imbattei. Era seduto su una panca accanto alla porta di casa e stava tagliando e levigando con cura un pezzo di legno.

Gli rivolsi il normale saluto náhuatl: «Mixpantzínco», che significa "sono alla tua augusta presenza..."

Lui mi rispose, non in poré bensì in náhuatl, con il consueto, cortese: «Ximopanólti», che significa "al tuo servizio..." Poi, con una certa cordialità, aggiunse: «Non capita spesso che uno dei nostri Mexíca venga a visitare Utopía».

Non volevo confonderlo precisando che in realtà ero un aztécatl, né chiesi che cosa volesse dire la strana parola che aveva appena pronunciato. Mi limitai a riferirgli: «Sono appena arrivato da queste parti e ho sentito dire che c'erano dei Mexíca nei dintorni. Mi fa piacere sentire parlare di nuovo la mia lingua. Mi chiamo Tenamáxtli».

«Mixpantzínco, Cuatl Tenamáxtli», si presentò, cortese. «Mi chiamo Erasmo Mártir.»

«Ah, hai preso il nome di un santo cristiano. Anch'io ho un nome cristiano: Juan Británico.»

«Se sei cristiano e stai cercando lavoro, il nostro buon padre Vasco potrebbe trovarti una sistemazione qui. Hai moglie e figli da qualche parte?»

«No, Cuatl Erasmo. Sono solo.»

«Peccato.» Scosse il capo. «Padre Vasco accetta solo coloni con famiglie. Però, se vuoi trattenerti un po', ti darà senz'altro alloggio. Lo troverai a Santa Cruz Pátzcuaro, il prossimo villaggio sul lago.»

«Ci andrò senz'altro, e non ti distrarrò oltre dal tuo lavoro.»

«*Ayyo*, non mi distrai per niente. Padre Vasco non ci costringe a lavorare senza tregua, come schiavi, ed è piacevole conversare con un nuovo arrivato mexícatl.»

«Che cosa stai facendo?»

«Questa sarà una mecahuéhuetl», rispose, indicando alcune parti già completate dietro la panca. Erano pezzi di legno che avevano dimensioni e curve simili a quelle di un corpo femminile.

Annuii, riconoscendo l'oggetto cui le parti erano destinate. «È quello che gli spagnoli chiamano una *guitarra.*»

Alcuni strumenti che gli spagnoli avevano introdotto nella Nuova Spagna erano, fondamentalmente, simili a quelli già noti nell'Unico Mondo. In altre parole, generavano musica se ci si soffiava dentro, o se li si percuoteva con bastoni, o se li si grattava con una bacchetta dentata. Ma gli spagnoli avevano anche portato strumenti del tutto diversi dai nostri, come questa *guitarra,* e la *vihuela,* l'*arpa,* la *mandolina.* La nostra gente era rimasta molto colpita dal fatto che questi strumenti potessero emettere dolci musiche a partire da semplici corde, molto tese, pizzicate dalle dita o sfiorate da un *arco.*

«Ma perché copi una novità straniera?» chiesi a Erasmo. «Senza dubbio i bianchi hanno i loro fabbricanti di chitarre.»

«Non bravi quanto noi», ribatté lui, orgoglioso. «Padre Vasco e i suoi assistenti ci hanno insegnato come farle e adesso ci dicono che queste mecahuéhuetin sono persino migliori di quelle portate dalla Vecchia Spagna.»

«Noi?» gli feci eco. «Non sei il solo a fare le chitarre?»

«No, per niente. Tutti gli uomini qui a San Marcos Churítzio si dedicano a questo lavoro. È il compito affidato a questo villaggio, mentre un altro villaggio di Utopía produce oggetti laccati, e un altro ancora oggetti di rame e via dicendo.»

«Perché?» fu l'unica cosa che riuscii a domandare, dato che non avevo mai sentito che esistessero comunità intere dedite a fabbricare una sola cosa a esclusione di tutto il resto.

«Va' a parlare con padre Vasco», suggerì Erasmo. «Sarà lieto di spiegarti tutto sulla creazione della nostra Utopía.»

«Lo farò. Grazie, Cuatl Erasmo, e mixpantzínco.»

Anziché col classico "ximopanólti", mi congedò col saluto cristiano: «*Vaya con Dios*», e aggiunse con cordialità: «Torna a trovarci, Cuatl Juan. Un giorno o l'altro voglio imparare a suonare uno di questi strumenti».

M'incamminai verso ovest, ma mi fermai in una zona disabitata dove, in un folto di arbusti, mi cambiai indossando la camicia, le brache e gli stivali che avevo portato con me. Ero quindi abbigliato alla spagnola quando arrivai a Santa Cruz Pátzcuaro. Chiesi informazioni e mi venne indicata la piccola chiesa di adobe e l'attigua *casa de cura.* Il padre in persona venne ad aprire la porta e si mostrò tutt'altro che riservato e inaccessibile, come invece è la maggior parte dei preti cristiani. Inoltre indossava ruvidi e sporchi vestiti da lavoro, anziché l'abito talare.

Ebbi la faccia tosta di presentarmi, in spagnolo, come Juan Británico, assistente laico di Alonso de Molina, notaio del vescovo Zumárraga, e gli dissi che al momento avevo l'incarico, assegnatomi da Alonso, di visitare le missioni fondate in quelle terre per verificare e riferire i loro progressi.

«Ah, credo che farai un rapporto positivo sulla mia, figliolo», asserì il padre. «E sono lieto di apprendere che Alonso sta ancora faticando con tanto impegno nelle vigne di Madre Chiesa. Ho un ottimo ricordo di quel giovane.»

Il buon padre accettò all'istante, senza alcuna contestazione, me e la mia menzogna. E scoprii che era davvero un buon prete. Padre Vasco de Quiroga era alto, magro, con l'aria austera, ma di buon carattere. Era vecchio abbastanza da essere calvo, e non aveva quindi bisogno di tonsura, ma era ancora robusto, come testimoniavano gli abiti da lavoro per i quali si scusò.

«Dovrei indossare la tonaca per accogliere un inviato del vescovo, ma oggi sto aiutando i miei frati a costruire un porcile dietro questo edificio.»

«Non vorrei interrompere...»

«No, no, no. *Por cielo,* sono ben lieto di poter fare un intervallo. Siediti, Juan. Vedo che sei tutto impolverato per via del viaggio.» Chiamò qualcuno dalla stanza attigua e chiese che ci venisse portato del vino. «Siediti, figliolo. E dimmi: hai già visto qualcosa di quanto il buon Dio ci ha aiutato a fare qui nei dintorni?»

«Pochissimo. Ho scambiato solo qualche parola con un certo Erasmo Mártir.»

«Ah, sì. È forse il migliore dei nostri eccellenti liutai e un convertito devoto. Dimmi un'altra cosa, Juan Británico. Dato che rechi il nome di un santo inglese, hai per caso dimestichezza col defunto don Tomás Moro, anch'egli inglese?»

«No, padre. Ma... mi era parso di capire che gli uomini d'Inghilterra fossero bianchi.»

«Hai ragione. Moro era il suo cognome, non un'indicazione della sua razza o del colore della sua pelle. Di recente è stato ingiustamente e orrendamente condannato a morte – e il suo solo crimine è stata la pietà cristiana – dal re d'Inghilterra, che è uno spregevole e disgustoso eretico. Comunque, se non sai nulla di don Tomás, immagino che tu non conosca il suo famoso libro *De optimo Reipublicae statu...*»

«No, padre.»

«Né l'Utopía prefigurata in quel testo?»

«No, padre. Quella parola l'ho sentita solo dalle labbra dell'artigiano Erasmo.»

«Be', la sua Utopía è quello che stiamo cercando di creare qui, sulle sponde di questo lago paradisiaco. Rimpiango solo di non aver potuto cominciare anni fa. Ma non sono prete da molto tempo.»

Arrivò un giovane frate che recava due ciotole di legno laccate, di squisita fattura, chiaramente prodotti purémpe. Ce le porse e in silenzio si ritirò. Bevvi con piacere il vino fresco.

«Per gran parte della mia vita», continuò il padre con aria contrita, «sono stato un uomo di legge e ho fatto il giudice. Ma l'esercizio della legge – lascia che te lo dica, giovane Juan – comporta venalità e corruzione. Infine, grazie a Dio, capii che stavo contaminando me stesso e la mia anima. Allora gettai la toga di giudice, venni ordinato sacerdote e indossai la tonaca.» S'interruppe e rise. «Naturalmente, molti miei antichi colleghi mi hanno citato con tono maligno il vecchio proverbio: *Hartóse el gato de carne, y luego se hizo fraile.*»

Impiegai qualche istante per tradurre mentalmente quel detto: *Il gatto si è fatto una scorpacciata di carne prima di diventare frate.*

Il padre proseguì: «L'Utopía concepita da Tomás Moro doveva essere una comunità ideale i cui abitanti vivevano in condizioni perfette. In cui i mali della società – povertà, fame, dolore, crimine, peccati, guerre – sarebbero stati eliminati».

Mi astenni dall'osservare che, anche in una comunità perfetta, ci sarebbero sempre stati individui che volevano conservare il diritto di peccare o guerreggiare.

«Così ho ripopolato questa bella zona della Nuova Galizia con famiglie di coloni. Oltre a istruirli nella dottrina cristiana, i miei frati e io insegniamo loro l'uso degli utensili europei e i metodi più moderni per la coltivazione delle terre e l'allevamento degli animali. Al di là di questo, cerchiamo di *non* interferire nelle vite dei coloni. È vero che è stato fratello Agustín a insegnar loro a fare le chitarre, ma abbiamo trovato dei vecchi purémpe disposti a metter da parte le passate rivalità per insegnare ai coloni le antiche tecniche dell'artigianato locale. Adesso ogni villaggio si dedica al perfezionamento di *una* di queste arti – lavori in legno, ceramica e così via – nella migliore tradizione dei Purémpecha. I coloni che non riescono a imparare questi lavori d'artigianato danno il loro contributo a Utopía dedicandosi all'agricoltura, alla pesca o all'allevamento di maiali, capre, polli e così via.»

«Ma, padre Vasco», obiettai, «a che cosa servono oggetti come le chitarre ai coloni? Quell'Erasmo con cui ho parlato non sapeva neppure come suonare un simile strumento.»

«Ma quelle vengono vendute ai mercanti di Città di Mexíco, figliolo. Le chitarre come gli altri prodotti artigianali. Molti vengono acquistati da intermediari che, a loro volta, li esportano in Europa. E noi veniamo pagati profumatamente. Anche il grosso dei nostri prodotti agricoli e del bestiame viene venduto. Con parte dei soldi ricavati pago le famiglie del villaggio, dividendo l'ammontare in quote uguali. Ma gran parte del guadagno è destinata all'acquisto di nuovi utensili, sementi, bestiame da riproduzione... qualsiasi cosa possa migliorare le condizioni di Utopía.»

«Mi sembra un impegno molto lodevole, padre», osservai, convinto. «Soprattutto perché, a quanto mi ha detto Erasmo, non fate lavorare la vostra gente come schiavi.»

«*¡Válgame Dios, no!*» esclamò lui. «In città e altrove ho visto quelle infernali *obrajes*. I nostri coloni saranno anche di una razza inferiore, ma sono pur sempre degli esseri umani. E adesso che sono cristiani non sono più animali senz'anima. No, figliolo. La regola qui è che la gente lavora per la comunità sei ore al giorno per sei giorni la settimana. La domenica, naturalmente, è destinata alla preghiera e alle funzioni religiose. Nel tempo libero possono fare quel che vogliono. Coltivare i loro orti, stare con gli amici. Se fossi ipocrita, potrei dire che il fatto di non esercitare alcuna tirannia significa che sto semplicemente mettendo in pratica i principi del Cristianesimo. Ma la verità è che la nostra gente lavora molto di più e in modo assai più produttivo degli schiavi minacciati dalla frusta e dei manovali delle *obrajes*.»

«Erasmo mi ha anche detto che solo uomini e donne già sposati possono sistemarsi qui in Utopía. Non trarreste maggior vantaggio, in termini di lavoro, da persone singole, che non hanno il peso dei figli cui accudire?»

Lui mi guardò con aria leggermente imbarazzata. «Be', questo è un argomento piuttosto delicato. Noi non riteniamo di aver ricreato l'Eden qui, ma dobbiamo fare i conti con Eva e il serpente. O meglio, con Eva nelle vesti di serpente.»

«*Ayya*, chiedo scusa per essere stato indiscreto, padre. Il riferimento era certamente alle donne purémpe.»

«Appunto. Private dei loro maschi e avendo appreso che qui c'erano uomini giovani e forti, sono spesso calate a Utopía per – come posso dire? – spingere i nostri uomini a fare da stalloni. Nei primi tempi erano assolutamente pestifere, e anche oggi arriva qualche visitatrice importuna. Temo che i nostri uomini accasati non sempre siano in grado di resistere alla tentazione, ma sono certo che gli scapoli sarebbero molto più facili da sedurre. Una simile depravazione potrebbe portare alla distruzione di Utopía.»

Approvai dicendo: «Mi sembra, padre Vasco, che abbiate pensato a tutto e che teniate tutto sotto controllo. Sarò lieto di riferire la notizia al notaio del vescovo».

«Ma non devi basarti solo sulle mie parole, Juan. Fa' pure il giro del lago. Visita tutti i villaggi. Non avrai bisogno di una guida. E poi non vorrei farti nascere il sospetto che ti facciamo vedere solo gli aspetti migliori della comunità. Va' da solo e osserva come stanno le cose in realtà. E quando ripasserai di qui, sarò soddisfatto se potrai dire, come ebbe a osservare san Diego, che l'uomo può riscattarsi anche con il lavoro e non solo con la fede.»

# 14

Così procedetti a ovest, fermandomi almeno una notte in tutti i villaggi che trovavo, poi puntai a nord, a est, a sud, sino a percorrere tutta la circonferenza del lago per ritrovarmi a San Marcos Churítzio, il primo villaggio in cui mi ero imbattuto e dove abitava Erasmo Mártir.

Scoprii che quanto mi aveva detto padre Vasco rispondeva al vero: tutti gli abitanti dei villaggi sul lago vivevano in pace e prosperità ed erano comprensibilmente soddisfatti della loro esistenza. E avevano davvero imparato le antiche tecniche artigianali dei Purémpecha. Un villaggio produceva oggetti di rame battuto: piatti, vassoi e brocche di bella forma. Un altro villaggio faceva utensili analoghi, ma di una terracotta che non si trovava altrove, resa lucida e nera dall'aggiunta di polvere di piombo nell'argilla. Un altro ancora faceva i famosi legni laccati purémpe: vassoi, tavoli, paraventi pieghevoli, tutti di un nero lucente, ornati con oro e colori vivaci. Un altro faceva stuoie e cesti di giunchi presi dal lago, ed erano – lo devo ammettere – ancor più eleganti di quelli intrecciati dalla mia perduta Citláli. Un altro villaggio produceva elaborati gioielli di filo d'argento; un altro lavorava l'ambra; un altro ancora usava la madreperla. E così via, tutt'attorno al lago. Tra un villaggio e l'altro si stendevano campi coltivati in cui crescevano la canna da zucchero di recente introduzione, un'erba dolce chiamata *sorgo,* oltre ai più familiari mais e fagioli. Tutti i campi erano assai più rigogliosi di un tempo, quando i nostri contadini non godevano dei vantaggi apportati dagli utensili e dai metodi spagnoli.

Era innegabile che i Mexíca di quelle colonie avevano tratto grande vantaggio dalla collaborazione con gli spagnoli. Mi chiesi se i pregi della loro affascinante Utopía potessero controbilanciare la miseria e la degradazione dei loro compatrioti nelle abominevoli *obrajes*. Mi diedi una risposta negativa, giacché questi altri Mexíca erano infinitamente più numerosi. Senza dubbio esistevano degli uomini bianchi come padre Vasco de Quiroga, i quali ritenevano che la parola Cristianesimo significasse "bontà e gentilezza". Ma *sapevo* che i bianchi crudeli, avidi e calcolatori, che si facevano chiamare cristiani e persino preti, erano di gran lunga più numerosi di quelli buoni come padre Vasco.

Ammetto che all'epoca ero disonesto quanto i bianchi. A differenza di quanto credeva padre Vasco, non stavo visitando i villaggi di Utopía per valutarli o ammirarli, bensì stavo cercando uomini che potessero unirsi alla mia rivolta. A ogni fabbro del luogo mostravo l'archibugio chiedendogli se fosse in grado di farne una copia. Naturalmente tutti capivano che si trattava di un tubo tonante ed esprimevano molte lodi per il mexícatl che l'aveva fatto. Ma erano unanimi nel dire che, qualora avessero voluto imitare quell'artigiano pieno di talento, non avrebbero avuto gli strumenti necessari. E le risposte che ottenni quando chiesi a *tutti* gli uomini se volevano seguirmi nel mio progetto di insurrezione contro gli oppressori spagnoli si possono riassumere nella reazione di Erasmo Mártir, l'ultimo da me interrogato.

Eravamo seduti sulla panca davanti a casa sua e lui, in quel momento, non stava intagliando le parti di una chitarra. «No», mi disse chiaro e tondo. «Mi hai preso per un tlahuéle scatenato? Sono uno dei pochi Mexíca che hanno la fortuna di avere cibo in abbondanza e un'abitazione, che non vengono maltrattati dai padroni e sono liberi di andare e venire come vogliono. Godo di un certo benessere e la mia famiglia ha un futuro promettente.»

*Ecco un altro uomo svuotato di tutto il suo coraggio,* pensai con amarezza, *lamiendo el culo del patrón.* Ringhiai: «È questo tutto quello che vuoi, Erasmo?»

«Tutto?! Ma sei tlahuéle, Juan Británico? Che altro potrebbe volere un uomo in un mondo come quello di oggi?»

«Di oggi, hai detto. Ma c'è stato un tempo in cui i Mexíca avevano anche l'orgoglio.»

«Quelli che se lo potevano permettere. I capi tlátoantin, i nobili col suffisso *-tzin* alla fine del nome, i pípiltin delle classi alte, i cavalieri cuáchictin e gente simile. Erano così orgogliosi che non tenevano in nessun conto i comuni macehuáltin come noi, che li nutrivano, li vestivano e li accudivano. Si ricordavano di noi solo quando servivamo sul campo di battaglia.»

Obiettai: «Gran parte dei cuáchitin di cui parli erano semplici macehuáltin, che sono diventati cavalieri perché hanno lottato contro i nemici dei Mexíca, ed erano fieri di farlo, e hanno dato prova di coraggio in battaglia».

Erasmo si strinse nelle spalle. «Qui ho tutto ciò che non ha mai avuto qualsiasi cavaliere mexícatl, e l'ho ottenuto senza battermi.»

«Non te lo sei conquistato!» ribattei. «Ti è stato dato.»

Lui alzò di nuovo le spalle. «Mettila come vuoi. Ma lavoro sodo per meritarmelo e conservarmelo. E per mostrare gratitudine al buon padre Vasco.»

«Il padre è buono e gentile, questo è vero. Ma non capisci, Cuatl Erasmo? Sta degradando la tua virilità mexícatl proprio come farebbe un crudele padrone bianco con la frusta. Tratta tutti voi come se foste animali selvatici addomesticati. O bavosi xolopítlin. O neonati in fasce.»

Quel giorno Erasmo sembrava propenso alle alzate di spalle. «Anche l'uomo più forte può gradire la gentilezza e le premure.» Tirò su col naso, come se stesse per piangere. «Nel modo in cui una buona moglie tratta un buon marito.»

Battei le palpebre. «Che cosa c'entra il modo di comportarsi delle mogli con...?»

«Taci. Basta così, Cuatl Juan. Vieni, fa' quattro passi con me. Ti parlerò di una cosa di tutt'altro genere.»

Lo seguii, incuriosito. Quando fummo a una certa distanza dalla casa, mi azzardai a dire: «Non mi sembri di buon umore come l'ultima volta che ti ho visto. E non è passato poi molto tempo».

Lui tirò di nuovo su col naso e ammise, mesto: «Questo è vero. Il cuore mi sanguina e le mani mi tremano, e il mio lavoro ne subisce le conseguenze».

«Sei ammalato, Erasmo?»

«È meglio che mi chiami con il mio nome pagano – Ixtálatl – perché non sono più degno di essere un cristiano. Ho peccato in modo irrimediabile. Sono affetto da cháhuacocolíztli.» Il termine significa "la vergognosa malattia provocata dall'adulterio". Continuò, piagnucolando: «Non è solo il mio cuore a stillare. Anche il mio tepúli. Da un bel po' di tempo non ho più il coraggio di giacere con la mia ottima moglie, e lei non fa che chiedermi il perché».

«*Ayya*», mormorai, comprensivo. «Allora sei stato con una di quelle importune donne purémpe. Be', un tícitl della nostra gente – o probabilmente anche un *médico* spagnolo – può alleviarti il dolore. E qualunque sacerdote della nostra buona dea Tlazoltéotl può assolverti per questa trasgressione.»

«Come convertito al Cristianesimo, non posso rivolgermi alla dea Divoratrice di Lordure.»

«E allora va' a confessarti da padre Vasco. Mi ha detto lui stesso che il peccato di adulterio non è precisamente sconosciuto qui a Utopía. Di certo ne avrà perdonati altri e avrà permesso loro di continuare a essere cristiani.»

Erasmo, in preda al senso di colpa, borbottò: «Come *uomo,* ho troppa vergogna di confessarlo al padre».

«E allora perché mai ti confessi con *me*?»

«Perché lei vuole conoscerti.»

«Chi?» esclamai, sconcertato. «Tua moglie?»

«No. L'adultera.»

Adesso ero imbarazzato. «Perché, in nome di tutti gli dei, dovrei acconsentire a conoscere una puttana con la tipíli contaminata?»

«Mi ha chiesto di te chiamandoti con il tuo nome pagano: Tenamáxtli.»

«Dev'essere Pakápeti», supposi, più confuso che mai perché, se lei fosse stata infetta quando ci eravamo allegramente accoppiati, adesso sarei stato malato anch'io. E, nel breve periodo intercorso, era improbabile che fosse passato qualche altro maschio da quelle parti...

«Non si chiama Pakápeti», precisò Erasmo, che mi lasciò di nuovo di stucco annunciando: «Eccola che arriva».

La coincidenza era troppo smaccata per essere casuale. La donna, nascosta da qualche parte, aveva spiato il nostro arrivo e adesso era sbucata fuori per venirci incontro. Non l'avevo mai vista prima e sperai di non vedere mai più un sorriso così freddo e maligno come quello che lei mi rivolse.

Erasmo, in náhuatl e non in poré, me la presentò senza entusiasmo: «Cuatl Tenamáxtli, questa è G'nda Ké, che desidera ardentemente conoscerti».

Anziché salutarla con cortesia, mi limitai a dire: «G'nda Ké non è un nome purémpe. E poi tu hai una folta chioma».

Chiaramente la donna capiva il náhuatl, poiché rispose: «G'nda Ké è una yaki», e scosse con aria imperiosa la sua chioma corvina.

Erasmo mormorò: «Devo andare. Mia moglie...» Quindi sgattaiolò via, diretto a casa.

«Se sei una yaki», proseguii, «sei piuttosto lontana da casa.»

«G'nda Ké è stata via da casa per molti, molti anni.»

Si esprimeva così, parlando di sé in terza persona, come se fosse in qualche modo separata dalla propria presenza fisica. Dimostrava più o meno la mia età, ed era bella di viso e di corpo. Capivo che doveva esserle stato facile sedurre Erasmo. Ma sia che ridesse, si accigliasse o avesse un'espressione neutra, il suo volto sembrava irradiare una gioia maligna, come se quella donna fosse depositaria di un qualche sapere segreto e vergognoso con il quale avrebbe potuto rovinare o far precipitare nel Míctlan qualsiasi persona lei avesse voluto. Il suo volto aveva un'altra caratteristica rarissima tra la nostra gente.

«Sei piena di lentiggini», osservai con poco riguardo, immaginando che potessero essere una manifestazione della sua schifosa malattia.

«G'nda Ké ha lentiggini in tutto il corpo», rispose con un sorrisetto maligno, come se mi invitasse a dare un'occhiata.

Ignorai la battuta e le chiesi: «Che cosa ti ha portato così lontano dalle terre degli Yaki? Sei alla ricerca di qualcosa?»

«Sì.»

«Di che cosa?»

«Di te.»

Risi, ma non ero per nulla divertito. «Non sapevo di avere un fascino così potente. Comunque, hai trovato Erasmo.»

«Solo per arrivare a te.»

Risi di nuovo. «Erasmo ha delle buone ragioni per rimpiangere che tu l'abbia trovato.»

Lei ribatté, con indifferenza: «Erasmo non conta. G'nda Ké spera di trasmettere la malattia a ogni altro mexícatl del posto. Si meritano il dolore e la vergogna. Sono vigliacchi e rammolliti quanto i loro antenati che non hanno voluto lasciare Aztlan con me».

Mi si risvegliò la memoria. E mi si drizzarono i capelli. Mi tornò alla mente che il bisnonno Canaútli, il Rammentatore, mi aveva parlato di quell'antica donna yaki – sì, si chiamava proprio G'nda Ké – che aveva trasformato parte dei pacifici Aztéca in bellicosi Mexíca, assetati di gloria e grandezza.

«Ma quello è successo covoni e covoni di anni fa», obiettai, sicuro che lei avrebbe capito a che cosa mi riferivo con "quello". «Se non sei morta allora, come è stato riferito, quanti anni dovresti avere?»

«Neanche questo ha importanza. Ciò che conta è che tu, Tenamáxtli, hai lasciato Aztlan. E adesso sei maturo per accogliere il dono dell'*altra* malattia di G'nda Ké.»

«Per Huitzli, non voglio nessuno dei tuoi mali!» sbottai.

«Invece sì! Hai appena pronunciato la parola... il suo nome, il nome di Huitzilopóchtli, dio della guerra. Giacché quella è l'altra malattia di G'nda Ké, una malattia che sarà lieta di diffondere in tutto l'Unico Mondo. *Guerra!*»

La guardai sgranando gli occhi. Non avendo ceduto di recente ai piaceri del chápari, non potevo pensare che quell'orrida creatura fosse frutto di un'ebbra allucinazione.

«Qui non recluterai alcun guerriero, Tenamáxtli. Non lasciarti tentare da questa tranquilla Utopía. Il tuo tonáli ti ha destinato a una vita più dura e più gloriosa. Va' a nord. Durante il cammino, incontrerai di nuovo G'nda Ké, probabilmente molte volte. Quando ne avrai bisogno, lei sarà al tuo fianco per aiutarti a diffondere quella sublime malattia di cui tutti e due siete affetti.»

Mentre parlava, si era allontanata da me camminando all'indietro, e adesso era così lontana che fui costretto a gridare per dirle: «Non ho bisogno di te! Non ti voglio! Posso guerreggiare senza di te! Torna nel Míctlan da cui provieni».

Prima che sparisse oltre l'angolo di una casa del villaggio, mi rivolse la parola per l'ultima volta, con tono minaccioso e basso, ma udibile: «Tenamáxtli, nessun uomo può respingere o evitare una donna mossa dal risentimento e dalla malvagità. Non ti libererai mai di questa donna finché ella vivrà, odiando e tramando».

Padre Vasco affermò: «Non avevo mai sentito parlare degli Yaki».

«Vivono all'estremità nordoccidentale dell'Unico Mondo», gli spiegai, «in foreste e catene montuose molto al di là delle lande desolate che la nostra gente chiama Terra delle Ossa Morte. Gli Yaki hanno fama di essere feroci selvaggi assetati di sangue e di odiare tutti gli altri esseri umani, inclusi i loro stessi parenti. Dopo aver incontrato ieri, per la prima volta, una donna di quel popolo, sono disposto a dar credito a quanto si dice su di loro. Se le donne sono tutte come lei, i maschi devono essere davvero dei demoni.»

Mi ero preso la briga di ripassare da Santa Cruz Pátzcuaro solo perché provavo simpatia e ammirazione per padre Vasco de Quiroga. Omettendo ogni accenno alle bellicose aspirazioni della donna yaki – quelle che aveva espresso a me e quelle che risultavano dai lontani racconti di Canaútli – riferii al prete tutto ciò che sapevo sulle sue azioni malvagie.

«Avvenne in un tempo in cui non si registravano i fatti con le immagini», dissi, «ma quegli eventi non furono mai dimenticati. La storia venne tramandata da un Rammentatore all'altro e si diceva che quella misteriosa donna yaki si era insinuata nella nostra pacifica Aztlan diffondendo l'adorazione di un dio sconosciuto e mettendo i fratelli contro i fratelli.»

«Hmm», rifletté padre Vasco. «Lílith si presenta a Caino e Abele.»

«Prego?» domandai.

«Non importa. Continua, figliolo.»

«Be', o non è morta all'epoca ed è diventata un demone immortale, oppure ha generato una progenie di figlie demoni. Perché non vi è dubbio che qui intorno si aggiri una donna yaki che cerca di sconvolgere Utopía. Questa G'nda Ké rappresenta per i coloni una minaccia ben peggiore di un'orda di donne purémpe che bramano solo di accoppiarsi con gli uomini. Il mio bisnonno era convinto che, essendo i maschi yaki particolarmente crudeli verso le loro femmine, questa donna intendesse vendicarsi su tutti gli uomini viventi.»

«Hmm», mormorò di nuovo il padre. «Da Lílith in poi, ogni paese del Vecchio Mondo ha conosciuto una simile femmina predatrice, desiderosa di strappare le viscere di tutti i maschi. Donna in carne e ossa o figura mitica? Chissà. Nelle varie lingue è nota come arpia, lamia, strega, *la bella dama sin merced.* Dimmi una cosa, Juan Británico. Se devo sconfiggere questa diavolessa, come faccio a trovarla e a riconoscerla?»

«Potrebbe essere difficile», ammisi. «G'nda Ké potrebbe passare per una donna di qualsiasi nazione – salvo una purémpe calva, naturalmente – e persino per una *señorita* spagnola, se decide di camuffarsi. Confesso di non riuscire a ricordare il suo volto abbastanza bene da descriverlo. Era un bel viso, ma sembra appannarsi nella mia memoria. Salvo per tre cose: i suoi capelli hanno un colore che non ha l'uguale al mondo, la pelle è coperta di lentiggini e gli occhi sono come quelli della lucertola axólotl. Però, se mi ha visto venire qui, avrà capito che volevo avvertirvi della sua presenza, e magari si è nascosta o addirittura ha lasciato Utopía.»

Fummo interrotti dall'ingresso del giovane frate che avevo visto in precedenza, il quale adesso urlava, agitato: «Padre!

Vieni subito! Un terribile incendio a est. San Marcos Churítzio – il villaggio delle chitarre – sembra essere in fiamme!»

Corremmo fuori e guardammo nella direzione indicataci, dove si levava un'immensa colonna di fumo simile a quella che avevo provocato io sulla Collina delle Cavallette. Ma poiché questo disastro non era opera mia, rimasi dov'ero mentre padre Vasco, i suoi frati e tutti gli altri abitanti di Santa Cruz correvano ad aiutare i vicini di San Marcos.

Naturalmente pensai che fosse opera della malvagia G'nda Ké, ma quando mi sentii tirare il manto e, voltandomi, vidi Pakápeti, sopraggiunta silenziosamente alle mie spalle, lessi la verità nel suo sorriso di trionfo.

«Sei stata *tu* a dar fuoco al villaggio!» esclamai.

«Non io, bensì le mie donne guerriere. Ti stiamo cercando sin da quando ho riunito il gruppo. Ti ho visto in quel villaggio e quando te ne sei andato ho impartito gli ordini alle mie donne, poi ti ho seguito qui.» E con fare sprezzante aggiunse: «Vedo che non hai trovato seguaci».

Indicai la colonna di fumo. «Ma perché hai fatto una cosa simile? Quei Mexíca sono gente innocua.»

«Proprio perché sono innocui. Per mostrarti di che cosa siamo capaci noi donne. Andiamocene, Tenamáxtli, prima che tornino gli spagnoli. Vieni a conoscere le prime reclute del tuo esercito di ribelli.»

L'accompagnai sulla cima di una collina prospiciente il lago, dove le sue "guerriere" si erano ritirate ad aspettarla dopo l'incursione incendiaria nel villaggio di Erasmo. Oltre a Pakápeti, c'erano quarantadue donne di età che andava dalla fanciullezza alla maturità. Benché differissero molto anche d'aspetto – pur essendo tutte rigorosamente rapate – sembravano sane, robuste e decise a mostrare il loro coraggio. Stavo pensando, rassegnato, che, per quanto fossero solo donne, erano pur sempre quarantatré alleati in più di quanti ne avessi mai avuti prima, quando improvvisamente la mia presunzione maschile subì un fiero colpo.

«Pakápeti», sbraitò una delle donne mature. «Sei stata *tu* ad arruolarci per quest'impresa. Perché adesso ci chiedi di accettare questo sconosciuto come capo?»

Mi aspettavo che Pakápeti dicesse qualcosa sulle mie grandi qualità di condottiero, o perlomeno sul fatto che "l'impresa" era una mia idea, ma lei si limitò a girarsi verso di me dicendo: «Tenamáxtli, mostra loro come funziona il tuo archibugio».

Benché fossi piuttosto esasperato, feci quel che mi aveva suggerito: caricai l'arma e la puntai su uno scoiattolo fermo su un ramo non troppo lontano... e, per fortuna, questa volta colpii il bersaglio. La palla disintegrò l'animaletto, ma le donne toccarono con fare eccitato i resti di pelle e ridacchiarono ammirando il potere distruttivo del tubo tonante e chiedendosi come mai possedessi una simile arma. Poi, tutte insieme, insistettero a gran voce perché mostrassi loro il suo funzionamento e gliela facessi provare.

«No», risposi, deciso. «Se e quando ognuna di voi se ne procurerà una, io vi insegnerò a usarla.»

«E come dovremmo fare?» chiese la stessa donna matura che aveva la voce (e il volto) di un cóyotl. «Le armi dei bianchi non si ottengono solo avanzando una richiesta.»

«Qui c'è chi ve lo dirà», intervenne all'improvviso una nuova voce.

Ci aveva raggiunto una quarantaquattresima donna, non calva né purémpe: era G'nda Ké, che s'immischiava di nuovo nei miei affari. Nel breve tempo passato dal nostro incontro, quella diavolessa era riuscita a raggiungere il gruppo di donne e a entrare nelle loro grazie, visto che subito tutte le diedero rispettosamente retta. Anch'io trovai ineccepibile quanto disse.

«Tra voi ci sono delle belle ragazze. E qui nel Michihuácan ci sono molti soldati che sorvegliano i confini o le *estancias* dei proprietari spagnoli. Basterà che vi facciate notare da loro e, con la vostra bellezza e il vostro potere di seduzione...»

«Ci stai suggerendo di *cavalcare la strada*?» domandò una giovane donna, usando l'espressione che indica l'atto di prostituirsi. «Vuoi che ci accoppiamo con il nemico?»

Ero tentato di far notare che persino gli odiosi e lerci cristiani bianchi erano preferibili ai caproni e agli altri animali disponibili in quel momento nel Michihuácan. Ma non aprii bocca e lasciai che G'nda Ké continuasse.

«Ci sono molti modi per avere la meglio sul nemico in guerra, ragazza mia. E gli uomini non possono ricorrere alla seduzione. Dovresti essere fiera di poter disporre di un'arma riservata solo alle donne».

«Be'...» obiettò la ragazza con un tono meno aggressivo.

G'nda Ké continuò: «Poi, in quanto donne purémpe, avete un altro vantaggio. Le donne degli spagnoli sono irsute e pelose in modo ripugnante. I soldati saranno curiosi di... come dire?... *esplorare* donne totalmente senza capelli e peli».

Gran parte delle teste rapate annuirono.

«Avvicinatevi alle sentinelle o alle postazioni militari, sole o in gruppo, ed esibite il vostro fascino», proseguì lei. «Fate quanto è necessario, rimbambendoli di desiderio o, se preferite spingervi oltre, riducendoli allo sfinimento col sesso. Poi rubate i tubi tonanti.»

«E qualsiasi altra arma di cui siano in possesso», mi affrettai ad aggiungere. «Anche la *pólvora* e le palle di piombo.»

«Adesso?» domandarono parecchie di loro, quasi con entusiasmo. «Andiamo subito in cerca di questi soldati?»

«Non vedo perché no, se siete disposte a usare le attrattive femminili per la nostra causa», affermai. «Però non ho ancora avuto tempo di elaborare un piano d'azione preciso. Una cosa è certa: dovremo essere molti di più. E per trovare altri sostenitori devo lasciare questo territorio.»

«Verrò con te», dichiarò Pakápeti, decisa. «Se in così breve tempo sono riuscita a mettere insieme tutte queste donne, di certo riuscirò a farlo anche in altre terre.»

«Va bene», risposi, contento di avere la compagnia di una giovane così intraprendente (e attraente). «E poiché noi due saremo in viaggio», aggiunsi, accordandole magnanimamente il rango di capo mio pari, «penso che dovremmo nominare un secondo in comando qui.»

«Sì», convenne lei, guardando le compagne. «Perché non la nuova arrivata?» e indicò G'nda Ké.

«No, no», rispose quest'ultima, cercando di apparire modesta. «Queste coraggiose donne purémpe dovrebbero essere capitanate da una di loro. Inoltre, come te e Tenamáxtli, G'nda Ké ha cose da fare altrove. Per la causa.»

«Allora suggerisco Kurúpani», propose Pakápeti, indicando la donna con il volto da cóyotl, anche lei dotata di un nome poco appropriato, visto che in poré Kurúpani significa Farfalla.

«Sono d'accordo», dichiarai. Poi mi rivolsi alla nuova comandante: «Forse ci vorrà molto tempo prima di poter muover guerra ai bianchi ma, mentre Pakápeti e io andiamo in cerca di altre reclute, tu ti incaricherai della raccolta delle armi».

«Nient'altro?» chiese la donna mostrandomi il braciere pieno di tizzoni che, al momento, era la sua unica arma. «Non possiamo anche provocare degli incendi?»

«*Ayyo,* certo!» esclamai. «Approvo tutto ciò che può danneggiare e disturbare gli spagnoli. Inoltre, gli incendi nei fortini e nelle *haciendas* distrarranno l'attenzione da quanto Pakápeti e io potremmo organizzare altrove, in previsione di una guerra più vasta. Però ti prego, Kurúpani, non dare più fastidio ai villaggi intorno al lago. Né padre Vasco né i suoi Mexíca addomesticati sono nostri nemici.»

Con riluttanza, la donna assentì. G'nda Ké si accigliò e parve sul punto di contestare i miei ordini. Ma io le diedi le spalle e parlai a Pakápeti: «Andremo a nord, e possiamo partire subito, se sei pronta. Vedo che hai già il bagaglio. Ti occorre qualcos'altro?»

«Sì», rispose. «Non appena possibile, voglio un tubo tonante tutto mio.»

# 15

«Insisto», mi disse una decina di giorni più tardi. «Voglio un tubo tonante tutto mio. E questa potrebbe essere l'ultima occasione per procurarmene uno.»

Eravamo su un'altura, accovacciati tra gli arbusti, e spiavamo un corpo di guardia spagnolo. Consisteva di una baracca di legno guardata da due soldati armati, con accanto un recinto in cui c'erano quattro cavalli, due dei quali sellati.

«Potremmo anche rubare un paio di cavalli», suggerì Pakápeti. «Di certo possiamo imparare a cavalcarli.»

Eravamo vicini al confine settentrionale della Nuova Galizia. I territori che si stendevano a sud di qui venivano chiamati dagli spagnoli Tierra de Paz, mentre il nord era noto come Tierra de Guerra, e la zona di confine era vagamente descritta come Tierra Disputable. Lungo questa frontiera sorgevano, a distanza di una lunga-corsa l'uno dall'altro, corpi di guardia come quello che stavamo osservando, e gruppi di soldati a cavallo pattugliavano continuamente il confine per impedire le incursioni dei popoli della Tierra de Guerra.

Anni prima, quando mia madre, mio zio e io – chiaramente innocui viaggiatori – avevamo attraversato la zona, le guardie non avevano badato al nostro passaggio. Ma ero convinto che questa volta non sarebbero state altrettanto distratte. In particolare, ero certo che anche la guardia più negligente sarebbe stata lieta di fermare e perquisire una giovane dall'insolita bellezza come Pakápeti, e probabilmente non si sarebbe limitato a quello.

«Allora?» chiese lei, dandomi una gomitata nelle costole.

«Non mi sorride molto l'idea di dividerti con un altro, specie con un bianco», borbottai.

«*Ayya!*» si spazientì lei. «Non hai esitato a dire alle altre di mostrarsi e di prostituirsi.»

«Non le conoscevo altrettanto intimamente. E loro non avevano dei compagni che avrebbero sollevato obiezioni.»

«Allora il mio compagno potrà anche salvarmi prima dell'irreparabile. Vogliamo aspettare che uno dei due si allontani, in modo che tu ne debba affrontare solo uno?»

«Temo che nessuno dei due smonterà fino all'arrivo di un'altra pattuglia. Se sei decisa a farlo, tanto vale agire subito. La mia arma è carica. Va' e usa la forza della seduzione. Quando la vittima sarà totalmente incantata, e l'altro starà lì a bocca aperta, lancia un grido – di ammirazione, di anticipazione, di quello che vuoi – in modo che possa udirti e precipitarmi alla porta. Tienti pronta ad afferrare il tuo uomo mentre io farò fuori l'altro. Poi, insieme, sistemeremo il tuo.»

«Il piano mi sembra abbastanza semplice. E quelli semplici sono i migliori.»

«Speriamo. Non lasciarti trasportare al punto da dimenticare di lanciare il grido.»

«Temi forse che trovi piacevole essere fra le braccia di un bianco? E che arrivi addirittura a preferire una cosa simile?» chiese in tono scherzoso.

«No. Se ti avvicini a un bianco tanto da sentirne la puzza, dubito che ti possa piacere. Però voglio che quest'azione sia compiuta in fretta. Prima o poi arriverà una pattuglia.»

«Allora... ximopanólti, Tenamáxtli», mi salutò lei, in modo burlescamente formale.

Si alzò e s'incamminò lungo la discesa con civettuola lentezza, facendo ondeggiare le anche come se stesse facendo quella che la nostra gente chiama la quequezcuícatl, la danza tentatrice. I soldati dovevano averla vista attraverso uno spioncino della baracca e si presentarono entrambi alla porta. Si scambiarono un'occhiata significativa, guardarono bramosi l'avanzare della ragazza, poi si fecero da parte educatamente per lasciarla entrare e chiusero la porta.

Attesi e attesi e attesi, ma da Pakápeti non giunse alcun grido. Dopo un certo tempo cominciai a rimpiangere di aver studiato un piano troppo semplice. I soldati avevano forse sospettato che quella bella donna non viaggiasse sola? La tenevano in ostaggio, sotto tiro, in attesa che arrivasse il presunto compagno? Infine decisi che c'era un solo modo per scoprire che cos'era successo. Correndo il rischio di essere visto da uno dei due, magari ancora di guardia allo spioncino, mi alzai. Non sentendo alcuna esplosione né alcun grido, corsi giù dalla collina brandendo l'archibugio. Poiché, a quanto pareva, nessuno mi aveva ancora visto, mi avvicinai alla porta della baracca e origliai. Sentivo solo un coro di voci *grugnenti.* Questo mi sorprese ma, dato che evidentemente nessuno stava torturando Pakápeti, attesi ancora un po'. Infine non potei più resistere e diedi uno spintone alla porta.

Non essendo chiusa a chiave, questa si spalancò illuminando l'interno della baracca. Contro la parete di fronte alla porta i soldati avevano sistemato un tavolaccio che doveva servire da branda e da tavolo per mangiare, ma che ora stavano usando per tutt'altro scopo. Pakápeti vi era distesa sopra, a gambe larghe e col manto sollevato sino al collo. Stava zitta ma si dimenava disperatamente perché i due soldati la stavano violentando. Piazzati alle due estremità del tavolaccio, uno le aveva infilato il tepúli nell'orifizio in basso e l'altro in bocca, ed entrambi ghignavano lascivamente pompando e grugnendo.

Sparai all'istante e, a una distanza così ravvicinata, il colpo andò a segno. Il soldato che stava tra le gambe di Pakápeti sbatté conto la parete, la corazza di cuoio lacerata e il petto improvvisamente rosso di sangue. Nonostante la nube di fumo azzurrognolo, vidi anche l'altro soldato barcollare all'indietro, tutto insanguinato. Era ancora vivo – strillava come una donna – ma non rappresentava un pericolo immediato per me, avendo le mani premute contro quello che restava del suo tepúli, zampillante sangue come una fontana. Non persi tempo a estrarre l'altra arma – il coltello di ossidiana che portavo alla cintola – ma girai l'archibugio brandendolo con una mano come una clava. Con l'altra agguantai il soldato gemente e barcollante strappandogli l'elmo di ferro e lo colpii al capo col calcio dell'archibugio finché non cadde morto.

Nel frattempo Pakápeti si era alzata sulle gambe tremanti, aveva lasciato ricadere il manto e stava tossendo e sputando sul pavimento di terra battuta. Il suo volto, chiazzato di secreti, era di colore verdognolo. La presi per un braccio e la portai all'aperto, dicendo: «Sarei arrivato prima...»

Lei si scostò da me e, continuando a tossire, si appoggiò alla staccionata dove c'era un abbeveratoio per i cavalli ricavato da un tronco scavato. Cacciò la testa nell'acqua e fece diversi gargarismi, poi, con le mani a coppa, spruzzò l'acqua sotto il mantello per lavare le parti intime.

Quando infine si sentì pulita e ritrovò la calma sufficiente per parlare, ansimò, con voce strozzata e interrotta da conati: «Hai visto... non potevo... gridare...»

«Non parlare. Sta' qui e riposati. Io nascondo i corpi.»

Visto che il solo accenno ai due soldati l'aveva fatta ridiventare verdognola, la lasciai per entrare nella baracca. Mentre trascinavo fuori i due cadaveri, mi venne un'idea. Corsi sulla sommità della collinetta e mi assicurai che non ci fossero pattuglie in arrivo. Tornai di corsa accanto ai due corpi privi di vita e, maldestramente ma con rapidità, tolsi loro i vari pezzi di cuoio e metallo delle armature. Li spogliai anche delle uniformi di pesante tela blu. Alcuni indumenti erano stati sciupati dal proiettile e dal sangue, ma riuscii comunque a recuperare una camicia, un paio di brache e un paio di stivali.

Una volta spogliati, i corpi furono più facili da spostare, ma quando infine li ebbi portati entrambi al lato opposto della collinetta ero ansante e sudato. Li nascosi come meglio potevo tra fitti cespugli, dove misi anche quello che restava delle armature. Poi, usando una camicia strappata, ripercorsi il tragitto lungo il quale avevo trascinato i corpi facendo del mio meglio per cancellare le tracce.

Entrai nella baracca, dove il fumo si era diradato, presi gli archibugi che ormai non sarebbero più serviti ai due soldati, le fiaschette della polvere da sparo e le palle di piombo, due borracce per l'acqua e un bel coltello di ferro affilato. C'erano anche un sacchetto pieno di carne secca che ritenni utile prendere, qualche cinghia di cuoio e pezzi di corda. Mentre raccoglievo quegli oggetti mi accorsi del sangue sulla terra battuta e ne cancellai le tracce grattando con il coltello e calpestando il suolo. Ero impegnato in questo compito quando mi ricordai una cosa che mi spinse a guardare il pavimento con più attenzione.

«Che cosa fai?» chiese Pakápeti, appoggiata allo stipite e con l'aria ancora nauseata e distrutta. «Ormai li hai nascosti. Dobbiamo andarcene.» Stava cercando coraggiosamente di soffocare gli spasmi nervosi, ma aveva il petto scosso dai sussulti.

«Voglio nascondere *tutto* di loro», risposi. «C'è... ehm... un pezzo mancante.»

Pakápeti parve ancor più nauseata di prima e il petto le sussultò. «Non volevo... ma... il rumore del tubo tonante... ho dato un morso... e poi l'ho...», disse con voce spezzata.

Deglutì per ricacciare il conato che le impedì di continuare il discorso. Non ce n'era bisogno. Deglutii anch'io diverse volte per non vomitare, cosa che sarebbe stata poco virile.

Pakápeti si allontanò dalla soglia e io mi affrettai a terminare la sistemazione del pavimento. Poi salii di nuovo sulla collina per assicurarmi che non ci fossero pattuglie o passanti in arrivo. Benché fossi piuttosto stanco, cercai di comportarmi da uomo per incoraggiare Pakápeti, che stava ancora sciacquandosi la bocca all'abbeveratoio. Dovetti superare la naturale esitazione che *chiunque* avrebbe provato di fronte ad animali grandi e ignoti come i cavalli, ma coraggiosamente entrai nel recinto. Fui sorpreso e rincuorato nel vedere che le bestie non arretravano davanti a me né mi colpivano con i pesanti zoccoli. Tutt'e quattro mi guardarono con una vaga curiosità, e una di quelle senza sella rimase tranquilla mentre le caricavo in groppa i vari oggetti che avevo sottratto ai soldati e li legavo con le funi e le cinghie. Quando vidi che il cavallo non dava segni di rivoltarmisi contro, aggiunsi il mio sacco da viaggio e quello di Pakápeti. Poi mi avvicinai alla mia compagna, che si era rannicchiata con aria mesta, e mi chinai per aiutarla ad alzarsi.

Lei si ritrasse con un sussulto e ringhiò: «Per favore, non toccarmi. Mai più».

Mormorai in tono incoraggiante: «Alzati e dammi una mano a condurre via i cavalli. Come hai detto, dobbiamo allontanarci di qui. Quando saremo ben distanti, t'insegnerò a uccidere gli spagnoli con il tuo tubo tonante».

«Perché dovrei limitarmi agli spagnoli?» borbottò lei sputando. Poi aggiunse, disgustata: «*Ah, gli uomini!*»

Adesso aveva un tono che mi ricordava in modo allarmante quello di G'nda Ké. Ma si alzò e, senza dar segni di nervosismo, prese le briglie di uno dei cavalli sellati e la fune che avevo legato intorno al collo dell'altro. Condussi gli altri due cavalli, scalciai via il cancello e ce ne andammo.

Contavo sul fatto che, quando fosse arrivata una pattuglia al corpo di guardia, i soldati sarebbero rimasti perplessi di fronte all'inesplicabile assenza dei compagni e dei cavalli e avrebbero perso del tempo in attesa del loro ritorno prima di iniziare le ricerche. Indipendentemente dal rinvenimento dei cadaveri, avrebbero pensato che il corpo di guardia fosse stato assalito da aggressori provenienti da nord e non avrebbero avuto il coraggio di inseguirli nella Tierra de Guerra senza adeguati rinforzi. Quindi, Pakápeti e io avremmo dovuto essere in grado di mettere una certa distanza fra noi e gli inseguitori. Tuttavia non mi diressi subito a nord. Avevo già calcolato, dalla posizione del sole a qualsiasi ora del giorno, che dovevamo essere quasi direttamente a est rispetto alla mia città natia, Aztlan. Se dovevo reclutare guerrieri da terre non ancora conquistate, quale luogo poteva essere più favorevole? E così puntammo in quella direzione.

La prima notte che passammo nella Tierra de Guerra ci fermammo accanto a una sorgente, legammo i cavalli agli alberi vicini – ognuno con una lunga fune, in modo che potessero bere e brucare – accendemmo un fuoco e mangiammo la carne secca che avevo portato con me. Poi stendemmo le coperte una accanto all'altra e, vedendo che Pakápeti era ancora avvilita e chiusa nel suo mutismo, tesi una mano per farle una carezza consolatoria.

Lei mi respinse decisa: «Non stanotte, Tenamáxtli. Abbiamo troppe altre cose cui pensare. Domani dovremo imparare a cavalcare, e mi dovrai insegnare a sparare».

La mattina seguente sciogliemmo i due cavalli sellati, Pakápeti si tolse i sandali e infilò il piede scalzo nel pezzo di legno che serviva a quello scopo. Avendo entrambi visto molti spagnoli a cavallo, non eravamo del tutto digiuni in materia. Pakápeti ebbe bisogno di una mia spinta per montare, mentre io mi aiutai salendo su un pezzo di tronco. Anche questa volta i cavalli non reagirono: evidentemente erano abituati a essere cavalcati non da un solo padrone ma da chiunque avesse bisogno di una cavalcatura. Con i piedi nudi scalciai i fianchi dell'animale per spingerlo a muoversi, poi cercai di farlo girare in cerchio per restare vicino al campo.

Avevo visto che i cavalieri riuscivano in questo intento tirando una briglia per far girare la testa del cavallo nella direzione voluta. Ma, quando diedi uno strattone alla briglia sinistra, ottenni solo un'occhiata da parte del cavallo che, con l'occhio sinistro, parve rimproverarmi come un maestro di scuola che ti dice che hai sbagliato e che sei uno stupido. Capii che il cavallo stava cercando di insegnarmi una lezione e mi fermai a riflettere. Forse i cavalieri che avevo osservato davano solo *l'impressione* di strattonare a destra e a sinistra la testa del cavallo. Dopo qualche esperimento, scoprii che dovevo solo posare delicatamente la briglia destra contro il collo del cavallo e quello girava a sinistra. Comunicai quell'informazione a Pakápeti, ed entrambi restammo tutti fieri in sella mentre i nostri animali giravano in cerchio a sinistra.

Poi provai a sfiorare i fianchi del cavallo con i calcagni per spingerlo ad andare più veloce. L'animale cominciò a procedere a quell'andatura che gli spagnoli chiamano *trote,* e qui imparai un'altra lezione. Sino a quel momento, avevo pensato che sedere su una sella di cuoio curvata verso l'alto a contenere il fondo schiena fosse molto più comodo che stare su qualcosa di rigido, come una sedia icpáli. Mi ero sbagliato. Era dolorosissimo. Dopo essere stato per breve tempo sballottato dal trotto, cominciai a temere che la spina dorsale stesse per schizzarmi via dalla testa. E il cavallo, che chiaramente non gradiva i sobbalzi delle mie natiche, mi lanciò un'altra occhiataccia per poi procedere al passo. Poiché Pakápeti aveva sperimentato lo stesso martellamento di natiche, decidemmo entrambi di posporre qualsiasi tentativo di cambiare andatura sino a che non avessimo imparato almeno a star bene in sella.

Così, per il resto della giornata cavalcammo al passo, portandoci dietro gli altri due cavalli, e tutti e sei trovammo soddisfacente quell'andatura tranquilla. Poi, verso il tramonto, non appena trovammo un ruscello presso cui fermarci, Pakápeti e io scoprimmo, con grande stupore, di essere così irrigiditi da poter a stento smontare da cavallo. Sino a quel momento non ci eravamo accorti di avere le spalle e le braccia indolenzite solo per aver tenuto le briglie, le costole massacrate come se fossimo stati presi a botte, l'inguine che sembrava spaccato in due. E le gambe non erano solo formicolanti e tremanti per aver stretto i fianchi del cavallo tutto il giorno, ma quasi sanguinanti per lo sfregamento contro i bordi della sella. Quei dolori mi sembravano inesplicabili, dato che avevamo proceduto con molta calma e lentezza. Cominciavo a chiedermi come mai i bianchi avessero ritenuto i cavalli un buon mezzo di trasporto. Pakápeti e io eravamo troppo stanchi per esercitarci con l'archibugio, e quella notte lei non dovette temere nessun approccio sessuale da parte mia.

Quando il giorno successivo, per nulla scoraggiati, decidemmo di persistere nel nostro tentativo di cavalcare, fui perlomeno in grado di fornire indumenti che ci avrebbero protetto meglio dei manti, che lasciavano le gambe scoperte. Tirai fuori i vari capi di vestiario che avevo preso agli spagnoli, ma Pakápeti rifiutò con rabbia di indossare qualsiasi cosa fosse appartenuta alle due guardie; riuscii però a convincerla a mettere la camicia, le brache e gli stivali che mi avevano dato alla cattedrale. Naturalmente erano troppo grandi per lei, ma servivano allo scopo. Io infilai gli stivali militari, la camicia blu e le brache dell'uniforme di uno dei soldati. Alla partenza cercai di cavalcare il cavallo non sellato, pensando che sarebbe stato più facile, ma non ci riuscii. Anche procedendo al passo, ben presto cominciai a temere che la spina dorsale del cavallo mi avrebbe spaccato in due dalle natiche in su. Rinunciai allora al tentativo e rimontai in sella.

*Ayya,* non mi diffonderò oltre sui penosi tentativi ed errori che Pakápeti e io facemmo nei giorni che seguirono. Basterà dire che infine muscoli, natiche e pelle si abituarono alla fatica del cavalcare. Col tempo – quasi a riprova di un'osservazione che lei aveva fatto in passato – Pakápeti divenne più brava di me e prese a esibire con fierezza la sua abilità. Io riuscii perlomeno a starle dietro non appena ebbi imparato a spingere il cavallo direttamente dal passo al galoppo, che mi risultava più sopportabile degli sballottamenti del trotto.

In quei giorni, man mano che i dolori diminuivano, insegnai a Pakápeti a caricare e a sparare l'archibugio, lasciandole usare una delle armi prese alle guardie. Con mia costernazione, anche in quello si rivelò meglio di me. In altre parole, riusciva a colpire quello cui mirava, anche a notevoli distanze, circa tre volte su cinque, mentre io da tempo mi consideravo fortunato se riuscivo a fare la stessa cosa una volta su cinque. Il mio orgoglio maschile fu salvo quando, scambiateci le armi, anche i nostri punteggi cambiarono. Era evidente che, per qualche ragione, gli archibugi dei soldati erano più precisi della copia eseguita da Pochotl. Esaminai con cura le tre armi e non riuscii a vedere alcuna differenza che potesse spiegare la diversa prestazione. Naturalmente non ero un esperto in materia, come non lo era stato Pochotl.

Così, da quel momento, Pakápeti e io ci servimmo dei due archibugi rubati, che tenevamo nascosti nelle coperte arrotolate e tiravamo fuori solo per uccidere selvaggina. Era un compito che Pakápeti amava assumersi, sfoggiando la sua abilità di tiratrice contro conigli e fagiani. Mi sentii in dovere di dirle che la polvere era troppo preziosa per sprecarla su quelle piccole creature, anche perché, quando venivano spappolate dalla grossa palla di piombo, non restava molto da mangiare. Da quel momento in poi, lei sparò solo a daini e cinghiali (centrandoli quasi sempre). Non mi sbarazzai dell'archibugio di Pochotl, così laboriosamente fabbricato, ma lo tenni nascosto con gli altri bagagli nel caso ci potesse essere utile.

Una notte, durante quel viaggio, tentai ancora di accarezzare Pakápeti, sdraiata sulla coperta accanto a me, ma lei mi respinse. «No, Tenamáxtli. Mi sento sporca. Devi aver notato che mi sono cresciuti un po' i capelli... e anche i peli. Non mi sento più una purémpe immacolata. Sino a quando non...» Non concluse la frase, si girò su un fianco e si addormentò.

Esasperato e frustrato, il giorno seguente cercai una pianta amóli e ne estrassi la radice. Quella sera, mentre arrostivamo un cinghiale, misi a bollire anche l'acqua nella borraccia e, dopo aver mangiato, le dissi: «Pakápeti, qui c'è dell'acqua calda, una radice saponosa e un coltello di ferro che ho affilato al massimo. Puoi facilmente tornare a essere una immacolata purémpe, se vuoi».

Con tono lieve mi rispose: «Credo che rifiuterò. Poiché mi hai fatto vestire in abiti maschili, ho deciso di lasciarmi crescere i capelli e di assumere l'aspetto di un uomo».

Naturalmente protestai, facendole notare che gli dei avevano mandato le belle donne sulla terra per altri scopi, tra cui non figurava quello di apparire come maschi. Ma lei fu irremovibile e fui costretto a concludere che lo stupro subito al corpo di guardia l'aveva portata a odiare l'atto sessuale, che forse non avrebbe più fatto, né con me né con altri. In coscienza, non potevo sollevare obiezioni. Potevo solo rispettare la sua decisione e, nel frattempo, coltivare due speranze. Una era che, avendo imparato a usare l'archibugio, a Pakápeti non venisse il ghiribizzo di usarlo contro il maschio più a portata di mano... che ero io. E poi speravo di trovare ben presto un villaggio in cui le donne non avessero deciso di respingere gli approcci di tutti i maschi del mondo.

Quello che invece un bel giorno trovammo fu qualcosa di totalmente inaspettato: uno squadrone di spagnoli a cavallo, muniti di armatura e archibugi, che attraversavano la Tierra de Guerra. Ci apparirono così all'improvviso da non darci alcuna possibilità di fuga. Non era un gruppo di soldati che ci inseguiva per vendicare l'azione da noi compiuta al corpo di guardia. Non avevo mai smesso di controllare alle nostre spalle: se avessi visto un segno di una pattuglia in avvicinamento, avrei fatto il possibile per evitare la cattura. Ma questa squadra ci si parò davanti provenendo dal lato opposto di una collina che stavamo salendo, e chiaramente gli spagnoli rimasero sorpresi al pari di noi quando ci incontrammo sulla cima.

Non c'era nulla ch'io potessi fare, tranne sussurrare a Pakápeti in poré: «Sta' zitta!» e poi levare il braccio per salutare il soldato alla guida della squadra – il quale stava allungando la mano per prendere l'archibugio appeso alla sella – dicendogli cordialmente, come se fossimo abituati a incontrarci tutti i giorni: «*Buenas tardes, amigo. ¿Qué tal?*»

Quello balbettò: «*B...buenas tardes*», e, con la mano che aveva teso a prendere l'arma, ricambiò il saluto. Non disse altro, ma rimise ogni decisione ad altri due cavalieri – in uniforme da ufficiali – che lo affiancarono.

Uno dei due ringhiò una rozza bestemmia, poi, scrutando la mia uniforme incompleta e le insegne dell'esercito spagnolo sui cavalli, mi chiese maleducatamente: «*¿Quién eres, don Mierda?*»

Turbato com'ero, ebbi tuttavia la prontezza di spirito di dirgli la stessa cosa che avevo raccontato a padre Vasco: ero Juan Británico, interprete e assistente del notaio al servizio del vescovo di Città di Mexíco.

L'ufficiale ghignò ed esclamò con disprezzo: «*¡Y un cojón!* Un indio a cavallo? È una cosa proibita!»

Fui lieto che i due archibugi, ben più proibiti, non fossero in vista, e umilmente dissi: «State andando verso Città di Mexíco, *señor capitán.* Se lo desiderate, vi seguirò in città, dove potrete chiedere informazioni su di me direttamente al vescovo Zumárraga e al notaio de Molina. Sono stati loro a fornirmi i cavalli per il viaggio».

Non so se l'ufficiale avesse mai sentito prima quei due nomi, ma il fatto ch'io li avessi pronunciati parve attenuare la sua incredulità. Con tono meno rude chiese: «E l'altro?»

«Il mio schiavo e aiutante», mentii, grato infine che Pakápeti avesse scelto di farsi passare per un maschio, e tradussi il suo nome in spagnolo: «*Se llama de Puntas*».

L'altro ufficiale sghignazzò. «Un uomo che si chiama "In punta di piedi"! Ma quanto sono stupidi questi indios!»

Anche il primo ufficiale rise, poi, chiamandomi con un appellativo insultante, domandò: «E tu, don Zonzón, che cosa fai da queste parti?»

Sentendomi più calmo, riuscii a rispondere con disinvoltura: «Svolgo una missione speciale, *señor capitán.* Il vescovo vuole appurare quale sia la disposizione d'animo dei selvaggi nella Tierra de Guerra. Sono stato mandato qui perché sono della loro razza e parlo svariate lingue del luogo, ma mi è anche stata conferita l'autorità spagnola e cristiana».

«*¡Joder!*» gracchiò lui. «Tutti sanno quale sia la disposizione d'animo di questi selvaggi. È pessima, violenta e assetata di sangue. Perché, secondo te, viaggiamo solo in gruppi piuttosto nutriti?»

«Sì, è proprio così», convenni. «Intendo riferire al vescovo che potrebbe placare l'irascibilità dei selvaggi inviando missionari cristiani a svolgere opere umanitarie fra di loro, come ha fatto padre Vasco de Quiroga.»

Anche in questo caso, non potevo sapere se l'ufficiale avesse mai sentito parlare di quel prete, ma la mia apparente dimestichezza con tanti uomini di chiesa parve finalmente fugare i suoi sospetti.

Disse: «Anche noi stiamo svolgendo una missione umanitaria. Il governatore della Nuova Galizia, Nuño de Guzmán, ha riunito questo contingente così nutrito per scortare quattro persone a Città di Mexíco. Sono tre coraggiosi spagnoli cristiani e un fedele schiavo moro che da tempo si ritenevano dispersi nella lontana colonia della Florida. Ma, per miracolo, sono riusciti ad arrivare sin qui, abbastanza vicini alle zone civilizzate. Adesso vogliono fare un resoconto del loro viaggio al marchese Cortés in persona».

«Sono certo che riuscirete a portarli a destinazione sani e salvi, *señor capitán*», replicai. «Ma la notte si avvicina. Il mio schiavo e io avevamo intenzione di procedere oltre, ma a meno di una lega da qui abbiamo trovato un luogo con un laghetto dove potreste agevolmente accamparvi. Se permettete, torneremo indietro con voi e resteremo lì per la notte.»

«Ma certo, don Juan Británico», accettò con un tono divenuto cordiale.

Pakápeti e io girammo i cavalli e, mentre la compagnia ci seguiva con un grande sferragliare di armi e scalpitare di cavalli, tradussi alla mia compagna il dialogo tra me e l'ufficiale.

Lei mi chiese con la voce tremante che usava sempre quando parlava di uomini bianchi: «Perché, in nome del dio della guerra Curicáuri, vuoi passare la notte con loro?»

«L'ufficiale ha nominato quel macellaio di Guzmán», risposi, «l'uomo che ha devastato il Michihuácan e se ne è appropriato. Credevo che non ci fossero spagnoli in questi territori settentrionali. Voglio scoprire che cosa fa Guzmán così lontano dalla Nuova Galizia.»

«Se è proprio necessario», si rassegnò.

«Ti prego di non farti notare, Pakápeti. Lascia che i bianchi vadano a procurarsi la loro selvaggina per cena. Ti prego di non tirar fuori il tubo tonante per far vedere quanto sei brava.»

L'ufficiale – che rispondeva al nome di Tallabuena e aveva solo il grado di *teniente,* anche se io continuai a chiamarlo *capitán* – sedette vicino a me intorno al fuoco. Mentre addentavamo pezzi di succulenta carne di cervo, lui mi confidò senza farsi pregare tutto ciò che volevo sapere sul governatore Guzmán: «No, no, non si è mai spinto così a nord. Se ne sta ancora al sicuro nella Nuova Galizia. Guzmán è troppo furbo per rischiare il suo grasso *culón* qui nella Tierra de Guerra. Ma ha fondato la capitale proprio sul confine settentrionale della Nuova Galizia, e spera di farne una città importante».

«Perché?» domandai. «La vecchia capitale del Michihuácan era sulla riva del Lago dei Giunchi, molto più a sud.»

«Guzmán non è un pescatore. La provincia spagnola da cui viene, la Galizia, è ricca di miniere d'argento. Ne consegue che lui spera di fare fortuna qui con l'argento. Per questo ha fondato la capitale in una regione vicina alla costa, dove i suoi prospettori hanno scoperto una ricca vena di quel metallo e altri giacimenti. L'ha chiamata Compostela. Per il momento ci sono solo lui, i suoi favoriti *compinches* leccaculi e le sue truppe, ma ben presto si procurerà degli schiavi per estrarre l'argento. Mi fanno pena, quei disgraziati.»

«Anche a me», mormorai, mentre decidevo che Pakápeti e io avremmo puntato più a nord per evitare di finire nella città di Compostela. Tuttavia, mi turbava il pensiero che il macellaio Guzmán avesse fondato la capitale così vicino alla mia Aztlan – a circa cento lunghe-corse, secondo i miei calcoli.

«Ma vieni, don Juan», disse Tallabuena. «Vieni a conoscere gli eroi del momento.»

Mi condusse nel punto in cui i tre stavano mangiando. Venivano ossequiosamente serviti da alcuni soldati che davano loro le porzioni più scelte del cervo, versavano vino dalle fiasche di cuoio e si precipitavano a soddisfare ogni richiesta. Al loro servizio c'era anche un uomo vestito da frate, il quale sembrava ancor più servile degli altri. Gli eroi, a quanto potevo vedere, erano sì dei bianchi, ma talmente bruciati dal sole da essere più scuri di me. Il quarto, che se fosse stato bianco suppongo sarebbe stato classificato anch'egli un eroe, mangiava in disparte e non veniva servito da nessuno. Era moro e non aveva potuto diventare più scuro di quanto già era.

Non avrei mai più rivisto quegli spagnoli dopo quella notte. Ma, benché all'epoca non potessi saperlo, il tonáli di tutti loro era così strettamente legato al mio che le nostre vite future – e innumerevoli altre vite, e persino i destini di nazioni – sarebbero state inestricabilmente intrecciate. Perciò narrerò adesso ciò che appresi su di loro, e come feci amicizia con uno dei quattro nel breve tempo che intercorse prima della nostra separazione.

# 16

Il capo di quel gruppo di eroi veniva rispettosamente chiamato da tutti con il nome di battesimo: don Alvar. Ma quando me lo presentarono, mi chiesi come mai gli spagnoli avessero potuto ridere del nome di Pakápeti, che significa "In punta di piedi", quando il cognome di quell'uomo era Cabeza de Vaca, Testa di Vacca. Nonostante l'appellativo assai poco promettente, lui e i suoi compagni avevano davvero compiuto un'impresa eroica. Dovetti ricostruire tutta la vicenda da quello che i tre raccontavano ai soldati intorno a loro e da quello che mi disse il tenente Tallabuena, perché gli eroi, dopo avermi salutato con una certa cordialità, non mi rivolsero più la parola. E, dopo aver appreso la loro storia, non potei dar loro torto se non volevano aver nulla a che fare con gli indios.

So che Florida, in spagnolo, significa "Fiorita", ma a tutt'oggi non so dove sia situata quella terra. Dovunque essa sia, dev'essere un posto terribile. Più di otto anni prima, questo Cabeza de Vaca, i compagni sopravvissuti e un centinaio di altri uomini bianchi erano partiti dall'isola di Cuba, con armi, cavalli e provviste, con l'intenzione di fondare una nuova colonia in Florida.

Sin dall'inizio della navigazione erano stati colpiti da terribili burrasche primaverili. Poi, quando infine toccarono terra, incontrarono altre difficoltà. Il terreno della Florida, là dove non era coperto da foreste quasi impenetrabili, era tutto un susseguirsi di fiumi con forti correnti e difficili da guadare, di paludi calde e maleodoranti, di una vegetazione così fitta che i cavalli, come mezzo di trasporto, diventavano praticamente inutili. Nelle foreste erano stati assaliti da animali selvatici, erano stati morsi da insetti e serpenti ed erano stati colpiti dalle letali febbri delle zone paludose. Inoltre, i nativi della Florida, per nulla lieti di trovarsi di fronte questi invasori dal viso pallido, li avevano presi di mira con frecce scagliate dal folto delle foreste o assaliti in attacchi frontali nelle zone prive di vegetazione. Gli spagnoli, sfiniti dal viaggio e dalla febbre, avevano risposto molto debolmente agli assalti; per giunta erano sempre più debilitati dalla fame perché gli indios rubavano loro gli animali domestici e facevano terra bruciata all'avanzata dei bianchi distruggendo le proprie colture di mais e di altri prodotti commestibili. (Mi parve incredibile ma, a quanto pareva, quei potenziali colonizzatori erano evidentemente incapaci di nutrirsi sfruttando la dovizia di selvaggina e di pesci che la natura offre agli uomini con un minimo di iniziativa.) Insomma, le file degli spagnoli si assottigliarono in modo così allarmante che i sopravvissuti abbandonarono ogni speranza di insediarsi in quel luogo. Tornarono allora verso la costa, ma solo per scoprire che gli equipaggi delle loro navi, senza dubbio dandoli per dispersi, erano salpati abbandonandoli in quella terra ostile.

Scoraggiati, ammalati, impauriti, assediati da ogni lato, decisero di ricorrere al disperato espediente di costruirsi delle imbarcazioni. Ne fecero ben cinque, servendosi di tronchi d'albero e foglie di palma tenute insieme da corde fatte con crine di cavallo intrecciato, calafatate con resina di pino e munite di vele ricavate dai loro indumenti. A quel punto avevano abbattuto tutti i cavalli rimasti per mangiarne la carne, mentre con la pelle avevano fatto sacche in cui conservare l'acqua potabile. Una volta preso il mare, i cinque al comando delle imbarcazioni – uno dei quali era Cabeza de Vaca – si tennero in prossimità della costa, convinti che, facendo rotta a ovest, avrebbero raggiunto la costa della Nuova Spagna.

Mare e terra si rivelarono entrambi ostili, spazzati da frequenti tempeste – che a quel punto erano accompagnate dal freddo dell'inverno – forti venti e piogge torrenziali. Anche quando il tempo era buono, piovevano frecce scagliate dagli indios che uscivano in mare sulle canoe per aggredirli. Le scarse provviste di cibo finirono, le sacche di cuoio non conciato ben presto marcirono, ma, ogni volta che gli spagnoli cercavano di scendere a terra per fare rifornimenti, venivano respinti da nugoli di frecce. Fatalmente le cinque imbarcazioni finirono col separarsi. Di quattro non si seppe più nulla. Quella di Cabeza de Vaca e dei suoi compagni, dopo molto tempo, riuscì finalmente a toccar terra.

Ogni tanto i bianchi, ormai laceri, affamati, infreddoliti e indeboliti, trovavano una tribù locale – non ancora a conoscenza dell'invasione – disposta a dar loro un riparo e del cibo. Ma durante la loro intrepida avanzata a ovest nella speranza di raggiungere la Nuova Spagna, incontrarono più tormenti che soccorsi. Mentre attraversavano foreste, vaste pianure, fiumi incredibilmente larghi, alte montagne e aridi deserti, vennero catturati da tutta una serie di tribù o di bande di indios, le quali li riducevano in schiavitù, li costringevano a svolgere duri lavori, li maltrattavano, li picchiavano e li facevano morire di fame. («Quei maledetti *diablos* rossi», sentii dire da Cabeza de Vaca, «lasciavano persino che i loro infernali marmocchi si divertissero a tirarci la barba.») Da tutte quelle prigionie gli spagnoli erano riusciti a fuggire, perdendo ogni volta qualcuno del gruppo, che veniva ucciso o ricatturato. Impossibile sapere che cosa ne fosse stato dei compagni rimasti indietro.

Quando infine raggiunsero i confini estremi della Nuova Spagna erano rimasti in quattro: tre bianchi – Cabeza de Vaca, Andrés Dorantes e Alonso del Castillo – ed Estebanico, lo schiavo nero di proprietà di Dorantes. A parte l'affermazione di Castillo secondo il quale avevano «attraversato un intero continente» – ma io ho solo una vaghissima idea di che cosa sia un continente – non ho modo di calcolare quante leghe o quante lunghe-corse quegli uomini avessero così duramente percorso. Di sicuro so solo che ci impiegarono otto anni. Naturalmente avrebbero compiuto quel viaggio in minor tempo se fossero riusciti a tenersi lungo la costa del Mare Orientale. Ma le varie tribù che li avevano catturati se li erano passati fra di loro, cedendoli magari a popoli dell'entroterra – oppure, nelle loro fughe, i quattro uomini erano stati costretti a procedere verso l'interno – e quindi si trovavano nelle vicinanze della costa del Mare Occidentale quando infine si erano imbattuti in un gruppo di soldati spagnoli che si era inoltrato impavidamente nella Tierra de Guerra.

Quei soldati – stupefatti e quasi increduli di fronte a quella storia – li scortarono a un corpo di guardia dove i quattro vennero rivestiti, rifocillati e accompagnati a Compostela. Il governatore Guzmán fornì loro cavalli, una nutrita scorta e un frate, Marcos de Niza, incaricato di provvedere ai bisogni dello spirito, e li spedì all'altro capo del territorio, verso Città di Mexíco dove, aveva assicurato loro Guzmán, sarebbero stati festeggiati e riveriti come meritavano. E, durante il tragitto, gli eroi avevano ripetuto il racconto delle loro avventure a una lunga schiera di ascoltatori rapiti. Anch'io li ascoltai avidamente e con sincera ammirazione.

Avrei avuto molte domande da rivolgere a quei tre bianchi, se non mi avessero così accuratamente ignorato. Però non potei fare a meno di sentire che frate Marcos poneva loro alcuni dei quesiti che avevo in mente anch'io. Il frate sembrava frustrato – e io con lui – quando i tre eroi si dichiaravano nell'impossibilità di fornire questa o quella informazione.

Così mi avvicinai allo schiavo Estebanico, che se ne stava in disparte. Sapendo che il suffisso *-ico* era adoperato per formare diminutivi in genere usati quando ci si rivolge ai bambini, mi premurai di chiamarlo col suo nome vero e proprio: «*Buenas noches, Esteban*».

«*Buenas...*» borbottò lui, guardando con diffidenza un indio che si esprimeva in spagnolo.

«Posso parlarti, *amigo?*»

«*Amigo?*» ripeté lui, come se fosse sorpreso di essere trattato alla pari.

«Non siamo entrambi schiavi dei bianchi?» chiesi. «Eccoti qui, ignorato da tutti, mentre il tuo padrone si gode ogni attenzione. Vorrei sapere qualcosa delle *tue* avventure. Guarda, ho qui del picíetl. Facciamoci una fumata mentre ti ascolto.»

Pur continuando a guardarmi con sospetto, doveva aver stabilito che tra noi c'era una sorta d'intesa, oppure non vedeva l'ora di avere un ascoltatore. «Cosa vuoi sapere?» chiese.

«Dimmi che cosa ti è successo in questi otto anni. Ho sentito i ricordi del *señor* Cabeza de Vaca. Adesso vorrei conoscere i tuoi.»

Lui obbedì, prendendo l'avvio dallo sbarco nel luogo chiamato Florida e rievocando le delusioni e i disastri che avevano afflitto e decimato i sopravvissuti in fuga attraverso lande sconosciute da est a ovest. Il suo resoconto differiva da quello dei bianchi solo sotto due aspetti. Chiaramente, Esteban aveva patito tutte le pene, gli stenti e le umiliazioni degli altri viaggiatori, *ma non di più né di meno.* Ribadì spesso questo concetto, quasi volesse affermare che quelle sofferenze condivise lo avevano messo sullo stesso livello dei padroni.

L'altra differenza era che Esteban si era preso la briga di imparare almeno qualche frase delle varie lingue parlate nelle comunità in cui erano stati. Non avevo mai sentito nominare nessuna di quelle tribù. Esteban mi disse che vivevano in zone lontane, a nordest della Nuova Spagna. Le ultime due tribù – o le più vicine – che avevano tenuto prigionieri i viaggiatori erano gli Akimoél O'otam, il Popolo del Fiume, e i To'ono O'otam, il Popolo del Deserto. Di tutti quei "maledetti *diablos* rossi" che aveva incontrato, disse Esteban, quelli erano i *più* infernalmente diabolici. Fissai quei nomi nella mia memoria. Chiunque essi fossero, e dovunque fossero, sembravano candidati promettenti per il mio esercito di ribelli.

Esteban terminò il suo racconto quando tutti gli altri intorno al fuoco si erano già avvolti nelle coperte e si erano addormentati. Stavo per rivolgergli le domande che non avevo potuto fare ai bianchi allorché sentii qualcuno muoversi con passo furtivo alle mie spalle. Mi voltai di scatto e scoprii che si trattava di Pakápeti.

«Tutto bene, Tenamáxtli?» mi chiese lei in un sussurro.

In poré, le risposi: «Certo. Torna pure a dormire, Pakápeti». Poi lo ripetei in spagnolo, in modo che Esteban potesse sentire: «Torna a dormire, mio *servitore*».

«Stavo dormendo. Ma mi sono svegliata col timore improvviso che questa bestia potesse averti fatto del male o preso prigioniero. E, *ayya!*, questa bestia è *nera*!»

«Non ti preoccupare, cara. È una bestia amica. Ma grazie per aver pensato a me.»

Mentre lei sgusciava via, Esteban rise e scandì beffardamente: «Mio servitore!»

Alzai le spalle e replicai: «Anche uno schiavo può possedere uno schiavo».

«Non m'interessa un accidente quanti schiavi tu abbia. E quello può anche essere uno schiavo, e con i capelli corti come i miei, ma di certo non è un *maschio.*»

«Zitto, Esteban. È una finzione, certo, ma solo per evitare il rischio che venga molestata da questi *tunantón* in uniforme.»

«Non spiacerebbe neanche a me cimentarmi in qualche molestia di quel genere», ribatté, scoprendo i denti bianchissimi nell'oscurità. «Qualche volta, durante il nostro lungo viaggio, ho avuto un assaggio delle donne di pelle rossa e le ho trovate molto appetibili. E loro non mi hanno certo trovato più sgradevole dei bianchi.»

Era probabile. Immaginavo che, anche tra la gente della mia razza, una donna lasciva abbastanza da essere tentata da esperienze "esotiche" non avrebbe trovato la carne di un nero più strana di quella di un bianco. Per poco non gli confidai che anch'io avevo avuto un assaggio di una donna della *sua* razza – o quantomeno per metà – e avevo scoperto che dentro non era diversa da una donna "rossa". Ma mi limitai a dire: «*Amigo* Esteban, mi pare di capire che ti piacerebbe ritornare in quelle terre remote».

A sua volta alzò le spalle. «Anche nella più bieca prigionia, là non ero lo schiavo di un solo uomo.»

«E allora perché non ci vai? Parti adesso. Ruba un cavallo. Io non darò l'allarme.»

Lui scosse energicamente il capo. «Sono stato in fuga per questi otto anni. Non voglio avere alle calcagna i cacciatori di schiavi per il resto della mia vita, che mi seguirebbero anche in terre selvagge.»

«Magari...» suggerii, riflettendo. «Magari potremmo inventare un motivo per inviarti legittimamente da quelle parti, e con il consenso dei bianchi.»

«E come?»

«Ho sentito frate Marcos chiedere...»

Esteban scoppiò di nuovo a ridere e ancora una volta il tono della sua voce non era per nulla divertito: «Ah, *el galicoso*».

«Cosa?» chiesi stupito. Da come avevo interpretato il termine, mi pareva che avesse attribuito al frate una malattia molto vergognosa.

«Era solo una battuta. Un gioco di parole. Avrei dovuto dire *el galicano.*»

«Continuo a non capire...»

«*El francés*, allora. Viene dalla Francia. Marcos de Niza è solo la traduzione spagnola del suo vero nome, Marc de Nice, e Nice è una cittadina francese. Il frate è un serpente come tutti i francesi.»

Spazientito, replicai: «Non mi importa che abbia le squame. Vuoi darmi ascolto, Esteban? Quel frate continuava a chiedere ai tuoi compagni bianchi notizie sulle *sette città*. Che cosa intendeva dire?»

«*¡Ay de mí!*» Sputò a terra, con aria disgustata. «È una vecchia favola spagnola. L'ho sentita un sacco di volte. Le Sette Città di Antilia. Si ritiene che siano città d'oro e d'argento, di gemme, d'avorio e di cristallo, situate in una qualche terra ancora inesplorata oltre l'Oceano. Questa favola viene tramandata da tempo immemorabile. Quando venne scoperto questo Nuovo Mondo, gli spagnoli speravano di trovarvi le sette città. Persino a noi, a Cuba, giunse voce che voi indios della Nuova Spagna avreste potuto dirci, volendo, dove si trovavano. Ma, cerchiamo di capirci, io non te lo sto chiedendo, *amigo.*»

«Chiedimelo pure», lo incalzai. «Posso risponderti, con tutta sincerità, che questa è la prima volta che le sento nominare. Tu e i tuoi compagni avete mai visto qualcosa di simile?»

«*¡Mierda!*» esclamò lui. «Nelle terre che abbiamo attraversato, qualsiasi villaggio di fango e di paglia viene chiamato città. E sono le uniche che io abbia visto. Brutte, misere, squallide, malsane e puzzolenti.»

«Il frate ha insistito molto con queste domande. Quando i tre eroi hanno affermato di ignorare l'esistenza di queste favolose città, ho avuto l'impressione che frate Marcos nutrisse dei dubbi sulla veridicità delle loro parole.»

«È tipico di quel serpente! A Compostela ho appreso che chi lo conosceva bene lo chiamava *El Monje Mentiroso.* È ovvio che quel Monaco Bugiardo giudichi gli altri col proprio metro e li sospetti di mentire.»

«Be'... non hai mai incontrato nessun indio che *alludesse* all'esistenza di...?»

«*¡Mierda más mierda!*» imprecò con tanto impeto che dovetti fargli cenno di abbassare la voce per non svegliare gli altri. «Se proprio vuoi saperlo, sì. Un giorno, quando eravamo col Popolo del Fiume – venivamo usati come animali da soma quando decidevano di spostarsi da un'orrida località sul fiume all'altra – il nostro sorvegliante indicò il nord e ci disse che in quella direzione sorgevano sei grandi città del Popolo del Deserto.»

«Sei», ripetei. «Non sette?»

«Sei, ma erano *grandi* città. Il che, per quegli *estúpidos,* probabilmente significava che c'era qualche capanna in più e acqua in abbondanza.»

«E non le ricchezze della favolosa Antilia?»

«Ma certo!» esclamò lui, sarcastico. «I nostri indios del fiume dicevano che barattavano pelli di animali, conchiglie del fiume e piume d'uccello con gli abitanti di quelle favolose città, e in cambio ricevevano *grandi ricchezze.* E quello che loro definiscono "ricchezze" sono solo delle scadenti pietre verde-azzurre che piacciono tanto a voi indios.»

«Quindi nulla che susciterebbe l'avidità degli spagnoli?»

«Ma tu mi stai ascoltando, amico? Qui stiamo parlando di un *deserto*!»

«Allora i tuoi compagni non stanno davvero nascondendo nulla al frate?»

«Nascondendo *che cosa*? Ero l'unico che riuscisse a capire qualcosa delle lingue degli indios. Il mio padrone Dorantes sa solo quello che io gli traducevo. E non è gran cosa, visto che c'era poco da riferire.»

«Supponiamo che... tu, in privato... lasci intendere a frate Marcos che i bianchi gli stanno nascondendo qualcosa... E tu, invece, conosci l'ubicazione di quelle ricche città...»

Esteban mi guardò a bocca aperta. «Mentire a uno come lui? Che vantaggio potrei trarre dal dire fandonie a uno soprannominato il Monaco Bugiardo?»

«A quanto mi consta, i bugiardi sono le persone più disposte a credere alle menzogne. Lui sembra convinto dell'esistenza delle città di Antilia.»

«Allora? Dovrei dirgli che esistono? E che so dove sono? Perché mai dovrei fare una cosa simile?»

«Per tornare in quelle terre dove tu non saresti più uno schiavo, dove hai trovato donne che ti piacevano e a cui piacevi... e per tornarci non da fuggitivo.»

«Hmm... » mormorò Esteban, riflettendo.

«Devi dire al frate che tu puoi condurlo in quelle città immensamente ricche. Si lascerà convincere più facilmente se gli farai capire che stai dicendo una cosa su cui gli eroi bianchi sono reticenti. Lui penserà che serbino il segreto per svelarlo al marchese Cortés. E si cullerà nell'illusione di poter mettere le mani su quelle strepitose ricchezze – col tuo aiuto – prima di Cortés o dei suoi emissari. E farà in modo che tu lo conduca in quei luoghi.»

«Ma... una volta giunti a destinazione, in realtà non avrò niente da mostrargli. Tranne capanne di fango e sassolini blu di nessun valore e...»

«Adesso sei tu, amico mio, a essere *estúpido.* Portalo da quelle parti e fa' in modo che si perda. Se mai riuscisse a tornare nella Nuova Spagna, potrà solo riferire che tu devi essere stato ucciso dai guardiani di quei tesori.»

Il volto di Esteban cominciò ad avvampare, se mai un nero avvampa. «Sarei libero...»

«Vale senz'altro la pena di tentare. Non devi neppure mentire, se questo ti turba. Il frate, grazie al suo carattere avido e disonesto, si autoconvincerà al punto giusto.»

«Per Dio, lo farò! *Amigo,* sei un uomo saggio e astuto. Dovresti essere tu il marchese della Nuova Spagna!»

Per modestia lo smentii, ma devo ammettere che ero piuttosto fiero di me stesso e del contorto piano che avevo architettato. Naturalmente Esteban non sapeva che lo stavo usando per i miei fini segreti, ma questo nulla toglieva ai vantaggi che ne avrebbe ricavato lui, che finalmente si sarebbe sottratto al giogo di qualsiasi padrone e avrebbe avuto la possibilità di vivere da uomo *libero* con quel lontano Popolo del Fiume... libero anche di "assaggiare" le loro donne come e quando gli pareva.

Ho riferito gran parte della nostra lunga conversazione di quella notte perché servirà a tempo debito a rendere più chiara la spiegazione di come quell'incontro con gli eroi e con il frate influì sull'evoluzione del mio piano per rovesciare il dominio dei bianchi. E, per darmi ulteriore incoraggiamento, mi aspettava un altro incontro ancora.

Era quasi l'alba quando Esteban e io finimmo di parlare, e proprio al sorgere del sole si verificò l'ennesima coincidenza predisposta dagli dei burloni.

All'improvviso – dalla stessa direzione da cui eravamo arrivati Pakápeti e io – giunsero quattro nuovi soldati spagnoli che svegliarono tutti con lo scalpitio dei loro cavalli. Quando udii la notizia che riferirono al tenente Tallabuena, mi sentii sollevato: neanche questi uomini stavano inseguendo me e Pakápeti. Dai cavalli schiumanti dedussi che dovevano aver viaggiato di gran carriera per tutta la notte. Se anche erano passati accanto al corpo di guardia in cui noi avevamo ucciso i soldati spagnoli, non si erano fermati a ispezionarlo.

«Tenente!» annunciò uno dei nuovi arrivati. «Lei non è più agli ordini di quello *zurullón* di Guzmán!»

«Grazie a Dio!» esclamò Tallabuena, sfregandosi gli occhi insonnoliti. «Come mai?»

Il cavaliere smontò, tese le briglie a un soldato semiaddormentato e chiese: «C'è qualcosa da mangiare? Le nostre cinture ormai stringono solo le ossa. *Ay,* ci sono novità dalla capitale, tenente. Il re ha finalmente nominato un *virrey* a capo dell'*Audiencia* della Nuova Spagna. Una brava persona, questo viceré Mendoza. Una delle sue prime decisioni è stata quella di dar credito alle proteste contro Nuño de Guzmán per tutte le atrocità da lui commesse nei confronti degli schiavi mori e indios. E con uno dei suoi primi decreti ha ordinato la destituzione di Guzmán dalla carica di governatore della Nuova Galizia. Stiamo andando a Compostela per condurlo nella capitale, dove verrà giudicato e punito».

Nulla avrebbe potuto farmi più piacere. Il nuovo arrivato azzannò un gran pezzo di arrosto freddo di cervo prima di continuare: «Guzmán verrà sostituito nella carica da un uomo più giovane, un tizio arrivato dalla Spagna insieme con Mendoza, un certo Coronado, che proprio in questo momento è in viaggio per la Nuova Galizia».

«*¡Oye!*» esclamò frate Marcos. «Si tratta per caso di Francisco Vázquez de Coronado?»

«Sì», confermò il soldato tra un boccone e l'altro.

«*¡Qué feliz fortuna!*» gridò il frate. «Ho sentito parlare di lui, e solo in termini elogiativi. È un amico intimo del viceré Mendoza che, a sua volta, è molto amico del vescovo Zumárraga, il quale poi è un carissimo amico mio. Inoltre, questo Coronado di recente ha fatto un ottimo matrimonio, sposando una cugina di *re Carlos in persona. Ay,* Coronado avrà potere e influenza da queste parti!»

Gli altri spagnoli stavano scuotendo il capo di fronte a questa dovizia di novità, ma io sgusciai via dalla folla per mettermi a fianco di Esteban, al quale sussurrai: «Le cose sembrano andare di bene in meglio, *amigo.* Ben presto potrai tornare tra il Popolo del Fiume».

Lui annuì ed espresse a parole quello che era esattamente il mio pensiero: «Il Monaco Bugiardo convincerà il suo amico vescovo – e il viceré amico del vescovo – a mandarlo in quelle terre con la scusa di fare il missionario tra i selvaggi. Non importa che riveli o no al vescovo e al viceré la vera ragione del suo viaggio. L'importante è che mi porti con sé».

«E questo nuovo e giovane governatore Coronado sarà ansioso di mettersi in mostra», aggiunsi. «Se tu passi da Compostela con frate Marcos, scommetto che Coronado sarà generoso nel fornirvi cavalli, attrezzature, armi e viveri.»

«Sì», ridacchiò Esteban. «Ti devo molto, *amigo.* Non ti dimenticherò. E se mai ammucchierò delle ricchezze, le dividerò con te.»

Così dicendo, allungò le braccia e mi strinse vigorosamente in quello che gli spagnoli chiamano un *abrazo.* Poiché alcuni soldati ci stavano osservando, temetti che si chiedessero per quale motivo venivo ringraziato con tanto calore. Poi ebbi una preoccupazione assai più impellente. Alle spalle di Esteban avevo visto che anche Pakápeti ci stava guardando. Sgranò gli occhi e di scatto corse verso i cavalli. Capendo immediatamente quello che stava per fare, mi strappai all'abbraccio del moro e la rincorsi. Riuscii ad afferrarla prima che potesse estrarre un archibugio dai bagagli.

«No, Pakápeti! Non occorre!»

«Sei sano e salvo?» chiese con voce tremante. «Credevo che fossi stato aggredito da quella bestia nera.»

«No, no. Sei una cara ragazza, ma un po' troppo impetuosa. Ti prego, lascia fare a me. Ti spiegherò poi perché mi ha stretto fra le braccia.»

Adesso erano molti gli spagnoli che ci stavano guardando incuriositi, ma, dopo ch'io ebbi lanciato dei sorrisi rassicuranti, tornarono a rivolgere la loro attenzione ai nuovi venuti. Uno di loro stava dicendo: «Un'altra novità, anche se di minor rilevanza, è che il papa Paulo ha creato una nuova sede episcopale qui, in Nuova Spagna: la diocesi della Nuova Galizia. E l'ha assegnata a padre Vasco de Quiroga. Un nostro messaggero sta andando a comunicare a padre Vasco che gli è stata conferita la mitra e che d'ora in poi sarà monsignor Quiroga vescovo della Nuova Galizia».

Quella notizia mi fece piacere al pari delle altre che avevo appena sentito. Mi augurai solo che padre Vasco, assurto a una così alta carica ecclesiastica, ora non rinnegasse le sue opere buone, le sue buone intenzioni e la sua buona indole. Senza dubbio il papa si aspettava che il nuovo vescovo estorcesse ai coloni di Utopía ulteriori contributi a quello che il notaio

Alonso aveva chiamato il *quinto* del papa. Comunque andassero le cose, tutto faceva ben sperare per i piani miei e di Esteban. Probabilmente il vescovo Zumárraga, vedendo un rivale nel vescovo Quiroga, sarebbe stato ancor più ben disposto a inviare frate Marcos in cerca di nuove anime o nuove ricchezze per la Madre Chiesa.

Di proposito ritardai la partenza sino a che i quattro nuovi arrivati non furono ripartiti alla volta di Compostela. Poi mi congedai da Esteban e dal tenente Tallabuena che, insieme a tutti i soldati – con l'eccezione dei tre eroi e del Monaco Bugiardo – ricambiarono cordialmente il mio saluto.

Pakápeti e io, con i nostri due cavalli di scorta, puntammo più a nord rispetto alla direzione che avevano preso i messaggeri appena partiti, in quella che speravo fosse la via per Aztlan.

# 17

Non molti giorni più tardi, ci ritrovammo fra i monti che ricordavo di aver attraversato nel viaggio con mia madre e mio zio. Eravamo solo all'inizio della stagione delle piogge, ma quando giungemmo al limitare orientale delle terre dominate da Aztlan, il dio Tlaloc e i suoi aiutanti, gli spiriti tlalóque, si stavano divertendo a scatenare un temporale. Lanciavano dal cielo i bastoni zigzaganti dei lampi e scuotevano poderosamente le loro immense giare d'acqua, rovesciandole sulla terra. Attraverso la cortina di pioggia, intravidi il lucore di un fuoco da campo su una collina non lontana da noi. Fermai il nostro piccolo convoglio al riparo di un folto d'alberi e attesi che il bagliore di un lampo mi consentisse di vedere meglio. Intravidi allora cinque uomini che stavano attorno a un fuoco protetto da una tettoia di rami fronzuti. Tutti gli uomini indossavano l'armatura imbottita di cotone dei guerrieri aztéca e pareva che fossero lì proprio ad aspettare il nostro arrivo. Se così era, pensai, si trattava di un evento piuttosto strano, perché era impossibile che qualcuno fosse al corrente del nostro arrivo in quel di Aztlan.

«Aspettami qui con i cavalli, Pakápeti», le ordinai. «Voglio assicurarmi che siano davvero del mio popolo. Tienti pronta alla fuga se ti segnalo che si tratta di gente ostile.»

Sotto la pioggia battente m'incamminai sul fianco della collina. Avvicinandomi al gruppo, levai le mani per mostrare che non ero armato e gridai: «Mixpantzínco!»

«Ximopanólti!» mi venne risposto, in tono amichevole e nel ben noto accento di Aztlan che riudii con piacere.

Feci ancora qualche passo e, alla luce del lampo successivo, riconobbi l'uomo che mi aveva risposto. Un volto a me ben noto della vecchia Aztlan, che tuttavia non gradivo rivedere ben conoscendo il personaggio. Immagino che la mia voce tradisse i miei pensieri quando, con scarso entusiasmo, lo salutai: «*Ayyo,* cugino Yeyac».

«Yéyac*tzin*», mi corresse lui, altero. «*Ayyo,* Tenamáxtli. Ti stavamo aspettando.»

«Così parrebbe», convenni, guardando gli altri quattro guerrieri tutti armati di maquáhuime di ossidiana. Immaginai che fossero i suoi attuali amanti cuilóntin, ma non feci alcuna battuta in proposito. Mi limitai a chiedere: «Come facevi a sapere del mio arrivo?»

«Ho le mie fonti di informazione», rispose Yeyac, e il rombo di un tuono accompagnò le sue parole facendole sembrare minacciose. «Naturalmente non avevo la certezza che si trattasse proprio del mio amato cugino, ma la descrizione era abbastanza accurata.»

Sorrisi, benché non fossi dell'umore giusto. «Il nostro bisnonno sta esercitando di nuovo i suoi poteri di veggente?»

«Il vecchio Canaútli è morto da parecchio tempo.» A quell'annuncio i tlalóque scatenarono un'altra assordante raffica di pioggia. Quando infine riuscì a farsi sentire, Yeyac domandò: «Dov'è il resto del tuo gruppo? Il tuo schiavo e i cavalli dell'esercito spagnolo?»

Ero sempre più turbato. Se la notizia non gli era giunta da un veggente aztécatl, *chi* lo teneva così ben informato? Avevo notato che aveva usato il termine "spagnolo", anziché ricorrere alla parola "Caxtiltéca" con la quale un tempo ad Aztlan venivano indicati gli uomini bianchi. E mi ricordai che molto di recente avevo provato un certo disagio nell'apprendere che Guzmán aveva fondato la capitale della sua provincia proprio vicino ai nostri territori.

«Mi addolora la notizia della morte del bisnonno», ripresi con tono pacato. «E devi scusarmi se intendo fare rapporto solo al nostro Uey-Tecútli Mixtzin e non a te o ad altri. E ho molto da raccontare.»

«Allora dimmelo qui e subito!» sbraitò lui. «Sono io l'Uey-Tecútli di Aztlan!»

«Tu? Impossibile!» sbottai io.

«Mio padre e tua madre non hanno mai fatto ritorno a casa, Tenamáxtli.» Ebbi uno scatto involontario nell'udire quelle parole, e Yeyac aggiunse: «Mi spiace di avere tante brutte notizie da comunicarti», ma evitò il mio sguardo. «Ci giunse notizia che Mixtzin e Cuicáni erano stati trovati morti lungo la strada, probabilmente vittime di banditi».

Era una notizia straziante. Ma se era vero che mio zio e mia madre erano morti, dai modi di Yeyac seppi che non erano periti per mano di sconosciuti. Un susseguirsi di lampi, tuoni e scrosci d'acqua mi diede il tempo di ricompormi. Alla fine chiesi: «E che ne è di tua sorella e suo marito – come si chiamava? – Káuri. Mixtzin aveva affidato a loro la reggenza».

«*Ayya,* quel deboluccio di Káuri», ghignò Yeyac. «Non aveva certo la stoffa del guerriero. Né del cacciatore. Un giorno, qui su queste montagne, ferì un orso e fu stupido abbastanza da inseguirlo. L'animale ovviamente lo sbranò. La vedova Améyatzin fu lieta di ritirarsi a vita privata e di affidare a me il compito di governare.»

Sapevo che anche quella era una menzogna, perché la cugina Améyatl conosceva suo fratello ancor meglio di me e non era donna da lasciare di sua spontanea volontà il comando neppure a un vero uomo, men che meno a quel pietoso simulacro che lei aveva sempre deriso e disprezzato.

«Bando alle sciocchezze, Tenamáxtli!» ringhiò Yeyac. «Ora tu obbedirai a me!»

«Già. Proprio come tu obbedisci al governatore bianco Guzmán.»

«Non più», ribatté lui, senza riflettere. «Al nuovo governatore Coronado...»

Richiuse la bocca, ma troppo tardi. Avevo già appreso quel che c'era da sapere. Quei quattro emissari spagnoli erano arrivati a Compostela per arrestare Guzmán e avevano accennato all'incontro con me e Pakápeti. Forse, a quel punto, avevano cominciato a nutrire dubbi sulla legittimità della mia "missione" per conto della Chiesa e avevano manifestato le loro riserve. Poco importava che Yeyac si fosse trovato a Compostela in quel momento, o avesse appreso la notizia in seguito. Era chiaramente in combutta con gli uomini bianchi. Avrei scoperto a tempo debito se questo implicava anche la sottomissione al giogo spagnolo di tutti gli abitanti di Aztlan, aztéca o mexíca che fossero. Per il momento dovevo affrontare solo Yeyac.

Tra un'esplosione di tuono e l'altra, lo ammonii: «Sta' attento, smidollato». E allungai la mano verso il coltello di ferro che portavo alla cintola. «Non sono più il cugino ingenuo dei tuoi ricordi. Da quando ci siamo separati, ho ucciso...»

«*Smidollato?*» ripeté gridando. «Anch'io ho ucciso! Vuoi essere la mia prossima vittima?»

Con il volto distorto dalla rabbia, Yeyac sollevò la pesante maquáhuitl e avanzò verso di me, imitato dai quattro compagni. Indietreggiai, rimpiangendo di non aver portato con me un'arma più temibile del coltello. Ma, all'improvviso, quelle minacciose lame di ossidiana divennero d'argento perché i lampi di Tlaloc presero a imperversare in rapida successione intorno a noi. Non mi aspettavo quel che avvenne, anche se mi fece molto piacere. Yeyac fece un altro passo, questa volta all'indietro, barcollò e spalancò la bocca in un grido che venne soffocato dal rombo del tuono, poi lasciò cadere la spada e scivolò supino a terra sollevando spruzzi di fango.

Non dovetti difendermi dai suoi quattro scagnozzi. Rimasero immobili sotto la pioggia, le spade levate, come se il fulmine li avesse impietriti. Al pari di Yeyac, avevano la bocca aperta, ma per lo stupore, la paura e il timore reverenziale. A differenza di me, non potevano aver visto il foro rosso e sanguinante che si era aperto nell'armatura imbottita di Yeyac, e nessuno aveva udito il rumore dell'archibugio che l'aveva provocato. I quattro cuilóntin potevano solo pensare ch'io mi fossi appellato al dio Tlaloc affinché colpisse il loro capo col fulmine. Non diedi loro il tempo di cambiare opinione e gridai: «Gettate le armi!»

Obbedirono all'istante, senza resistere. Quelle creature, dedussi, dovevano essere fragili più delle donne, facilmente intimorite dalla voce imperiosa di un vero uomo.

«Questo vile pretendente è morto», dichiarai, sferrando un calcio al cadavere – e lo feci solo per rigirare Yeyac in modo che non potessero vedere il sangue che si spandeva sul suo petto. «Rimpiango unicamente di aver dovuto chiedere l'aiuto degli dei con tanta precipitosità. Avevo molte domande da porgli, ma lo sciagurato non me ne ha dato il tempo.» I quattro guardarono il corpo con aria mesta e non reagirono quando feci un gesto verso il folto della boscaglia per chiamare Pakápeti. «Adesso», annunciai, «voi guerrieri prenderete ordini da me. Sono Tenamáxtli, nipote del defunto Signore Mixtzin, e quindi adesso mi spetta di diritto il titolo di Uey-Tecútli di Aztlan.»

Ma, non avendo alcun ordine immediato da impartire, mi limitai a intimare: «Aspettatemi qui». Poi avanzai sul terreno fangoso per intercettare Pakápeti che arrivava conducendo i cavalli. Volevo avvertirla di nascondere l'archibugio che aveva appena impiegato con grande tempismo e precisione. Quando però le fui vicino, vidi che lei, prudentemente, lo aveva già riposto. Perciò mi complimentai sorridendo: «Bel colpo, Pakápeti».

«Sicché non ho agito troppo avventatamente?» Aveva osservato il mio arrivo con una certa apprensione, ma adesso mi sorrise. «Temevo che mi avresti sgridata. Ma ho pensato che anche questa fosse una bestia che ti aggrediva.»

«Questa volta hai visto giusto. E sei stata bravissima. A una simile distanza, con una luce sfavorevole... sei di una bravura invidiabile.»

«Sì», convenne lei, con quello che mi parve un compiacimento poco femminile. «Ho ucciso un uomo.»

«Be', un uomo per modo di dire.»

«Avrei fatto del mio meglio per eliminare anche gli altri se tu non mi avessi fatto un segno.»

«Sono di scarsa importanza. Contieni il tuo odio per i maschi sino a che non potrai uccidere nemici che valgano la pena di essere eliminati.»

Mentre i tlalóque del cielo imperversavano con lampi, tuoni e rovesci d'acqua, ordinai ai quattro guerrieri di issare il corpo di Yeyac sulla groppa di uno dei miei cavalli da soma in modo che fosse a pancia in giù, con la ferita al petto nascosta. Poi ingiunsi loro di starmi ai fianchi mentre cavalcavamo, io davanti e Pakápeti in coda alla carovana.

In un momento in cui i tuoni cessarono di rumoreggiare, mi protesi dalla sella e ordinai all'uomo che camminava alla mia sinistra: «Dammi la tua maquáhuitl». Lui me la porse docilmente, e io lo interrogai: «Hai sentito quello che mi ha riferito Yeyac... tutti quei decessi tempestivi che lo hanno portato alla carica di Uey-Tecútli di Aztlan. Quanta verità c'era nelle sue parole?»

Il guerriero tossì e temporeggiò: «Il tuo bisnonno, il nostro Rammentatore della Storia, è morto di vecchiaia, come capita a chi non decede prima».

«Questo posso accettarlo», risposi, «ma non ha nulla a che vedere con la straordinaria ascesa di Yeyac alla posizione di Riverito Governatore. So pure che tutti gli uomini devono morire, ma – ti avverto – alcuni devono morire prima di altri. Che mi dici degli altri decessi? Mixtzin, Cuicántzin e Káuritzin?»

«È successo esattamente come ti ha detto Yeyac», affermò l'uomo, distogliendo però lo sguardo, proprio come aveva fatto mio cugino. «Tuo zio e tua madre sono stati assaliti dai banditi...» Non poté aggiungere altro. Vibrando un colpo con la sua stessa spada di ossidiana gli tranciai la testa, e i due pezzi separati del suo corpo caddero in un rivolo lungo il sentiero.

Mi rivolsi al guerriero sull'altro fianco, il quale mi guardava con gli occhi sbarrati. «Come ho detto, ci sono uomini che devono morire prima di altri. E non mi piace chiedere l'aiuto di Tlaloc, che al momento si sta occupando del temporale, quando posso uccidere con le mie mani.» Come se Tlaloc mi avesse udito, la pioggia cominciò a placarsi. «Allora, che cos'hai da dirmi?»

L'uomo balbettò per qualche istante e infine confessò: «Yeyac ha mentito, come pure Quani». Indicò i resti nel rivolo alle nostre spalle. «Yéyactzin aveva messo guardie al limitare di Aztlan per spiare il ritorno di Mixtzin e sua sorella – e te – dal viaggio a Tenochtitlán. Quando i due sono arrivati... be'... sono caduti in un'imboscata.»

«Chi ha partecipato all'imboscata?» volli sapere.

«Yeyac, naturalmente. E il suo favorito, Quani, il guerriero che hai appena giustiziato. Hai ottenuto piena vendetta, Tenamáxtzin.»

«Ne dubito. Non ci sono due uomini in tutto l'Unico Mondo capaci, pur tendendo una vile imboscata, di avere la meglio su Mixtzin.» E sferrai un altro colpo di spada. La testa dell'uomo volò via e il suo corpo si accasciò fra gli arbusti lungo il sentiero.

Mi voltai per parlare all'altro guerriero alla mia sinistra. «Aspetto di sapere la verità. Come avrai notato, non ho molta pazienza.»

Costui, balbettando per la paura, mi assicurò: «Ti dirò la verità, mio signore. Lo giuro baciando la terra. Eravamo tutti colpevoli. Yeyac e noi quattro abbiamo teso l'imboscata e, tutti insieme, siamo balzati addosso a tuo zio e a tua madre».

«E che ne è stato di Káuri, il co-reggente?»

«Né lui né nessun altro ad Aztlan hanno mai saputo nulla della fine di Mixtzin e di Cuicántzin. Abbiamo convinto Káuritzin a venire con noi a caccia di orsi in montagna. Ha accettato e, coraggiosamente, ha ucciso un orso con la lancia. Ma noi, a nostra volta, abbiamo ucciso lui, poi gli abbiamo lacerato il corpo servendoci degli artigli e delle fauci della bestia. Quando abbiamo riportato a casa l'orso e il suo cadavere, la vedova, tua cugina Améyatzin, non è stata in grado di contestare la nostra versione.»

«Poi cos'è successo? Avete ucciso anche lei, vili traditori?»

«No, mio signore. Lei è viva, bacio la terra. Ma non è più reggente e vive in isolamento.»

«Perché? Avrebbe dovuto aspettare finché il padre non fosse tornato a riprendere il comando. Come mai ha rinunciato alla reggenza?»

«Chi lo sa, mio signore. Forse per il dolore arrecatole dalla vedovanza o in segno di lutto.»

«Sciocchezze!» esplosi. «Améyatzin non si sottrarrebbe al

proprio dovere neppure se davanti a lei si spalancasse il buio oblio del Míctlan. Come l'avete convinta? Con la tortura? Lo stupro? *Cosa?*»

«Questo avrebbe potuto dirtelo solo Yeyac. Fu lui a persuaderla, e ormai non è più in grado di rivelartelo. Però posso dirti una cosa.» E parlò con alterigia, tirando su col naso: «Il mio signore Yéyactzin non si sarebbe mai sporcato stuprando o usando altrimenti il corpo di una femmina».

Quel commento mi fece infuriare ancor più delle menzogne dei suoi compagni, e il mio terzo fendente di maquáhuitl lo tranciò dalla spalla al ventre.

L'ultimo guerriero sopravvissuto si era prudentemente allontanato dal mio fianco, mettendosi fuori della portata della mia spada, ma stava anche scrutando il cielo ancora buio e minaccioso nonostante non piovesse più.

«Fai bene a non scappare», lo ammonii. «I fulmini di Tlaloc sono molto più lunghi del mio braccio. Ma sta' tranquillo. Ti risparmio, almeno per il momento. E per una ragione.»

«Ragione?» gracchiò lui. «Quale ragione, mio signore?»

«Voglio che mi racconti tutto ciò che è successo ad Aztlan durante la mia assenza.»

«*Ayyo*, sin nei minimi particolari, mio signore!» esclamò, zelante. «Bacio la terra. Da dove comincio?»

«So già che Yeyac si è messo d'accordo con gli uomini bianchi. Quindi dimmi: ci sono degli spagnoli nella nostra città o nei territori a noi assoggettati?»

«No, mio signore, in nessuna delle terre di Aztlan. Yeyac e noi, sue guardie personali, siamo stati spesso a Compostela, ma nessun bianco si è mai spinto sin qui. Il governatore spagnolo ha giurato che avrebbe permesso a Yeyac di regnare indisturbato ad Aztlan, ponendo una sola condizione: che Yeyac impedisse alle bande del luogo di fare incursioni nelle terre del *governatore.*»

«In altre parole», osservai, «Yeyac era disposto a lottare contro la sua stessa gente per conto dei bianchi. È mai successo?»

«Sì», rispose il guerriero, cercando di assumere un'aria contrita. «In due o tre occasioni Yeyac ha riunito uomini di provata fedeltà e... be'... hanno dissuaso piccole bande di dissidenti che marciavano a sud per compiere azioni di disturbo contro gli spagnoli.»

«Quando parli di "uomini di provata fedeltà", intendi forse dire che non tutti i guerrieri e gli abitanti di Aztlan erano contenti di avere Yeyac come Uey-Tecútli?»

«Appunto. La maggior parte degli Aztéca – e anche dei Mexíca – preferivano di gran lunga essere governati da Améyatzin e dal suo consorte. Rimasero sgomenti quando la nostra signora fu deposta. Naturalmente, sarebbero stati ancor più lieti di veder tornare Mixtzin. E lo attendono ancora, dopo tutti questi anni.»

«La popolazione è a conoscenza dell'infido patto stipulato fra Yeyac e il governatore spagnolo?»

«Ben pochi lo sanno. Neppure i membri del Consiglio Parlante. È noto solo a noi, guardie personali di Yeyac, e a quei guerrieri fedeli cui ho accennato. E al suo più fido consigliere, una persona giunta di recente da queste parti. Ma la gente ha accettato il governo di Yeyac, sia pur con riluttanza, perché lui affermava di essere l'unico in grado di impedire l'invasione dei bianchi. E questo l'ha mantenuto. Nessun abitante di Aztlan ha mai visto uno spagnolo. Né un cavallo», aggiunse l'uomo guardando il mio animale.

«Il che vuol dire», riflettei, «che gli spagnoli, indisturbati grazie all'intervento di Yeyac, hanno avuto tutto il tempo necessario per potenziare esercito e armamenti. E ora si sentono pronti a marciare contro di noi. Cosa che faranno presto. Ma, un momento... hai parlato di un fido consigliere di Yeyac. Chi sarebbe costui?»

«Ho parlato al maschile, mio signore? Avrei dovuto dire una fida consigliera.»

«*Una donna?!* Il tuo defunto compagno ha appena detto chiaro e tondo che Yeyac non voleva aver nulla a che fare con le donne, neppure come vittime.»

«E questa donna non vuole aver niente a che fare con gli uomini, direi, benché i maschi cui piacciono le femmine potrebbero trovarla attraente e desiderabile. Ma questa donna la sa molto lunga sulle strategie, le opportunità e l'arte di governare. Per questo Yeyac ha dato retta a tutti i suoi consigli. È stata lei a suggerirgli di recarsi presso il governatore spagnolo. Quando abbiamo saputo del tuo arrivo, immagino che avrebbe voluto unirsi a noi per intercettarti, ma era impegnata a tenere tua cugina Améyatl in isolamento.»

«Voglio azzardare un'ipotesi» dichiarai, tetro. «Questa furbacchiona si chiama G'nda Ké.»

«Sì», rispose il guerriero, sorpreso. «Ne hai sentito parlare, mio signore? La sagacia di questa signora è nota anche al di là dei confini di Aztlan?»

«Per essere nota, è nota... questo bisogna ammetterlo», borbottai.

Il temporale si era placato, le nubi si erano diradate e Tonatíu stava serenamente tramontando a occidente; alla luce dei suoi raggi, riconobbi il luogo in cui mi trovavo. Fra poco sarebbero apparse le prime abitazioni e i campi coltivati di Aztlan. Feci cenno a Pakápeti di mettersi al mio fianco.

«Prima di notte, mia cara, sarai nell'ultimo baluardo rimasto di quello che un tempo era il regno degli Aztéca. Una Tenochtitlán minore, ma pur sempre prospera e orgogliosa. Spero che ti possa piacere.»

Stranamente, la donna non fece alcun commento e non diede segno di gradire il mio annuncio. Le domandai: «Come mai sei così abbattuta?»

Lei, con tono molto irritato, rispose: «Avresti potuto lasciarmi uccidere almeno *uno* di quei tre uomini».

Sospirai. A quanto pareva, Pakápeti stava diventando una virago come la terribile G'nda Ké. Mi rivolsi di nuovo al guerriero alla mia destra e gli chiesi: «Come ti chiami?»

«Nochéztli, mio signore.»

«Bene, Nochéztli. Voglio che tu ci preceda mentre entriamo in città. Immagino che la gente uscirà di casa per scrutarci. Tu annuncerai a gran voce e ripetutamente che Yeyac è stato – meritatamente – colpito a morte dagli dei che si erano stancati dei suoi tradimenti. E che io, Tenamáxtzin, legittimo successore, sto arrivando per andare a insediarmi a palazzo e diventare il nuovo Uey-Tecútli di Aztlan.»

«Lo farò, Tenamáxtzin. Ho una voce tonante quasi quanto quella di Tlaloc.»

«Un'altra cosa, Nochéztli. Non appena arriverò a palazzo, mi toglierò questi abiti stranieri e indosserò la tenuta da cerimonia. Mentre mi cambio, voglio che tu riunisca tutto l'esercito di Aztlan nella piazza principale della città.»

«Ho solo il grado di tequíua, mio signore. Non sono nella posizione di...»

«Ti conferisco in questo istante l'autorità necessaria. E i tuoi compagni risponderebbero comunque all'appello, non foss'altro per curiosità. Voglio vedere in piazza *tutti* i guerrieri – aztéca e mexíca – e non solo quelli che lo fanno di mestiere, ma tutti i maschi sani e robusti che, pur esercitando un'altra professione, sono stati addestrati all'uso delle armi e, in caso di guerra, verrebbero richiamati. Occupati di questo, Nochéztli!»

«Ehm... scusa, Tenamáxtzin, ma alcuni dei guerrieri fedeli a Yeyac, nell'apprendere la notizia della morte del loro capo, potrebbero darsi alla macchia.»

«Li braccheremo quando ne avremo il tempo. Cerca di non sparire anche tu, altrimenti saresti il primo a essere inseguito, e le modalità della tua esecuzione diventerebbero una leggenda nei tempi a venire. Ho imparato alcune cose dagli spagnoli che farebbero impallidire anche la più atroce punizione degli dei. Te lo giuro baciando la terra.»

Il guerriero, con voce strozzata, affermò: «Sono e sarò ai tuoi ordini, Tenamáxtzin».

«Bene. Se mantieni la tua parola, potrai anche morire di vecchiaia. Non appena l'esercito si sarà riunito, andrai fra gli uomini e mi indicherai tutti coloro che si sono schierati con Yeyac prostrandosi davanti agli spagnoli. In seguito, faremo la stessa cosa col resto degli abitanti di Aztlan. Mi segnalerai i nomi di tutti gli uomini e le donne – dai sacerdoti più rispettati al più infimo degli schiavi – che hanno collaborato con Yeyac o hanno ricevuto i suoi favori.»

«Scusami, mio signore, ma la prima fra tutti dovrebbe essere quella G'nda Ké, che al momento si trova nel palazzo che intendi occupare. Sta sorvegliando le stanze assegnate alla vedova Améyatl, tenuta prigioniera.»

«So fin troppo bene come affrontare quella donna», risposi. «Tu trovami gli altri. Ma ecco spuntare le prime capanne di Aztlan e la gente che esce a guardarci. Va' avanti, Nochéztli, e fa' quel che ti ho detto.»

Con una certa sorpresa notai che Nochéztli, benché fosse un cuilóntli e quindi presumibilmente dotato di una natura effeminata, poteva muggire come l'animale che gli spagnoli chiamano *toro*. Il guerriero gridò ripetutamente quello che gli avevo suggerito di fronte alla gente stupita, che ci guardava a bocca aperta. Molti curiosi si unirono al nostro piccolo corteo, di modo che, quando al tramonto giungemmo nelle strade lastricate della città vera e propria, eravamo alla testa di una nutrita processione, che diventò una vera e propria folla quando infine sbucammo sulla piazza illuminata da torce, dalla quale si accedeva al palazzo, protetto da un muro di cinta.

Ai lati della porta nelle mura c'erano due guerrieri che indossavano l'armatura imbottita e l'elmo con zanne dell'ordine dei cavalieri del Giaguaro, ed erano armati di maquáhuitl, pugnale e lancia. La tradizione avrebbe imposto ai due di incrociare le lance per impedirci l'accesso sino a che non avessimo reso noto il motivo della nostra visita. Le due guardie invece si limitarono a guardare stupefatte quegli sconosciuti abbigliati in modo strano, gli animali a loro ignoti e la folla alle loro spalle. Erano comprensibilmente incerte sul da farsi.

Tesi il collo per chiedere a Nochéztli: «Anche questi due erano uomini di Yeyac?»

«Sì, mio signore.»

«Uccidili.»

I due cavalieri non opposero resistenza ma, impavidamente immobili, lasciarono che Nochéztli brandisse la sua spada di ossidiana e, muovendola a sinistra e a destra, li tranciasse come cespugli del sottobosco. La folla trattenne il fiato e indietreggiò di qualche passo.

«Adesso», suggerii a Nochéztli, «ordina a qualche uomo robusto di portar via queste carogne.» Indicai le guardie e il corpo di Yeyac, ancora sul dorso del cavallo. «Poi imponi alla folla di disperdersi, se non vuole scatenare le mie ire. Quindi procedi con la convocazione dell'esercito in previsione della mia ispezione, che avverrà non appena avrò indossato la tenuta da cerimonia, ornata di oro, gemme e piume.»

Dopo che i cadaveri furono rimossi, invitai Pakápeti a seguirmi e, senza smontare da cavallo, entrammo alteri, da conquistatori, nel cortile dello splendido palazzo del Riverito Governatore di Aztlan, che da quel momento diventava la residenza dell'Uey-Tecútli Téotl-Tenamáxtzin. Che ero io.

# 18

Alla luce delle torce fissate intorno al muro del cortile un buon numero di schiavi stava ancora lavorando nonostante l'ora tarda, curando i molti arbusti fioriti sistemati in grandi vasi di pietra. Pakápeti e io smontammo porgendo le briglie a due di loro, che le presero con gesti timorosi, tenendosi ben discosti dai cavalli.

«Non abbiate paura», li rassicurai. «Sono animali docili. Portate loro acqua in abbondanza e mais sgranato, e restategli vicini sino a che non vi darò ulteriori istruzioni.»

Pakápeti e io ci dirigemmo verso il portone principale del palazzo, che si dischiuse al nostro arrivo. La donna yaki G'nda Ké lo spalancò facendoci cenno di entrare, con l'aria di una padrona che accoglie ospiti da lei invitati. Al posto degli abiti semplici e robusti che aveva indossato a Utopía, ora portava una tenuta sfarzosa. Si era anche truccata il viso, forse per nascondere le lentiggini che deturpavano la sua carnagione. Era molto bella. Persino quel cuilóntli di Nochéztli, che non doveva essere certo un grande ammiratore del genere femminile, l'aveva definita "attraente e desiderabile", ma io mi limitai a notare che aveva sempre lo sguardo e il sorriso da rettile. E continuava a parlare di sé in terza persona, come se si riferisse a un'entità separata.

«Rieccoti, Tenamáxtli», mi salutò, cordiale. «Naturalmente G'nda Ké sapeva che saresti arrivato qui e che durante il tragitto avresti ucciso l'usurpatore Yeyac. Ah, la cara Pakápeti! Come sarai graziosa quando ti lascerai crescere ancor di più i capelli! G'nda Ké è molto felice di vedervi e ansiosa di...»

«Taci!» scattai. «E portami da Améyatl.»

La donna alzò le spalle e ci guidò verso le stanze del piano superiore, ma non quelle che Améyatl aveva occupato un tempo. G'nda Ké sollevò la pesante stanga di una porta che si apriva su una stanza non più grande di una capanna per il bagno di vapore, priva di finestre e maleodorante, senza alcuna lampada d'illuminazione.

Mi feci avanti e presi la stanga dalle mani di G'nda Ké – qualora avesse intenzione di rinchiudere lì dentro anche me – e le dissi: «Portami una torcia. Poi accompagna Pakápeti in una stanza decente dove possa lavarsi e indossare abiti femminili. Dopo torna subito qui, serpente d'una donna, in modo ch'io possa tenerti d'occhio».

Con la torcia accesa entrai nella stanzetta e per poco non vomitai tanta era la puzza. Il solo arredamento era un pitale axixcáli, pieno e fetido. Qualcosa si mosse in un angolo e Améyatl si alzò in piedi. Se non avessi saputo che era lei, non l'avrei riconosciuta. Indossava abiti laceri e sporchi, era magrissima, aveva i capelli lerci, il volto pallido, le guance scavate e occhiaie profonde. Costei, un tempo, era stata la donna più bella di Aztlan.

Ma la sua voce era ancora risoluta e fiera quando mi salutò: «Ringrazio tutti gli dei per la tua venuta, cugino. Da mesi non faccio che pregare...»

«Zitta, cugina. Conserva le poche forze che ti restano. Parleremo dopo. Ti accompagnerò nelle tue stanze in modo che tu possa fare il bagno, mangiare e riposare. Poi avremo molte cose di cui parlare.»

Nei suoi ambienti l'attendevano diverse serve – alcune delle quali erano state ai suoi ordini nei tempi andati – che si torcevano nervosamente le mani ed evitavano il mio sguardo. Le congedai e attesi che G'nda Ké tornasse con Pakápeti, che mi apparve abbigliata come una principessa.

Senza dubbio si trattava di un gesto ironico da parte della donna yaki, che infatti blaterò: «Tutti i nuovi abiti di G'nda Ké vanno bene a Pakápeti, tranne i sandali. Ha dovuto cercarne un paio più piccolo». E continuò, con aria disinvolta: «Avendo camminato molto, e spesso scalza, per gran parte della vita, G'nda Ké adesso esige sandali lussuosi. Ed era lieta di avere Yeyac come protettore – per quanto odioso fosse sotto altri aspetti – perché poteva permettersi di essere generoso per quanto riguardava le calzature. Ne ha armadi pieni. Può portare un paio diverso di sandali ogni...»

«Smettila con i tuoi vani sproloqui», le ordinai prima di presentare Améyatl a Pakápeti. «Questa donna maltrattata è la mia adorata cugina. Poiché non mi fido di nessuno in questo palazzo, ti chiedo di occuparti di lei, e con gentilezza, Pakápeti. Lei ti indicherà dove si trovano il bagno di vapore, il suo guardaroba e così via. Va' nelle cucine dabbasso e portale cibi nutrienti e del buon chocólatl. Poi aiutala a stendersi sul suo giaciglio e coprila con molte coltri. Non appena si sarà addormentata, raggiungimi a pianterreno.»

«Sono onorata di poter servire la signora Améyatl», rispose Pakápeti.

Mia cugina si protese per baciarmi sulla guancia, ma si ritrasse subito per non ammorbarmi col suo tanfo da prigioniera, e seguì Pakápeti.

«Ho già fatto uccidere le due guardie al portone», dissi a G'nda Ké. «Immagino che tutte le persone di servizio qui siano state fedeli a Yeyac durante il suo falso regno.»

«Sì. Ce n'erano alcune che si sono rifiutate di farlo, ma se ne sono andate molto tempo fa per cercare lavoro altrove.»

«Allora ti incarico di scovare quei fedeli servitori e di farli ritornare qui. Ti affido anche il compito di eliminare tutto il personale attuale. Tutto. Non voglio prendermi il disturbo di giustiziare a colpi di spada questa gentucola. Sono certo che un rettile come te conosce qualche veleno capace di sterminarla in fretta e senza eccezioni.»

«Ma certo», confermò lei, tranquilla come se le avessi chiesto una pozione per la tosse.

«Bene. Aspetta che Améyatl abbia mangiato... senza dubbio sarà il primo pasto decente da quando è stata fatta prigioniera. Poi, quando i domestici si riuniranno per la cena, fa' in modo che l'atóli destinato a loro contenga una buona dose di veleno. Una volta morti, toccherà a Pakápeti occuparsi delle cucine sino a che non troveremo servi e schiavi affidabili.»

«Ai tuoi ordini. Senti: preferisci che questa gente muoia fra atroci dolori o tranquillamente?»

«Non m'importa niente di come morirà. L'importante è che sparisca.»

«Allora G'nda Ké opterà per la morte più misericordiosa, giacché la gentilezza è la sua seconda natura. Metterà nel cibo l'erba tlapatl, che dà una sorta di follia. Nel delirio vedranno splendidi colori e meravigliose allucinazioni, poi più nulla. Ma adesso di' una cosa a G'nda Ké: deve partecipare anche lei a quest'ultimo pasto?»

«No. Mi servi ancora. A meno che Améyatl, una volta riprese le forze, non esprima un parere diverso. Potrebbe chiedermi di eliminarti, e in modo non precisamente tenero.»

«Non imputare a G'nda Ké i maltrattamenti subiti da tua cugina», dichiarò la donna mentre mi seguiva in quello che un tempo era stato l'appartamento reale. «È stato suo fratello a condannarla a quella prigionia disumana. G'nda Ké aveva solo ordinato di tenere la porta sbarrata. Ma neppure G'nda Ké poteva prevalere su di *lui.*»

«Tu menti, donnaccia! Menti con la stessa facilità con cui ti cambi i sandali!» Ordinai a un servitore di mettere tizzoni ardenti e secchi d'acqua nel bagno, e di farlo all'istante. Mentre mi toglievo gli abiti spagnoli, replicai alla donna yaki: «Con i tuoi veleni e i tuoi incantesimi – *ayya,* anche solo con i tuoi occhi da rettile – avresti potuto far fuori Yeyac in qualsiasi momento. *So* che hai usato le tue perfide magie per aiutarlo ad allearsi con gli spagnoli».

«Un semplice dispetto, caro Tenamáxtli», cicalò lei, scherzosa. «I soliti dispetti di G'nda Ké. Che si compiace di mettere zizzania tra gli uomini, solo per passare il tempo in attesa di incontrare te, con cui potrà davvero scatenarsi.»

«Tu e io insieme!» esclamai. «Preferirei agire di concerto con la terribile dea degli inferi Mictlancíuatl.»

«Adesso sei tu che menti. Guardati.» Ero nudo e attendevo con impazienza il momento in cui il servo mi avrebbe annunciato che il bagno era pronto. «Sei contento di essere di nuovo con G'nda Ké. Stai esibendo impudicamente il tuo corpo nudo... uno splendido corpo, devo dire. Stai cercando deliberatamente di tentarla.»

«Sto deliberatamente classificandola come una persona di nessuna importanza. Per me, la tua presenza e i tuoi pensieri valgono quanto quelli di uno schiavo o di un tarlo nel legno.»

A quell'insulto la donna si rabbuiò in volto e i suoi occhi splendettero come schegge di ghiaccio. Finalmente il servo si presentò e lo seguii nel bagno di vapore, ordinando a lei di restare lì ad aspettarmi.

Dopo una lunga e voluttuosa immersione nel vapore, seguita da energici sfregamenti, tornai, sempre nudo, nella camera dove vidi che il guerriero Nochéztli aveva raggiunto G'nda Ké. I due si stavano scrutando a vicenda, lui con sospetto, lei con disprezzo.

Prima che Nochéztli potesse aprir bocca, lei insinuò, con malignità: «Allora è per questo che non t'importava nulla che G'nda Ké ti vedesse nudo. Nochéztli, che è stato uno dei favoriti di Yeyac, dice che adesso è diventato il tuo braccio destro. *Ayya,* sicché la compagnia della dolce Pakápeti è solo una facciata. G'nda Ké non avrebbe mai sospettato una cosa simile».

«Ignora quel tarlo», consigliai al guerriero. «Hai qualcosa da riferire?»

«L'esercito aspetta la tua ispezione, mio signore. Ed è in attesa da un certo tempo.»

«Lascia che aspettino», risposi mentre frugavo nel guardaroba dell'Uey-Tecútli alla ricerca di un manto e di un copricapo da cerimonia. «È quello che deve fare qualsiasi esercito: lunghi periodi di tedio e noia, ogni tanto ravvivati da carneficine. Assicurati che attendano.»

Mentre mi vestivo – chiedendo ogni tanto l'aiuto dell'imbronciata G'nda Ké per fissare qualche gioiello o sistemare una cresta piumata – le dissi: «Potrei essere costretto a eliminare metà di quest'esercito. Quando ci siamo separati vicino al Lago dei Giunchi, mi avevi detto che, nei tuoi viaggi, avresti appoggiato la mia causa. Invece, come fece la tua sciagurata antenata covoni e covoni di anni fa, sei venuta qui ad Aztlan e ti sei comportata nello stesso modo: hai fomentato il dissenso tra il popolo e tra i guerrieri, messo zizzania tra fratelli...»

«Un momento, Tenamáxtli», m'interruppe lei. «G'nda Ké non è responsabile di *tutti* i mali che si sono verificati qui durante la tua assenza. Devono essere passati anni e anni da quando tuo zio e tua madre, al ritorno da Città di Mexíco, sono caduti nell'imboscata di Yeyac, un crimine di cui la maggior parte della popolazione è ancora all'oscuro. G'nda Ké non sa quanto tuo cugino abbia aspettato prima di eliminare il co-reggente Káuri, come non sa quando abbia deciso di imprigionare sua sorella per appropriarsi del manto di Riverito Governatore. G'nda Ké sa solo che tutti questi eventi si sono verificati prima del suo arrivo qui.»

«Ma a quel punto hai convinto Yeyac a collaborare con gli spagnoli di Compostela. *I bianchi che ho giurato di sterminare!* E poi definisci tutto questo un "semplice dispetto"!»

«*Ayyo,* di sicuro è stato divertente. G'nda Ké si diletta a immischiarsi nelle vicende umane. Però è convinta di averti fatto un gran favore. Non appena il tuo nuovo cuilóntli...»

«Che tu possa sprofondare negli abissi del Míctlan, donna! Io non me la faccio con i cuilóntin. Ho risparmiato Nochéztli solo perché mi indichi tutti i seguaci di Yeyac e quelli che hanno ordito la congiura con lui.»

«E quando l'avrà fatto, tu eliminerai tutti i traditori, i deboli, gli scemi, gli inaffidabili – nell'esercito come tra la popolazione civile – tutti coloro che preferirebbero obbedire a un signore spagnolo piuttosto che mettere a repentaglio la propria vita. Ti resterà un esercito migliore anche se ridotto, e una popolazione totalmente devota alla tua causa, la causa per la quale i guerrieri combatteranno con entusiasmo.»

«Sì», dovetti ammettere, «questo è un aspetto positivo.»

«E tutto questo avverrà perché G'nda Ké è stata qui e ha fatto qualche dispetto.»

«Avrei preferito essere io a ricorrere a quelle astuzie e a quegli intrighi», risposi in tono aspro. «Perché non appena avrò strappato tutte le erbacce da Aztlan – *ayya!* – tu sarai l'unica di cui non potrò fidarmi.»

«Ovviamente sei libero di non crederlo. Ma, nella misura in cui può essere amica di un maschio, G'nda Ké ti è amica.»

«Che gli dei mi assistano allora», borbottai, «qualora tu dovessi cambiare idea.»

«Suvvia, affida un incarico di fiducia a G'nda Ké. Vedi se si comporta in modo soddisfacente.»

«Te ne ho già affidati due: eliminare tutti i servitori del palazzo e cercare quelli fedeli che si sono allontanati. Ora te ne assegno un altro: inviare dei messaggeri nelle case di tutti i membri del Consiglio Parlante – ad Aztlan, a Tépiz, a Yakóreke e altrove – e invitarli a presentarsi qui, nella sala del trono, domani a mezzogiorno.»

«Sarà fatto.»

«E mentre io eseguirò la cernita dei guerrieri, tu resterai qui e non dovrai farti vedere da loro. Saranno in molti a chiedersi come mai non ho ucciso te per prima.»

Al pianterreno, Pakápeti mi attendeva per informarmi che Améyatl, ripulita, rinfrescata e profumata, aveva mangiato avidamente e aveva infine ceduto a un sonno profondo.

«Grazie», le dissi. «Adesso vorrei che stessi al mio fianco mentre passo in rassegna quei soldati là fuori. Nochéztli dovrebbe indicarmi quelli di cui voglio liberarmi. Ma non so quanto posso fidarmi di lui. Potrebbe approfittare dell'occasione per regolare conti tutti suoi... superiori che gli hanno negato una promozione, oppure amanti che l'hanno abbandonato. Prima di pronunciare le condanne, potrei chiedere il tuo parere in quanto donna e quindi di cuore più tenero.»

Attraversammo il cortile, dove gli schiavi si stavano ancora occupando dei cavalli con aria piuttosto guardinga, e raggiungemmo Nochéztli al grande portale del muro di cinta. L'esercito era schierato a circa dieci passi dalle mura e riempiva tutto il resto della piazza. I guerrieri erano in tenuta da combattimento ma disarmati; uno ogni cinque reggeva una torcia in modo ch'io potessi vedere i volti e, qua e là, si levavano bandiere di corpi speciali e stendardi di gruppi minori capeggiati da un cuáchic, una "vecchia aquila". Calcolai che in quella piazza dovessero esserci circa mille uomini.

«*Guerrieri... sull'attenti!*» sbraitò Nochéztli, come se da una vita avesse fatto il comandante. Tutti obbedirono. Nochéztli tuonò di nuovo: «*Ascoltate le parole dell'Uey-Tecútli Tenamáxtzin!*»

Gli uomini, per spirito di disciplina o per paura, erano così muti che non dovetti neppure gridare. «Siete stati convocati qui per mio ordine. Adesso, sempre su mio ordine, il tequíua Nochéztli passerà tra di voi e toccherà la spalla di determinati uomini, i quali usciranno dalle file e si porteranno contro questo muro. Non voglio sentire né proteste né domande, non voglio sentire *nulla* sino a che non riprenderò a parlare.»

Nochéztli impiegò talmente tanto tempo a fare la selezione che non starò qui a descriverla passo per passo, uomo per uomo. Quando giunse all'ultima fila, contro il muro c'erano centotrentotto uomini con espressioni che andavano dall'infelicità alla vergogna, alla sfida. Erano di ogni grado, da semplici yaoquízquin, a íyactin e tequíuatin, sino a sottufficiali cuáchictin. Mi sentii disonorato nel vedere che tutti i traditori erano Aztéca. Fra di loro non figurava né uno solo dei guerrieri mexíca venuti qui molto tempo prima per addestrare l'esercito, né alcun loro figlio.

L'ufficiale di grado più elevato era un cavaliere aztécatl, appartenente all'ordine della Freccia. Gli ordini del Giaguaro e dell'Aquila ammettevano tra le loro file solo veri eroi, guerrieri che si erano distinti in molte battaglie e avevano sterminato molti nemici. I cavalieri della Freccia venivano onorati solo perché erano abili nell'usare arco e frecce, arma notoriamente poco accurata, indipendentemente dal numero di nemici che avevano ucciso.

«Voi tutti sapete perché vi trovate qui», proclamai, rivolto agli uomini accanto al muro, ma forte abbastanza perché anche gli altri potessero udirmi. «Siete accusati di esservi schierati al fianco di Yeyac, che aveva usurpato il titolo di Riverito Governatore, benché tutti voi sapeste che l'aveva ottenuto uccidendo il suo stesso padre e il cognato. Avete seguito Yeyac quando questi si è alleato con gli spagnoli, conquistatori e oppressori dell'Unico Mondo. Inchinandovi ai bianchi, avete combattuto contro uomini valorosi della vostra stessa razza, per fermare la loro resistenza contro gli invasori. C'è qualcuno tra di voi che neghi queste accuse?»

A loro onore, va detto che nessuno fiatò. Era anche merito di Nochéztli, il quale chiaramente era stato onesto nell'indicare i traditori. Posi un'altra domanda: «C'è qualcuno tra di voi che ritenga di poter addurre a giustificazione circostanze attenuanti?»

Cinque o sei si fecero avanti, ma riuscirono solo a dire qualcosa come: «Quando ho prestato giuramento, mio signore, mi sono impegnato a obbedire agli ordini dei miei superiori, ed è quello che ho fatto».

«Hai prestato giuramento all'*esercito*», ribattei, «non a individui che, come tu ben sapevi, agivano contro l'interesse dell'esercito. Davanti a noi ci sono circa novecento guerrieri, vostri compagni d'armi, che non si sono abbassati sino al tradimento.» Mi rivolsi a Pakápeti e le chiesi: «Provi compassione per qualcuno di questi disgraziati?»

«No», rispose, decisa, «per nessuno. Nel Michihuácan, quando governavamo noi purémpe, uomini simili sarebbero stati legati a un palo e lasciati lì sino a che fossero diventati così deboli che gli avvoltoi non avrebbero neppure atteso la loro morte per mangiarli. Suggerirei lo stesso trattamento per tutti questi guerrieri.»

*Per Huitzli,* pensai, *Pakápeti è assetata di sangue quanto G'nda Ké.* Ripresi a parlare a voce alta affinché tutti mi sentissero, pur rivolgendomi agli accusati: «Ho conosciuto due *donne* che erano guerrieri più virili di tutti voi. Una è qui accanto a me, e, se non fosse una femmina, meriterebbe la massima onorificenza militare. L'altra donna valorosa è morta distruggendo un'intera fortezza piena di soldati spagnoli. Voi, invece, siete un disonore per i vostri compagni, le vostre bandiere di battaglia, per noi aztéca e per qualsiasi popolo dell'Unico Mondo. Vi condanno tutti a morte, senza eccezioni. Ma, per clemenza, lascerò a voi la scelta di come morire».

Pakápeti emise un brontolio di protesta.

«Potete scegliere tre modi per morire. Potete sacrificarvi domani sull'altare della dea patrona di Aztlan, Coyolxaúqui. Poiché non lo farete di vostra spontanea volontà, quell'esecuzione pubblica coprirà di infamia la vostra famiglia e i vostri discendenti sino alla fine dei tempi. Tutte le vostre proprietà saranno confiscate, lasciando i parenti nell'indigenza oltre che nella vergogna.»

Mi interruppi per dar loro tempo di riflettere.

«Oppure accetterò la vostra parola d'onore – per quel poco onore che potete aver serbato – che, non appena sarete rientrati a casa, punterete il giavellotto contro il petto e vi ci butterete contro, morendo così per mano di un guerriero, anche se quella mano è la vostra.»

Gran parte degli uomini diede il proprio assenso a quella proposta, ma alcuni attesero il mio terzo suggerimento.

«Oppure potete scegliere un modo ancor più onorevole di sacrificarvi agli dei. Potete partire volontari per una missione che ho progettato. E», aggiunsi in tono sprezzante, «questo comporterà un voltafaccia di fronte ai vostri amici spagnoli. Nessuno sopravviverà a questa missione, bacio la terra. Ma morirete in battaglia, che è l'aspirazione di qualsiasi guerriero. E appagherete tutti i nostri dei versando sangue nemico, oltre al vostro. Dubito che le divinità si lasceranno intenerire al punto da ammettervi nel felice aldilà del Tonatíucan. Ma anche nello spaventoso nulla del Míctlan potrete passare l'eternità ricordando che, almeno una volta nella vita, vi siete comportati da *uomini.* Quanti di voi si fanno avanti?»

Accettarono tutti, chinandosi a toccare il suolo nel gesto tlalqualíztli di baciare la terra per indicarmi la loro fedeltà.

«Così sia», conclusi. «Tu, cavaliere della Freccia, sarai a capo della spedizione quando verrà il momento. Sino ad allora, sarete tutti consegnati nel tempio di Coyolxaúqui. Adesso, dite i vostri nomi al tequíua Nochéztli, in modo che vengano registrati da uno scriba.»

Agli altri soldati nella piazza gridai: «Ringrazio tutti voi, nessuno escluso, per la vostra incrollabile lealtà verso Aztlan. Siete congedati sino alla prossima convocazione».

Rientrando nel cortile del palazzo, Pakápeti mi rimproverò: «Tenamáxtli, sino a stasera hai ucciso con una brutalità e una repentinità pari alle mie. Poi, quando ti sei messo il manto, il copricapo e gli ornamenti, con queste insegne hai assunto anche una clemenza del tutto inappropriata. Un Riverito Governatore dev'essere più feroce degli uomini comuni. Quei traditori meritavano di morire».

«E così sarà», la rassicurai. «Ma in un modo che favorirà la mia causa.»

«Anche un'esecuzione in piazza avrebbe favorito la tua causa. Avrebbe dissuaso gli altri da qualsiasi futuro tentativo di tradimento. Se l'esecuzione fosse stata eseguita da Farfalla e le sue guerriere – le quali avrebbero potuto, per esempio, incidere loro il ventre con una ferita non mortale per poi infilarvi formiche rosse – ti assicuro che nessuno spettatore avrebbe mai più voluto correre il rischio di scatenare la tua collera.»

Sospirai. «Ma non hai visto abbastanza morti, Pakápeti? Allora guarda laggiù», e le indicai la costruzione dietro il palazzo dov'erano installate le cucine, da cui usciva una fila di schiavi, ognuno dei quali portava sulle spalle un cadavere. «Per mio ordine, e in un sol colpo, la donna yaki ha ucciso tutti i servitori del palazzo.»

«E non mi hai neppure lasciato assistere alla scena!» ribatté Pakápeti, irata.

Sospirai di nuovo. «Mia cara, domani Nochéztli mi fornirà un elenco di cittadini che – come i guerrieri – sono stati complici o hanno tratto vantaggio dai crimini di Yeyac. Se prometti di smetterla di tormentarmi, m'impegno a lasciarti esercitare le tue delicate arti femminili su due o tre di loro.»

Lei sorrise. «Bene, questo sì che è degno del vecchio Tenamáxtli. Però non mi basta. Voglio che tu mi prometta che mi lascerai andare con il cavaliere della Freccia e con gli altri in quella missione cui hai accennato, quale che sia.»

«Ragazza mia, sei diventata tlahuéle? Sarà una missione suicida! So che ti piace uccidere. Ma vuoi anche *morire* con loro?»

«Una donna non è obbligata a spiegare tutti i suoi capricci e ghiribizzi», rispose lei con aria altezzosa.

«E io non ti sto chiedendo una spiegazione delle tue intenzioni. Ti sto *ordinando* di non pensarci neppure!» E mi allontanai a grandi passi diretto al piano superiore del palazzo.

Ero seduto accanto al giaciglio di Améyatl, dov'ero rimasto per tutta la notte, quando infine, nella tarda mattinata, lei aprì gli occhi.

«*Ayyo!*» esclamò. «Sei tu, cugino! Temevo che la mia liberazione fosse solo un sogno.»

«È successo davvero. E per fortuna sono arrivato in tempo, prima che tu morissi in quella fetida cella.»

«*Ayya!* Distogli gli occhi, Tenamáxtli. Devo avere l'aria della scheletrica Donna Piangente delle antiche leggende.»

«Per me, cara cugina, tu sei sempre stata la stessa, anche quand'eri una bimba tutta ginocchia e gomiti. Una gioia per gli occhi e per il cuore. Ben presto tornerai a essere quella di sempre, bella e forte. Hai solo bisogno di cibo e riposo.»

Con ansia, mi chiese: «Sono arrivati con te anche mio padre e tua madre? Come mai siete stati via così a lungo?»

«Mi spiace dovertelo dire, ma non sono con me. E non saranno mai più con noi.»

Lei lanciò un piccolo grido di sgomento.

«Mi spiace anche doverti dire che è stata opera di tuo fratello. Li ha uccisi entrambi – e in seguito ha anche eliminato tuo marito – molto prima di imprigionarti e di prendere il tuo posto come signore di Aztlan.»

Lei rifletté in silenzio, versò qualche lacrima e infine mormorò: «Ha commesso azioni orrende... solo per ottenere un piccolo potere... in un remoto e trascurabile angolo dell'Unico Mondo. Povero Yeyac.»

«*Povero Yeyac?*»

«Be', tu e io abbiamo sempre saputo, fin da bambini, che

Yeyac era nato sotto un tonáli avverso, che lo ha reso infelice e insoddisfatto per tutta la vita.»

«Sei infinitamente più tollerante e disposta al perdono di me, Améyatl. Comunque non mi spiace dirti che Yeyac ha cessato di soffrire. È morto, e per mia mano. Spero solo che tu non mi odierai per questo.»

«No... no, naturalmente no.» Mi prese la mano e me la strinse con affetto. «Dev'essere stato per volere di quegli stessi dei che lo hanno afflitto con il suo tonáli. Ma...» parve prepararsi al peggio, «mi hai comunicato *tutte* le cattive notizie?»

«Questo devi giudicarlo da sola. Sto liberando Aztlan da tutti gli alleati e i sostenitori di Yeyac.»

«Li mandi in esilio?»

«Molto più lontano, direi. Nel Míctlan, immagino.»

«Ah. Capisco.»

«Tutti, tranne G'nda Ké, la donna che era a guardia della tua cella.»

«Non so che cosa pensare di lei», ammise Améyatl, in tono perplesso. «Non posso neppure odiarla. Pur dovendo obbedire agli ordini di Yeyac, talvolta riusciva a portarmi pezzetti di cibo più saporiti dell'atóli, o un telo profumato con cui potevo darmi una ripulita. Ma qualcosa... nel suo nome...»

«Sì. Tu e io siamo probabilmente i soli che riconoscono quel nome, ora che il bisnonno è morto. Era stato lui a raccontarci l'antica storia della donna yaki. Ti ricordi? Eravamo bambini all'epoca.»

«*Sì!*» esclamò Améyatl. «La donna che seminò zizzania fra gli Aztéca e ne portò via un gruppo dal quale ebbe origine il popolo dei Mexíca, i grandi conquistatori! Ma questo è successo nella notte dei tempi. Questa non può essere la stessa G'nda Ké!»

«Se non lo è», ringhiai, «di certo ha ereditato tutti gli ignobili istinti della sua antenata e omonima.»

«Chissà se Yeyac se ne è reso conto?» domandò Améyatl. «Anche lui aveva sentito il racconto di Canaútli.»

«Non lo sapremo mai. E non ho ancora chiesto se Canaútli ha avuto un successore... né se gli abbia tramandato questa particolare storia. Tendo a pensare che non l'abbia fatto. Altrimenti il nuovo Rammentatore della Storia, non appena avesse visto la donna a palazzo, avrebbe incitato alla rivolta la popolazione di Aztlan. Specie quando ha convinto Yeyac a mettersi in combutta con gli spagnoli.»

«Yeyac ha fatto una cosa simile?» sibilò Améyatl, stupefatta. «Ma allora... perché hai risparmiato quella donna?»

«Ho bisogno di lei. Ti dirò perché, ma è una lunga storia. Ah! Ecco che arriva Pakápeti, la mia fida compagna di viaggio, e per il momento tua ancella.»

Pakápeti si fece avanti recando un piatto di vivande leggere – frutta e cose simili – per la colazione di Améyatl. Dopo uno scambio di saluti cordiali, Pakápeti, visto che mia cugina e io eravamo immersi in una seria conversazione, ci lasciò.

«Questa donna è qualcosa di più di una semplice ancella personale», spiegai. «È il ciambellano dell'intero palazzo. È anche la cuoca, la lavandaia, la governante, tutto. Lei, tu, io e la donna yaki siamo le sole persone che risiedono qui. Tutti i domestici presenti ai tempi di Yeyac lo hanno raggiunto nel Míctlan. G'nda Ké sta cercando nuovo personale.»

«Stavi per spiegarmi come mai G'nda Ké è ancora viva, mentre tanti altri sono stati uccisi.»

Allora, mentre Améyatl mangiava di buon appetito e con gran piacere, le raccontai tutte – o quasi – le mie avventure, a partire dal momento in cui avevo lasciato Aztlan. Glissai su certi eventi. Per esempio, non descrissi in tutti i suoi orridi particolari la morte sul rogo dell'uomo che poi era risultato essere mio padre... e la cui condanna ed esecuzione mi avevano spinto a compiere molte delle azioni successive. Riassunsi anche il resoconto del mio apprendimento della lingua spagnola e delle superstizioni cristiane, e il modo in cui avevo imparato a costruire un tubo tonante. Sorvolai sui brevi rapporti carnali intrattenuti con la mulatta Rebeca, sul profondo affetto tra me e Citláli, o sui vari incontri con le donne (e il ragazzo) purémpe, avvenuti prima di conoscere Pakápeti, e precisai che quest'ultima e io da tempo eravamo solo compagni di viaggio.

Mi diffusi invece sui piani – e i pochi preparativi – che avevo messo a punto per capitanare un'insurrezione che avrebbe cacciato tutti i bianchi dall'Unico Mondo.

Quando ebbi finito, lei mi manifestò il suo giudizio, con aria cogitabonda: «Sei sempre stato coraggioso e ambizioso, cugino. Ma questo sembra un sogno vanaglorioso. L'intera e potente nazione dei Mexíca è crollata di fronte all'impatto dei Caxtiltéca, o spagnoli, come li chiami tu. E sei convinto che tu, da solo...»

«Il tuo augusto padre Mixtzin mi ha detto la stessa cosa l'ultima volta che ci siamo visti. Ma non sono solo. Non tutte le nazioni sono state sconfitte come i Mexíca... né come Yeyac avrebbe voluto che accadesse ad Aztlan. I Purémpecha si sono battuti così strenuamente che ora tutto il Michihuácan è popolato quasi solo da donne. E anche loro sono disposte a battersi. Prima della nostra partenza da quella terra, Pakápeti è riuscita a riunire un nutrito gruppo di guerriere. E gli spagnoli non hanno ancora osato sfidare i pugnaci popoli del nord. Occorre solo una persona capace di riunire e guidare quei popoli indomiti. Non conosco nessun altro tanto vanaglorioso da tentare una simile impresa. Quindi... chi altri, se non me?»

«Be'...» replicò Améyatl. «Se la pura determinazione ha un qualche valore in una simile impresa... Ma ancora non mi hai spiegato il ruolo di G'nda Ké in questa faccenda.»

«Voglio che mi aiuti a reclutare le nazioni e le tribù che non sono state conquistate, ma che ancora non hanno pensato a unire in modo coordinato le proprie forze. Non c'è dubbio che quell'antica donna yaki sia stata capace di fomentare in una marmaglia raccogliticcia di Aztéca reietti una bellicosità tale che, col tempo, ha dato luogo alla massima civiltà dell'Unico Mondo. Come ci è riuscita lei, potrebbe riuscirci anche la sua bis-bis-bisnipote, o chiunque sia questa G'nda Ké. Mi accontenterei se potesse reclutare la gente della sua nazione, gli Yaki. Hanno fama di essere i guerrieri più feroci che esistano.»

«Fa' quello che ritieni più opportuno, cugino. L'Uey-Tecútli sei tu.»

«Volevo parlarti anche di questo. Ne ho assunto la carica solo perché a te, in quanto donna, non è consentito. Ma non ho la stessa smodata sete di potere e di grandezza di Yeyac. Terrò il governo nelle mie mani solo fino a quando tu non ti sarai rimessa e potrai tornare a essere la reggente. Poi ripartirò per la campagna di reclutamento.»

Con una timidezza per lei atipica, propose: «Potremmo regnare insieme, Tenamáxtli. Tu come Uey-Tecútli e io come tua Cecihuatl».

«Hai già dimenticato il tuo matrimonio con il defunto Káuritzin?» le chiesi in tono scherzoso.

«*Ayyo,* è stato un buon marito, considerando che il nostro è stato un matrimonio combinato. Ma non siamo mai stati vicini come lo siamo stati noi due. Káuri era – come posso dire? – poco portato agli esperimenti.»

«Ammetto che non ho mai trovato una donna alla tua altezza, sotto quell'aspetto», dichiarai, sorridendo ai grati ricordi.

«E né tradizione né religione proibiscono il matrimonio fra cugini. Naturalmente potresti ritenere una vedova una merce usata, indegna di te.» E aggiunse, maliziosa: «Perlomeno, nella notte di nozze non dovrò ricorrere a un uovo di piccione e a un unguento astringente».

Astringente, e quasi acida, si levò una voce, quella di G'nda Ké: «Quant'è commovente... i due amanti da tempo separati che rievocano il buon tempo andato!»

«Vipera», sibilai a denti stretti. «Da quanto ci stai spiando?»

Ignorandomi, G'nda Ké si rivolse ad Améyatl, il cui rossore spiccava sul pallido viso da ex prigioniera. «E perché mai Tenamáxtli dovrebbe sposarsi, mia cara? È il padrone, qui, il solo uomo fra tre belle donne con cui può giacere quando gli pare e piace, senza mai impegnarsi. Un'antica amante, un'amante attuale e un'amante ancora da assaggiare.»

«Donna dalla lingua biforcuta», inveii, rabbioso, «sei incoerente anche nelle tue malignità. Ieri sera mi hai accusato di essere un cuilóntli.»

«G'nda Ké è lieta di essersi sbagliata. Anche se non può esserne certa sino a che tu e lei...»

«Non ho mai picchiato una donna in vita mia», minacciai. «Ma ora sto per farlo.»

Lei, per prudenza, si ritrasse e mi rivolse un sorriso servile e nel contempo insolente. «Vi chiedo perdono, mio signore e mia signora. G'nda Ké non si sarebbe intromessa se avesse saputo... Be', è qui solo per dirti che un gruppo di potenziali servitori attende il tuo esame nella sala al piano inferiore. Alcuni sostengono di averti conosciuto in passato. E, cosa ancor più importante, i membri del Consiglio Parlante ti aspettano nella sala del trono.»

«I servi possono aspettare. Sarò nella sala del trono fra qualche istante. Adesso esci di qui.»

Mia cugina e io, anche dopo che G'nda Ké fu uscita, continuammo a sentirci in imbarazzo come due adolescenti sorpresi nudi e in atteggiamento intimo. Balbettai qualcosa chiedendo il permesso di congedarmi da lei e Améyatl assentì con uguale balbettio. Non sembravamo proprio due adulti, che per giunta erano le massime autorità di Aztlan.

# 19

Per l'appunto, i membri anziani del Consiglio Parlante non sembravano disposti a considerarmi un adulto, degno del mio rango e del loro rispetto. Ci salutammo con cortesia, scambiandoci vari «Mixpantzínco», ma uno dei vecchi – Tototl, il tlatocapíli del villaggio di Tépiz – mi disse subito, con voce irata: «Ci è stato chiesto senza tante cerimonie di presentarci qui all'istante su richiesta di una boriosa nullità. Molti di noi ancora si ricordano di te quand'eri un bimbetto col moccolo al naso e sgattaiolavi qui dentro con tuo zio, il Riverito Governatore Mixtzin, per assistere alle riunioni. Anche l'ultima volta che ti abbiamo visto, quando sei partito per Tenochtitlán, eri solo un ragazzetto imberbe A quanto pare sei salito di grado con inspiegabile rapidità. Ora noi vogliamo sapere...»

«Taci, Tototl!» gli intimai, lasciando gli astanti a bocca aperta. «Ricorderai che il protocollo del Consiglio impone a tutti di non parlare sino a che l'Uey-Tecútli non abbia annunciato l'argomento in discussione. Non sono qui ad aspettare timidamente che voi mi accettiate o mi diate la vostra approvazione. So chi sono e che cosa sono: il vostro legittimo Uey-Tecútli. Ed è tutto ciò che vi occorre sapere.»

Si levarono dei borbottii, ma nessun altro sollevò obiezioni. Probabilmente non mi ero conquistato la loro simpatia, ma di certo avevo attratto la loro attenzione.

«Vi ho riunito qui perché ho alcune richieste da farvi e – al di là della semplice cortesia e della stima che nutro per voi anziani – mi auguro che accetterete queste richieste all'unanimità. Ma vi prometto anche, e su questo bacio la terra, che le mie richieste verranno soddisfatte, che vi piaccia o no.»

Mentre mi guardavano con occhi sbarrati tornando a borbottare, aprii la porta della sala del trono e invitai a entrare Nochéztli e due dei guerrieri che mi aveva segnalato come fedeli. Non li presentai all'assemblea, ma continuai a rivolgermi ai membri del Consiglio: «Ormai tutti voi sarete a conoscenza degli incidenti verificatisi di recente e delle rivelazioni da poco emerse. Saprete che l'abominevole Yeyac ha assunto la carica di Uey-Tecútli dopo aver ucciso il suo stesso padre», guardai Kévari, tlatocapíli di Yakóreke, «tuo figlio Káuri e aver imprigionato la vedova Améyatzin. Senza dubbio tutti voi sapete che Yeyac stava complottando in segreto con gli spagnoli al fine di aiutarli a mantenere il dominio su tutti i popoli dell'Unico Mondo. Certamente avete appreso – e con piacere, spero – che Yeyac non è più di questo mondo e che io, unico discendente maschio di Mixtzin, e quindi suo legittimo successore, ho spietatamente eliminato i sostenitori di Yeyac. Ieri sera ho decimato l'esercito di Aztlan. Oggi mi occuperò dei leccapiedi di Yeyac tra i civili».

Allungai la mano dietro di me e Nochéztli mi tese alcune strisce di corteccia. Scorsi le colonne di parole-raffigurazioni, poi annunciai: «Questo è un elenco di cittadini che hanno spalleggiato Yeyac nelle sue infami imprese e va dai semplici venditori ambulanti ai mercanti rispettabili, fino ai più importanti pochtéca. Sono lieto di vedere che solo un membro del Consiglio figura in quest'elenco. Fatti avanti, tlamacázqui Colótic-Acatl».

Era il sacerdote del dio Huitzilopóchtli che, come ho già accennato in precedenza, alle prime notizie dell'arrivo degli uomini bianchi aveva temuto di perdere la propria carica sacerdotale. Come tutti i nostri tlamacázque, non si era mai lavato in vita sua e indossava abiti che non erano mai stati puliti. Ma adesso, anche sotto gli strati di sporcizia, il suo volto divenne percettibilmente pallido.

Affermai: «Come mai un sacerdote di un dio mexícatl possa tradire gli adoratori di quello stesso dio è una cosa che supera i miei poteri di comprensione. Volevi convertirti alla religione degli uomini bianchi? Oppure speravi solo di convincerli a lasciarti al tuo posto? No, non dirmelo. Con gente come te io mi pulisco i denti». Mi girai verso i guerrieri: «Portate questo essere nella piazza principale, ma non in un tempio – perché non merita l'onore di essere sacrificato, né l'onore dell'aldilà – e strangolatelo con la ghirlanda fiorita».

Afferrarono il sacerdote piagnucolante e lo portarono via sotto gli occhi attoniti dei membri del Consiglio.

«Passatevi questi rotoli di corteccia», ordinai. «I tlatocapíltin delle varie comunità vi troveranno i nomi dei loro uomini che hanno aiutato Yeyac o ricevuto favori da lui. La mia prima richiesta è che queste persone vengano giustiziate. La seconda è che vengano individuati e uccisi i traditori nelle file dei vostri guerrieri e guardie personali. In questo compito vi assisterà Nochéztli.»

«Sarà fatto», annunciò Tototl, con tono ora più rispettoso. «Credo di esprimere il parere dell'intero Consiglio Parlante dicendo che approviamo unanimemente questa decisione.»

Kévari chiese: «Hai altre richieste, Tenamáxtzin?»

«Sì, ancora una. Voglio che voi tlatocapíltin inviate ad Aztlan tutti i guerrieri senza macchia che avete e tutti gli uomini validi che hanno ricevuto un addestramento militare. Intendo incorporarli nel mio esercito.»

«Accettiamo anche questo», dichiarò Teciuápil, tlatocapíli di Tecuéxe. «Ma possiamo sapere il perché?»

«Prima di rispondervi vorrei porvi, a mia volta, una domanda. Chi tra voi è l'attuale Rammentatore della Storia?»

Si scambiarono occhiate imbarazzate, seguite da un breve silenzio. Poi parlò un uomo che non aveva ancora aperto bocca. Era anche lui un membro anziano – un ricco mercante, a giudicare dal suo abito – ma non aveva fatto parte del Consiglio Parlante quand'ero ragazzo.

Disse: «Alla morte del vecchio Canaútli, il Rammentatore precedente – che a quanto mi risulta era tuo bisnonno – non è stato nominato un successore. Yeyac sosteneva che non ce n'era bisogno perché, con l'arrivo dei bianchi, la storia dell'Unico Mondo era finita. Inoltre, sempre a detta di Yeyac, non avremmo più contato gli anni a covoni di cinquantadue, né avremmo più celebrato la cerimonia dell'accensione del Nuovo Fuoco per indicare l'inizio di ogni nuovo covone. Avremmo contato gli anni come fanno i bianchi, in una sequenza continua, che inizia con un anno recante il numero uno, che però non sappiamo quanto tempo fa sia iniziato».

«Yeyac aveva torto», replicai. «C'è ancora molta storia da ricordare e registrare, e io intendo aggiungervi altri episodi. Per questo, tanto per rispondere alla vostra domanda precedente, voglio includere i vostri guerrieri nel mio esercito.»

Procedetti con l'illustrare loro – come già avevo fatto con Améyatl, Pakápeti, G'nda Ké, Citlali e l'artigiano Pochotl – i miei piani per scatenare una ribellione nella Nuova Spagna e riprenderci tutto l'Unico Mondo. Al pari di tutti i miei precedenti ascoltatori, anche i membri del Consiglio Parlante parvero colpiti, seppur scettici, e uno di loro cominciò col dire: «Ma, Tenamáxtzin, se persino i potenti...»

Lo interruppi ringhiando: «Il primo di voi che mi dice che non posso farcela là dove "*persino i potenti Mexíca hanno fallito*"... bene, quell'uomo, per quanto vecchio, saggio e nobile possa essere, sarà costretto a capitanare il nostro primo attacco contro l'esercito spagnolo. Sarà alla testa delle truppe, senza armi né armatura!»

Nella sala calò un silenzio glaciale.

«Allora, il Consiglio Parlante accetta di appoggiare la mia campagna?» Svariati uomini si lasciarono sfuggire un sospiro, ma tutti annuirono col capo. «Bene», approvai.

Mi rivolsi al mercante che mi aveva informato dell'assenza di un Rammentatore della Storia nel Consiglio. «Canaútli avrà senz'altro lasciato molti manoscritti dipinti in cui si raccontano gli eventi accaduti nei covoni e covoni di anni andati. Studiali e mandali a memoria. E ti ordino anche di cominciare un nuovo libro che inizierà così: "In questo giorno di Nove Fiori, nel mese della Pulizia della Strada, nell'anno della Settima Casa, l'Uey-Tecútli Tenamáxtzin di Aztlan ha dichiarato l'indipendenza dell'Unico Mondo dalla Vecchia Spagna e ha iniziato i preparativi per l'insurrezione contro gli sgraditi invasori bianchi, sia nella Nuova Spagna sia nella Nuova Galizia, e questo piano ha ottenuto il consenso e l'appoggio del Consiglio Parlante riunito in assemblea".»

L'uomo promise: «Obbedirò alla lettera». Poi la riunione venne sciolta e i consiglieri se ne andarono.

Nochéztli, rimasto nella sala, chiese: «Scusa, mio signore, ma che cosa ne facciamo di quei guerrieri imprigionati nel tempio? Sono talmente pigiati là dentro che devono fare i turni per sedersi, e non possono mai sdraiarsi. Inoltre, hanno tutti molta fame e sete».

«Si meritano ben di peggio di questi disagi», risposi. «Ma di' alle guardie di dar loro da mangiare – solo atóli e acqua – e in quantità minime. Voglio che quegli uomini, quando verrà il momento di usarli, siano assetati di sangue e lotta. A proposito, Nochéztli, mi pare di averti sentito dire che sei stato a Compostela con Yeyac, vero?»

«Sì, mio signore.»

«Allora voglio che tu ci ritorni, questa volta come mio quimíchi.» Il termine, letteralmente, significa "topo", ma noi lo usiamo anche per indicare quello che gli spagnoli chiamano *espión.* «Lo farai? Sarai capace di recarti sul posto, raccogliere informazioni in segreto e tornare qui a riferirmele?»

«Sì, mio signore. Sono vivo grazie alla tua tolleranza, quindi la mia vita è al tuo servizio.»

«E questo è un servizio che mi puoi rendere. È impossibile che gli spagnoli si siano già resi conto di aver perso il loro alleato Yeyac. Poiché ti conoscono di vista, immagineranno che tu sia il suo emissario che deve sbrigare qualcosa in città.»

«Porterò contenitori di zucca pieni di latte di cocco fermentato da vendere. Tutti i bianchi, ricchi e poveri, amano berlo sino a ubriacarsi. Sarà una ragione sufficiente per il mio viaggio. E che informazioni vuoi che raccolga?»

«Qualsiasi cosa. Tieni occhi e orecchi ben aperti, e trattieniti tutto il tempo necessario. Se puoi, scopri che tipo è il nuovo governatore Coronado, quante truppe sono di stanza in città, quante persone – fra spagnoli e indios – abitano ora a

Compostela. Bada anche a tutte le notizie o le voci riguardanti ciò che avviene nelle altre terre spagnole. Aspetterò il tuo ritorno prima di spedire il gruppo di guerrieri infedeli in una missione suicida, il cui esito dipenderà in larga misura dalle informazioni che mi darai.»

«Parto immediatamente, mio signore.» E se ne andò.

Subito dopo, andai a dare una rapida e distratta approvazione a tutti i servitori che G'nda Ké aveva riunito nell'atrio. Riconobbi svariate persone che avevo visto in passato, ed ebbi la certezza che chiunque fosse stato in combutta con Yeyac non avrebbe osato presentarsi per lavorare a palazzo. Da quel momento in poi, noi pípiltin – Améyatl, Pakápeti, G'nda Ké e io – fummo serviti di tutto punto e nutriti con dovizia, né dovemmo più alzare un dito per fare cose che potevano essere eseguite da altri. Benché ora Améyatl disponesse di un folto numero di serve, lei e io notammo con piacere che Pakápeti volle continuare a essere la sua ancella personale.

Quando non si occupava di Améyatl, Pakápeti si dilettava ad accompagnare i guerrieri inviati ad arrestare e giustiziare i cittadini di Aztlan il cui nome figurava negli elenchi di Nochéztli. Mi limitai a ordinare che venissero uccisi, e non mi presi mai la briga di scoprire quali metodi avessero adottato i guerrieri – la ghirlanda fiorita, la spada, la freccia o il coltello per strappare il cuore – né se Pakápeti in persona ne avesse ucciso qualcuno con le orripilanti modalità di cui mi aveva parlato. La cosa non m'interessava. A me bastava che tutte le proprietà e i beni dei condannati a morte finissero nel tesoro di Aztlan. Una simile dichiarazione potrà farmi apparire insensibile, ma in realtà avrei potuto adottare misure ben più severe. Per antica tradizione, avrei potuto giustiziare le mogli, i figli, i nipoti e i parenti lontani di quei traditori, ma mi astenni dal farlo. Non volevo che Aztlan restasse spopolata.

Non avevo esperienza di come si governa, e l'unico Uey-Tecútli che avevo mai visto in azione era stato lo zio Mixtli. All'epoca avevo avuto l'impressione che, per ottenere qualsiasi cosa, allo zio bastasse sorridere, aggrottare la fronte, agitare una mano o firmare qualche documento. Adesso non tardai ad accorgermi che il compito di Riverito Governatore non era facile. Venivo continuamente assillato affinché prendessi decisioni, formulassi giudizi, dichiarazioni, verdetti, dessi consigli, consensi o smentite...

Gli altri funzionari della corte, cui erano affidati vari compiti di governo, mi presentavano in continuazione i loro problemi. Una diga che conteneva i ristagni della palude richiedeva riparazioni essenziali, se si voleva impedire che l'acqua dilagasse nelle strade; l'Uey-Tecútli intendeva autorizzare la spesa e la chiamata al lavoro degli uomini? I pescatori si lagnavano perché il prosciugamento di quella stessa palude, realizzato molto tempo prima, aveva provocato un graduale interramento dei porti; l'Uey-Tecútli intendeva autorizzare lo scavo in modo da ottenere maggiore profondità in quei bacini? I nostri magazzini erano strapieni di pelli di lontra, spugne, pelli di squalo e altre merci invendute perché, da anni ormai, Aztlan aveva scambi commerciali solo con le terre a nord; poteva l'Uey-Tecútli mettere a punto un piano per liberarsi di quella mercanzia, ricavandone un profitto...?

Dovevo occuparmi non solo di fondamentali questioni amministrative presentatemi dai funzionari di corte, ma anche delle più banali questioni della gente comune. Una volta si trattava di un contenzioso tra vicini riguardo ai confini delle terre; un'altra di una lite familiare in cui veniva contesa una misera eredità lasciata dal padre defunto; un'altra ancora di un debitore che voleva essere protetto dalle angherie di un usuraio; poi c'era il creditore che chiedeva il permesso di buttare in mezzo alla strada una vedova con gli orfani per rifarsi del debito contratto dal defunto marito...

Era molto difficile per me trovare il tempo per occuparmi di faccende che – ai miei occhi – erano molto più urgenti. Ma in qualche modo ci riuscivo. Diedi ordine a tutti i cavalieri e ai cuáchictin del mio esercito di intensificare l'addestramento dei soldati (e di tutti i coscritti disponibili) e di prepararsi ad accogliere nelle loro file i guerrieri che ogni giorno arrivavano dalle altre comunità soggette ad Aztlan.

Trovai anche il tempo di tirare fuori i tre archibugi che

Pakápeti e io avevamo portato e di addestrare personalmente alcuni guerrieri. Inutile dire che, in un primo momento, tutti avevano paura a maneggiare quelle armi straniere. Scelsi gli uomini che superarono il timore iniziale e mostrarono una certa disposizione all'uso del tubo tonante.

Erano una ventina in tutto e uno di loro mi chiese, dubbioso: «Mio signore, quando saremo in guerra, faremo dei turni per sparare?»

Al che risposi: «No, giovane iyac. Conto che voi vi procuriate le armi strappando ai bianchi i *loro* archibugi. Inoltre, confischeremo anche i cavalli degli spagnoli e, quando ne entreremo in possesso, imparerete a cavalcare».

Il fatto di essere continuamente impegnato aveva almeno un vantaggio: m'impediva di aver a che fare con G'nda Ké. Mentre io mi dedicavo agli affari di Stato, lei si occupava della conduzione del palazzo e della servitù. Forse sarà stata una persecuzione per quei servitori, ma almeno non aveva l'opportunità di tormentare me. A volte ci incrociavamo in un corridoio del palazzo e lei mi lanciava una frecciata o una battuta maligna: «Sono stanca di aspettare, Tenamáxtli. Quand'è che tu e io scateneremo questa guerra?» Oppure: «Sono stanca di aspettare, Tenamáxtli. Quand'è che tu e io giaceremo insieme in modo che tu possa baciare ogni singola lentiggine che punteggia le mie parti intime?»

Anche se non fossi stato troppo occupato per accoppiarmi con *chiunque*, e anche se lei fosse stata l'unica donna rimasta al mondo, non sarei stato tentato di farlo. Anzi, nel periodo in cui ebbi la carica di Uey-Tecútli – che, secondo l'usanza, mi avrebbe consentito di avere qualsiasi donna di Aztlan – non ebbi alcun rapporto sessuale. Pakápeti sembrava decisa a non giacere mai più con un uomo. E io non mi sarei mai sognato di infilarmi nel giaciglio di Améyatl, anche se ora mia cugina stava riprendendo le forze e riacquistando la bellezza.

Andavo a trovarla in ogni momento libero, ma solo per conversare. La informavo delle mie attività come Uey-Tecútli e degli eventi di Aztlan e dintorni, in modo che potesse più facilmente assumere la reggenza al momento opportuno. (E, francamente, non vedevo l'ora che quel momento arrivasse per poter andare in guerra.)

Parlavamo anche di molte altre cose e un giorno, con aria un po' turbata, Améyatl mi disse: «Pakápeti ha avuto molta cura di me. E ha anche un bell'*aspetto,* adesso che ha i capelli lunghi quasi quanto i miei. Ma quella povera ragazza potrebbe anche essere orrenda, perché la rabbia che è in lei è quasi *visibile*».

«Ce l'ha con gli uomini, e per delle buone ragioni. Ti ho raccontato la faccenda dei due soldati spagnoli.»

«Capirei se odiasse solo i bianchi. Ma – salvo te – credo che sarebbe felice di poter uccidere *tutti* gli uomini al mondo.»

«E altrettanto farebbe la perfida G'nda Ké. Forse è stata la sua vicinanza a rendere ancor più profondo il rancore di Pakápeti per i maschi.»

«Incluso quello dentro di lei?» chiese Améyatl.

Sgranai gli occhi. «Che cosa stai dicendo?»

«Allora non te ne sei accorto. Si comincia appena a vedere. Pakápeti è incinta.»

«*Non sono stato io!*» sbottai. «Non la tocco da...»

«*Ayyo,* calmati, cugino», esclamò Améyatl, ridendo nonostante l'evidente inquietudine. «Pakápeti lo imputa all'incontro di cui mi hai parlato.»

«Be', non mi stupisce l'amarezza di Pakápeti all'idea di portare in grembo il figlio bastardo di uno...»

«Non perché è un figlio. Né perché è un bastardo. Ma perché è un *maschio.* Perché detesta tutti i maschi.»

«Suvvia, cugina. Come fa a sapere che è un bambino?»

«Non lo chiama neppure *bambino.* Con ferocia, lo definisce "questo *tepúli* che cresce dentro di me". Oppure "questo *kurú*", che è il termine poré per indicare l'organo maschile. È possibile che la sofferenza la stia facendo impazzire?»

«Non sono un esperto né di follia né di donne», risposi con un sospiro. «Consulterò un tícitl di mia conoscenza. Forse potrà prescriverle qualche palliativo per il suo dolore. Nel frattempo, tu e io dovremo preoccuparci che Pakápeti non faccia del male a se stessa.»

Ma passarono parecchi giorni prima che potessi consultare l'uomo della medicina perché venni distratto da molte altre faccende. Una fu la visita di una guardia del tempio di Coyolxaúqui, venuta a riferire che i guerrieri imprigionati erano in condizioni pietose, dovendo dormire in piedi, mangiando solo polentina di mais, non potendosi lavare e via dicendo.

«Nessuno di loro è ancora morto per soffocamento o per fame?» chiesi.

«No, mio signore. Saranno anche morenti, ma sono sempre centotrentotto, come al momento della reclusione. Però neppure noi che facciamo la guardia fuori del tempio riusciamo a sopportarne il tanfo e i lamenti.»

«Allora cambiate le guardie più spesso. A meno che quei traditori non comincino a morire, non disturbarmi più. Essere *morenti* non è una punizione sufficiente per loro.»

Poi Nochéztli tornò dalla missione a Compostela. Era stato via per quasi due mesi – e io avevo cominciato a sospettare una sua nuova defezione – e invece tornò, come aveva promesso, e con molte cose da raccontare.

«Mio signore, Compostela è ora una città molto più prospera e popolata di quanto non fosse durante la mia ultima visita. Tra i bianchi, il gruppo più consistente è formato dai soldati spagnoli; secondo le mie stime dovrebbero essere un migliaio, metà dei quali dotati di cavalli. Ma molti alti ufficiali hanno portato le loro famiglie e sono arrivati altri coloni, e tutti costoro si sono costruiti delle case. Il palazzo del governatore e la chiesa sono solidi edifici di pietra, le altre costruzioni sono di adobe. C'è un mercato, ma tutti i manufatti e i prodotti agricoli vengono portati dai mercanti del sud. I bianchi di Compostela non coltivano la terra né allevano animali: vivono dei proventi delle molte miniere d'argento dei dintorni. Evidentemente, sono abbastanza ricchi da potersi permettere di importare tutti i generi alimentari e le altre merci.»

«E quanti dei nostri abitano in città?» domandai.

«La popolazione india è più o meno pari a quella bianca. Mi riferisco solo agli schiavi che servono nelle case degli spagnoli... poi ci sono anche molti schiavi neri, quegli esseri chiamati mori. Gli schiavi che non abitano in casa dei padroni vivono in squallide capanne e baracche al limitare della città. C'è un altro folto gruppo della nostra gente che lavora sottoterra, nelle miniere, e in edifici in superficie che sono chiamati opifici. Purtroppo non sono in grado di calcolare quanti siano perché molti di loro lavorano sottoterra e si alternano facendo turni di giorno e di notte. Inoltre, questi uomini e le loro famiglie vivono in complessi di baracche cintati dove non mi hanno permesso di entrare. Questi posti vengono chiamati *obrajes.*»

«*Ayya,* ne ho già sentito parlare. Sono luoghi orribili.»

«Si dice che questi lavoratori muoiano in continuazione, dato che la nostra gente non è mai stata costretta a faticare sottoterra in condizioni così tremende. E i proprietari delle miniere non riescono a rimpiazzare con sufficiente rapidità i morti perché, naturalmente, tutti gli indios della Nuova Galizia sfuggiti alla schiavitù si sono affrettati a lasciare la zona per allontanarsi il più possibile dai cacciatori di schiavi. Così il governatore Coronado ha chiesto al viceré Mendoza di Città di Mexíco di inviare a Compostela contingenti di schiavi mori... da dovunque essi provengano.»

«Mi hanno detto che vengono da una terra lontana chiamata Africa.»

Nochéztli storse la bocca: «Dev'essere un luogo simile alle nostre spaventose Terre Calde all'estremo sud. Perché ho sentito che i mori sopportano bene il caldo torrido e il fragore delle miniere e degli opifici. Inoltre devono essere simili alle bestie da soma portate dagli spagnoli perché si dice che possano lavorare senza posa, caricandosi sulle spalle pesi enormi, senza lagnarsi né morire. Può darsi che, se riescono a far arrivare abbastanza mori in Nuova Galizia, Coronado smetta di cercare di ridurre in schiavitù la nostra gente».

«Parlami di questo governatore Coronado», lo esortai.

«L'ho intravisto solo due volte, mentre passava in rassegna le sue truppe, lussuosamente vestito e in groppa a un cavallo bianco. Ha più o meno la tua età, mio signore, ma è di rango inferiore al tuo perché deve rispondere ai suoi capi a Città di Mexíco, mentre tu non devi rendere conto a nessuno del tuo operato. Però è deciso a farsi un nome. Esige che gli schiavi sfruttino i giacimenti d'argento sino all'ultimo frammento, non solo per arricchire se stesso e i suoi sudditi della Nuova Galizia, ma tutta la Nuova Spagna e quel sovrano chiamato Carlos nella lontana Vecchia Spagna. Ma, nell'insieme, Coronado sembra meno tirannico del suo predecessore. Non permette ai suoi sudditi di tormentare, torturare o giustiziare la nostra gente per capriccio, come invece faceva Guzmán.»

«Dimmi del sistema di difesa di Compostela.»

«Questa è una cosa strana, mio signore. Posso solo supporre che Yeyac abbia convinto il governatore che non doveva temere alcun attacco da parte della nostra gente. Oltre ai soliti tubi tonanti dei soldati spagnoli, ci sono anche quegli altri tubi enormi, montati su carri. I soldati non pattugliano il perimetro della città, ma sono perlopiù impegnati a far lavorare gli schiavi nelle miniere e a sorvegliare le *obrajes.* E gli enormi tubi tonanti intorno alla città non sono puntati verso l'esterno, bensì all'*interno,* chiaramente per impedire ogni tentativo di rivolta o di fuga da parte degli schiavi.»

«Interessante», mormorai. Arrotolai e accesi un poquíetl mentre riflettevo su quanto avevo appreso. «Hai altre cose importanti da riferirmi?»

«Molte, mio signore. Benché Guzmán avesse affermato di aver conquistato il Michihuácan e di aver trasferito i guerrieri sopravvissuti, a quanto sembra non li ha asserviti *tutti.* Al nuovo governatore Coronado giungono in continuazione notizie di rivolte nella zona meridionale dei suoi domini, perlopiù intorno al lago Pátzcuaro. Bande di guerrieri, armati solo di coltelli fatti col famoso metallo purémpe e di torce, hanno assalito i corpi di guardia spagnoli e le *estancias* dei coloni bianchi. Attaccano sempre di notte, uccidono le guardie armate, rubano i tubi tonanti e danno fuoco agli edifici, sterminando così molte famiglie bianche: uomini, donne, bambini... tutti. I sopravvissuti bianchi giurano che gli aggressori erano *donne* – anche se non capisco come abbiano potuto appurarlo, data l'oscurità e il fatto che tutti i Purémpecha sono pelati. Quando i soldati spagnoli perlustrano le campagne durante il giorno, trovano le donne purémpe alle prese con le loro consuete attività, che consistono nel fare cesti, vasi e cose simili.»

*Ayyo*, pensai con soddisfazione. *Le guerriere di Pakápeti stanno davvero dando prova del loro valore.*

«Di conseguenza, dalla Nuova Spagna sono state inviate altre truppe per cercare – per il momento invano – di por fine a quelle incursioni. Dal canto loro gli spagnoli di Città di Mexíco protestano perché la riduzione di truppe ha reso la capitale più vulnerabile alle insurrezioni e invasioni degli indios. Gli attacchi nel Michihuácan possono anche aver prodotto danni limitati ma, senza dubbio, hanno provocato incertezza e timori fra i colonizzatori bianchi di tutta la Nuova Spagna.»

Borbottai: «Devo trovare un modo di comunicare la mia approvazione a Farfalla, quella spaventosa donna-cóyotl».

«Come ho detto», proseguì Nochéztli, «il governatore Coronado, pur ricevendo queste notizie, rifiuta di inviare a sud le proprie truppe. Si dice che tenga i suoi uomini pronti per un qualche piano grandioso che dovrebbe aiutarlo a realizzare le sue ambizioni. Ho anche sentito dire che era in ansiosa attesa di un emissario del viceré Mendoza da Città di Mexíco. Be', quella persona è arrivata poco prima che lasciassi Compostela, e devo dire che è un inviato molto particolare: un qualsiasi frate cristiano, che ho riconosciuto perché in passato l'avevo già visto a Compostela. Ignoro il suo vero nome, ma ai tempi veniva chiamato il Monaco Bugiardo da tutti gli altri bianchi. Non so perché sia tornato, né perché il viceré l'abbia mandato lì, né in che modo possa dare una spinta alle ambizioni di Coronado. L'unica altra cosa che posso dirti sulla faccenda è che il frate era accompagnato da un solo servitore, un semplice schiavo moro. Entrambi, frate e schiavo, sono stati immediatamente ricevuti dal governatore per un'udienza privata. Ero tentato di trattenermi oltre per cercare di far luce su questo mistero. Ma a quel punto cominciavo a essere guardato con sospetto dagli abitanti della città. E poi temevo che anche tu, mio signore, cominciassi a nutrire dei dubbi su di me per quest'assenza così prolungata.»

«Confesso che li ho avuti, Nochéztli, e me ne scuso. Hai fatto un buon lavoro... molto buono davvero. Da quello che hai scoperto, posso intuire molte altre cose», ridacchiai di gusto. «Il moro sta portando il Monaco Bugiardo in cerca delle favolose Città di Antilia, e Coronado spera di condividere il merito della scoperta.»

«Mio signore...?» chiese Nochéztli, perplesso.

«Lascia perdere. Questo significa che Coronado distaccherà parte delle sue truppe per la ricerca, lasciando la città di Compostela ancor più sguarnita. Per i guerrieri prediletti di Yeyac è quasi giunto il momento dell'espiazione. Va' a dire alle guardie del tempio di nutrire quegli uomini con carne, pesce e olio. Devono riprendere le forze. E di' alle guardie che ogni tanto li facciano uscire dal tempio per il bagno e per qualche esercitazione. Occupati di questo, Nochéztli, e, quando gli uomini ti parranno pronti, vieni a comunicarmelo.»

Andai negli alloggi di Améyatl – la quale non era più confinata a letto, ma sedeva su una sedia icpáli – e le raccontai tutto ciò che avevo appreso e dedotto da quelle informazioni spiegandole quello che intendevo fare. Mia cugina sembrava nutrire ancora delle riserve riguardo ai miei piani, ma non li disapprovò. Poi aggiunse: «Nel frattempo, cugino, non hai ancora fatto nulla per le precarie condizioni di Pakápeti. Le mie preoccupazioni crescono di giorno in giorno».

«*Ayya,* hai ragione. Sono stato negligente.» Mi rivolsi a una delle ancelle e le ordinai: «Va' a chiamare il tícitl Ualíztli. È l'uomo della medicina dell'esercito. Lo troverai negli alloggi degli ufficiali. Digli di venire qui immediatamente».

Améyatl e io chiacchierammo di svariati argomenti – lei mi disse, tra l'altro, che si era del tutto ripresa e che, se glielo'avessi permesso, avrebbe potuto aiutarmi nei miei compiti amministrativi – sino a che arrivò Ualíztli con la sacca di strumenti e medicine che i tíciltin portano sempre appresso. Essendo un uomo piuttosto anziano e corpulento, e avendo corso per venire subito da me, era un po' ansante. Ordinai a un'ancella di portargli una ristoratrice tazza di chocólatl e chiesi pure che venisse convocata Pakápeti.

«Illustre Ualíztli», esordii, «questa giovane donna è la mia cara amica Pakápeti, del popolo purémpe. Pakápeti, questo è il più stimato uomo della medicina di tutta Aztlan. Améyatzin e io vorremmo che tu gli consentissi di esaminare le tue condizioni fisiche.»

Lei parve un po' diffidente, ma non protestò.

Spiegai al tícitl: «Tutto fa pensare che Pakápeti aspetti un bambino, ma pare che si tratti di una gravidanza piuttosto difficile. Vorremmo sentire il tuo parere e i tuoi consigli».

Immediatamente Pakápeti esclamò: «Non aspetto un *bambino*!» Ma si sdraiò obbediente sul giaciglio di Améyatl non appena il tícitl glielo chiese.

«E invece sì, mia cara», dichiarò lui, dopo averla rapidamente palpata sopra gli abiti. «Ti prego di alzare la camicia e di abbassare la cinta della gonna, in modo ch'io possa esaminarti meglio.»

Pakápeti non parve imbarazzata all'idea di esporre i seni e il ventre gonfio davanti a me e ad Améyatl, e mostrò altrettanta indifferenza quando il tícitl la toccò qua e là aggrottando la fronte, sospirando e borbottando. Finito l'esame, lei si affrettò a dire: «Non sono incinta! Né voglio esserlo!»

«Calmati, ragazza mia. Esistono certe pozioni che avrei potuto somministrarti tempo fa per procurarti un parto prematuro, ma ormai è...»

«Non partorirò né adesso né mai!» insistette Pakápeti, con veemenza. «Voglio che questa cosa dentro di me venga *uccisa*!»

«Be', di certo il feto non sarebbe sopravvissuto a un parto prematuro. Ma adesso...»

«Non è un feto. È una... *cosa* maschile.»

Il tícitl fece un sorriso tollerante. «Per caso qualche levatrice intrigante ti ha detto che sarebbe stato un maschio solo perché la prominenza della pancia è in alto? È solo una vecchia superstizione.»

«Nessuna levatrice mi ha detto niente!» dichiarò lei, sempre più esagitata. «Non ho detto un *bambino*... ho detto una *cosa* maschile. La cosa che solo un uomo...» S'interruppe, imbarazzata, poi proruppe: «Un kurú. Un tepúli».

Ualíztli le lanciò uno sguardo indagatore. «Lasciami parlare con il tuo nobile amico.» Mi condusse lontano dalla portata d'orecchio delle due donne e mi sussurrò: «Mio signore, c'è per caso di mezzo un marito ignaro? Per caso questa donna non è stata fe...»

«No, no», lo interruppi subito. «Non ha marito. Alcuni mesi fa, Pakápeti è stata stuprata da un soldato spagnolo. Temo che la ripugnanza all'idea di avere in grembo il figlio di un nemico le abbia alterato la mente.»

«A meno che le donne purémpe siano strutturate in modo diverso dalle nostre – cosa di cui dubito – qualcosa le ha anche alterato le viscere. Se quello che ha in grembo è un bambino, sta crescendo più nell'area dello stomaco che in quella del ventre, e questa è una cosa impossibile.»

«Puoi fare qualcosa perché stia meglio?»

Lui, con aria perplessa, tornò accanto a Pakápeti. «Potresti aver ragione, mia cara. Potrebbe non essere un feto. Talvolta nelle donne si sviluppa un'escrescenza fibrosa che, dall'esterno, può dare l'impressione di una gravidanza.»

«Te l'ho detto che sta *crescendo*! Te l'ho detto che non è un feto! Te l'ho detto che è un tepúli!»

«Ti prego, cara, questa non è una parola che una fanciulla a modo dovrebbe pronunciare. Perché continui a parlare così sboccatamente?»

«Perché so cos'è! Perché l'ho *inghiottito*! Tiralo fuori!»

«Povera ragazza, sei fuori di te.» Ualíztli cominciò a cercare qualcosa nella sacca.

Ma io fissavo Pakápeti a bocca aperta. Mi era tornato alla mente l'episodio dello stupro e mi stavo chiedendo se...

«Ecco, bevi», la esortò Ualíztli porgendole una ciotola.

«Mi libererà di questa cosa?» chiese lei, speranzosa, quasi supplichevole.

«Ti calmerà.»

«Ma non voglio calmarmi!» Colpì la ciotola, rovesciandone il contenuto. «Voglio liberarmi di questo orrendo...»

«Pakápeti», intervenni con tono severo, «fa' come ti dice il tícitl. Ricordati che ben presto ci rimetteremo in viaggio. Se non starai meglio, non potrai venire con me. Per adesso limitati a bere la pozione. Poi il tícitl consulterà i suoi colleghi per vedere quali cure adottare. Dico bene, Ualíztli?»

«Perfettamente, mio signore», rispose lui, confermando la mia menzogna.

Pakápeti, seppure con aria di sfida, mi obbedì e bevve la pozione di cui era di nuovo stata riempita la ciotola. Ualíztli la invitò a riassettarsi gli abiti e a congedarsi. Quando fu uscita, disse a me e ad Améyatl: «Non è solo fuori di sé. È impazzita. Le ho dato una tintura del fungo nanácatl, che almeno le placherà l'agitazione. Non so che altro si possa fare, tranne incidere con un bisturi di ossidiana, ma poche pazienti sopravvivono a un simile intervento. Vi lascerò una certa quantità di tintura, che potrete somministrarle quando le riprendono queste manie. Mi spiace, mio signore e mia signora, ma la prognosi non è per nulla promettente».

Nei giorni che seguirono, Améyatzin prese il suo posto su un trono leggermente più piccolo del mio e sistemato poco più in basso alla mia sinistra, partecipò alle riunioni con il Consiglio Parlante, mi aiutò a prendere molte delle decisioni richiestemi dai funzionari e mi alleviò il peso di dovermi occupare delle petizioni dei comuni cittadini. Améyatl teneva sempre al suo fianco Pakápeti, soprattutto per impedire che la ragazza facesse del male a se stessa e nella speranza che, assistendo alle attività di governo, potesse distrarsi dai suoi pensieri ossessivi.

Eravamo tutti e tre nella sala del trono quando un messaggero dell'esercito venne ad annunciarmi: «Il tequíua Nochéztli ti fa sapere, mio signore, che i guerrieri di Yeyac hanno riacquistato le forze».

Quando arrivarono, il cavaliere della Freccia che li guidava, Tapachíni, s'inchinò umilmente a terra. Lasciai che rimanesse in quella posizione mentre dicevo: «Ho offerto a te e ai tuoi compagni traditori la scelta fra tre modi di morire. La vostra scelta è stata unanime e oggi tu condurrai questi uomini alla morte. Come vi ho promesso, perirete in battaglia, un merito agli occhi degli dei. E vi dico che avrete l'onore di sferrare la prima battaglia di quella che sarà una guerra totale e senza limiti per cacciare i bianchi dall'Unico Mondo».

Tapachíni, sempre a capo chino, rispose: «Un onore che non speravamo di meritare, mio signore. Te ne siamo grati. Impartisci gli ordini».

«Vi saranno restituite armature e armi. Poi marcerete in direzione sud e attaccherete la città di Compostela. Farete del vostro meglio per annientare la città e i suoi abitanti bianchi. Non riuscirete nell'intento, naturalmente. La proporzione tra voi e gli spagnoli sarà di dieci a uno, e le vostre armi si riveleranno del tutto inadeguate rispetto a quelle degli spagnoli. Tuttavia, scoprirete che i capi spagnoli della città s'illudono di essere al sicuro per via del patto con Yeyac. Compostela sarà impreparata all'assalto. Perciò gli dei – e io – saremo delusi se ognuno di voi non riuscirà a eliminare almeno cinque nemici prima di essere ucciso a sua volta.»

«Ci puoi contare, mio signore.»

«Mi aspetto di venirlo a sapere. La notizia di un massacro così inatteso e inusitato non tarderà certo a giungermi all'orecchio. E non crediate di poter sfuggire al mio controllo solo perché lasciate Aztlan.»

Mi rivolsi a Nochéztli. «Scegli dei guerrieri fedeli e validi che facciano loro da scorta e li accompagnino lungo la pista che porta a sud – dovrebbe essere una marcia di circa cinque giorni – sino a che non giungeranno in vista di Compostela. Solo quando il cavaliere Tapachíni darà il via all'assalto della città, la scorta potrà tornare indietro. Durante il cammino dovrà controllare sempre il numero dei prigionieri. Ora sono centotrentotto: quello stesso numero di guerrieri dovrà attaccare Compostela. È chiaro, tequíua Nochéztli?»

«Sì, mio signore.»

«E tu, cavaliere Tapachíni», domandai, sarcastico, «trovi queste condizioni di tuo gradimento?»

«Non posso certo darti torto, mio signore, se ci ritieni meno che affidabili.»

«Allora potete partire. Molto vi sarà perdonato quando avrete versato fiumi di sangue dei bianchi. E del vostro.»

Nochéztli accompagnò personalmente Tapachíni, i suoi uomini e la scorta nel primo giorno di marcia, poi, al tramonto, tornò indietro e la mattina successiva mi riferì: «Nessun condannato ha cercato di fuggire, mio signore, non si è verificato nessun incidente e, quando li ho lasciati, gli uomini erano ancora centotrentotto».

Non solo mi complimentai con Nochéztli per la cura con cui aveva seguito tutti gli aspetti di quella missione, ma gli diedi subito una promozione.

«Da questo momento in poi, sei un cuáchic, una "vecchia aquila". Inoltre ti do il permesso di scegliere i guerrieri che militeranno ai tuoi ordini. Se tra i boriosi capi e gli altri cuáchictin c'è qualcuno che solleva obiezioni, mandalo da me.»

Nochéztli si precipitò a baciare la terra con tanto entusiasmo e tanta rapidità che per poco non cadde ai miei piedi. Quando si rimise diritto, lasciò la sala camminando rispettosamente *all'indietro.*

Se n'era appena andato quando arrivò a sollecitare un'udienza un altro guerriero, accompagnato da una donna del popolo, dall'aria piuttosto spaventata. Entrambi s'inchinarono ossequiosamente a terra, poi l'uomo disse: «Perdonami l'insistenza, mio signore, ma questa donna si è presentata da noi riferendo di aver trovato, stamane all'alba, un cadavere davanti alla sua casa».

«Perché mi racconti una cosa simile, iyac? Sarà stato un ubriacone che ne ha bevuto uno di troppo.»

«Perdonami se ti contraddico, mio signore. Si trattava di un guerriero, pugnalato alle spalle. Inoltre era stato spogliato dell'armatura e delle armi, e lasciato in perizoma.»

«E allora come fai a sapere che si trattava di un guerriero?» ribattei, seccato che la mia giornata prendesse un avvio di questo genere.

Prima di rispondermi, l'iyac s'inchinò di nuovo a terra e, voltandomi, vidi che era entrata Améyatl.

«Perché, mio signore», continuò lui, «avendo fatto la guardia ai prigionieri del tempio, ho riconosciuto questo guerriero. Era uno degli spregevoli complici di Yeyac.»

«Ma... ma...» balbettai, confuso. «Dovevano lasciare la città ieri sera. E in effetti sono partiti. Erano in centotrentotto...»

Améyatl m'interruppe con voce tremante: «Tenamáxtzin, hai visto Pakápeti?»

«Cosa?» chiesi, sempre più confuso.

«Stamattina non era accanto al mio giaciglio, dov'è di solito. Non ricordo di averla più vista da ieri sera, quando ci siamo incontrati tutti e tre qui, nella sala del trono.»

Améyatl e io intuimmo subito la verità. Ma chiedemmo a tutti i servitori e persino a G'nda Ké di condurre ricerche in ogni angolo del palazzo e nei terreni circostanti. Nessuno la trovò e l'unica scoperta significativa la feci io, accorgendomi della sparizione di uno dei tre tubi tonanti. Pakápeti era partita per uccidere, e per far uccidere se stessa e quello che albergava in lei, qualunque cosa fosse.

# 20

Avevo calcolato che le truppe di Tapachíni e la scorta avrebbero impiegato circa cinque giorni per raggiungere Compostela, mentre alla scorta sarebbe occorso meno tempo per tornare indietro e venire a farmi rapporto – oppure, se ci fosse stato un buon corridore fra di loro, questi avrebbe potuto precedere gli altri e arrivare ancor prima. Mi si prospettavano comunque alcuni giorni di attesa e, anziché macerarmi nell'impazienza e nell'ansia, preferii sfruttare al meglio il tempo. Lasciai gli esasperanti compiti di ordinaria amministrazione ad Améyatl e al Consiglio, che mi consultavano solo per questioni di importanza cruciale, e mi dedicai ad altre attività all'aperto.

I quattro cavalli erano stati ben nutriti e curati dagli schiavi e, lucenti e scalpitanti, attendevano impazienti di poter fare un po' d'esercizio. Cercai dei volontari disposti a imparare a cavalcare. In primo luogo mi rivolsi a G'nda Ké, perché ritenevo che sarebbe venuta con me, precedendo l'esercito, per reclutare altri guerrieri. Ma lei rifiutò sdegnosamente l'idea di montare a cavallo. Con il suo inimitabile stile, affermò decisa: «G'nda Ké sa già tutto quel che vale la pena di sapere. A che servirebbe imparare qualcosa di nuovo? E poi G'nda Ké ha percorso e ripercorso molte volte tutto l'Unico Mondo, e sempre a piedi, come si conviene a un robusto yaki. Tu, se vuoi, puoi andare a cavallo come un deboluccio bianco. G'nda Ké ti garantisce che ti terrà dietro».

Le risposi seccamente: «Logorerai molti dei tuoi preziosi sandali». Ma non insistetti oltre.

Poi mi rivolsi ai cavalieri dell'esercito, per rispetto al loro rango, e non fui troppo sorpreso dal loro rifiuto, che naturalmente non venne espresso negli stessi termini insultanti usati da G'nda Ké. Si limitarono a dire: «Mio signore, aquile e giaguari si vergognerebbero di spostarsi con l'aiuto di un animale meno nobile di loro».

Così mi rivolsi a quelli che avevano il grado di cuáchictin, e due di loro accettarono. Come supponevo, il nuovo cuáchic Nochéztli non vedeva l'ora che glielo proponessi. L'altro era un mexícatl di mezza età, chiamato Comitl, che in gioventù era venuto qui da Tenochtitlán per addestrare i nostri guerrieri. Più di recente era stato fra coloro che avevano imparato a maneggiare l'archibugio. Il terzo volontario, con mio grande stupore, fu l'uomo della medicina, Ualíztli.

«Se cerchi solo uomini capaci di *combattere* in sella a un cavallo, mio signore, non avrò certo difficoltà a capire il tuo rifiuto. Ma, come vedi, sono un po' troppo anziano e pesante per poter marciare con l'esercito e portare nel contempo una pesante sacca.»

«Accetto la tua richiesta. Penso che un tícitl debba essere nelle condizioni di muoversi rapidamente sul campo di battaglia per poter fornire meglio i suoi servigi. E ho visto andare a cavallo molti spagnoli ben più vecchi e pesanti di te; se ci riuscivano loro, certamente ce la farai anche tu.»

Così, in quei giorni d'attesa, insegnai ai tre quello che avevo appreso sul cavalcare, rimpiangendo caldamente che Pakápeti, molto più abile di me, non fosse lì a sovrintendere all'addestramento. Ci esercitavamo sia sul lastricato della piazza centrale sia sui terreni erbosi dei dintorni e, quando montavamo, folle di cittadini stupefatti venivano ad ammirarci a debita distanza. Lasciai che il tícitl Ualíztli usasse l'altra sella disponibile, mentre Comitl e Nochéztli si astenevano virilmente dal lamentarsi di dover cavalcare a bisdosso.

«Vi irrobustirà a tal punto che, quando ci impadroniremo di altri cavalli con la sella, troverete comodissimo cavalcare», li rassicurai.

Tuttavia, quando i miei tre allievi ebbero acquisito un'abilità almeno pari alla mia, quell'attività non riuscì più a distrarmi dall'ansia dell'attesa. Erano passati sette giorni dalla partenza dei guerrieri, un tempo più che sufficiente per permettere a un messaggero di raggiungere Aztlan. Invece non si era visto nessuno. Passò l'ottavo giorno, poi il nono... e a quel punto avrebbe dovuto essere stata di ritorno *tutta* la scorta.

«Qualcosa dev'essere andato maledettamente storto», ringhiai il decimo giorno, camminando mestamente avanti e indietro nella sala del trono. Per il momento mi ero limitato a esprimere la mia costernazione ad Améyatl e G'nda Ké. «E non ho modo di sapere *che cosa*!»

Mia cugina ipotizzò: «Forse i condannati hanno deciso di fuggire. Ma non sarebbero potuti sparire a uno a uno, altrimenti la scorta ce l'avrebbe riferito. Quindi devono essersi ribellati in massa – erano in molti, mentre la scorta era esigua – poi, dopo aver trucidato le guardie, sono fuggiti, insieme o separatamente, mettendosi fuori della nostra portata».

«È un'ipotesi che ho formulato anch'io», borbottai. «Ma hanno giurato baciando la terra. E un tempo quelli erano uomini d'onore.»

«Anche Yeyac lo era... un tempo», obiettò Améyatl, con amarezza. «Sino a che nostro padre, con la sua presenza, si è assicurato che fosse leale, virile e affidabile.»

«Però mi sembra strano che *nessuno* di loro abbia mantenuto la promessa... o perlomeno non sia venuto qui a denunciare la defezione degli altri. Poi tieni presente che quasi sicuramente Pakápeti era con loro, camuffata da guerriero. *Lei* non avrebbe mai disertato.»

«Magari è stata lei a ucciderli tutti», suggerì G'nda Ké col suo tipico sorriso maligno.

Non mi degnai nemmeno di rispondere a quella volgare insinuazione. Améyatl proseguì: «Se gli uomini di Yeyac avessero eliminato la scorta, non avrebbero certo esitato a trucidare anche Pakápeti o quelli, tra i loro compagni, che si opponevano alla fuga».

«Ma erano *guerrieri*», protestai. «E lo sono ancora, a meno che la terra non li abbia inghiottiti. Non conoscono altro modo di vivere. Uniti o separati, che cosa potrebbero fare adesso?

Darsi al banditismo? Sarebbe impensabile per un soldato, per quanto abbia potuto comportarsi in modo disonorevole. No: posso pensare solo a una cosa.»

Rivolto alla donna yaki, chiesi: «Ai tempi dei tempi, una certa G'nda Ké riuscì a rendere malvagi uomini buoni, quindi tu devi saperla lunga sui tradimenti. Ritieni possibile che quei guerrieri abbiano riallacciato l'alleanza con gli spagnoli?»

Lei alzò le spalle. «A che scopo? Sino a che erano al servizio di Yeyac, potevano aspettarsi favori e vantaggi. Senza di lui, sono delle nullità. Gli spagnoli potrebbero accettarli nelle loro file, ma li disprezzerebbero al massimo pensando, giustamente, che uomini capaci di tradire la propria gente potrebbero di nuovo cambiare campo.»

«Ciò che dici è logico», dovetti ammettere.

«Quei disertori si troverebbero a essere la feccia della feccia. Persino quel cavaliere della Freccia sarebbe degradato al rango di yaoquízqui. Senza dubbio se ne rendevano conto tutti, anche prima di disertare. E allora perché avrebbero dovuto farlo? Nessun guerriero, per quanto desideroso di sottrarsi alle tue ire, potrebbe accettare un fato ancora peggiore.»

«Be', qualsiasi cosa abbiano fatto», disse Améyatl, «è successo nel tragitto di qui a Compostela. Perché non inviare un altro quimíchi in ricognizione?»

«No!» scattò G'nda Ké. «Anche se quel contingente non è mai arrivato a Compostela, la notizia della missione vi è certamente giunta. A questo punto, qualsiasi taglialegna o raccoglitore di erbe diretto al mercato della città avrà detto di aver visto una truppa di Aztéca armati nei dintorni. Il governatore Coronado potrebbe aver già ordinato ai soldati di venire qui a distruggere Aztlan per soffocare la potenziale ribellione. Tenamáxtli, non puoi più permetterti di punzecchiare gli spagnoli con azioni occasionali, come questa, che è fallita, o quelle delle donne del Michihuácan. Che ti piaccia o no, che tu sia pronto o no, *ormai sei in guerra.* Sei costretto a muovere guerra. Guerra totale. Non hai un'altra alternativa.»

«Mi spiace dover ammettere che hai ragione, strega. Vorrei tanto poterti negare il piacere di vedere il sangue versato e la distruzione dilagante. Tuttavia, ciò che dev'essere sarà. Provvedi tu, dato che sei la più assetata di guerra di tutta la mia corte. Ordina a tutti i capi militari di Aztlan di riunire l'esercito al completo, armato e munito di rifornimenti, sulla piazza principale domani all'alba.»

G'nda Ké lanciò il solito, orrido sorriso e lasciò la sala a grandi passi.

Ad Améyatl dissi: «Non aspetterò il consenso del Consiglio. Puoi riunirlo con tutto comodo per informarlo che adesso gli Aztéca e gli spagnoli sono in guerra. I consiglieri non potranno certo revocare una decisione già in atto».

Améyatl annuì, ma non con gioia.

«Distaccherò un certo numero di guerrieri valorosi a palazzo, in modo che non resti indifeso», continuai. «Non abbastanza da respingere un assalto alla città, ma sufficienti a trarre in salvo *te*, in caso di pericolo. Nel frattempo, in qualità di reggente, ricoprirai di nuovo la carica di Uey-Tecútli sino al mio ritorno. Il Consiglio conosce questa regola.»

«L'ultima volta che sei partito, sei stato via per anni», ricordò lei, malinconica.

Tentando di rallegrarla, le dissi: «*Ayyo,* Améyatl! Questa volta, al mio ritorno, spero di poterti annunciare che la nostra Aztlan è la nuova Tenochtitlán, la capitale dell'Unico Mondo riconquistato, restaurato, rinnovato, libero dal giogo straniero. E che noi due cugini ne saremo i sovrani assoluti».

«Cugini...» mormorò lei. «C'è stato un tempo in cui eravamo come fratello e sorella.»

«E anche qualcosa di più, se permetti», precisai con tono allegro.

«Non occorre che tu me lo ricordi. Mi eri molto caro allora, quand'eri solo un ragazzino. Adesso sei un uomo, un uomo molto forte e coraggioso. Che cosa sarai al tuo ritorno?»

«Non un uomo *vecchio,* spero. Vorrei augurarmi di essere ancora capace di... be'... di meritarmi la tua affettuosa considerazione.»

«L'hai avuta, l'hai ora e l'avrai sempre. Quando il ragazzo Tenamáxtli è partito da Aztlan, l'ho salutato solo con un cenno della mano. L'uomo Tenamáxtzin merita un addio più sentito e memorabile.» Mi tese le braccia. «Vieni... mio caro...»

Come nell'adolescenza, Améyatl era ancora talmente all'altezza del suo nome – Fonte di Succo – che per tutta la notte godemmo dei rispettivi slanci amorosi per poi cedere sfiniti al sonno quando i nostri fluidi si furono del tutto prosciugati. Sarei arrivato in ritardo alla convocazione dell'esercito se la maleducata G'nda Ké, come sempre irrispettosa dell'intimità altrui, non fosse entrata in camera per svegliarmi con un rude scossone.

Strinse le labbra vedendo me e Améyatl abbracciati, e sbraitò: «Ma guardate! Guardate il vigile, bellicoso e astuto condottiero della sua gente che si abbandona alla lussuria e alla pigrizia! Ma sei in grado di guidare un esercito? Sei in grado di stare in piedi? L'ora è giunta».

«Vattene», borbottai. «Va' a sbeffeggiare qualcun altro da qualche altra parte! Farò il bagno, mi vestirò e andrò in piazza quando sarò pronto. Esci di qui.»

Ma, prima di uscire, la donna yaki non seppe trattenersi dal lanciare un ultimo insulto ad Améyatl: «Se hai svuotato Tenamáxtli di tutta la sua virilità, mia libidinosa signora, sarà colpa tua se perderemo la guerra».

Améyatl, dotata della grazia e dello spirito che mancavano a G'nda Ké, si limitò a lanciarle un sorriso appagato e insonnolito e ad attestare: «Posso testimoniare che la virilità di Tenamáxtzin supererà *qualsiasi* prova».

G'nda Ké digrignò i denti e schizzò via rabbiosa. Mi lavai, indossai l'armatura imbottita e il copricapo piumato del comando e diedi un ultimo bacio ad Améyatl, che era ancora a letto e sorrideva.

«Questa volta non ti farò un cenno di addio», sussurrò. «So che tornerai vittorioso. Ma, per amor mio, cerca di non tardare troppo.»

All'esercito riunito in piazza annunciai: «Compagni, pare che gli infami guerrieri di Yeyac ci abbiano di nuovo tradito. O hanno fallito nell'impresa o hanno disobbedito all'ordine di sacrificarsi assalendo la roccaforte spagnola. Quindi saremo noi a condurre un massiccio attacco. Tuttavia, è probabile che a Compostela ci stiano aspettando. Per questa ragione, chiedo ai capi e ai cuáchictin di attenersi alle mie istruzioni. Nei primi tre giorni di marcia verso il sud procederemo in colonna per avanzare il più rapidamente possibile. Al quarto giorno vi darò altri ordini. Adesso... *in marcia*!»

Procedevo in testa all'esercito, con gli altri tre uomini a cavallo dietro di me, seguito dalla colonna di guerrieri che avanzavano, in file di quattro, ad andatura rapida. G'nda Ké era in coda e disarmata, perché non doveva combattere ma solo accompagnarci nella spedizione e, dopo lo scontro, reclutare altri guerrieri di vari popoli.

C'è un animaletto che vive nelle foreste da noi chiamato huitzlaiuáchi, "il piccolo cinghiale pungente" – in spagnolo è denominato *puerco espín* – il cui corpo è rivestito da aculei. Nessuno sa perché Mixcoatl, il dio dei cacciatori, abbia creato questo animale dato che la sua carne è sgradita agli umani e gli altri predatori stanno saggiamente alla larga da quel mantello inattaccabile. Ne parlo solo perché immagino che il nostro esercito in marcia dovesse somigliare a un porcospino molto grande e lungo. Ogni guerriero portava su una spalla la lancia lunga e, sull'altra, il giavellotto più corto, con la stecca atlatl per lanciarlo, e quindi l'intera formazione era aculeata come quell'animaletto. Ma era molto più lucente e colorata perché il sole faceva splendere le punte di ossidiana delle armi e, dalla colonna, si levavano molte bandiere e stendardi dei vari contingenti, senza contare poi il mio copricapo multicolore. Da lontano, dovevamo avere un aspetto impressionante; rimpiangevo solo di non avere un esercito più nutrito.

A dire il vero, ero piuttosto insonnolito dopo la mia notte con Améyatl e così, per tenermi sveglio, feci cenno al tícitl Ualíztli di avvicinarsi per poter chiacchierare con lui. Parlammo di vari argomenti, incluso il modo in cui era stato ucciso mio cugino Yeyac.

«Quindi l'archibugio uccide scagliando una palla di metallo», disse il tícitl, riflettendo. «Che genere di ferita provoca? Un colpo? O un foro?»

«Un foro. Entra nel corpo come una freccia, ma con molta più forza e maggiore penetrazione.»

Il tícitl osservò: «Mi è capitato di vedere uomini che sono sopravvissuti, e hanno persino continuato a combattere, con una freccia in corpo. O anche più d'una, a condizione che non fosse stato colpito nessun organo vitale. Una freccia, naturalmente, ostruisce il foro praticato e, in certa misura, riduce la perdita di sangue».

«La palla di piombo, no. Inoltre, un uomo colpito da una freccia può essere facilmente medicato perché la freccia può essere estratta, mentre è quasi impossibile estrarre una palla.»

«Però», obiettò il tícitl, «se quella palla non ha leso irreparabilmente un organo interno, il solo rischio che corre il ferito è di morire dissanguato.»

«Mi sono assicurato che a Yeyac capitasse proprio quello. Non appena rimase colpito al ventre, lo voltai in modo che il sangue uscisse più rapidamente.»

«Hmm», borbottò il tícitl, che cavalcò qualche istante in silenzio prima di commentare: «Mi spiace di non essere stato chiamato per esaminare la ferita, quando avete riportato Yeyac ad Aztlan. Suppongo che nei prossimi giorni mi troverò di fronte a molte ferite del genere».

Come avevo ordinato, la colonna marciò nella formazione originaria per tre giorni perché volevo che il mio esercito fosse compatto nel caso avessimo incontrato una forza nemica che avanzava a nord di Compostela. Ma nessuno apparve all'orizzonte, neppure gruppetti di soldati in ricognizione. Quindi non c'era ragione di ordinare agli uomini di disperdersi o di nascondersi e, quando ci accampavamo per la notte, non cercavamo di occultare i fuochi da campo su cui preparavamo i pasti, che erano ottimi e molto nutrienti grazie alla selvaggina abbattuta dai guerrieri assegnati a quel compito.

Ma avevo calcolato che, entro il quarto giorno, avremmo potuto essere avvistati dalle sentinelle di guardia intorno alla città. Perciò all'alba di quel giorno, convocai i cavalieri e i cuáchictin e li informai delle mie decisioni.

«Prevedo che, prima di notte, saremo nei dintorni di Compostela. Non intendo attaccare da questa direzione perché è la più prevedibile per gli spagnoli, né voglio condurre l'assalto immediatamente. Aggireremo la città e ci ricongiungeremo a sud di essa. Perciò, da questo momento, la colonna si dividerà in due: un contingente avanzerà a ovest e l'altro a est. E i guerrieri non avanzeranno in colonna, bensì isolati, con grande cautela e in silenzio. Dovrete ripiegare le bandiere, abbassare le lance e approfittare al massimo del riparo offerto da alberi, arbusti e cactus.»

Mi tolsi il vistoso copricapo, lo ripiegai con cura e lo infilai dietro la sella.

«Senza le bandiere, come faremo a tenerci in contatto gli uni con gli altri?» chiese uno dei cavalieri.

«Io e gli altri tre uomini a cavallo continueremo a procedere ben in vista lungo questo sentiero. Saremo visibili abbastanza da potervi fare da guida. E di' agli uomini che il primo della fila deve stare almeno cento passi dietro di me. Nel contempo, non occorre che restino in contatto fra loro: più sono sparpagliati, meglio è. Se incontrano uno spagnolo solo in esplorazione, lo devono uccidere, ma in silenzio e senza farsi notare. Dobbiamo arrivare vicino a Compostela senza essere visti. Tuttavia, se uno dei nostri dovesse imbattersi in una pattuglia o in un corpo di guardia nemico che non può affrontare da solo, allora deve lanciare il grido di guerra e alzare la bandiera in modo che gli altri lungo lo stesso percorso accorrano al suo fianco. Quelli sulla pista opposta devono procedere in silenzio e furtivamente come prima.»

«Ma, dispersi in questo modo, non è possibile che gli spagnoli in agguato possano eliminare noi, a uno a uno?» chiese un altro cavaliere.

«No», risposi, deciso. «Nessun bianco sarà mai capace di muoversi furtivamente come noi, che siamo nati in questa terra. E nessun soldato spagnolo, impacciato da metallo e cuoio, potrà mai rimanere appostato in attesa senza fare qualche rumore o movimento involontario.»

«L'Uey-Tecútli dice il vero», intervenne G'nda Ké, la quale si era fatta largo tra il gruppo e, come al solito, doveva per forza dire la sua per quanto non fosse necessario. «G'nda Ké conosce i soldati spagnoli. Persino uno storpio riuscirebbe a coglierli di sorpresa.»

«Ora», continuai, «supponendo che nessuno ci scopra o che nessuna forza superiore intervenga, i due tronconi dell'esercito proseguiranno verso sud, avendo me come punto di riferimento. Quando riterrò che sia giunto il momento, punterò a ovest, dove il sole starà tramontando, perché vorrei che Tonatíu brillasse su di me il più a lungo possibile. I guerrieri che procedono lungo la pista occidentale continueranno a seguirmi – a cento passi di distanza – e io li condurrò sani e salvi al capo opposto della città.»

«G'nda Ké sarà dietro di loro», disse la donna yaki, pavoneggiandosi.

Le lanciai un'occhiata esasperata. «Nel contempo il cuáchic Comitl punterà a est, e gli uomini su quel lato seguiranno *lui*. A un certo punto della notte, entrambi i tronconi dell'esercito dovrebbero essere a sud della città. Invierò messaggeri per stabilire un contatto fra di loro in modo da poterci riunire di nuovo tutti. È chiaro?»

Gli ufficiali fecero il gesto del tlalqualíztli e procedettero comunicando gli ordini ai loro uomini. Di lì a poco i guerrieri, come la rugiada mattutina, erano magicamente svaniti fra gli alberi e gli arbusti e il sentiero era sgombro. Solo Ualíztli, Nochéztli, Comitl e io eravamo ancora bene in vista, sulle nostre cavalcature.

«Nochéztli», ordinai, «andrai tu per primo. Procedi al passo, lungo il sentiero. Noi non ti seguiremo fino a che non sparirai dalla nostra visuale. Avanza sino a che non vedi qualche segno della presenza del nemico. Anche se avessero piazzato guardie o eretto barricate a questa distanza dalla città, non si aspetterebbero di certo un solo attaccante. Inoltre, potrebbero riconoscerti ed essere stupiti del tuo arrivo, specie vedendoti a cavallo come uno spagnolo. La loro esitazione ti darà il tempo di metterti in salvo. Comunque, se e quando avvisti il nemico – quale che sia la sua entità numerica – torna indietro e corri a riferirmelo.»

«E se non vedo nulla?» chiese lui.

«Se la tua assenza si protrae troppo e io decido che è tempo di far disperdere i nostri uomini, lancerò il richiamo del gufo. Se lo senti – e non sei stato catturato o ucciso – affrettati a raggiungerci.»

«Sì, mio signore. Vado.» E si allontanò.

Quando fu sparito dalla vista, il tícitl, Comitl e io ci avviammo, procedendo al passo. Il sole si spostava allo stesso lento ritmo, e tutti e tre passammo quel lungo giorno di ansia in conversazioni sconnesse. Solo nel tardo pomeriggio vedemmo Nochéztli venire verso di noi, ma senza fretta; avanzava al trotto, che doveva essere un tormento per la sua schiena.

«Che cosa succede?» chiesi non appena fu a portata d'orecchio. «Non hai niente da riferire?»

«*Ayya*, sì, mio signore, ma è una notizia strana. Sono arrivato sino al quartiere degli schiavi, alla periferia della città, senza mai essere fermato. E qui ho trovato le difese di cui ti ho parlato molto tempo fa: gli enormi tubi tonanti montati su ruote, circondati da soldati. Ma quei tubi tonanti sono ancora puntati verso la città! E i soldati si sono limitati a farmi un cenno di saluto. Così, a gesti, ho fatto capire che avevo trovato questo cavallo sellato nei dintorni e che stavo cercando di restituirlo al suo legittimo proprietario, poi sono tornato indietro, senza affrettarmi troppo, perché non avevo sentito il grido del gufo.»

Comitl aggrottò la fronte e mi chiese: «Che cosa ne pensi, Tenamáxtzin? È credibile il rapporto di quest'uomo? Tieni presente che un tempo è stato in combutta con il nemico».

Nochéztli protestò: «Lo giuro baciando la terra!» e si chinò nel tlalqualíztli come meglio poteva, essendo a cavallo.

«Ti credo», lo rassicurai. Poi, rivolto a Comitl: «Nochéztli mi ha dato ripetute prove di fedeltà. Però la situazione è davvero curiosa. È possibile che il cavaliere della Freccia Tapachíni e i suoi uomini non siano mai venuti a Compostela a dare l'allarme. Ma è altrettanto possibile che gli spagnoli ci stiano tendendo un'astuta trappola. Se è così, siamo ancora fuori della loro portata. Procediamo come stabilito. Io e Ualíztli ci dirigeremo a ovest. Tu e Nochéztli andrete a est. Gli uomini a piedi ci seguiranno separatamente. Passeremo attorno alla città, tenendocene ben lontani, e ci riuniremo a sud, dopo il calar del sole».

La pista, in quel punto, era fiancheggiata da una fitta foresta e pian piano il tícitl e io ci trovammo immersi nelle ombre sempre più fitte del crepuscolo. Speravo che i guerrieri dietro di noi potessero ancora vederci e non ci perdessero di vista quando fossero calate le tenebre della notte. Ma quella preoccupazione svanì improvvisamente e drammaticamente dalla mia mente perché, alle nostre spalle, udii un rumore assordante e familiare.

«Quello era un archibugio!» ansai. Ualíztli e io tirammo le briglie per fermare i cavalli.

Avevo appena finito di parlare quando si levò un fragore di spari – isolati e numerosi, sparsi e simultanei – tutti provenienti da un qualche punto alle nostre spalle. Ma non troppo lontano: la brezza serotina mi portò alle narici l'odore acre del fumo della *pólvora*.

«Ma come abbiamo potuto non...?» cominciai a dire. Poi mi riaffiorò un ricordo e capii che cosa stava succedendo. Mi tornò alla mente quel soldato spagnolo che andava a caccia di anatre sulla riva del lago Texcóco e che sparava una batteria di archibugi tirando una cordicella.

Le armi che sparavano adesso non erano in mano a soldati spagnoli. Erano state fissate a terra o agli alberi con la cordicella tesa da un *gatillo* all'altro e nascosta fra i cespugli. I nostri due cavalli non erano ancora passati sopra una corda, ma i guerrieri alle nostre spalle dovevano esservi inciampati, facendo così ricadere su loro stessi le letali palle di piombo.

«Non ti muovere!» intimai al tícitl.

Ma lui protestò: «Bisognerà dare assistenza ai feriti!» e tirò le redini del suo cavallo per farlo voltare.

Be', come sarebbe emerso in seguito, i miei errori non si erano limitati a sottovalutare l'astuzia dei difensori di Compostela. Ma su una cosa avevo visto giusto: quelli della mia razza si muovevano silenziosi come ombre e invisibili come il vento. L'istante successivo, un colpo tremendo alle costole mi fece cadere da cavallo. Sbattendo a terra, intravidi un uomo in armatura aztéca che brandiva una maquáhuitl con la quale mi colpì di nuovo – usando l'impugnatura di legno, e non la lama di ossidiana – e questa volta sul capo. In quell'istante il mondo intorno a me si oscurò.

Quando ripresi i sensi, ero seduto a terra, con la schiena appoggiata contro un albero. La testa mi pulsava e la vista era annebbiata. Battei le palpebre e, quando scorsi l'uomo accanto a me, appoggiato alla maquáhuitl in paziente attesa del mio risveglio, involontariamente gemetti: «Per tutti gli dei! Sono morto e sono finito nel Míctlan!»

«Non ancora, cugino», ghignò Yeyac. «Ma sta' pur certo che ci andrai.»

# 21

Non appena cercai di muovermi, scoprii di essere saldamente legato all'albero, come lo era Ualíztli accanto a me. Evidentemente non era stato disarcionato con la mia stessa violenza, dato che era ben desto e imprecava sottovoce. Ancora confuso, borbottai: «Tícitl, dimmi una cosa. È possibile che un uomo ucciso sia risorto?»

«In questo caso, ovviamente, sì», rispose Ualíztli, incupito. «Avevo già preso in considerazione quest'eventualità quando mi hai detto che lo avevi messo prono, in modo che il sangue defluisse più rapidamente. In realtà, questo ha fatto sì che il sangue si coagulasse al margine della ferita. Se nessun organo vitale era stato leso e se il presunto cadavere è stato portato via dai suoi amici, qualsiasi tícitl degno di questo nome avrebbe potuto curarlo. Credimi, non sono stato io. Ma, *yya ayya ouíya*, avresti dovuto tenerlo supino.»

Yeyac, che aveva ascoltato divertito quella spiegazione, intervenne: «Cugino, temevo che tu fossi stato colpito da una di quelle palle di piombo nell'imboscata così astutamente tesa dai miei alleati spagnoli. Quando uno dei miei íyactin è venuto a dirmi che ti aveva preso vivo, sono stato così felice che l'ho promosso cavaliere sul campo».

Mentre tornavo in possesso delle mie facoltà mentali, ringhiai: «Non sei nella posizione di promuovere chicchessia».

«Davvero? Ma, cugino, mi hai persino portato il copricapo piumato. Sono di nuovo l'Uey-Tecútli di Aztlan.»

«E allora perché volevi prendermi vivo e in condizione di contestare questa stupida affermazione?»

«Sto semplicemente accontentando il mio alleato, il governatore Coronado. È lui che ti vuole vivo, sia pure per poco tempo, giusto quello necessario a rivolgerti qualche domanda. Dopo di che... be'... ha promesso di consegnarti a me. Il resto lo lascio alla tua immaginazione.»

Non essendo troppo ansioso di approfondire quell'argomento, domandai: «Quanti dei miei uomini sono morti?»

«Non ne ho idea. Né m'interessa. I sopravvissuti devono essersi dati subito alla fuga. Non sono più una forza combattente. Adesso, sparpagliati e nel buio, staranno vagando qua e là – sperduti, avviliti, scoraggiati – come la Donna Piangente Chicocíuatl e gli altri spiriti della notte. Domattina i soldati spagnoli non avranno difficoltà a catturarli, uno per uno, e Coronado sarà lieto di avere uomini così forti nelle sue miniere d'argento. E, *ayyo,* ecco qui una squadra che ti scorterà al palazzo del governatore.»

I soldati mi staccarono dall'albero, ma mi tennero le mani legate mentre mi conducevano fuori della foresta, sul sentiero di Compostela. Yeyac era dietro di noi con Ualíztli, e non vidi dove andavano. Venni rinchiuso per tutta la notte in una cella del palazzo, senza possibilità di mangiare e di lavarmi, ma ben sorvegliato, e venni condotto alla presenza del governatore solo la mattina successiva.

Come mi era stato detto, Francisco Vázquez de Coronado era un uomo più o meno della mia età e, per essere un bianco, aveva un bell'aspetto, una barba ben curata e sembrava persino pulito. Le guardie mi slegarono ma rimasero nella stanza. Era presente un altro soldato che, mi resi conto poi, sapeva il náhuatl e doveva fungere da interprete.

Coronado gli parlò a lungo – naturalmente io capii ogni parola – e il soldato mi ripeté il discorso nella mia madrelingua: «Sua Eccellenza dice che tu e un altro guerriero eravate armati di archibugi quando sei stato catturato e l'altro ucciso. Uno degli archibugi apparteneva chiaramente al Regio Esercito Spagnolo e l'altro era un'imitazione artigianale. Sua Eccellenza vuol sapere chi ha fatto quella copia e dove, quante altre ne sono state fatte e quante sono in fabbricazione. Vuole anche sapere da dove viene la polvere».

«Nino ixnéntla yanquic in tláui pocuíahuíme. Ayquic.»

«L'indio dice, Vostra Eccellenza, che non sa nulla degli archibugi. E non ha mai saputo nulla.»

Coronado sguainò la spada e gli ordinò, calmo: «Digli che gli rifarai la domanda e, ogni volta che affermerà di non sapere niente, perderà un dito. Chiedigli quante dita è disposto a sacrificare prima di darmi una risposta soddisfacente».

L'interprete tradusse in náhuatl e mi rifece la domanda.

Cercai di apparire debitamente intimidito e risposi, esitante: «Ce nechca...» Stavo chiaramente temporeggiando. «Una volta... ero in viaggio nella Tierra Disputable... e sono arrivato a un corpo di guardia. La sentinella era addormentata. Le ho rubato il tubo tonante. E l'ho conservato.»

L'inteprete sogghignò. «E quel soldato addormentato ti ha anche insegnato a usarlo?»

Cercai di assumere un'aria ebete. «No. Non poteva. Perché dormiva, capisci. So che si preme quel coso chiamato *gatillo.* Ma non ho mai avuto occasione di farlo. Sono stato catturato prima di...»

«E quel soldato addormentato ti ha anche mostrato le parti interne e il funzionamento di questo tubo tonante, in modo che persino un selvaggio primitivo come te potesse farne una copia?»

Insistetti: «Di quello non so nulla. La copia di cui parli... devi chiedere al guerriero che l'aveva con sé».

«Ti ho già detto che quell'uomo è morto!» berciò lui. «Colpito da uno dei nostri archibugi azionati dalla corda. Ma lui deve aver pensato di trovarsi di fronte a dei soldati in carne e ossa perché, mentre cadeva, ha sparato. Sapeva molto bene come si usa quest'arma!»

L'interprete riferì il colloquio in spagnolo al governatore. Io intanto pensavo: *Un buon guerriero, Comitl, una vera "vecchia aquila" mexícatl sino all'ultimo. E ora si gode la beatitudine del Tonatíucan.* Poi dovetti preoccuparmi della mia situazione giacché Coronado mi stava fissando con occhi di fuoco mentre istruiva l'interprete: «Se questo suo compagno sapeva maneggiare così bene un archibugio, anche lui saprà fare altrettanto. Dillo a questo maledetto pellerossa. Se non mi confessa subito tutto...»

Ma il governatore venne interrotto da tre persone che erano appena entrate nella stanza. Una di loro, piuttosto stupita, domandò: «Perché Vostra Eccellenza si avvale di un interprete? Quest'indio sa il castigliano bene come me».

«Cosa?» esclamò Coronado, confuso. «Come fate a saperlo? Com'è possibile?»

Frate Marcos de Niza si lasciò sfuggire un sorrisetto compiaciuto. «Si dice che noi bianchi non sappiamo distinguere i maledetti pellerossa l'uno dall'altro. Ma questo, come ho notato la prima volta che l'ho visto, è molto più alto della media del suo popolo. Inoltre, in quell'occasione, era abbigliato alla spagnola e montava un cavallo dell'esercito, quindi avevo ulteriori motivi per ricordarmi di lui. È successo quando stavo accompagnando Cabeza de Vaca a Città di Mexíco. Il tenente a capo della scorta ha permesso che quest'uomo passasse la notte nel nostro accampamento perché...»

Adesso fu Coronado a interromperlo. «Tutto questo è molto sconcertante, ma tenete le spiegazioni per dopo, frate Marcos. Al momento ho bisogno di informazioni molto più urgenti. E quando questo prigioniero avrà assaggiato qualche taglietto della mia spada, penso che non sarà più tanto alto.»

Fu necessario ricorrere di nuovo all'interprete perché a quel punto parlò l'altro uomo entrato col Monaco Bugiardo, il mio spregevole cugino Yeyac. Conosceva solo qualche parola di spagnolo, ma evidentemente aveva colto il senso della frase di Coronado, perché protestò in náhuatl: «Vostra Eccellenza brandisce una spada e parla di tagliar via qualche pezzo di questa persona. Ma io sostengo che una scheggia di ossidiana è più tagliente del ferro, e anche più accurata. Forse non ho detto a Vostra Eccellenza che ho dentro di me una palla del tubo tonante sparatami da quest'uomo. Ma ricordo a Vostra Eccellenza che era stato promesso a me il diritto di tagliuzzarlo e farlo a pezzi».

«Sì, sì, è vero», rispose Coronado, irritato, e rinfoderò la spada. «Tira fuori la tua maledetta ossidiana. Io farò le domande e tu potrai mutilarlo quando darà risposte non soddisfacenti.»

Ma adesso fu il frate a protestare. «Vostra Eccellenza, quando l'ho conosciuto, quest'uomo affermava di essere un emissario del vescovo Zumárraga. Inoltre si è presentato come Juan Británico. Ignoro se abbia mai avuto a che fare realmente con il vescovo, ma sappiamo per certo che è stato battezzato e gli è stato conferito un nome cristiano. *Ergo,* è a dir poco un apostata o addirittura un eretico. Ne consegue che è soggetto alla giurisdizione ecclesiastica. Sarei lieto di processarlo e condannarlo al rogo personalmente.»

Cominciavo già a sudare e non avevo ancora sentito nulla dalla terza persona entrata con Yeyac e il Monaco Bugiardo. Era la donna yaki, G'nda Ké, e non mi stupì vederla in compagnia di quei due. Era inevitabile che, essendo sopravvissuta all'imboscata – o essendone stata preavvertita – si fosse schierata con i vincitori.

Il soldato-interprete sembrava stordito dalla girandola di traduzioni, dal náhuatl allo spagnolo e viceversa, che doveva fare per tutti i presenti. Ora tradusse in spagnolo ciò che G'nda Ké aveva detto in tono mellifluo: «Mio buon frate, questo Juan Británico sarà senz'altro un traditore della tua Santa Madre Chiesa. Ma, Vostra Eccellenza Coronado, costui ha tradito ancor più gravemente il vostro dominio. Posso affermare che è il responsabile dei numerosi attacchi verificatisi in tutta la Nuova Galizia, messi in atto da persone per il momento non ancora catturate. Quest'uomo, se debitamente e lungamente torturato, potrebbe consentire a Vostra Eccellenza di por fine a quelle incursioni. Secondo il parere di G'nda Ké, questo dovrebbe avere la precedenza sui disegni del frate di spedirlo diritto nell'inferno cristiano. G'nda Ké sarebbe anche lieta di assistere in tale compito il vostro leale alleato Yéyactzin, giacché ella ha molta esperienza in questo campo».

«*¡Perdición!*» proruppe Coronado, irritato oltre misura. «Tali e tante persone reclamano la carne, la vita e persino l'anima del prigioniero che per poco non provo compassione per questo disgraziato!» Mi lanciò un'occhiataccia e, in spagnolo, mi chiese: «Disgraziato, sei l'unico in questa stanza che ancora non mi ha suggerito che cosa dovrei fare di te. Di certo avrai qualche idea in proposito. Parla!»

«*Señor gobernador*», risposi – di chiamarlo Eccellenza proprio non me la sentivo – «sono un prigioniero di guerra e un nobile della nazione aztécatl che è in guerra con la vostra. Esattamente come lo erano i nobili mexíca detronizzati dal marchese Cortés molti anni fa. Il marchese non era e non è un uomo debole, ma ha ritenuto di agire secondo coscienza trattando quei nobili sconfitti in modo civile. Non chiedo altro.»

«Ecco!» esclamò Coronado, rivolto ai tre nuovi arrivati. «È il primo discorso sensato che ho udito in questo turbolento incontro.» Si girò verso di me, ma non con aria minacciosa, e chiese: «Mi dirai la fonte e il numero di copie di archibugi in circolazione? Mi dirai chi sono i ribelli che attaccano gli insediamenti a sud di Compostela?»

«No, *señor gobernador*. Nei conflitti tra le nazioni dell'Unico Mondo – e credo anche in tutte le guerre combattute dalla Spagna contro altri popoli – non ci si aspetta mai che un prigioniero di guerra tradisca i suoi compagni. E *io* di certo non lo farò, anche se venissi interrogato da quella donna-avvoltoio che tanto vanta le sue abilità di mangiatrice di carogne.»

L'occhiata dura che Coronado gettò su G'nda Ké mi rivelò che il governatore condivideva la mia opinione su di lei. Forse aveva davvero cominciato a provare una certa pena per me perché, non appena G'nda Ké, il frate e Yeyac cominciarono a parlare tutti in una volta, e con tono indignato, lui li mise a tacere con un gesto perentorio e disse: «Guardie, riportate in cella il prigioniero e non legatelo. Dategli cibo e acqua a sufficienza per tenerlo vivo. Rifletterò sulla questione prima di interrogarlo di nuovo. Quanto a voi, sparite! E subito!»

La cella aveva una porta massiccia, sbarrata all'esterno e sorvegliata da due guardie. Sulla parete di fondo c'era una finestrella senza sbarre, attraverso la quale sarebbe potuto passare al massimo un coniglio. Era però grande abbastanza per poter comunicare con una persona all'esterno. E, in effetti, al calare della notte, qualcuno si avvicinò a quell'apertura.

«*¡Oye!*» pronunciò una voce appena udibile, che mi fece alzare dallo strato di paglia su cui giacevo.

Sbirciai fuori e lì per lì non scorsi nulla tranne l'oscurità. Poi quando il visitatore sorrise, vidi dei denti bianchi e capii che si trattava di un uomo nero come la notte, lo schiavo moro Esteban. Lo salutai con calore ma a bassa voce.

Mi bisbigliò: «Juan Británico, ti ho detto che sarò sempre in debito con te. Immagino tu sappia che, come avevi previsto, sono stato incaricato di condurre il Monaco Bugiardo in quelle inesistenti città piene di tesori. Perciò ti devo tutto l'aiuto e il conforto che posso offrirti».

«Grazie, Esteban. Mi sentirei molto confortato se mi trovassi in libertà. Non potresti distrarre le guardie e togliere la spranga alla porta della cella?»

«Temo che questo sia al di fuori delle mie possibilità. I soldati spagnoli non danno molto credito a un moro. Inoltre – e scusa se ti sembro egoista – ho molto a cuore la *mia* libertà. Cercherò di escogitare un modo per farti fuggire che non mi faccia finire al tuo posto. Nel frattempo, da una pattuglia spagnola è giunta una notizia che dovrebbe rallegrarti. Di certo non ha rallegrato gli spagnoli.»

«Bene. Dimmi.»

«Be', alcuni dei tuoi guerrieri morti o feriti sono stati trovati subito dopo l'imboscata di ieri sera. Ma il governatore ha aspettato sino a stamattina prima di inviare a perlustrare tutta la zona una pattuglia, che ha trovato relativamente pochi guerrieri morti o incapaci di muoversi. È chiaro che la maggior parte dei tuoi uomini è sopravvissuta ed è fuggita. Uno di questi fuggitivi – un uomo a cavallo – si è lasciato spavaldamente vedere dagli spagnoli che, al ritorno in città, hanno fornito abbondanti particolari sul suo aspetto. A quanto pare i due indios che ora sono alleati con Coronado – Yeyac e quell'orrida G'nda Ké – hanno riconosciuto l'uomo descritto. Hanno rivelato il suo nome: Nochéztli. Ti dice qualcosa?»

«Sì. È uno dei miei migliori guerrieri.»

«Yeyac è parso stranamente turbato nell'apprendere che questo Nochéztli è dalla tua parte, ma non ha fatto molti commenti perché eravamo tutti alla presenza del governatore e del suo interprete. La donna invece è scoppiata in una risata sprezzante e ha definito Nochéztli uno smidollato cuilóntli. Che cosa vuol dire, *amigo*?»

«Non ha importanza. Continua, Esteban.»

«La donna ha detto a Coronado che un uomo così, benché armato e a piede libero, non costituisce alcun pericolo. Ma le notizie successive hanno smentito le sue parole.»

«In che modo?»

«Il tuo Nochéztli non solo è sfuggito all'imboscata ma, a quanto sembra, è stato fra i pochi che non si sono dati alla fuga in preda al panico. Un ferito che è stato portato qui ha riferito con orgoglio quanto è avvenuto in seguito. Questo Nochéztli, in groppa al cavallo nell'oscurità e nel fumo, ha imprecato contro i fuggitivi accusandoli di essere dei codardi e, sbraitando, ha ordinato loro di radunarsi intorno a lui.»

«In effetti, ha una voce impressionante», commentai.

«A quanto pare ha radunato i guerrieri rimasti e li ha portati in un qualche nascondiglio. Yeyac ha detto al governatore che devono essere molte centinaia.»

«All'inizio erano novecento», confermai. «Devono essere quasi tutti con Nochéztli.»

«Coronado sembra riluttante all'idea di inseguirli. Qui ha poco più di mille soldati, inclusi quelli portati da Yeyac. Il governatore dovrebbe inviarli tutti in missione, lasciando sguarnita Compostela. Per il momento ha preso solo la precauzione di puntare tutta l'*artillería* – che è l'insieme dei tubi tonanti – verso l'esterno.»

«Non credo che Nochéztli organizzerebbe un altro assalto senza ricevere istruzioni da parte mia. Ma dubito che possa sapere quanto mi è accaduto.»

«In ogni caso, è un uomo pieno di risorse», proseguì Esteban. «Non si è limitato a mettere il tuo esercito fuori della portata degli spagnoli.»

«Che cosa intendi dire?»

«La pattuglia uscita in perlustrazione stamattina aveva anche il compito di recuperare gli archibugi che erano stati usati nell'imboscata. I soldati sono tornati a mani vuote. Pare che Nochéztli, prima di sparire, abbia preso le armi e se le sia portate via. A quanto mi risulta, erano trenta o quaranta.»

Non potei fare a meno di esclamare, esultante: «*Yyo ayyo!* Siamo armati. Sia lodato il dio della guerra Huitzilopóchtli!»

Avrei dovuto stare zitto. Un istante dopo la spranga della porta venne rimossa. L'uscio si aprì e una delle guardie, insospettita, scrutò dentro la cella... ma a quel punto io mi ero già risdraiato sulla paglia ed Esteban era sparito.

«Che cos'era quel rumore?» chiese la guardia. «Stai chiamando aiuto, cretino? Non ne riceverai.»

«No, stavo solo cantando, *señor.* Cantavo lodi ai miei dei», risposi con tono altero.

«Che Dio aiuti i tuoi dei», brontolò l'altro. «Quando canti hai una voce che fa schifo», e richiuse la porta con un tonfo.

Nel buio della cella cominciai a riflettere. Adesso capivo di aver compiuto un altro errore di valutazione: influenzato dalla mia avversione per Yeyac e i suoi amici, avevo ritenuto che tutti i cuilóntin fossero rancorosi e maligni sino a che, pungolati da un vero uomo, diventavano servili e impauriti come la più mite delle donne. Nochéztli ora mi aveva fatto cambiare idea. Chiaramente, i cuilóntin differivano tra di loro come tutti gli altri uomini, visto che il cuilóntli Nochéztli aveva dato prova di forza, di valore e di capacità degni di un vero eroe. Se mai l'avessi rivisto, gli avrei espresso tutto il mio rispetto e la mia ammirazione.

«*Devo* rivederlo», mormorai tra me.

Con una mossa rapida e ardita, Nochéztli aveva dotato una parte del mio esercito di armi dell'uomo bianco. Ma quegli archibugi erano inutili senza una cospicua riserva di polvere e piombo. A meno che i miei uomini non avessero assalito e saccheggiato l'armeria di Compostela – il che era piuttosto improbabile – sarebbe stato necessario trovare del piombo e preparare della polvere. Ero il solo a conoscere la sua composizione, e adesso imprecai contro me stesso per non aver diviso quel "segreto" con Nochéztli o qualche altro ufficiale.

«*Devo* uscire di qui», borbottai.

In città avevo solo un amico, che *avrebbe tentato* di elaborare un piano di fuga. Ma oltre agli spagnoli, la cui ostilità era comprensibile, avevo anche altri nemici: il vendicativo Yeyac, il bigotto Monaco Bugiardo, l'infame G'nda Ké. Tra non molto sarei stato portato di nuovo al cospetto del governatore – o di tutti loro – e non potevo certo sperare che Esteban mi liberasse in quel breve arco di tempo.

Tuttavia, mi dissi, una convocazione di Coronado mi avrebbe perlomeno fatto uscire da quella cella. Era possibile, durante il tragitto, eludere la sorveglianza delle guardie e fuggire? Il mio palazzo di Aztlan aveva tali e tante stanze, nicchie e passaggi che non sarebbe stato impossibile per un fuggitivo disperato quanto me evitare gli inseguitori e nascondersi. Ma il palazzo di Coronado non era grande e intricato quanto il mio. Ripercorsi con la mente il cammino che le guardie avevano fatto per portarmi dalla cella alla sala del trono – ammesso che si chiamasse così – in cui il governatore mi aveva interrogato. In quell'ala dell'edificio c'erano quattro celle: in una ero imprigionato io, ma non sapevo se le altre fossero occupate o vuote. Più oltre c'era un lungo corridoio, poi una rampa di scale e un altro corridoio...

Non mi venne in mente alcun punto in cui avrei potuto scappare, alcuna finestra accessibile oltre la quale buttarmi. E, una volta di fronte al governatore, sarei stato completamente circondato. Dopo l'interrogatorio, sempre che non fossi stato sommariamente giustiziato davanti a lui, era probabile che mi avrebbero condotto in una stanza delle torture o al rogo, e non di nuovo in cella. Be', pensai mesto, sarei stato bruciato *all'aperto.* Magari, nel tragitto verso il rogo...

Ma, come sapevo, quella era una ben debole speranza. Stavo cercando di soffocare la disperazione e di prepararmi al peggio quando all'improvviso sentii di nuovo: «*Oye*».

Esteban era tornato alla finestrella. Balzai in piedi e scrutai ancora una volta le tenebre rotte solo dal suo sorriso splendente. Il moro mi disse, a bassa voce ma con vivacità: «Mi è venuta un'idea, Juan Británico».

Quando me la comunicò, mi resi conto che i suoi pensieri erano stati simili ai miei, ma molto più ottimisti. Ciò che proponeva era tanto spericolato da sfiorare la follia, però lui aveva avuto un'idea e io no.

La mattina seguente, le guardie mi legarono i polsi prima di scortarmi dal governatore ma, a un suo gesto, mi slegarono e si fecero da parte. Oltre a numerosi soldati, nella sala erano presenti G'nda Ké, frate Marcos e la sua guida Esteban, i quali sembravano del tutto a loro agio, come se fossero alla pari con il governatore.

Rivolto a me, Coronado annunciò: «Ho esonerato Yeyac da questa udienza perché, a esser sincero, detesto quell'infido *hijo de puta.* Tuttavia, dal nostro colloquio precedente, ritengo che tu sia un sincero uomo d'onore. Ti propongo quindi lo stesso patto che il mio predecessore, il governatore Guzmán, ha stretto con Yeyac. Sarai liberato insieme all'altro uomo a cavallo catturato vivo con te».

A un suo gesto, un soldato fece entrare il tícitl Ualíztli, in disordine e visibilmente preoccupato, ma sano e salvo. Questo creava una piccola complicazione al piano di fuga ma, a mio avviso, non insuperabile. Anzi, gioii all'idea di poter portare con me l'uomo della medicina. Gli feci cenno di venirmi accanto e attesi che il governatore completasse la sua proposta.

Coronado riprese: «Ti verrà permesso di tornare ad Aztlan, di cui ridiventerai sovrano. Ti garantisco che né Yeyac né i suoi seguaci contesteranno la tua supremazia – anche se dovessi uccidere quel maledetto *marícon* per impedirglielo. Tu e il tuo popolo conserverete i vostri domini tradizionali e vivrete in pace, al riparo da invasioni del mio esercito. Col tempo, Aztéca e spagnoli potrebbero ritenere proficuo impegnarsi in scambi commerciali e in altri rapporti, ma non vi verrà imposto nulla del genere».

S'interruppe. Poi, di fronte al mio silenzio, continuò: «In cambio, *tu* t'impegnerai a non guidare o sobillare ulteriori rivolte contro la Nuova Galizia, la Nuova Spagna e altri territori e sudditi di Sua Maestà qui nel Nuovo Mondo. Ordinerai a quelle bande di ribelli nel sud di por fine alle devastazioni e, come ha fatto Yeyac, mi giurerai di impedire le incursioni di quei tremendi indios della Tierra de Guerra, nel nord. Che cosa ne dici, Juan Británico? Sei d'accordo?»

Risposi: «Ti ringrazio, *señor gobernador*, per la tua lusinghiera valutazione del mio carattere e per la fiducia accordatami. Ritengo che anche tu sia un uomo d'onore. Per questa ragione non vorrei insultare te e infangare me stesso facendo una promessa per poi non mantenerla. Tu sai benissimo che quanto offri a me e alla mia gente è solo ciò che abbiamo sempre avuto; ed è per conservarlo che ci stiamo battendo e continueremo a batterci. Noi aztéca abbiamo dichiarato guerra a te e a tutti i bianchi. Puoi uccidermi qui e subito, ma ci sarà qualcun altro del mio popolo che guiderà i nostri guerrieri. Col dovuto rispetto, declino la tua offerta».

Durante il mio discorso, Coronado si era rabbuiato in volto e sono certo che stava per rispondermi con irose imprecazioni. Ma proprio in quel momento Esteban, che aveva continuato ad aggirarsi oziosamente per la sala, passò accanto a me.

Gli bloccai il collo con un braccio, lo strinsi a me e, con la mano libera, trassi dalla sua cintola il coltello di ferro. Esteban simulò uno strenuo sforzo per liberarsi, ma desistette quando gli puntai la lama alla gola. Ualíztli mi guardò stupefatto.

«*Soldati!*» strillò G'nda Ké all'altro capo della sala. «Sparate! Uccidete quell'uomo!» Gridava in náhuatl, ma nessuno poteva aver frainteso le sue parole. «*Uccideteli entrambi!*»

«No!» gridò il frate. «Fermi!» tuonò Coronado, proprio come aveva previsto Esteban. I soldati, che avevano già puntato gli archibugi o sguainato le spade, si bloccarono, confusi.

«*No?*» sbraitò G'nda Ké, incredula. «Non li uccidete? Ma che razza di donnicciole siete, voi idioti bianchi?»

Avrebbe proseguito nella sua incomprensibile invettiva se il frate non l'avesse interrotta gridando più forte di lei: «Vostra Eccellenza! Le guardie non possono correre il rischio di...»

«Lo so, imbecille!» sbraitò Coronado. «Sta' zitto! E strangolate quella strega ululante!»

Stavo pian piano indietreggiando verso la porta, apparentemente trascinando il moro inerme, e Ualíztli era accanto a noi. Esteban girava il capo a destra e a sinistra, come per chiedere aiuto, gli occhi fuori dalle orbite per il terrore. I movimenti erano voluti, per far sì che gli tagliassi leggermente il collo, provocando un gocciolio di sangue che tutti potevano vedere.

«Abbassate gli archibugi!» ordinò Coronado ai soldati che, a bocca aperta, spostavano in continuazione lo sguardo da lui a noi. «Restate dove siete. Non sparate e non usate la spada. Preferisco lasciarmi sfuggire entrambi i prigionieri che perdere quel singolo miserevole moro.»

Gli intimai: «*Señor,* da' ordine a qualcuno di correre fuori e di informare a gran voce tutti i soldati nei dintorni. Nessuno dovrà darci fastidio né ostacolarci. Quando saremo oltre i confini della città, lascerò andare illeso il tuo prezioso moro. Ti do la mia parola d'onore».

«D'accordo», rispose Coronado digrignando i denti. Poi fece un cenno a un soldato accanto alla porta. «Va', *sargento.* Fa' quel che dice.»

Tenendosi prudentemente alla larga da noi, il soldato uscì. Ualíztli, io ed Esteban, inerte e con gli occhi sbarrati, lo seguimmo indisturbati lungo un breve corridoio che non avevo notato prima, giù per una scala e oltre il portone del palazzo che dava sulla strada. Quando uscimmo, il soldato stava già gridando gli ordini. E lì, come aveva predisposto Esteban, mi attendeva un cavallo sellato, legato a un anello infisso nel muro.

Dissi al tícitl: «Dovrai correre, mi spiace. Non avevo previsto la tua presenza. Procederò al passo».

«No, per Huitzli, va' al galoppo!» gridò lui. «Benché sia vecchio e grasso, sono così felice di essere fuori di quella cella che volerò come il vento!»

«In nome di Dio», borbottò Esteban sottovoce. «Smettetela di cianciare e *muovetevi*! Buttami di traverso sulla sella, salta in groppa e va'!»

Mentre lo sollevavo – in realtà, lui fece un salto e io finsi soltanto di spingerlo – il soldato-banditore stava urlando ordini a tutte le persone a portata d'orecchio: «Fate largo! Lasciateli passare!» La gente per la strada, soldati e civili, guardava la scena con occhi sgranati. Solo quando fui in sella, con il coltello puntato alla schiena di Esteban, mi resi conto di non aver slegato il cavallo. Fu Ualíztli a farlo, tendendomi anche le briglie. Poi, fedele alla parola data, il tícitl prese a trotterellare a una velocità straordinaria per un uomo della sua mole e della sua età, e io lo affiancai procedendo al trotto.

Quando non fummo più visibili dal palazzo e non sentimmo più le grida del soldato, Esteban – benché sballonzolato e a testa in giù – cominciò a indicarmi il percorso. Gira a destra qui, a sinistra là e così via, finché ci lasciammo alle spalle il centro della città per finire nel misero quartiere degli schiavi. Non ce n'erano molti in giro – per la maggior parte dovevano essere al lavoro a quell'ora – e i pochi che incrociammo distolsero lo sguardo da noi. Probabilmente ci avevano scambiati per tre schiavi, due indios e un moro, che tentavano una fuga davvero fuori dell'ordinario e volevano poter affermare, in caso di interrogatorio, di non averci visto per nulla.

Giunti al limitare della città, dove le baracche degli schiavi si diradavano e non si vedeva anima viva, Esteban mi avvertì: «Fermati qui». Smontammo entrambi da cavallo e il tícitl stramazzò a terra, ansante e sudato. Mentre Esteban e io ci massaggiavamo i punti dolenti – lui lo stomaco e io le natiche – il moro disse: «Non posso procedere oltre fingendomi un ostaggio, Juan Británico. Più avanti ci sono i corpi di guardia spagnoli che non hanno ricevuto l'ordine di lasciarci passare. Perciò tu e il tuo compagno dovrete continuare a piedi, evitando di farvi vedere. Posso solo augurarvi buona fortuna».

«Cosa che finora abbiamo avuto, grazie a te. Confido che la buona sorte non ci abbandonerà proprio adesso che siamo a un soffio dalla libertà.»

«Coronado non darà ordine di inseguirvi sino a che io non sarò tornato sano e salvo. Come ti avevo detto, e come gli eventi hanno comprovato, il governatore ambizioso e il frate avido di ricchezze non osano mettere in pericolo la mia pellaccia nera. Quindi...» Rimontò in sella, questa volta tenendosi eretto. «Dammi il coltello.» Glielo porsi e lui lo usò per lacerarsi gli abiti in più punti e persino per farsi qualche taglietto in modo da sanguinare, poi me lo restituì.

«Adesso usa le briglie per legarmi le mani al pomo della sella. Per darti più tempo possibile, tornerò pian piano a palazzo. Posso giustificarmi dicendo di essere stato crudelmente ferito e picchiato da voi selvaggi. Sei fortunato ch'io sia nero: nessuno si accorgerà che *non* ho alcun livido. Non posso far altro per te, Juan Británico. Non appena arriverò a palazzo, Coronado impegnerà tutto il suo esercito per cercarti, sguinzagliandolo a frugare in ogni angolo. A quel punto, dovrai essere molto lontano di qui.»

«Così sarà», dichiarai. «O in salvo nelle foreste o al sicuro in quel luogo buio che voi cristiani chiamate inferno. Ti ringraziamo per il tuo prezioso aiuto, per la tua sfrenata fantasia e per aver rischiato la vita per noi. Va', *amigo,* e che tu possa essere felice in quella libertà che presto otterrai.»

# 22

«Adesso che facciamo, Tenamáxtzin?» chiese Ualíztli, che aveva ripreso fiato e si era messo a sedere.

«Come ha detto il moro, il governatore non ha avuto il tempo sufficiente per avvertire i corpi di guardia di lasciarci passare illesi... se ancora avessimo avuto con noi l'ostaggio. Quindi non sono stati informati neppure della nostra fuga. Perciò, come al solito, si aspetteranno dei nemici che vogliono entrare in città, non che vogliono uscirne. Seguimi, Ualíztli, e fa' quel che faccio io.»

Camminammo eretti oltre gli ultimi alloggi degli schiavi poi, chini e con la massima cautela, procedemmo finché non intravidi, in lontananza, una baracca circondata da soldati, nessuno dei quali guardava nella nostra direzione. Non ci avvicinammo oltre, ma piegammo a sinistra sino a giungere in vista di un'altra baracca e di altri soldati che stavano intorno a un grosso tubo tonante, del tipo chiamato *culebrina.* Tornammo sui nostri passi sino a giungere circa a metà strada fra i due corpi di guardia. Per nostra fortuna la zona era coperta da folti cespugli che si stendevano sino alla foresta che si profilava all'orizzonte. Sempre chino, m'infilai tra quegli arbusti, cercando di non smuoverli troppo, e il tícitl, ansando, mi seguì. Mi parve che quella lenta, dolorosa, goffa avanzata durasse un'infinità di lunghe-corse – e so che per Ualíztli doveva essere ancor più estenuante – ma infine giungemmo al limitare della foresta. Non appena fui tra gli alberi raddrizzai la schiena e mi stiracchiai con uno scricchiolio di ossa; il tícitl si buttò di nuovo a terra, gemendo.

Mi stesi anch'io ed entrambi riposammo per un certo tempo. Non appena Ualíztli ebbe ripreso fiato sufficiente per parlare, ma non ancora per mettersi a sedere, mi chiese: «Mi spieghi perché i bianchi ci hanno lasciato andare? Certo non perché abbiamo preso in ostaggio uno schiavo moro. Uno schiavo di qualsiasi colore vale quanto uno sputo».

«Sono convinti che quello schiavo conosca il segreto per arrivare a un tesoro favoloso. Sono dei cretini a pensarlo, ma questo te lo spiegherò un'altra volta. Adesso sto cercando di escogitare un modo per raggiungere Nochéztli e il resto dell'esercito.»

Ualíztli si tirò su a sedere e mi lanciò un'occhiata preoccupata. «Devi essere ancora fuori di te per via di quel colpo alla testa. Se i nostri uomini non sono stati massacrati dagli spari dei tubi tonanti, si saranno senza dubbio dispersi e ormai saranno lontani da qui.»

«Non sono stati massacrati e non si sono dispersi. E io non ho perso il senno. Ti prego, smetti di fare questi discorsi da uomo della medicina e lasciami pensare.» Alzai gli occhi: Tonatíu stava già scendendo verso l'orizzonte. «Siamo di nuovo a nord di Compostela, quindi non dovremmo essere troppo lontani dal luogo dell'imboscata. Chissà se Nochéztli è rimasto nelle vicinanze? Oppure avrà portato l'esercito a sud della città, com'era nei nostri piani originari? O avrà addirittura preso la pista per tornare ad Aztlan? Che cosa potrebbe aver fatto, non sapendo che ne era stato di me?»

Il tícitl, riguardoso, si astenne dal fare commenti.

«Non possiamo semplicemente vagare alla loro ricerca», continuai. «È Nochéztli che deve trovarci. Posso solo fare un segnale di qualche genere, sperando che lo porti da noi.»

Il tícitl non poteva star zitto troppo a lungo. «È meglio sperare che *non* attragga le pattuglie spagnole che ben presto verranno a cercarci.»

«Sarebbe l'ultima cosa che si aspetterebbero», replicai. «Che noi richiamiamo deliberatamente l'attenzione sul nostro nascondiglio. Ma se i nostri sono nei dintorni, non vedranno l'ora di avere notizie del loro condottiero. Qualsiasi cosa fuori dell'ordinario dovrebbe attrarre almeno un esploratore. Un gran falò dovrebbe andar bene. Grazie alla dea Coatlícue qui ci sono molti pini, e il terreno è coperto di aghi secchi.»

«E adesso rivolgiti al dio Tlaloc affinché incendi gli aghi di pino con un fulmine», suggerì Ualíztli, sarcastico. «Non vedo tizzoni da nessuna parte. Nella sacca dei medicamenti avevo dei liquidi combustibili che prendevano facilmente fuoco, ma mi è stata sottratta. Ci vorrà tutta la notte per approntare e usare un acciarino.»

«Non occorre, come non è necessario invocare Tlaloc», ribattei. «Tonatíu ci aiuterà prima di tramontare.» Frugai dentro la corazza imbottita che indossavo ancora. «Anche a me hanno portato via le armi, ma evidentemente gli spagnoli non hanno ritenuto che valesse la pena di prendere questo.» Tirai fuori la lente, il cristallo donatomi da Alonso de Molina molto tempo prima.

«Neanch'io lo riterrei di alcun valore», osservò Ualíztli. «A che serve un pezzo di quarzo?»

Mi limitai a dirgli: «Sta' a vedere». Alzatomi, mi spostai in un punto in cui un raggio di sole filtrava tra gli alberi e finiva sul tappeto di aghi secchi. Ualíztli sgranò gli occhi quando, di lì a poco, da terra vide levarsi un fil di fumo seguito da un guizzo di fiamma. Ancora qualche istante e anch'io fui costretto a fare un salto all'indietro per sottrarmi a quello che stava diventando un bel fuoco.

«Come hai fatto?» domandò il tícitl, stupefatto. «Dove hai trovato una cosa così magica?»

«È il regalo di un padre al figlio», risposi sibillino e sorridendo al ricordo. «Con l'aiuto di Tonatíu e di un padre nel Tonatíucan, sono convinto di poter fare qualsiasi cosa, o quasi. Tranne cantare, direi.»

«Cosa?»

«Lo spagnolo a guardia della cella ha trovato esecrabile il modo in cui cantavo.»

Ualíztli mi lanciò un'occhiata scrutatrice da uomo della medicina. «Ma sei sicuro di non risentire ancora di quel colpo che hai preso alla testa?»

Scoppiai in una risata e mi girai ad ammirare il fuoco. Diffondendosi tra gli aghi a terra, non era ancora molto visibile, ma aveva cominciato ad attaccare gli aghi freschi e resinosi dei pini e provocava quindi una colonna di fumo che stava diventando sempre più alta, densa e scura.

«Questo dovrebbe richiamare senz'altro *qualcuno*», osservai soddisfatto.

«Proporrei di spostarci tra gli arbusti da cui siamo venuti», suggerì il tícitl. «In tal modo potremo stabilire con un certo anticipo *chi* sta arrivando. E chiunque sia, perlomeno non troverà solo un paio di cadaveri arrosto.»

Così facemmo e restammo accucciati tra gli arbusti a guardare il fuoco che si allargava tra gli alberi generando un fumo degno della nube che sormonta sempre il grande vulcano Popocatépetl nei dintorni di Tenochtitlán. Il tempo passò e il sole calante colorò d'oro rossiccio la nube di fumo, rendendola ancor più visibile contro il cielo azzurro cupo del tramonto. Passò altro tempo e infine udimmo un fruscio tra i cespugli. Non stavamo parlando ma, quando Ualíztli mi lanciò un'occhiata interrogativa, mi portai un dito alle labbra e mi alzai lentamente per guardare oltre la sommità degli arbusti.

Be', non erano spagnoli, ma quasi avrei preferito che lo fossero. Gli uomini che circondavano il nostro nascondiglio erano Aztéca in armatura, e tra loro spiccava Tapachíni, il cavaliere della Freccia. Erano i guerrieri di Yeyac. Uno di essi, malauguratamente dotato di un occhio di falco, mi vide prima che potessi riaccucciarmi e lanciò il grido del gufo. Si precipitarono tutti verso di noi che, rassegnati, ci alzammo. I guerrieri si fermarono a una certa distanza ma ci accerchiarono completamente, in modo che ci ritrovammo al centro, sotto il tiro delle lance e dei giavellotti puntati su di noi.

Yeyac in persona si fece largo tra i suoi guerrieri. Non era solo. Al suo fianco c'era G'nda Ké ed entrambi esibivano un sorrisetto trionfante.

«Ebbene, cugino, eccoci di nuovo faccia a faccia», esclamò lui. «Ma questa sarà l'ultima volta. Coronado non ha voluto lanciare l'allarme per la tua fuga, ma ci ha pensato la buona

G'nda Ké, che è venuta immediatamente a dirmelo. E io e i miei uomini non abbiamo dovuto fare altro che aspettare e stare sul chi vive. Adesso, cugino, ti porteremo via di qui prima che arrivino gli spagnoli. Voglio poterti uccidere lentamente, con tutta calma e lontano da occhi indiscreti.»

Accennò ai guerrieri di convergere su di noi. Ma, prima che potessero eseguire l'ordine, uno di loro – il solo armato di archibugio – fece un passo avanti.

«Ti ho già ucciso una volta, Yeyac», dichiarò Pakápeti, «quando hai minacciato il mio Tenamáxtli. Come hai detto tu stesso, questa sarà l'ultima volta.»

Gli altri guerrieri indietreggiarono al fragore del tubo tonante. La palla colpì Yeyac alla tempia sinistra e, per un istante, la sua testa si velò di spruzzi di sangue e materia cerebrale. Poi mio cugino cadde, e nessun tícitl al mondo sarebbe più stato capace di farlo rivivere.

Per qualche istante restammo tutti impietriti dallo stupore. Chiaramente Pakápeti, grazie all'armatura imbottita e nonostante il ventre ormai prominente, era riuscita a farsi passare per un maschio e a tenere nascosto l'archibugio sino al momento cruciale.

Adesso ebbe solo il tempo di lanciarmi un breve sorriso, mesto e affettuoso. Poi, con urla indignate, gli uomini di Yeyac si lanciarono su di lei e uno la colpì con un gran fendente, che le squarciò l'armatura, la pelle e il corpo dalla gola all'inguine. Prima che Pakápeti cadesse a terra, dallo squarcio fuoriuscirono un gran fiotto di sangue, parte delle viscere... e qualcos'altro. I guerrieri indietreggiarono con espressioni inorridite e lanciando esclamazioni così forti da soffocare il clamore delle altre grida: «Tequáni!» e «Tzipitl!» e «Palanquí!» che significavano "mostruosità" e "deformità" e "marciume".

In quel tumulto nessuno di noi aveva badato ai fruscii provenienti dalla macchia, ma adesso udimmo un grido di guerra selvaggio in cui si univano le strida dell'aquila, i ruggiti del giaguaro, il soffio del gufo e lo squittio del pappagallo. Dai cespugli sbucò un'orda dei miei uomini che si lanciò sui guerrieri di Yeyac massacrandoli con le maquáhuime, le lance e i giavellotti. Prima di unirmi alla lotta, indicai quanto restava di Pakápeti a Ualíztli e gli ordinai: «*Occupati di lei, tícitl!*»

Fu una battaglia combattuta non da figure tridimensionali ma da sagome di guerrieri che si stagliavano nere contro la cortina di fuoco che continuava a divorare il bosco. Così ben presto ogni contendente abbandonò le armi più pesanti per paura di colpire e ferire un suo commilitone. Tutti ricorsero ai coltelli – perlopiù di ossidiana; alcuni di ferro, come il mio – e si scontrarono corpo a corpo: mi trovai di fronte il cavaliere della Freccia Tapachíni e lo uccisi. Il cimento fu di breve durata perché i miei uomini superavano di gran numero quelli di Yeyac. Quando l'ultimo dei loro cadde, anche il fuoco cominciò ad affievolirsi, come se il suo ausilio non fosse più necessario. E ci ritrovammo nella semioscurità che segue il tramonto.

Senza dubbio grazie a una coincidenza voluta dagli dei, mi ritrovai accanto alla perfida G'nda Ké, ancora viva e illesa, evidentemente scampata allo sterminio solo perché indossava abiti femminili.

«Avrei dovuto immaginarlo», le dissi, ansante. «Anche nell'infuriare della battaglia, tu non ti fai neppure un graffio. Ne sono lieto. Come ha detto poco fa il tuo amico Yeyac, avrò modo di ucciderti lentamente, con calma e lontano da occhi indiscreti.»

«Ma che cosa dici!» mi rimproverò lei, con irritante compostezza. «G'nda Ké ha fatto cadere in trappola Yeyac e i suoi uomini, e guarda che ringraziamento riceve!»

«Strega bugiarda!» ringhiai. Poi, rivolto a due guerrieri vicini, ordinai: «Prendete questa donna e tenetela ben stretta non appena ci metteremo in marcia. Se lei dovesse sparire, sparirete anche voi due, e in minuscoli frammenti».

Subito dopo ricevetti l'abbraccio del cuáchic Nochéztli, il quale esclamò: «Sapevo che i bianchi non avrebbero potuto tener prigioniero un guerriero valoroso quanto il mio signore Tenamáxtzin!»

«Nel frattempo tu ti sei rivelato un più che degno sostituto», mi complimentai. «Da stasera sei il mio secondo in comando e farò sì che tu venga investito del titolo di cavaliere dell'ordine dell'Aquila. Ti esprimo le mie congratulazioni, la mia gratitudine e la mia stima, cavaliere Nochéztli.»

«Sei molto benigno, mio signore, e mi sento molto onorato. Ma adesso sbrighiamoci a lasciare questo posto. Se gli spagnoli non sono già nei pressi, i loro tubi tonanti potrebbero lanciare proiettili anche sino a questa distanza.»

«Sì. Non appena i nostri guerrieri avranno recuperato tutte le loro armi, radunali e comincia la ritirata verso nord. Io vi raggiungerò non appena avrò sistemato un'ultima faccenda.»

Nella ressa, cercai Ualíztli e gli chiesi: «Che cosa mi dici della cara e coraggiosa Pakápeti? Ci ha salvato la vita. Sei riuscito a far qualcosa per lei?»

«No. Era morta e in pace ancor prima di cadere a terra.»

«Ma che cos'era... quello che ha suscitato tanto orrore nei suoi aggressori?»

«Zitto, mio signore. Non chiedermelo. È meglio che tu non lo sappia. E vorrei non saperlo neppure io.» Indicò il punto in cui era divampato l'incendio, dove ora restavano solo tronchi carbonizzati e tizzoni. «Ho affidato tutto alle mani della buona dea della terra Chántico. Il fuoco purifica la terra di tutte le cose soprannaturali.»

Dalla scena dell'imboscata, oltre a numerosi archibugi, Nochéztli aveva recuperato anche il cavallo di Comitl. Quindi procedevamo entrambi a cavallo alla testa delle truppe... anche se ben presto rimpiansi di non avere una sella tra me e la groppa dell'animale.

Rinnovai un'altra volta gli elogi al mio secondo in comando per aver dato prova di tanta iniziativa in mia assenza, ma aggiunsi: «Per poter usare quelle armi che hai recuperato, dobbiamo preparare la polvere da sparo e trovare il modo di procurarci del piombo».

«Be', mio signore», mi confessò lui, quasi in tono di scusa, «quanto alla prima esigenza, non so nulla sulla fabbricazione della polvere. Tuttavia, in assenza di ordini contrari, mentre aspettavamo tue notizie ho deciso di far buon uso del tempo a disposizione. Perciò adesso abbiamo una buona quantità di piombo...»

«Mi lasci a bocca aperta, Nochéztli. Come ci sei riuscito?»

«Uno dei guerrieri mexíca è figlio di un orafo e quindi sapeva che il piombo spesso si trova nelle stesse miniere da cui proviene l'argento, e che viene anche usato nei processi di raffinazione di questo metallo.»

«Per Huitzli! Hai avuto il coraggio di andare nelle miniere e nei laboratori degli spagnoli?»

«Tieni presente, mio signore, che ho già agito come tuo quimíchi tra i bianchi. Io e gli altri soldati ci siamo spogliati restando in perizoma e sandali, ci siamo sporcati faccia e corpo e, a uno a uno, abbiamo eluso la sorveglianza delle guardie entrando insieme agli schiavi. Quello è stato facile. Le guardie non si aspettavano certo che qualcuno potesse fingersi schiavo. L'uscita è stata un po' più difficoltosa, soprattutto perché il piombo è molto pesante. Ma, sempre grazie alla mia esperienza di quimíchi, siamo riusciti anche in quell'impresa. Almeno una quarantina dei nostri porta con sé un lingotto di piombo. E quel guerriero mexícatl dice di sapere come fondere il piombo e ricavarne delle palle servendosi di stampi di legno e sabbia bagnata.»

«*Yyo ouiyo ayyo!*» esclamai, felice. «Siamo molto più vicini al livello di armamento degli spagnoli di quanto avessi potuto sperare. La fabbricazione della polvere rappresenta un problema di minore entità rispetto a quello che tu hai già risolto. Adesso ascoltami... imprimiti bene nella memoria quanto ti dirò e comunicalo agli ufficiali di cui ti fidi, qualora a te e a me dovesse succedere qualcosa. Quello che gli spagnoli chiamano *pólvora* veniva ritenuto dai nostri padri un vero e proprio fulmine imprigionato, che veniva scatenato nel momento stabilito dalla persona armata. E tuttora gli spagnoli vorrebbero che noi ignorassimo il segreto della sua fabbricazione. Ho impiegato molto tempo per scoprire quel procedimento che, in realtà, è molto semplice.» E procedetti descrivendogli i tre ingredienti che dovevano essere ridotti in polvere, e le proporzioni in cui andavano miscelati.

Poi, quando ritenni di essere abbastanza lontano da Compostela per poter far tappa per la notte, andai tra gli uomini, ne scelsi una quarantina dotati di buoni muscoli e di gambe lunghe e dissi loro: «Domani, dopo che avrete riposato, preparatevi a partire per una missione celere. Affidate le armature ai vostri compagni e portate solo il manto».

Ai primi venti ordinai di recarsi al vulcano Tzebóruko, che pochi di noi avevano visto ma di cui tutti conoscevamo l'esistenza per via delle frequenti eruzioni che devastavano i villaggi dei dintorni. Ero certo che le pendici del vulcano fossero incrostate di quel minerale chiamato *azufre.* Il vulcano era nella regione di Nauyar Ixú, nella Nuova Galizia, e quindi i miei uomini avrebbero dovuto attraversare un territorio in mano agli spagnoli.

«Vi suggerisco di puntare a ovest, verso la costa del Mare Occidentale, e lì ordinerete ai barcaioli di condurvi a sud del vulcano per poi far ritorno a nord col manto carico di quella sostanza gialla. È molto improbabile che vi imbattiate in pattuglie nemiche in mare.»

Agli altri venti dissi: «Voi andrete direttamente ad Aztlan. Dato che i pescatori estraggono il sale per conservare parte dei pesci, di sicuro conoscono quel sale amaro di prima estrazione. Ne riempirete i mantelli.»

Aggiunsi, rivolto a tutti gli uomini in partenza: «Vi ricongiungerete all'esercito a Chicomóztotl – il Luogo delle Sette Caverne – sulle montagne a est di Aztlan, nella terra in cui abita la tribù dei Chichiméca chiamata Huichol. L'esercito sarà lì ad aspettarvi. Vi invito a tornare il più presto possibile con i vostri fardelli».

A Nochéztli spiegai: «Hai sentito i miei ordini. Adesso da' ai guerrieri il permesso di dormire, ma devono sparpagliarsi tra gli alberi e fare turni di guardia. Domani condurrai l'esercito verso Chicomóztotl perché io devo recarmi altrove. Mentre aspetti il mio arrivo in quella zona, ordina agli uomini di preparare le palle di piombo e di bruciare legna per ricavare del carbone. Su quelle montagne abbondano le foreste. Quando gli altri gruppi ti porteranno l'*azufre* e il salnitro, comincia a preparare la polvere. Poi chiedi ai guerrieri che già sanno maneggiare l'archibugio di addestrare tutti coloro che mostrano di essere portati a usare quest'arma. Nel frattempo, invia reclutatori presso gli Huichol e le altre tribù dei Chichiméca più lontane per persuadere gli uomini a unirsi a noi, con la prospettiva di fare carneficine e saccheggi in abbondanza. Tutti questi preparativi vi dovrebbero tenere impegnati sino a quando tornerò con molti altri guerrieri al seguito, spero. Ora chiedi alle due guardie che la sorvegliano di portare qui quella strega di G'nda Ké. Non occorre che lo facciano con delicatezza».

Non lo fecero. La trascinarono al mio cospetto tenendola saldamente per le braccia mentre lei mi rivolgeva una sconcia richiesta, destinata ovviamente a scandalizzare anche gli uomini più duri e smaliziati. «Se stai per offrire a G'nda Ké la scelta di come morire, lei vorrebbe essere *stuprata* a morte. Da te e da questi due gagliardi giovani, usando i tre orifizi atti allo scopo.»

Ma più nulla di quanto avrebbe potuto dire o fare sarebbe riuscito ancora a sorprendermi. Mi limitai a ribatterle con durezza: «Mi servi per altri scopi prima che ti riempia gli orifizi di formiche rosse e scorpioni. In altre parole, continuerai a vivere solo e fino a che obbedirai ai miei ordini. Domani tu e io ci metteremo in viaggio verso la terra degli Yaki».

«È passato molto tempo da quando G'nda Ké ha visitato la sua terra natia.»

«È ben noto che gli Yaki detestano gli stranieri ancor più di quanto si odino fra di loro e che ne danno prova togliendo lo scalpo agli estranei imprudenti, prima di fargli cose ben peggiori. Conto sulla tua presenza per evitare questa disgrazia, ma porteremo con noi il tícitl qualora ci fosse bisogno del suo intervento. Questi due robusti giovani verranno con noi – per sorvegliarti – e qualunque cosa ti facciano durante il viaggio, non è affar mio.»

# 23

Poiché la distanza del luogo in cui ci eravamo accampati dai territori degli Yaki è il triplo di quella fra Aztlan e Città di Mexíco, quello che stavo per intraprendere era il viaggio più lungo della mia vita.

Lasciai a G'nda Ké il compito di guida perché aveva percorso quel tragitto almeno una volta in vita sua. Per quanto ne sapevo, generazioni di G'nda Ké avevano affrontato quel percorso avanti e indietro innumerevoli volte nei covoni e covoni di anni trascorsi da quando la prima di esse, tristemente famosa, era arrivata fra i miei antenati di Aztlan. La memoria collettiva che tutte queste G'nda Ké dovevano possedere di quella parte dell'Unico Mondo poteva benissimo essere impressa nella mente della *mia* G'nda Ké come una mappa del territorio.

A quanto pareva, desiderava davvero rivedere la sua terra natia perché non cercò – come invece mi ero aspettato – di rendere il viaggio logorante, scomodo, pericoloso o inutilmente lungo. Salvo quando ci raccomandava di aggirare una palude bituminosa, o le sabbie mobili, o qualche altro ostacolo, potevo stabilire dalla posizione del sole che stavamo procedendo in direzione nordovest con il percorso più rettilineo possibile, lungo le valli delle catene montuose costiere. La distanza sarebbe stata ancor più breve se avessimo proceduto lungo la costa a ovest delle montagne o attraverso la Terra delle Ossa Morte, ma quei due percorsi in realtà avrebbero richiesto più tempo e sarebbero stati più ardui da affrontare per via del caldo umido delle paludi costiere e dell'impietoso sole del deserto.

Ma anche senza alcun tentativo di G'nda Ké di peggiorare le cose, il viaggio fu comunque difficile e logorante. Quando ti arrampichi sui ripidi pendii delle montagne hai l'impressione che *tutti* i tuoi muscoli siano sotto sforzo e indolenziti. Si arriva alla vetta con un sospiro di sollievo. Ma quando scendi lungo il versante opposto, scopri di avere innumerevoli *altri* muscoli che, a loro volta, sono sottoposti a sforzo e si indolenziscono. G'nda Ké, io e i due guerrieri – che si chiamavano Machíhuiz e Acocótli – sopportavamo abbastanza bene la fatica, ma dovevamo fermarci spesso per dar modo al tícitl Ualíztli di riprendere il fiato e le forze. Nessuna di quelle montagne è alta abbastanza da essere sempre innevata, come capita sul Popocatépetl, ma molte si levano sino alla fredda regione del cielo dove regna Tlaloc, e ci capitò spesso di passare notti insonni a causa della bassa temperatura, nonostante fossimo avvolti nei pesanti manti tlamáitin.

Non passava praticamente notte che non sentissimo un orso o un giaguaro, un puma o un océlotl, aggirarsi incuriositi intorno all'accampamento, ma si tenevano a debita distanza poiché gli animali selvatici hanno una naturale repulsione per gli esseri umani... per quelli vivi, quantomeno. Tuttavia, durante il giorno trovavamo abbondante selvaggina: cervi, conigli, mapáche, tlecuáchi. E c'erano molti alimenti vegetali: tuberi camótin, frutti ahuácatin, erba mexíxin. Ualíztli trovò un'erba chiamata camopalxíhuitl che mescolò con il grasso degli animali per ricavarne un unguento che alleviava l'indolenzimento dei muscoli.

G'nda Ké gli chiese un po' di quell'erba per spremerne il succo negli occhi, «perché li rende più scuri, lucenti e belli». Ma il tícitl gliela rifiutò avvertendola: «Chiunque mangi quell'erba potrebbe morire, e non mi fido abbastanza di te per dartela, mia signora».

Le montagne erano ricche di laghetti e torrenti, con acqua fresca, dolce e deliziosa. Non eravamo attrezzati per catturare pesci o uccelli acquatici, ma era facile prendere le rane e le lucertole axólotin. Estraevamo anche radici amóli e, nonostante il freddo, ci facevamo il bagno quasi tutti i giorni. Insomma, non ci vennero mai meno acqua e cibo e il piacere di sentirci puliti. Ora che non sono più costretto a valicarle, posso anche dire che quelle montagne erano bellissime da guardare.

Per gran parte del viaggio trovammo cordiale ospitalità nei villaggi in cui ci imbattemmo. Dormivamo al riparo e le donne ci preparavano molte prelibatezze a noi del tutto ignote. In ogni villaggio, Ualíztli si metteva in contatto con l'uomo della medicina del posto per chiedergli vari medicamenti. Pur lagnandosi del fatto che in quelle zone remote gran parte dei tíciltin avessero nozioni antiquate di medicina, ben presto si ritrovò con una bella scorta di rimedi.

In ogni comunità io cercavo di fare amicizia col capo del villaggio, o col signore del luogo, o col capotribù, comunque si facesse chiamare. In quel viaggio attraversammo le terre dei Cora, dei Tepehuáne, dei Sobáipuri e dei Rarámuri, tutte nazioni e tribù che da tempo barattavano merci con i mercanti itineranti aztéca e, prima della caduta di Tenochtitlán, anche con quelli mexíca, e che quindi erano ben disposte verso di noi. Parlavano tutte lingue diverse, di cui io conoscevo qualche rudimento appreso dai loro esploratori durante il mio soggiorno alla Mesón de San José a Città di Mexíco. Ma G'nda Ké, avendo viaggiato in lungo e in largo, conosceva quelle lingue meglio di me. Così, benché mi fidassi poco di lei, la usai come interprete.

Il messaggio che volevo comunicare ai capi dei villaggi era sempre lo stesso: stavo mettendo insieme un esercito per rovesciare il potere dei bianchi. Erano disposti a lasciare che il numero più alto possibile di uomini forti e coraggiosi del luogo si unisse a noi? Evidentemente G'nda Ké non traduceva in modo errato le mie parole perché quasi tutti i capi accoglievano con entusiasmo la mia richiesta.

Chi aveva inviato esploratori nelle terre occupate dagli spagnoli era già al corrente dell'oppressione brutale e dei maltrattamenti che i bianchi riservavano ai sopravvissuti alla conquista. Sapevano della riduzione in schiavitù nelle *obrajes*, delle uccisioni, delle marchiature, delle umiliazioni inflitte a uomini e donne un tempo fieri, dell'imposizione di una religione incomprensibile e crudele. Queste notizie erano circolate fra tutte le altre tribù, comunità e nazioni della zona e, sia pure indirettamente, avevano ispirato in tutti gli uomini validi e forti il desiderio di fare *qualcosa* per vendicarsi. Adesso ne avevano l'opportunità.

I capi dei villaggi non dovevano neppure far richiesta di volontari. Non appena riferivano le mie parole ai loro sottoposti, mi ritrovavo circondato da uomini – alcuni appena adolescenti, altri vecchi e vacillanti – che con foga lanciavano grida di guerra e brandivano armi di ossidiana o di osso. Sceglievo i potenziali guerrieri e li inviavo a sud, fornendo loro tutte le indicazioni possibili per trovare Chicomóztotl, dove si era accampato Nochéztli. Anche a chi era troppo vecchio o troppo giovane affidavo un compito importante: «Andate e riferite il mio messaggio a tutte le altre comunità della zona. E fornite ai volontari le indicazioni che vi ho appena dato».

Dovrei precisare che non stavo riunendo uomini che *volevano* semplicemente essere dei guerrieri. Tutti costoro erano usi ai combattimenti perché le loro tribù si erano spesso scontrate con quelle confinanti per dispute territoriali, per diritti di caccia, o anche per rapire le donne altrui. Tuttavia, nessuno di questi *indios rústicos* sapeva che cosa fosse una guerra vera e propria, né che cosa significasse appartenere a un *esercito* ed essere inquadrati in contingenti separati che tuttavia agivano disciplinatamente e di concerto. Contavo su Nochéztli e sugli altri capi dei miei reparti affinché impartissero loro gli insegnamenti necessari.

Come mi ero aspettato, più ci inoltravamo nelle regioni nordoccidentali, più il nostro messaggio veniva accolto con incredulità anziché con entusiasmo. Le comunità di quei luoghi remoti dell'Unico Mondo erano più piccole e più isolate. A quanto sembrava, non sentivano né il desiderio né il bisogno di intrattenere scambi commerciali o di comunicare fra di loro. I pochi contatti fra le tribù avvenivano solo in caso di scontri scatenati da motivi che popolazioni più civili avrebbero ritenuto trascurabili.

Anche le numerose tribù del territorio dei Rarámuri – il nome significa "Popolo che Corre" – sembravano aver avuto ben poche occasioni di correre lontano dai villaggi natii. Gran parte dei capi aveva sentito solo vaghe voci riguardanti l'invasione di stranieri provenienti da terre oltre il Mare Orientale. Alcuni erano convinti che, se quest'evento si era davvero verificato, era un disastro così remoto da non preoccuparli affatto. Altri si rifiutarono semplicemente di dar credito a quelle voci. Arrivammo infine in luoghi in cui i Rarámuri locali non avevano neppure sentito parlare dei bianchi, e molti risero a crepapelle all'idea che potessero *esistere* orde intere di persone tutte di pelle bianca.

Nonostante prevalessero lo scetticismo e addirittura l'incredulità, riuscii a reclutare nuovi uomini per il mio esercito. Non so se questo fosse dovuto alla mia capacità di persuasione o al fatto che quegli uomini, stanchi di combattere con i confinanti, desiderassero affrontare altri nemici, oppure semplicemente staccarsi da luoghi ben noti e poco stimolanti. Il motivo aveva poca importanza: ciò che contava era che, armatisi, partissero alla volta di Chicomóztotl.

I territori dei Rarámuri erano l'estremo limite nordoccidentale in cui i nomi Aztéca e Mexíca venivano, sia pur vagamente, riconosciuti, e gli ultimi in cui potevamo aspettarci di essere accolti bene o quantomeno tollerati. Quando aggirammo una stupenda cascata ammirandone l'imponenza, G'nda Ké annunciò: «La cascata si chiama Basa-séachic e segna il confine della terra dei Rarámuri. Questo è stato il punto massimo dell'espansione dei Mexíca all'acme del loro potere. Quando costeggeremo il fiume sotto la cascata, ci avventureremo nel territorio degli Yaki e dovremo procedere con prudenza. A G'nda Ké interessa ben poco quello che potrebbe succedervi se capitaste tra un gruppo di cacciatori yaki. Ma non vorrebbe che uccidessero *lei* prima di aver avuto la possibilità di avvertirli nella loro madrelingua».

Così, da quel punto in poi, procedemmo quasi con la stessa cautela con cui Ualíztli e io avevamo strisciato nella macchia fuggendo da Compostela. Quella diffidenza si rivelò giustificata. Per tre o quattro giorni non incontrammo nessuno e, in quell'arco di tempo, uscimmo dalle foreste per giungere in una regione di colline con bassa vegetazione. Su una di esse vedemmo i primi Yaki – un gruppo di sei cacciatori – e, nello stesso tempo, loro avvistarono noi. Solo il saluto di G'nda Ké impedì a quegli uomini di avventarsi contro di noi. Rimasero dov'erano e la guardarono con occhi gelidi mentre lei si presentava.

Stava ancora parlando animatamente con loro in quella sgraziata lingua yaki – tutta suoni gutturali, schiocchi e borbottii – mentre noi quattro ci avvicinavamo. I cacciatori non aprirono bocca e lanciarono anche a noi la stessa gelida occhiata. Ma poiché nessuno di loro faceva mosse minacciose, approfittai delle ciance di G'nda Ké per osservarli meglio.

Avevano bei volti grifagni e corpi muscolosi, ma erano lerci come i nostri sacerdoti e avevano capelli lunghi, unti e arruffati. Erano a petto nudo e, in un primo momento, mi parve che dalla cintola in giù fossero avvolti in una fascia fatta di pelli di animali. Poi mi accorsi che quelle fasce erano di capelli sciolti, più lunghi dei peli di qualsiasi animale selvatico. Erano scalpi essiccati, legati intorno alla vita con cinture. Accennerò qui al fatto che gli Yaki si nutrono della selvaggina che abbonda nei loro territori, ma i *maschi* amano soprattutto il panciuto tlecuáchi perché molto ricco di grasso che, secondo loro, dà energia e resistenza per la caccia e le scorribande.

Le loro armi erano primitive ma non meno letali delle nostre. Gli archi erano di canna, le frecce di rigidi giunchi, e le lance a tridente, come quelle usate da certi pescatori. Le punte delle lance e delle frecce erano di selce, un segno sicuro che gli Yaki non avevano mai avuto a che fare con le nazioni più a sud, da cui proviene l'ossidiana. Non avevano spade simili alle nostre maquáhuime, ma due di loro portavano – appesi a dei legacci al polso – bastoni di legno quauxelolóni che è duro quanto il ferro spagnolo.

Uno dei sei uomini farfugliò qualcosa rivolto a G'nda Ké, indicò col capo la direzione da cui erano venuti, poi tutti si girarono e s'incamminarono. Noi cinque li seguimmo, benché temessi che la donna avesse esortato i compatrioti a portarci presso un più nutrito gruppo di cacciatori che avrebbe potuto ucciderci più facilmente e toglierci lo scalpo.

O non l'aveva fatto, oppure, se ci aveva provato, non era riuscita a convincerli. I cacciatori, senza mai voltarsi a guardare se li seguivamo, ci condussero al loro villaggio, valicando colline per tutto il resto della giornata. Il villaggio sorgeva sulla sponda di un fiume ed era chiamato, con poca fantasia, Bakúm, che significa "Luogo d'Acqua". A me il posto parve molto misero e squallido, ma G'nda Ké insistette nel definirlo *città*, e precisò: «Bakúm è una delle Uonáiki – cioè una delle Otto Città Sacre – fondate dai riveriti profeti che hanno generato la razza degli Yaki nel Batna'atóka, cioè nel Tempo Antico».

Per quanto riguardava le condizioni di vita e le attrattive, Bakúm sembrava non aver progredito molto dal Tempo Antico, quale che fosse l'epoca di riferimento. La popolazione abitava in capanne a cupola formate da stuoie sovrapposte fatte di canne intrecciate. L'intero villaggio – come tutti gli altri da me in seguito visitati – era circondato da una staccionata di canne tenute insieme da fusti di rampicanti. Mai prima d'ora avevo visto nell'Unico Mondo una comunità così asociale da rinchiudersi in una cinta, escludendo così ciò che era all'esterno. Non c'era una capanna adibita ai bagni di vapore e, nonostante il nome di Luogo d'Acqua, era malauguratamente chiaro che gli abitanti usavano l'acqua del fiume solo per dissetarsi e non per lavarsi.

Le canne e i giunchi che crescevano in abbondanza lungo il fiume venivano usati per tutti gli scopi possibili e immaginabili, non solo per farne armi, stuoie da costruzione e recinti, ma anche per tutti gli oggetti d'uso quotidiano. La gente dormiva su stuoie di giunco, le donne cucinavano servendosi di coltelli di canna spezzata in due e di cucchiai anch'essi di canna, e i giunchi erano usati per ricavarne zufoli il cui suono accompagnava le danze rituali. I pochi altri segni di lavoro artigianale erano delle brutte pentole di coccio, delle maschere di legno intagliate e dipinte e delle coperte di cotone tessute su telai orizzontali muniti di una cinghia passata dietro la schiena del tessitore.

La terra intorno a Bakúm era fertile quanto in altri luoghi da me attraversati, ma gli Yaki – o meglio, le loro donne – si limitavano a coltivare il minimo indispensabile di mais, fagioli, zucche e cotone per le coperte e gli abiti femminili. Il resto lo ricavavano da quello che cresceva spontaneo nella zona: frutti degli alberi e dei cactus, vari tuberi ed erbe, e i baccelli dell'albero mizquitl. Poiché gli Yaki amavano mangiare anche il grasso della selvaggina, per cucinare non usavano il grasso fuso bensì un olio ricavato dalla spremitura di certi semi. Non sapevano nulla dell'octli e di bevande analoghe; non coltivavano il picíetl per fumarlo; l'unica sostanza inebriante che conoscevano era ricavata da un cactus chiamato peyotl. Non facevano crescere né raccoglievano altre erbe medicinali, come non raccoglievano il miele. Ben presto Ualíztli osservò schifato: «I tíciltin yaki, se tali li si può definire, curano qualsiasi malanno ricorrendo a orribili maschere, canti, sonagli di legno e disegni tracciati su vassoi pieni di sabbia. Salvo per i disturbi femminili – che perlopiù sono solo lagne e non veri disturbi – i tíciltin conoscono ben poche cure. Tenamáxtzin, questi sono davvero dei selvaggi».

Ero del tutto d'accordo con lui. L'unico aspetto degli Yaki che poteva riscuotere l'approvazione di una persona civile era la ferocia dei loro guerrieri, chiamati yoem'sontáom. Ed era proprio per quella ferocia che mi ero spinto sin là.

Quando infine, con l'assistenza di G'nda Ké come interprete, mi venne permesso di conversare con lo yo'otuí di Bakúm – era composto da cinque consiglieri anziani, non essendoci un capo unico nelle loro comunità – scoprii che la parola *Yaki* viene usata per indicare tre rami diversi della stessa gente. Si tratta degli Opata, dei Mayo e dei Káhita; ciascuno di questi tre gruppi abita una, due o tre delle Otto Città Sacre e il territorio circostante, e ognuno resta rigorosamente nel proprio ambito. Scoprii anche di essere stato male informato per quel che riguardava l'odio fra membri dello stesso popolo. Perlomeno non si scannavano gli uni con gli altri. Nessun opata avrebbe ucciso un altro opata, a meno che non avesse una buona ragione per farlo. Ma avrebbe trovato dilettevole trucidare uno qualsiasi dei vicini mayo o káhita per un minimo sgarbo.

Appresi che i tre rami degli Yaki erano strettamente imparentati con i To'ono O'otam, il Popolo del Deserto, di cui avevo sentito parlare dal moro Esteban, che aveva attraversato quella zona. I To'ono O'otam vivevano in terre remote a nordest della regione degli Yaki. Un sollazzevole massacro di quella gente richiedeva una lunghissima marcia e un assalto organizzato. Così, circa una volta all'anno, *tutti* gli yoem'sontáom yaki accantonavano le discordie intestine e di buon grado si univano per marciare contro i cugini del deserto. I quali, a loro volta, erano lieti di quell'incursione che dava loro una buona scusa per massacrare un bel po' di cugini opata, mayo e káhita.

Su una cosa non ero stato mal informato: gli Yaki trattavano veramente in modo abominevole le loro donne. Finora ho sempre parlato di G'nda Ké come di una yaki, ma solo quando fui a Bakúm appresi che era una mayo. Avrei pensato che per lei dovesse essere una fortuna che quei cacciatori fossero della sua stessa gente e ci avessero portato in un villaggio dei Mayo. Proprio per niente. Non tardai a capire che le donne degli Yaki non venivano considerate mayo o káhita od opata, bensì solo *donne*, la più bassa forma di vita. Quando entrammo nel villaggio, nessuno accolse G'nda Ké come se fosse una sorella da tempo lontana e fortunatamente tornata tra la sua gente. Tutti gli abitanti, incluse le donne e i bambini, assistettero al suo arrivo con la stessa freddezza mostrata in precedenza dai cacciatori e con lo stesso gelo con cui guardavano noi, maschi stranieri.

La sera del nostro arrivo G'nda Ké venne spedita a lavorare con le altre donne per preparare il pasto – lardosa carne di tlecuáchi, focacce di mais, cavallette arrostite, fagioli e tuberi non identificabili. Le donne, inclusa G'nda Ké, servirono il cibo agli uomini e ai ragazzi del villaggio. Quando ebbero mangiato a piacer loro, e prima di appartarsi a masticare peyotl, gli uomini ci fecero capire senza tante cerimonie che noi quattro – io, Ualíztli, Machíhuiz e Acocótli – potevamo cibarci dei loro avanzi. E solo dopo che noi ci fummo sfamati lasciando poco o niente, le donne, G'nda Ké inclusa, osarono venire a raccogliere le briciole e gli scarti.

Gli uomini yaki, di qualunque gruppo fossero, quando non combattevano contro qualche cugino, non facevano altro che andare a caccia tutto il giorno – salvo nel villaggio dei Káhita chiamato Be'ene, sulla riva del Mare Occidentale, dove in seguito avrei visto gli uomini darsi svogliatamente alla pesca con le lance a tre punte o scavare pigramente alla ricerca di molluschi. In tutti i villaggi, in ogni caso, il lavoro veniva svolto interamente dalle donne, che vivevano di avanzi, ivi inclusi quei piccoli avanzi di... non oso dire "affetto", ma di tolleranza che i loro maschi potevano mostrare dopo una dura giornata di caccia.

Se un uomo tornava a casa di umore discreto, magari salutava la sua donna con un grugnito e non con un calcio. Se tornava soddisfatto da un'eccezionale battuta di caccia o da uno scontro vittorioso, ed era di buon umore, magari si degnava di sbattere a terra la sua donna, sollevandole la sottana di cotone per usarla in un atto di ahuilnéma men che amoroso, senza curarsi della presenza di estranei. Per questo i villaggi erano così poco popolati: gli accoppiamenti erano una cosa rara. Più spesso gli uomini tornavano a casa di pessimo umore, borbottando imprecazioni, e picchiavano le donne con la furia che avrebbero voluto scatenare sul cervo, sull'orso o sul nemico che invece era loro sfuggito.

«Per Huitzli, vorrei poter trattare anch'io la mia donna così», esclamò Acocótli, perché, come ci confidò, ad Aztlan aveva una moglie odiosa quasi quanto G'nda Ké, che lo tormentava senza posa. «Per Huitzli, se mai torno a casa, lo farò!»

A Bakúm la nostra G'nda Ké aveva poche occasioni di dar sfogo alla sua malvagità. Costretta a lavorare come una schiava e considerata una nullità, non sopportava apaticamente quelle umiliazioni, ma si rodeva dalla rabbia, perché anche le altre donne la disprezzavano per non avere un maschio che la picchiasse. (Io e i miei compagni ci rifiutammo di accontentarla a questo proposito.) So che avrebbe desiderato molto suscitare ammirazione e stupore tra i suoi "concittadini" vantandosi dei propri viaggi, delle perfide imprese e degli sconquassi che aveva provocato fra gli *uomini*. Ma ogni volta che apriva bocca, le donne le esprimevano tutto il loro disprezzo e gli uomini le lanciavano occhiatacce per zittirla. Forse G'nda Ké era stata lontana da casa per così tanto tempo da aver dimenticato quanto insignificante sarebbe stata persino tra quella gente rozza e ignorante, che l'avrebbe considerata meno di un insetto. Gli insetti potevano almeno essere fonte di fastidio. Lei non più.

Nessuno la picchiava, ma tutti le impartivano ordini, incluse le donne cui spettava la gestione del lavoro dell'intero villaggio. Forse provavano invidia perché lei aveva visto il mondo al di fuori di Bakúm e perché un tempo aveva dato ordini a degli uomini. Oppure la disprezzavano solo perché non era del loro villaggio. Quale che fosse la ragione dei loro sentimenti, quelle donne si comportavano con la malignità di cui danno prova soltanto le femmine di mente ristretta e dotate di un piccolo potere. Costringevano G'nda Ké a faticare senza posa, assegnandole i compiti più duri e stomachevoli. Quella situazione mi rallegrava non poco.

Si fece male una sola volta, e in modo lieve. Mentre raccoglieva legna da ardere venne morsicata alla caviglia da un ragno, il che le provocò un leggero malessere. Personalmente avrei ritenuto impossibile che una minuscola creatura velenosa potesse nuocere a una creatura molto più grande e molto più velenosa. Poiché nessuna donna aveva il permesso di abbandonare il lavoro per un qualsiasi malore fisico, a meno che non stesse partorendo o fosse in punto di morte, G'nda Ké, ululando e protestando, fu costretta a stendersi a terra per sottoporsi alle cure del tícitl del villaggio. Come aveva detto Ualíztli, quel vecchio imbroglione si limitò a mettersi una maschera destinata a cacciare gli spiriti maligni, a cantare una nenia, a tracciare disegni privi di senso con sabbia di diversi colori e ad agitare una palla di legno piena di fagioli secchi. Poi dichiarò G'nda Ké del tutto guarita e pronta per riprendere il lavoro. Cosa che lei fece.

L'unico privilegio che le veniva accordato a Bakúm era di fare da interprete fra me e i cinque membri dello yo'otuí quando non era impegnata in qualche altro compito. In quelle occasioni almeno poteva parlare e – dato che io ero riuscito a imparare solo qualche parola di quella lingua – quasi sicuramente lei deve aver cercato di farsi passare per un'eroina denunciando me come spia o agitatore animato da motivi sospetti, o qualsiasi altra cosa che avrebbe potuto spingere i consiglieri a cacciare o a uccidere gli intrusi. Però so una cosa: nella lingua degli Yaki non esiste un termine per *eroina*, perché è un concetto estraneo alla loro mentalità. Qualora G'nda Ké avesse disperatamente tentato di adottare quella tattica, sono certo che lo yo'otuí avrebbe considerato le sue parole niente di più di un vaneggiamento femminile. Se avesse insistito affinché gli Aztéca venissero sterminati, gli anziani del consiglio avrebbero perversamente fatto il contrario. È quindi possibile ch'io sia stato ascoltato con attenzione dai membri dello yo'otuí proprio grazie all'ennesima perfidia di G'nda Ké.

Farei bene a spiegare il modo in cui quello yo'otuí governava – se si può parlare di governo – giacché il sistema yaki era sconosciuto nell'Unico Mondo. Ciascuno dei consiglieri anziani era responsabile di una particolare ya'úra, che significa "funzione", delle cinque ya'úram del villaggio: religione, guerra, lavoro, usanze e danza. Inevitabilmente alcuni dei loro compiti si sovrapponevano, mentre altri erano quasi inutili. Il consigliere incaricato del lavoro, per esempio, aveva ben poco da fare, tranne punire le donne che si davano malate, evento che non si verificava mai nelle loro comunità. Il consigliere incaricato della guerra doveva solo impartire una benedizione quando gli yoem'sontáom del villaggio decidevano di fare un'incursione in qualche luogo, o quando tutti i guerrieri dei tre rami yaki si univano per la quasi rituale scorribanda ai danni del Popolo del Deserto.

Gli altri tre anziani – il Custode della Religione, il Custode delle Usanze e il Conduttore delle Danze – più o meno governavano di concerto. La religione degli Yaki si poteva a stento definire una religione, poiché era limitata al culto degli antenati e, com'è ovvio, chiunque muoia diventa all'istante un antenato. Giacché l'anniversario della morte di qualsiasi antenato era un'occasione di cerimonie, praticamente non passava notte in cui non ci fosse una celebrazione, più o meno solenne a seconda dell'importanza che il defunto aveva avuto in vita. I soli "dei" riconosciuti dagli Yaki sono i due antenati più remoti, che non si possono veramente definire dei, ma sono più simili alla Signora e al Signore che noi aztéca abbiamo sempre ritenuto i primi generatori della nostra razza. Noi non li veneriamo in alcun modo particolare, ma gli Yaki li chiamano il Vecchio e la Madre, e li adorano profondamente.

Inoltre, gli Yaki ritengono che i morti meritevoli finiscano in un aldilà felice ed eterno, simile al nostro Tonatíucan o Tlálocan, o al paradiso dei cristiani. Loro lo definiscono la Terra sotto l'Aurora e, alquanto stoltamente, ritengono che non sia lontanissima, bensì nelle vicinanze, a est di una vetta chiamata Takalá'im, che sorge al centro dei loro territori. Gli Yaki non sanno né sembrano curarsi della sorte dei morti spregevoli, poiché non concepiscono l'esistenza di un luogo come il nostro Míctlan o l'inferno dei cristiani.

Credono però che i viventi debbano stare continuamente in guardia contro una folta schiera di spiriti maligni chiamati chapáyekám, che sono i pestiferi portatori di malattie, incidenti, siccità, inondazioni, sconfitte militari e di tutte le altre disgrazie degli Yaki. Quindi, mentre il Custode della Religione deve assicurarsi che la gente renda la debita venerazione agli antenati, risalendo sino al Vecchio e alla Madre, il Custode delle Usanze ha l'incarico di tenere a bada i chapáyekám. Tocca a lui intagliare e dipingere le maschere di legno che devono tenerli alla larga, e lui cerca di inventare volti sempre più orrendi.

Ne consegue che il più impegnato è il Conduttore delle Danze, poiché i balli collettivi sono ritenuti essenziali al buon andamento delle altre quattro "funzioni". Il lavoro del villaggio non verrebbe svolto a dovere, le battaglie non verrebbero vinte, gli antenati non verrebbero adeguatamente venerati e gli spiriti maligni non sarebbero propiziati o scacciati se non si facessero le danze, che devono essere eseguite in modo ben preciso. Il Conduttore di Bakúm era troppo vecchio per ballare, e a me parve piuttosto comico che tutti gli altri uomini, dopo aver dedicato la giornata a compiti rudi e cruenti, passassero le sere impegnandosi in danze solenni e formali intorno ai falò. (Inutile precisare che le donne non partecipavano mai a questi riti.)

Il Conduttore distribuiva agli uomini una quantità di peyotl sufficiente a dar loro energia, ma non tale da annebbiarli o esaltarli al punto da dimenticare i passi e le figure stabilite sin dal Tempo Antico. Il Conduttore scrutava i danzatori con occhi di falco ed estrometteva quelli che facevano passi sbagliati o avevano la sfacciataggine di introdurre nuove mosse. Ballavano accompagnati da quella che chiamavano musica, eseguita dagli uomini troppo vecchi per danzare, ma, dato che non possedevano la varietà di strumenti inventati dai popoli più civili, facevano quello che al mio orecchio era semplicemente un rumore. Soffiavano in zufoli di canna, in zucchine riempite d'acqua, grattavano su canne dentate, scuotevano sonagli di legno e battevano sui tamburi. (Benché abbondassero le pelli di animali, quei tamburi erano fatti di pelle umana.) E il rumore era potenziato dai danzatori stessi, che portavano alle caviglie bracciali di bozzoli al cui interno ticchettavano gli insetti morti.

Per le danze in onore del Vecchio e della Madre, o di antenati di data più recente, gli uomini portavano un copricapo a ventaglio, fatto però di strisce di canna o di giunchi flessibili e non di piume. Per le danze contro gli spiriti maligni si portavano le orrende maschere di legno, tutte diverse l'una dall'altra. Nelle danze che celebravano una vittoria militare – o la anticipavano – era obbligatorio portare le pelli cóyotin, con la testa dell'animale piazzata sul capo dell'uomo.

Poi c'era una danza eseguita da un solo uomo, il miglior ballerino del villaggio. Questa esibizione era destinata ad attrarre la selvaggina nelle stagioni in cui la siccità o una malattia aveva ridotto il numero di animali selvatici della zona. Era una danza davvero aggraziata ed esaltante, tanto più che non richiedeva l'accompagnamento della "musica". L'uomo, completamente nudo, portava sul capo la testa di un cervo, fissata con stringhe – la più bella disponibile, con un bel paio di corna – aveva alle caviglie bracciali di bozzoli e teneva in mano un sonaglio di legno. Questi accessori fornivano il solo accompagnamento all'uomo che balzava come un cervo impaurito, saltellava come uno spensierato cerbiatto, si muoveva chino, guardando a destra e a manca, come un cacciatore in cerca di prede. Talvolta il ballerino era costretto a eseguire questa danza sino allo sfinimento per molte notti successive, prima che l'esploratore venisse a riferire che la cacciagione era tornata sui territori del villaggio.

Il Conduttore delle Danze mi confidò, tramite G'nda Ké, che il ballo per attrarre la selvaggina era assai più efficace quando chi lo eseguiva poteva danzare intorno a una "daina" sacrificale, che in realtà era una femmina umana avvolta in una pelle di daino. Una volta terminata la danza, la donna veniva macellata – proprio come si sarebbe fatto con un vero daino – tagliata, arrostita e mangiata dagli uomini con gran schioccar di labbra in modo che la selvaggina percepisse tutta la loro gratitudine. Purtroppo, disse il Conduttore delle Danze, i maschi mayo di recente non avevano compiuto molte razzie di donne dai villaggi vicini, e quindi non potevano mostrarmi quella parte della cerimonia. Ammise che c'erano molte donne mayo il cui sacrificio non avrebbe rappresentato una gran perdita, ma erano troppo dure e tigliose per essere mangiate con gusto. G'nda Ké assunse un'espressione offesa per non essere stata ritenuta utilizzabile neppure per *quello.*

A me non importava che i maschi yaki passassero metà della vita a danzare per ragioni che mi sembravano assurde. Ciò che contava era che l'altra metà della vita era dedicata a imprese brutali e feroci, e per questo li volevo con me. Quando G'nda Ké tradusse le mie parole ai cinque consiglieri, fui piacevolmente sorpreso nel vedere che recepivano il mio messaggio con più entusiasmo di quello mostrato dai capi rarámuri.

«I bianchi...» mormorò un consigliere. «Sì, ne abbiamo sentito parlare. I nostri cugini, i To'ono O'otam, affermano di averne visti alcuni vagabondare nelle loro terre. Hanno accennato persino a un uomo *nero.*»

Un altro brontolò: «Ma dove andremo a finire? Gli uomini dovrebbero essere di un solo colore: il nostro».

Un altro ammonì, cauto: «Come facciamo a sapere se quei degenerati del Popolo del Deserto hanno detto il vero? Se fossero stati Yaki, avrebbero preso gli scalpi a riprova dell'esistenza di simili creature».

Un altro obiettò: «Non abbiamo mai visto gli scalpi dei perfidi chapáyekám, però sappiamo che esistono. E quelli non sono di nessun colore».

E il quinto, il Custode della Guerra, sostenne: «Credo che farebbe bene ai nostri yoem'sontáom combattere con qualcuno che non è un loro parente. Io propongo di prestare i guerrieri a questo straniero».

«Sono d'accordo», dichiarò il Custode del Lavoro. «Se costui dice il vero sulla rapacità dei bianchi, ben presto potremmo non avere più cugini contro cui lottare.»

«Sono anch'io per il sì», affermò il Conduttore delle Danze. «Terremo qui solo il Danzatore del Cervo e qualche altro che possa soddisfare il Vecchio e la Madre.»

«E per tenere a bada i chapáyekám», aggiunse il Custode delle Usanze.

«Certamente tutti gli altri del nostro colore vorranno unirsi per distruggere quelli di altri colori», disse il Custode della Religione. «Propongo di invitare i cugini opata e káhita a partecipare alla lotta.»

Il Custode della Guerra riprese la parola. «Già che ci siamo, perché non lo chiediamo anche ai cugini to'ono o'otam? Questa sarebbe la massima alleanza di parenti mai realizzata. Sì, faremo proprio così.»

E definimmo gli accordi. Bakúm avrebbe inviato un guerriero "recante l'asta della tregua" per riferire il mio messaggio agli abitanti delle altre Città Sacre, mentre un secondo messaggero sarebbe stato inviato presso il remoto Popolo del Deserto. In cambio di quella generosa collaborazione promisi due cose: avrei affidato a un mio guerriero il compito di condurre gli Yaki a Chicomóztotl per riunirsi al mio esercito, mentre un altro sarebbe rimasto a Bakúm ad attendere l'arrivo dei guerrieri del Popolo del Deserto. Inoltre, non appena tutti quei guerrieri fossero giunti a Chicomóztotl, avrei fornito loro armi di ossidiana, di gran lunga superiori a quelle di selce. I consiglieri anziani accettarono l'offerta delle guide, ma respinsero indignati quella delle armi. Ciò che era stato soddisfacente per il Vecchio, e per tutti gli antenati successivi, era più che valido per la guerra moderna – sostennero – e io, per prudenza, non li contraddissi.

Per fortuna era stato raggiunto un accordo prima che io venissi privato del mezzo di comunicazione con gli Yaki. G'nda Ké affermò di sentirsi più male che mai e di non poter più sostenere neppure lo sforzo di fare da interprete. In effetti, aveva l'aria di star male: la sua carnagione aveva un pallore quasi da donna bianca, e le lentiggini vi risaltavano in modo evidente. Il Custode del Lavoro e le donne che l'avevano schiavizzata le concessero una capanna tutta sua in cui riposare, ovviamente convinti che – visto che non stava per partorire – fosse in punto di morte. Ma io, conoscendo G'nda Ké, non le credetti. Ero certo che quello sfinimento fosse solo una delle sue tante finzioni, un modo per esprimere il proprio disappunto per non essere stata accettata con maggiore amabilità dalla sua stessa gente.

# 24

Mentre attendevamo che venisse completata l'adunata dei guerrieri degli altri popoli yaki, Machíhuiz, Acocótli e io impartimmo una sorta di addestramento agli yoem'sontaom mayo di Bakúm. In altre parole, simulavamo combattimenti contro di loro con le nostre spade e i giavellotti con lame e punte di ossidiana in modo che imparassero a parare i colpi con le loro armi primitive. Non che mi aspettassi scontri fra gli Yaki e i miei uomini. Ma ero certo che, non appena il mio esercito avesse sferrato un massiccio attacco contro gli spagnoli, costoro avrebbero incluso nelle proprie file molti alleati indigeni, come i Texcaltéca, che avevano aiutato i bianchi nella presa di Tenochtitlán molto tempo prima. E quegli alleati non sarebbero stati armati di archibugi, bensì di maquáhuime e di lance, giavellotti e frecce con punta di ossidiana.

Addestrare quei guerrieri senza l'aiuto di un interprete si rivelò un'impresa ardua e lenta. Ma i guerrieri di ogni razza e nazione, probabilmente persino i bianchi, hanno in comune una capacità istintiva di capire i rispettivi movimenti e gesti. Quindi per gli uomini mayo non fu troppo difficile apprendere le nostre tecniche di combattimento. Anzi, impararono tanto bene che io e i miei due compagni spesso riportavamo ammaccature provocate dalle loro clave e graffi dalle lance a tre punte. Naturalmente noi non eravamo da meno, e quindi chiedevo sempre a Ualíztli di presenziare alle esercitazioni: in modo da poter applicare i suoi rimedi in caso di necessità. E avevo del tutto dimenticato G'nda Ké sino al giorno in cui una donna venne a strattonarmi timidamente un braccio.

Mi condusse, in compagnia di Ualíztli, alla capanna di canne che era stata prestata a G'nda Ké. Entrai per primo, ma ciò che vidi mi fece ritrarre di scatto e far segno al tícitl di precedermi. Chiaramente G'nda Ké non aveva inscenato una malattia: sembrava prossima alla morte, proprio come avevano pensato gli abitanti del villaggio.

Era distesa nuda sul giaciglio di giunchi, in un bagno di sudore, e sembrava essere diventata molto grassa, ma non solo nei punti in cui ingrossano le donne troppo ben nutrite, bensì *dappertutto*... naso, labbra, dita. Persino le palpebre erano così gonfie da non permetterle praticamente di aprire gli occhi. Come mi aveva detto una volta, G'nda Ké era coperta di lentiggini da capo a piedi e ora, in tutto quel gonfiore, le macchie erano diventate così grandi e distanziate da far pensare alla pelle di un giaguaro. Entrando, avevo scorto il tícitl locale accovacciato accanto a lei. Non avevo mai visto quell'uomo in faccia, ma persino la tetra maschera che indossava sembrava avere un'espressione perplessa e impotente. L'unica cura che, a quanto pareva, avesse adottato era lo scuotimento del sonaglio di legno.

Anche Ualíztli uscì dalla capanna con aria perplessa. Gli domandai: «Che cosa le hanno dato da mangiare per farla diventare così grassa? Nei territori degli Yaki non ho mai visto una donna che non si cibasse solo di magri avanzi».

«Non è ingrassata», rispose lui. «È gonfia di umori putridi.»

«Una semplice puntura di ragno può avere quest'effetto?» esclamai.

Lui mi lanciò un'occhiata di striscio. «Lei sostiene che sei stato tu a morderla, mio signore.»

«*Cosa!?*»

«È in preda a dolori atroci. E per quanto tutti noi possiamo odiare quella donna, sono certo che vorrai mostrarti clemente. Se mi dici che genere di veleno hai applicato ai tuoi denti, forse sarò in grado di farla morire in modo meno atroce.»

«*Per tutti gli dei!*» sbottai io. «Da tempo so che G'nda Ké è una pazza, ma lo sei diventato anche *tu*?»

Lui si ritrasse balbettando: «Su... sulla caviglia ha un'orrenda piaga in suppurazione...»

Lo investii digrignando i denti: «Ammetto di aver spesso contemplato modi ingegnosi per eliminare G'nda Ké quando non mi fosse stata più utile. Ma ti pare che avrei potuto darle un morso *mortale*? Come puoi pensare che avvicinerei la bocca a un rettile come lei? Se lo avessi fatto, sarei io ora quello che starebbe marcendo a morte! È stato un ragno a morsicarla. Mentre raccoglieva la legna. Chiedi a una delle donne che l'hanno assistita subito dopo».

Feci per rivolgermi alla donna mayo che era venuta a chiamarci e che ora ci guardava con gli occhi sbarrati per la paura, ma ci rinunciai perché mi resi conto che non avrebbe capito le nostre domande né avrebbe potuto risponderci. Levai le braccia, spazientito, mentre Ualíztli mi diceva con tono conciliante: «Sì, sì, Tenamáxtzin. Un ragno. Ti credo. Avrei dovuto saperlo che quella strega era capace di mentire anche in punto di morte».

Feci qualche respiro profondo per calmarmi, poi argomentai: «Senza dubbio spera che le sue accuse giungano all'orecchio dello yo'otuí. Per quanto bassa sia la considerazione in cui tengono le donne, si tratta pur sempre di una mayo. Se credono alla sua menzogna, potrebbero vendicarsi negandomi l'aiuto che mi hanno promesso. Lasciala morire».

«E sarà meglio se muore in fretta», asserì lui rientrando nella capanna.

Vincendo la mia repulsione, lo seguii all'interno solo per essere ancor più schifato dalla vista della donna e, come notai solo in quel momento, dall'odore di carne marcia che emanava dal suo corpo.

Ualíztli s'inginocchiò accanto al giaciglio e chiese: «Il ragno che ti ha morso... era del tipo grande e peloso?»

Lei scosse la testa gonfia e maculata, puntò un indice tumefatto verso di me e gracchiò: «Lui».

Persino la maschera del tícitl mayo ondeggiò dubbiosa.

«Allora dimmi dove hai male», chiese Ualíztli.

«Dappertutto», mormorò lei.

«Dove ti fa più male?»

«La pancia», rispose lei. E proprio in quell'istante dovette provare una fitta di dolore che la fece urlare, rigirarsi su un fianco e ripiegarsi su se stessa, per quanto glielo permetteva il ventre enfiato.

Ualíztli attese che lo spasmo passasse. «È molto importante, mia signora. Ti fanno male le piante dei piedi?»

G'nda Ké non si era ripresa abbastanza da parlare, ma mosse con decisione il capo.

«Ah», fece Ualíztli, soddisfatto. E si alzò.

Stupito, gli chiesi: «È una cosa che ti sembra significativa? La pianta dei piedi?»

«Sì. È il tipico dolore provocato dalla morsicatura di un certo genere di ragno. Nelle nostre terre lo si trova molto di rado. Noi abbiamo più dimestichezza con quello grande e peloso che appare più temibile di quanto non sia in realtà. Ma qui al nord c'è un ragno dal morso letale che è piccolo e non sembra particolarmente pericoloso. È nero, con una macchia rossa sul lato inferiore.»

«La vastità del tuo sapere mi lascia a bocca aperta, Ualíztli.»

«Si cerca sempre di tenersi informati sul proprio mestiere scambiando informazioni con altri tíciltin», rispose lui, con modestia. «Mi è stato detto che il veleno di questo ragno *scioglie* la carne della preda per penetrare meglio. Ecco la causa di quella terribile piaga sulla gamba di G'nda Ké. Ma nel suo caso il processo si è diffuso in tutto il corpo. Le sue viscere si stanno letteralmente *liquefacendo.* Che strano! Non mi sarei mai aspettato una putrefazione così estesa, tranne in un bambino molto piccolo o in un vecchio malato.»

«E che cosa intendi fare in proposito?»

«Accelerare il processo», mormorò in modo da farsi udire solo da me.

Anche gli occhi di G'nda Ké, semichiusi dalle palpebre gonfie, stavano chiedendo: *Che ne sarà di me?*

Ualíztli, ad alta voce, annunciò: «Porterò dei medicamenti speciali», e uscì dalla capanna.

Io rimasi a fissare la donna, ma senza provare compassione.

Lei aveva ritrovato il fiato per parlare, ma la sua voce era spezzata e gracchiante: «G'nda Ké non... deve morire... qui».

«Questo posto vale un altro», risposi, gelido. «A quanto pare, il tonáli ti ha condotto alla fine del tuo vagabondare e dei tuoi giorni proprio qui. Gli dei sono più creativi di quanto potrei essere io nel concepire la giusta morte di una che ha vissuto di perfidia e che è campata anche troppo.»

Lei ripeté la frase già detta, sottolineando però una parola: «G'nda Ké non... deve morire... *qui.* Tra questi zoticoni».

Alzai le spalle. «Sono i *tuoi* zoticoni. Questa è la tua terra. È stato un ragno di queste zone ad avvelenarti. Mi sembra giusto che tu non sia stata uccisa dalla mano di un uomo irato, bensì da una delle più piccole creature viventi.»

«G'nda Ké non... deve morire... qui», ripeté, anche se questa volta sembrava parlare più a se stessa che a me. «G'nda Ké non sarà... ricordata... qui. G'nda Ké deve essere... ricordata. G'nda Ké era... destinata... a essere una regina... altrove. Con il suffisso *-tzin* aggiunto... al suo nome...»

«Ti sbagli. Dimentichi che ho conosciuto donne che *meritavano* quello *-ztin.* Ma tu, sino all'ultimo, hai cercato di distinguerti nel mondo solo facendo del male. E a dispetto dell'alto concetto che hai di te stessa, a dispetto di tutte le menzogne, i tradimenti e le perfidie, il tuo tonáli ti aveva destinata a non essere nulla più di quello che sei sempre stata e che sei ora. Velenosa come un ragno e, dentro di te, altrettanto piccola.»

Ualíztli tornò e si chinò per cospargere del semplice picíetl sulla piaga della gamba. «Questo allevierà il dolore locale, mia signora. E adesso bevi questo.» Le tenne una zucca cava piena di liquido tra le labbra gonfie. «Questo ti placherà i dolori interni.»

Quando lui si rialzò, borbottai: «Non ti ho dato il permesso di alleviarle il dolore. Lei non ha risparmiato nessuno, quanto a dolori».

«Non ho chiesto il tuo permesso, Tenamáxtzin, e non ti chiederò perdono. Sono un tícitl. L'etica della mia arte ha la precedenza persino sulla mia lealtà al sovrano. Nessun tícitl può impedire la morte, ma può rifiutarsi di prolungare l'agonia. La donna si addormenterà e morrà nel sonno.»

Non potendo replicare, tacqui e rimasi a guardare le palpebre gonfie di G'nda Ké che si chiudevano. So che quanto avvenne in seguito fu una sorpresa per me come per l'altro tícitl e persino per Ualíztli.

Dalla piaga della gamba cominciò a stillare un liquido trasparente come l'acqua. Poi fuoriuscirono fluidi più viscosi, ma anch'essi limpidi e maleodoranti quanto la piaga. Il gocciolio divenne un flusso più abbondante e ancor più puzzolente; nel contempo quelle stesse sostanze cominciarono a uscire anche dalla bocca, dalle orecchie e dagli orifizi tra le gambe.

Il gonfiore del corpo diminuì lentamente ma percettibilmente, la pelle tesa si afflosciò e le macchie da giaguaro riassunsero le dimensioni di lentiggini. Poi, man mano che la pelle si raggrinziva, sparirono anche quelle. Il fluire dei liquidi divenne uno zampillo, parte del quale venne assorbito dal pavimento di terra battuta e parte andò a formare una pozzanghera dalla quale noi tre ci scostammo per precauzione.

Il volto di G'nda Ké si afflosciò perdendo ogni sembianza, il cuoio capelluto si accartocciò, mentre tutti i capelli le cadevano. La fuoriuscita dei fluidi rallentò e infine quella che era stata una donna si ridusse a un sacco di pelle vuoto. Quando quell'involucro cominciò a spaccarsi e a frammentarsi sino a dissolversi nella fanghiglia sul terreno, il tícitl mascherato lanciò un urlo inorridito e scappò via.

Ualíztli e io continuammo a guardare sino a che di G'nda Ké non rimasero che uno scheletro biancogrigiastro, lucente di fluidi, qualche ciuffo di capelli e alcune unghie delle mani e dei piedi. Poi ci fissammo stupefatti.

«Voleva essere ricordata», sospirai, cercando invano di mantenere un tono di voce normale. «Senza dubbio sarà ricordata da quel mayo mascherato. In nome di Huitzli, che razza di pozione le hai somministrato?»

Con voce tremante quanto la mia, Ualíztli rispose: «Questa non è opera mia. Né del ragno. È una cosa ancor più prodigiosa di quanto è capitato a Pakápeti. Oserei dire che nessun altro tícitl ha mai assistito a un evento simile».

Scavalcando con passi cauti la pozza maleodorante e scivolosa, si chinò e toccò una costola dello scheletro, che immediatamente si staccò. Ualíztli la prese delicatamente fra le dita e la contemplò prima di mostrarmela.

«Però ho già visto ossa ridotte così. Guarda.» Senza sforzo alcuno la spezzò con una semplice pressione delle dita. «Come ricorderai, i guerrieri e gli artigiani mexíca giunti ad Aztlan al seguito di tuo zio Mixtzin hanno bonificato le paludi più malsane intorno alla città. Durante i lavori sono state rinvenute ossa di numerosi scheletri, sia di uomini sia di animali. Consultarono il tícitl più saggio di Aztlan il quale, esaminate le ossa, dichiarò che erano incredibilmente vecchie, risalenti a covoni e covoni di anni fa. Ipotizzò che fossero i resti di persone e animali risucchiati dalle sabbie mobili esistenti un tempo da quelle parti. Ebbi modo di conoscere quel tícitl prima che morisse e di vedere alcune di quelle ossa che lui aveva conservato. Erano fragili e friabili come questa costola.»

Ci voltammo a guardare lo scheletro di G'nda Ké che adesso stava cascando in pezzi. Ualíztli confidò con voce colma di reverenziale timore: «Quella donna non l'abbiamo uccisa né io né il ragno. Era già morta covoni e covoni di anni prima che tu e io nascessimo».

Sbucammo dalla capanna e vedemmo il tícitl mascherato correre per il villaggio gridando a pieni polmoni. Con quella maschera enorme e presumibilmente solenne appariva più stolto che mai, e gli altri Mayo lo scrutavano increduli. Pensai che, se l'intero villaggio si fosse agitato per l'insolita fine di G'nda Ké, i consiglieri avrebbero potuto nutrire dei dubbi su di me. Decisi pertanto di cancellare tutte le tracce della sua morte per renderla ancor più misteriosa, privando così di prove il fantasioso resoconto del tícitl.

«Mi hai detto che porti sempre qualcosa di combustibile nella tua sacca», bisbigliai a Ualíztli. Lui annuì e, dalla sua scorta di strumenti e medicine, estrasse un sacchetto di pelle pieno di liquido. «Bene, spruzzalo su tutta la capanna», gli ordinai. Poi, anziché prendere un tizzone dal braciere per cucinare che veniva tenuto sempre acceso al centro del villaggio, usai furtivamente la lente ustoria e, in pochi istanti, la capanna di canne e giunchi era in fiamme. I Mayo guardarono stupiti il divampare dell'incendio – mentre Ualíztli e io ci fingevamo altrettanto meravigliati – che ridusse tutto in cenere.

Potrò anche aver distrutto la credibilità del tícitl locale, ma sta di fatto che i consiglieri non mi convocarono mai per chiedermi spiegazione di quegli strani eventi. E, nei giorni che seguirono, i guerrieri degli altri villaggi cominciarono a confluire a Bakúm, armati di tutto punto ed evidentemente ansiosi di prender parte alla mia guerra. Quando, a gesti, venni informato che erano arrivati tutti gli uomini disponibili, li spedii a sud con Machíhuiz, mentre Acocótli puntava a nord in compagnia di uno yaki per far conoscere i nostri intenti al Popolo del Deserto.

Avevo già stabilito che Ualíztli e io non avremmo ripercorso l'arduo tragitto fra le montagne per tornare a Chicomóztotl, ma che avremmo preso un cammino più agevole e rapido. Da Bakúm ci incamminammo a ovest, lungo il fiume, attraversando i villaggi di Torím, Vikám, Potám e così via – i cui nomi, con la tipica mancanza di fantasia degli Yaki, significano il luogo, rispettivamente dei Castori, delle Punte di Freccia, delle Tartarughe e così via – sino a giungere nel villaggio costiero di Be'ene, Luogo in Pendenza. In altre circostanze, un viaggio simile sarebbe equivalso a un suicidio per due stranieri, ma ormai gli Yaki sapevano chi eravamo, che cosa facevamo in quella zona e che avevamo ricevuto il beneplacito dello yo'otuí di Bakúm.

Come ho già detto, i Káhita di Be'ene praticano un po' di pesca lungo quel tratto di costa del Mare Occidentale. Poiché gran parte degli uomini era partita per arruolarsi nel mio esercito, lasciando solo un numero di pescatori sufficiente per approvvigionare il villaggio, c'erano molte acáltin inutilizzate. A gesti riuscii a farmi "prestare" una di quelle canoe ricavate da un tronco d'albero scavato e due remi. (Non contavo di restituirla, e infatti non lo feci.) Ualíztli e io caricammo nell'imbarcazione ampie provviste di atóli, carne e pesce seccati, ghirbe piene di acqua fresca, persino una delle lance a tre punte in modo da poterci procurare pesce fresco durante il viaggio, e una pentola di coccio piena di carbone di legna su cui cucinarlo.

Era mia intenzione raggiungere Aztlan via mare – un percorso, secondo i miei calcoli, di poco più di duecento lunghe corse, se si può parlare di "corse" in acqua. Ero ansioso di vedere come stava Améyatl, e Ualíztli già immaginava di descrivere ai colleghi i due stupefacenti decessi cui aveva assistito in mia compagnia. Da Aztlan ci saremmo inoltrati nell'entroterra per raggiungere Nochéztli e l'esercito a Chicomóztotl, dove contavo di arrivare quasi contemporaneamente ai guerrieri inviati dagli Yaki e dai To'ono O'otam.

Non conoscevo il Mare Occidentale nel punto in cui bagna le coste delle terre yaki. Sapevo solo – perché me l'aveva detto Alonso de Molina – che gli spagnoli lo chiamavano il Mar de Cortés, perché il Marqués del Valle lo aveva "scoperto" durante il suo ozioso girovagare nell'Unico Mondo dopo che gli era stato tolto il dominio sulla Nuova Spagna (anche se non so come si possa essere tanto presuntuosi da *scoprire* qualcosa che esiste dall'inizio dei tempi). I pescatori di Be'ene, con gesti inequivocabili, mi fecero capire che loro pescavano solo in prossimità delle coste perché al largo il mare era pericoloso per via delle correnti forti e imprevedibili, delle correnti di marea e dei venti variabili. Quell'informazione non mi sgomentò troppo, perché avevo comunque intenzione di non perdere mai di vista la costa.

Per molti giorni e molte notti Ualíztli e io remammo senza posa, prima insieme e poi a turno, per consentire all'uno di dormire mentre l'altro remava. Il tempo si mantenne clemente e il mare calmo, e in quei giorni il viaggio fu molto piacevole. Spesso prendevamo dei pesci, alcuni dei quali ci erano del tutto ignoti, ma ottimi una volta grigliati sul carbone riattizzato con la lente. Vedemmo altri pesci – come i giganteschi yeyemíchtin – che, quand'anche si fosse riusciti a infilzarli, avrebbero richiesto per la cottura una pentola grande come il cratere del vulcano Popocatépetl. Talvolta usavamo i nostri manti legati insieme in modo da trainarli nell'acqua dietro la barca per prendere gamberetti. Poi c'erano i pesci volanti, che non dovevano neppure essere catturati perché balzavano da soli nella nostra imbarcazione. C'erano anche tartarughe di ogni taglia, ma naturalmente il loro scudo era troppo duro per il nostro tridente. Ogni tanto, quando la riva ci appariva deserta, scendevamo a terra per raccogliere frutta, noci e verdure, e riempire d'acqua le ghirbe. Per un lungo periodo tutto procedette bene e in modo molto piacevole.

A tutt'oggi, *quasi* mi dolgo che il viaggio non sia continuato così. Ma, come ha già detto, Ualíztli non era più giovane e non posso fargli una colpa di quanto intervenne a modificare la nostra tranquilla navigazione verso sud. Una notte mi svegliai da un turno di sonno con l'impressione di aver dormito più del dovuto, chiedendomi come mai Ualíztli non mi avesse destato. La luna e le stelle erano coperte da una spessa coltre di nubi e la notte era così buia che non si riusciva a vedere niente. Parlai al tícitl con tono di voce sempre crescente, ma lui non rispose. Dovetti spostarmi all'altra estremità dell'acáli per constatare che era sparito, e con lui il remo.

Non saprò mai che fine abbia fatto. Forse un qualche mostro marino si era levato dalle onde per catturarlo, e lo aveva fatto tanto in silenzio da non svegliarmi. Forse era stato colpito da uno di quelli attacchi non rari negli anziani – giacché anche i tíciltin muoiono – e, perso l'equilibrio, era caduto in acqua. Ma è molto più probabile che Ualíztli si sia addormentato mentre remava e sia caduto in mare annegando – e per me fu impossibile stabilire quando e a quale distanza fosse avvenuto l'incidente.

Non mi restava che attendere le prime luci del giorno. Non potevo neppure utilizzare il remo rimasto non sapendo in che direzione l'acáli fosse andata alla deriva. Di solito di notte spirava il vento dal largo, e fino a quel momento avevamo mantenuto la rotta nel buio assicurandoci che la brezza arrivasse sempre contro la guancia destra del rematore. Ma Ehécatl, il dio dei venti, aveva scelto di mostrarsi capriccioso proprio nel momento peggiore: la brezza era leggera e spirava prima contro una guancia e poi contro l'altra. Con un tempo così calmo avrei dovuto essere in grado di udire l'infrangersi delle onde a riva, e invece tutto taceva. E poiché la canoa rollava più del solito – e probabilmente mi ero svegliato proprio per questo – temetti di essere stato trasportato a una certa distanza da terra.

Il primo barlume di luce mi confermò che le cose erano andate proprio così. *La terra non era più in vista.* Il baluginio mi consentì perlomeno di stabilire dov'era l'oriente e, preso il remo, mi diedi a procedere frenetico in quella direzione. Ma non riuscivo a mantenere la rotta: ero trascinato da una di quelle correnti di marea cui avevano accennato i pescatori. Anche quando riuscivo a puntare la prora dell'acáli a est, la corrente mi faceva deviare ai fianchi. Cercai di trarre un certo conforto dall'idea che mi stava portando a sud, non a nord né – eventualità orribile – a *ovest,* sempre più al largo, da dove nessuno era mai tornato.

Remai tutto il giorno, facendo del mio meglio per puntare in direzione sudest, e remai il giorno successivo e un altro ancora, sino a che persi il conto delle giornate. M'interrompevo solo per bere un sorso d'acqua e mangiare qualche boccone, e mi fermavo solo quando ero sfinito per la fatica o cascavo dal sonno. Ma, per quanto remassi, non vedevo nessun segno di terra all'orizzonte orientale... e non lo vidi mai. Col tempo terminai anche le scorte di acqua e di cibo. Non ero stato previdente. Avrei dovuto pescare pesci in precedenza, per poi mangiarli anche crudi ed estrarne i succhi per dissetarmi. Quando mi accorsi di non avere più provviste, ero troppo sfinito per pescare. Dovevo conservare quel poco di forza che mi restava per remare.

Poi la mia mente cominciò a vacillare e mi ritrovai a borbottare fra me: «La perfida G'nda Ké non è davvero morta. Perché dovrebbe essersene andata dopo aver vissuto indenne per covoni e covoni di anni?» E: «Una volta mi disse che non mi sarei mai più liberato di lei. Poiché viveva solo per fare del male, potrebbe vivere tanto quanto il male, che dura sino alla fine dei tempi». E: «Adesso si è vendicata di noi che l'abbiamo vista *simulare* la morte: una vendetta rapida per Ualíztli e una protratta per me. Chissà che cose orribili ha fatto a quel povero, innocente tícitl di Bakúm...» E infine: «Dovunque ella sia, sta godendo delle mie sventure, dei miei pietosi tentativi di sopravvivere. Che possa dannarsi nel Míctlan, e ch'io possa non incontrarla laggiù. Affiderò le mie sorti agli dei del vento e dell'acqua e spero, alla mia morte, di essermi meritato un posto nel Tonatíucan...»

E, scagliato il remo in acqua, mi stesi sul fondo dell'acáli in attesa dell'inevitabile.

Come ho detto, a tutt'oggi *quasi* mi dolgo che il viaggio non fosse proceduto con la stessa tranquillità con cui era iniziato. Il buon tícitl Ualíztli non sarebbe stato disperso in mare, io avrei ben presto rivisto Aztlan e la cara Améyatl, poi Nochéztli e l'esercito e avrei scatenato la mia guerra. Ma, se le cose fossero andate così, non mi sarei lanciato nell'avventura più straordinaria della mia vita e non avrei incontrato l'eccezionale giovane donna che è stata il grande amore della mia vita.

# 25

Non mi addormentai. Lo sfinimento, la fame, le bruciature del sole, la sete – e soprattutto lo scoramento – mi fecero precipitare in uno stato di semincoscienza interrotto solo da lampi di delirio. Durante uno di questi, levai il capo ed ebbi l'impressione di vedere una lontana striscia di terra là dove il cielo incontra il mare. Ma sapevo che era impossibile, perché era a sud, e sapevo che non c'erano terre nelle distese meridionali del Mare Occidentale. Doveva solo essere un'apparizione provocata dal delirio, perciò fui grato di riprecipitare nell'incoscienza.

In seguito si verificò un altro evento improbabile: sentii sul volto degli spruzzi d'acqua. La mia mente ottenebrata non reagì con paura, ma accettò passivamente la possibilità che la mia acáli fosse stata travolta da un'ondata e che ben presto io sarei finito sott'acqua morendo annegato. Ma gli spruzzi continuarono finendomi nel naso e costringendomi ad aprire le labbra secche e screpolate. Mi ci volle qualche istante per realizzare che l'acqua era dolce, non salata. Resomi conto di questo, cercai, nonostante l'annebbiamento dei sensi, di risalire allo stato di coscienza. Con gran fatica, aprii le palpebre incollate dalla cispa.

Persino i miei poveri occhi confusi riuscirono a individuare due mani che strizzavano una spugna, e dietro quelle mani c'era il volto di una stupenda fanciulla. L'acqua era fresca e dolce come il suo viso. Nel mio ottenebramento pensai di essere giunto nel Tonatíucan o nel Tlálocan o in qualche altro beato aldilà degli dei, e che quello fosse uno spirito che mi svegliava per darmi il benvenuto. Ero felicissimo di essere morto.

Morto o vivo che fossi, stavo riacquistando la vista e anche la capacità di muovere leggermente la testa per vedere meglio quello spirito. La giovane era inginocchiata accanto a me ed era coperta solo da lunghi capelli neri e da un máxtlatl, il perizoma maschile. Non era sola: altri spiriti erano sopraggiunti ad accogliermi. Alle sue spalle ora riuscivo a scorgere numerosi spiriti femminili di varie stature e apparentemente di varie età, ma tutte con lo stesso costume, o meglio tutte senza alcun costume.

Ma, mi chiesi confuso, stavano davvero dandomi il benvenuto? Benché stesse delicatamente svegliandomi e rinfrescandomi con l'acqua, quel delizioso spirito mi guardava con un'aria tutt'altro che cordiale e mi rivolgeva la parola in tono aspro. Stranamente, lo spirito non parlava in náhuatl, la mia madrelingua, come invece mi sarei aspettato in un aldilà creato da un dio aztécatl. Parlava in poré, la lingua dei Purémpecha, ma in un dialetto per me del tutto nuovo e, nello stato in cui mi trovavo, impiegai un po' per afferrare la frase che stava ripetendo.

«Sei arrivato troppo presto. Devi tornare indietro.»

Risi, o perlomeno ci provai. Probabilmente lanciai uno stridio da gabbiano. E parlai con voce raspante e roca quando riuscii infine ad attingere alla mia conoscenza del poré quel tanto che bastava per dire: «Come potrai vedere... non sono venuto di mia spontanea volontà. Ma dove... ho avuto la fortuna di... arrivare?»

«Davvero non lo sai?» domandò lei, meno severa.

Scossi debolmente il capo, ma non avrei dovuto farlo perché quel gesto mi fece riprecipitare nell'incoscienza. E, mentre la mia mente s'inabissava nell'oscurità, la sentii dire: «Iyá omekuácheni uarichéhuari».

Che vuol dire: «Queste sono le Isole delle Donne».

All'inizio del mio racconto, quando ho descritto com'era Aztlan ai tempi della mia infanzia, ho detto che i nostri pescatori traevano dal Mare Occidentale ogni sorta di cose edibili, utili e di valore, salvo quelli che, in tutte le lingue dell'Unico Mondo, vengono definiti "i cuori delle ostriche". Per antica tradizione, e grazie a un accordo vigente in tutti i domini degli Aztéca, la pesca delle perle è sempre stata appannaggio dei pescatori di Yakóreke, la comunità costiera che si trova a dodici lunghe-corse a sud di Aztlan.

Certo, ogni tanto poteva capitare che un pescatore aztécatl di un altro luogo, facendo la cernita di crostacei e molluschi da vendere, avesse la fortuna di trovare in un'ostrica quel delizioso cuore perlaceo. Nessuno gli ordinava di ributtarla in mare, né gli impediva di tenersela o di venderla, poiché una perla perfetta è preziosa quanto una pepita d'oro della stessa dimensione. Ma solo gli uomini di Yakóreke sapevano dove trovare quei cuori d'ostrica in gran quantità, e tenevano segreta quella loro conoscenza, trasmettendola di padre in figlio senza mai confidarla a estranei.

Tuttavia, nell'arco di covoni d'anni, gli estranei avevano appreso alcune cose allettanti riguardo alla pesca delle perle. Un particolare che tutti sapevano era che una volta all'anno i pescatori di Yakóreke prendevano il mare a bordo di svariate acáltin, ciascuna delle quali era carica di qualcosa che veniva celato con stuoie e coperte. Era naturale supporre che quegli uomini trasportassero una qualche esca segreta per le ostriche. Di qualsiasi cosa si trattasse, veniva portata *al largo, in punti non visibili dalla terra.* Già questa era un'impresa così spericolata che nessun pescatore di altri luoghi aveva mai osato seguirli nel punto segreto in cui si trovavano le ostriche.

Si sapeva inoltre che i pescatori di Yakóreke restavano in mare per nove giorni. Al nono, le famiglie in attesa – e i mercanti pochtéca lì convenuti da tutto l'Unico Mondo – avvistavano all'orizzonte la flotta in arrivo. E le canoe non erano più colme di qualche misterioso oggetto coperto, né erano cariche di ostriche. Ogni uomo riportava a casa un sacchetto di pelle pieno di cuori d'ostrica. I mercanti venuti ad acquistarli si guardavano bene dal chiedere dove e come i pescatori se li fossero procurati. Anche le mogli dei pescatori si astenevano dal fare domande.

Questo era quanto si sapeva: per il resto gli estranei si limitavano a far congetture e a creare leggende. La supposizione più credibile era che dovesse esserci una qualche terra a ovest di Yakóreke – forse delle isole circondate da bassi fondali – perché sarebbe stato impossibile trarre le ostriche dalle grandi profondità marine. Ma perché quegli uomini uscivano in mare solo una volta l'anno? Forse su quelle isole tenevano degli schiavi che raccoglievano cuori di ostrica tutto l'anno e li conservavano sino a che i padroni non venivano a prenderli, barattandoli con varie merci.

E il fatto che i pescatori svelassero il segreto solo ai figli maschi e non alle donne aveva ispirato un altro risvolto della leggenda. I presunti schiavi nelle presunte isole dovevano essere di sesso femminile, un particolare che doveva essere celato alla donne di Yakóreke affinché, spinte dalla gelosia, non impedissero agli uomini di recarsi in quei luoghi. Avevo sentito quella leggenda per tutta l'infanzia e l'adolescenza ma, come tutte le persone di buon senso, avevo sempre ritenuto assurde quelle favole per la semplice ragione che era stupido pensare che una popolazione interamente femminile avesse potuto perpetuarsi per generazioni e generazioni. Ma ora, per puro caso, avevo scoperto che quelle isole esistevano davvero. Se così non fosse stato, non sarei sopravvissuto.

Le isole sono quattro, in fila, ma solo le due maggiori, al centro dell'arcipelago, hanno sufficienti fonti di acqua dolce da essere abitabili, e sono popolate esclusivamente da donne. In quell'occasione ne contai centododici. Per essere più preciso, dovrei dire femmine anziché donne, poiché c'erano infanti di meno d'un anno, bimbette, fanciulle, giovani donne, donne mature e vecchie. La più anziana veniva chiamata Kukú, o Nonna, e veniva obbedita come se fosse il loro Riverito Oratore. Guardai tutte le bimbe – che non indossavano neppure un perizoma – e constatai che, in effetti, erano tutte femminucce.

Non appena ebbi convinto le donne che ero veramente approdato in quelle isole per puro caso, ignaro della loro esistenza – convinto anzi del contrario – la Kukú mi permise di trattenermi per il tempo necessario a riprendere le forze e a intagliare un nuovo remo, due cose di cui avevo bisogno per tornare sulla terraferma. La giovane che per prima mi aveva soccorso bagnandomi il viso ebbe l'incarico di provvedere al mio sostentamento e di assicurarsi che mi comportassi bene; e infatti, nei primi giorni, non mi perse quasi mai di vista.

Si chiamava Ixínatsi, che in poré è il nome di quell'insetto stridente che si chiama grillo. A un occhio distratto, Ixínatsi sarebbe parsa una qualsiasi donna purémpe, anche se di eccezionale bellezza e di grande vitalità. Chiunque avrebbe notato i suoi occhi scintillanti, i capelli lucidi, la carnagione luminosa, i seni e le natiche sodi e rotondi, le gambe perfette, le mani delicate. Ma solo io e gli dei che l'avevano creata sapevamo che Grillo era davvero diversa – diversa in modo accattivante e delizioso – da tutte le altre donne. Ma adesso sto saltando troppi passaggi della mia narrazione.

Grillo, attenendosi agli ordini della Kukú, cucinava per me svariati tipi di pesce e guarniva i piatti con un fiore giallo chiamato tirípetsi che, a sua detta, aveva proprietà curative. Tra un pasto e l'altro continuava a offrirmi ostriche, vongole e canestrelli... proprio come alcune delle popolazioni della terraferma ingozzano di cibo i cani techíchi prima di macellarli. Quel paragone, balenatomi all'improvviso alla mente, fece nascere in me una certa inquietudine. Mi chiesi se quelle donne non avessero maschi perché erano mangiatrici d'uomini e, quando m'informai al riguardo, Ixínatsi scoppiò a ridere.

«Non abbiamo uomini, né da mangiare né per altri scopi», disse nel dialetto poré che stavo cercando d'imparare in fretta. «Ti do da mangiare per rimetterti in salute. Prima ti riprendi, prima te ne vai.»

Ma prima di andarmene volevo sapere di più su quelle isole leggendarie, oltre all'ovvio fatto che non erano una leggenda. Avevo capito da solo che quelle donne erano di discendenza purémpe e che quegli antenati avevano lasciato il natio Michihuácan molto, molto tempo prima. Il loro dialetto ne era una prova. Come pure il fatto che non seguivano l'antica usanza purémpe di rasarsi il capo. Quando non era impegnata a ingozzarmi di cibo, Grillo rispondeva di buon grado alle mie numerose domande. La prima cosa su cui indagai furono le abitazioni, che non erano per niente delle case.

Le isole, oltre a essere orlate di palme da cocco, hanno dense foreste sulle alture dell'interno. Ma le donne vivono all'aperto tutto il giorno; la notte, per dormire, si infilano in primitivi ripari sotto i tronchi caduti. Scavano buche sotto di essi oppure, se il tronco è inclinato, cintano lo spazio sottostante con foglie di palma o strisce di corteccia. Mi venne assegnato uno di questi ripari, accanto a quello occupato da Ixínatsi e dalla figlioletta di quattro anni (chiamata Tirípetsi, dal nome del fiore giallo).

Chiesi: «Come mai, avendo a disposizione tutti quegli alberi, non ne ricavate assi per costruire case decenti? O perlomeno non usate gli alberelli più piccoli che non devono essere sezionati?»

«Non servirebbe a niente, Tenamáxtli. La stagione delle piogge spesso porta tempeste così terribili da spazzare via tutto. Cadono persino alberi molto robusti. Proprio per non essere spazzate via, usiamo come ripari i tronchi caduti. Non costruiamo nulla che non possa essere ricostruito con facilità. E per questo non coltiviamo la terra. Ma il mare ci dà cibo in abbondanza, beviamo l'acqua dei ruscelli e mangiamo noci di cocco come dolci. Il nostro solo raccolto sono le kinúcha, che barattiamo con le cose che ci servono. Che sono pochissime», concluse e, quasi a conferma delle proprie parole, si passò la mano lungo il corpo praticamente nudo.

La parola kinúcha naturalmente significa "perle". E a quelle donne servivano ben poche cose per un'ottima ragione. Tutte, salvo le bimbe, svolgevano un duro lavoro durante il giorno, e la sera cadevano in un sonno profondo. A eccezione dei brevi intervalli necessari per mangiare e per altre funzioni essenziali, quelle donne o lavoravano o dormivano, e non riuscivano neppure a concepire altre attività. Divertimenti e riposo erano loro estranei quanto la presenza di maschi.

Il loro lavoro è indubbiamente faticoso... e unico nell'ambito delle occupazioni femminili. Alle prime luci dell'alba, le ragazze e le donne entrano in acqua e, a nuoto o su zattere fatte di rami legati con liane, si spingono al largo. Ogni donna porta con sé un paniere di vimini intrecciato a maglia larga. Da quel momento sino al calar del sole, le pescatrici si tuffano ripetutamente sino a toccare il fondo del mare dove staccano le ostriche che qui abbondano. Tornano in superficie col cesto pieno, buttano i molluschi sulla spiaggia o sulla zattera e tornano a tuffarsi. Nel frattempo, le bambine ancora troppo piccole e le donne troppo anziane per tuffarsi aprono le valve delle ostriche... e le gettano via quasi tutte.

Le donne non vogliono le ostriche, tranne quelle poche che vengono mangiate. Ciò che cercano sono le kinúcha, i cuori, le perle. Durante il mio soggiorno in quelle isole, vidi perle che sarebbero bastate a costruire sul posto un'intera città, se mai si fosse voluta una città in quel luogo. Gran parte delle perle erano perfettamente rotonde e levigate, alcune erano irregolari, a bulbo, altre erano minuscole come gli occhi di un insetto, altre ancora grandi come la falange del mio pollice; la maggioranza aveva dimensioni medie. Perlopiù erano di un bianco latteo e morbidamente lucente, ma c'erano anche quelle rosa e azzurrine e, molto di rado, si trovava persino una kinú del colore di una nube temporalesca. Ciò che rende le perle così pregiate è la rarità con cui vengono trovate all'interno del mollusco, benché si dovrebbe supporre che, se qualche ostrica ha un cuore, dovrebbero averlo tutte.

«Ce l'hanno», mi assicurò Grillo. «Ma solo pochissime ce l'hanno del tipo giusto.» Inclinò il capo aggraziato, fissandomi. «Il tuo cuore, Tenamáxtli, è fatto per provare emozioni, vero? Come l'amore?»

«Così parrebbe», risposi, e ridendo aggiunsi: «Batte più forte quando amo qualcuno».

Lei annuì. «Anche il mio, quando guardo la piccola Tirípetsi e provo amore per lei. Ma non tutte le ostriche hanno un cuore che prova emozioni come i cuori umani. Le ostriche, perlopiù, se ne stanno lì inerti, in attesa che le correnti marine portino loro nutrimento, e non aspirano ad altro se non a stare sul fondo sabbioso e non fanno nulla tranne esistere per tutto il tempo possibile.»

Stavo per osservare che quella era anche la condizione delle sue compagne sull'isola e, a ben vedere, quella della maggioranza dell'umanità, ma lei proseguì: «Solo un'ostrica su centinaia e centinaia ha un cuore capace di sentire e di volere qualcosa di più di un viscidume tra due valve. Quell'ostrica fra le tante, quella con un cuore capace di sentire... be'... quel cuore diventa una kinú, visibile, splendida e preziosa».

Certamente una sciocchezza simile poteva trovar credito solo nelle Isole delle Donne, ma era una favola così dolce che il mio cuore non mi permise di contestarla. E, ripensandoci adesso, quello dev'essere stato il momento in cui mi innamorai di Ixínatsi.

Comunque fosse, la convinzione di dedicarsi alla ricerca di ostriche fuori del comune sembrava consolarla in quei giorni in cui doveva tuffarsi centinaia di volte e portare in superficie intere popolazioni di ostriche prive di kinú. Quindi, a differenza di quanto avrei fatto io, lei non imprecava mai contro le ostriche o contro gli dei e neppure sputava irata in mare quando un'intera giornata di lavoro risultava vana.

E quello era davvero un lavoro tremendo. Lo so perché ci ho provato anch'io una volta, in segreto, in acque in cui le donne non stavano pescando, restando sott'acqua solo per il tempo necessario a staccare una sola ostrica. Fu il massimo della mia resistenza. Ma quelle donne cominciano a tuffarsi quando sono ancora bambine e, una volta cresciute, hanno un torace capace di trattenere a lungo il fiato, il che permette loro di stare in immersione per lunghi lassi di tempo. In effetti, le donne di quelle isole hanno i petti più prominenti ch'io abbia mai visto.

«Guardali», mi disse Grillo reggendo gli splendidi seni nelle mani. «È per causa loro che queste isole sono diventate dominio esclusivo delle donne. Noi adoriamo la dea Xarátanga dalle grandi mammelle. Il suo nome significa Luna Nuova, e nell'arco di ogni luna nuova si può vedere la curva del suo ampio seno.»

Non avevo mai pensato prima a quella somiglianza, ma c'è, eccome.

Grillo continuò: «Molto tempo fa, Luna Nuova decretò che queste isole venissero abitate solo dalle donne, e tutti i maschi hanno rispettato questo comandamento, poiché temono che Xarátanga porti via le ostriche – o perlomeno le preziose kinúcha – se la pesca non resta una prerogativa femminile. Come mi hai confessato, hai avuto una prova della tua incapacità in questo lavoro. Luna Nuova ci ha dato una struttura che fa di noi tuffatrici eccezionali». Fece di nuovo saltellare i seni. «Questi aiutano i polmoni a immagazzinare più aria di quanto possano fare i maschi.»

Non riuscivo a immaginare alcun nesso tra gli organi che producono latte e quelli deputati alla respirazione ma, non essendo un tícitl, non polemizzai con lei. In me non c'era che ammirazione. Quali che fossero le funzioni aggiuntive dei seni femminili, è fuori dubbio che i petti rigogliosi e sodi di quelle donne esaltavano la loro bellezza. E c'è un'altra cosa che rende quelle isolane diverse dalle donne di terraferma, ma per spiegarla devo fare una piccola digressione.

In quelle isole, oltre alle donne, vi sono molti altri abitanti. Vari tipi di testuggini marine vanno avanti e indietro dalle acque alla riva, ovunque pullulano granchi e naturalmente abbondano gli uccelli, generosi di grida e di guano. Ma la creatura più caratteristica è l'animale che loro chiamano pukiitsí, che è una versione acquatica della belva chiamata cuguar in náhuatl. Il nome deve aver avuto origine dai loro antenati del Michihuácan, poiché nessuna isolana può aver mai visto un cuguar.

Il pukiitsí assomiglia vagamente al cuguar delle montagne, benché la sua espressione sia tutt'altro che feroce, ma piuttosto mite e curiosa. Il pukiitsí ha anch'esso i baffi sul muso, ma i suoi denti non sono affilati e le zampe a pinna non hanno artigli micidiali. Noi di Aztlan vedevamo di rado questi animali –

solo quando qualche esemplare ferito o morto si arenava sulla riva – perché non amano i luoghi sabbiosi o paludosi ma preferiscono quelli rocciosi. E li chiamavamo daini di mare per via dei loro grandi occhi marrone.

Nelle Isole delle Donne talvolta si vedevano centinaia di cuguar di mare contemporaneamente, ma sono animali che si cibano di pesci e non sono temibili come i veri cuguar. Saltavano nell'acqua accanto alle tuffatrici, o si sdraiavano pigramente sugli scogli, o addirittura dormivano sul pelo dell'acqua, distesi sul dorso. Le isolane non li uccidevano mai per mangiarli – la loro carne non è molto saporita – ma ogni tanto un cuguar di mare moriva per altre cause e le donne si affrettavano a scuoiarlo. Infatti la pelliccia di questi animali, marrone e lucente, è ottima per fare indumenti, sia per la sua bellezza sia per la sua impermeabilità. (Ixínatsi mi preparò un elegante manto con una delle pelli.) Quella pelliccia è talmente fitta che i cuguar di mare possono vivere in acqua senza mai aver freddo o bagnarsi, e il pelo estremamente liscio permette loro di sfrecciare in mare con la rapidità dei pesci.

Le donne di quelle isole che si tuffano in continuazione, recano una traccia di quel pelame. Ho già affermato altre volte che la popolazione dell'Unico Mondo di solito non ha peli, ma dovrei correggere quest'asserzione. Tutti gli esseri umani, persino un neonato che appare del tutto glabro, ha il corpo coperto da una sottile peluria, quasi invisibile. Basta guardare un uomo o una donna controluce per accorgersene. Ma la peluria di quelle isolane era più lunga: una crescita che immagino sia stata favorita dall'essere state pescatrici di perle per così tante generazioni.

Non intendo dire che quelle donne siano coperte di grossi peli simili a quelli delle barbe dei bianchi. La peluria è sottile e delicata e incolore come la lanugine dell'asclepiade, ma copre i loro corpi color bronzo con un lucore simile a quello dei cuguar di mare e ha la stessa funzione di renderle più agili in acqua. Quando una donna dell'isola è controluce, la sagoma del suo corpo è contornata da un profilo dorato. Alla luce della luna ha un brillio argenteo. E persino quando la donna è da tempo uscita dall'acqua ed è del tutto asciutta, ha un aspetto deliziosamente rugiadoso e più flessuoso di quello delle altre femmine, quasi potesse sfuggire agevolmente all'abbraccio di qualsiasi uomo, anche il più forte...

Il che mi riporta all'argomento che, per tutto quel periodo, era stato in cima ai miei pensieri. Ho accennato al fatto che quelle donne erano pescatrici di perle da generazioni. Ma come facevano a riprodursi?

La risposta è tanto semplice da essere ridicola, persino volgare, e in certo qual modo addirittura rivoltante. Ma non trovai il coraggio di porre quella domanda sino alla sera del settimo giorno di permanenza in quelle isole, quando la vecchia Kukú aveva decretato che sarei dovuto partire la mattina successiva.

# 26

Avevo finito di intagliare il remo e Ixínatsi aveva rifornito la mia acáli di pesce e polpa di cocco essiccati, e di una lenza con l'amo d'osso per poter pescare durante il viaggio. Aveva aggiunto anche qualche noce di cocco fresca da cui aveva rimosso il gambo in modo che restassero chiuse solo da una sottile membrana. La spessa scorza avrebbe mantenuto morbido l'interno anche al sole: dovevo solo perforare la membrana per bere il latte, dolce e ristoratore.

Grillo mi diede le indicazioni che tutte le donne delle isole avevano imparato a memoria, benché nessuna di loro avesse mai avuto motivo né desiderio di visitare l'Unico Mondo. Tra le isole e la terraferma, mi disse la ragazza, le correnti si muovevano sempre verso il sud, ed erano stabili e non troppo forti. Avrei dovuto puntare direttamente a oriente e remare a un ritmo regolare ma non estenuante. Lei, giustamente, dava per scontato ch'io sapessi mantenere la rotta a est, e mi disse che le sue istruzioni avevano già provveduto a compensare le deviazioni a sud che potevano verificarsi durante le ore di sonno. Al quarto giorno avrei avvistato un villaggio sulla costa. Grillo, a differenza di me, non ne conosceva il nome, ma doveva essere Yakóreke.

Così, la sera che per ordine di Kukú doveva essere l'ultima ch'io passavo sull'isola, mentre ero seduto accanto a Grillo davanti al tronco caduto sotto cui ci riparavamo, le chiesi: «Chi era tuo padre?»

Lei rispose semplicemente: «Non abbiamo padri. Abbiamo

solo madri e figlie. Mia madre è morta. Mia figlia l'hai conosciuta».

«Ma tua madre non può averti procreato da sola, come Tirípetsi non può essere spuntata dal nulla. In qualche modo, ci dev'essere stato l'intervento di un maschio.»

«Ah, ti riferisci a quello», osservò con noncuranza. «Akuáreni. Sì, certo: gli uomini vengono a farlo una volta all'anno.»

«Ecco che cosa intendevi dire la prima volta che mi hai parlato. Mi hai fatto presente che ero arrivato troppo presto.»

«Sì. Gli uomini vengono da quel villaggio costiero dove tu sei diretto. Arrivano una sola volta nei diciotto mesi dell'anno. Approdano con canoe piene di merci tra cui noi scegliamo quello che ci occorre e lo barattiamo con le kinúcha. Una kinú per un bel pettine fatto d'osso o di tartaruga, due kinúcha per un coltello di ossidiana o una lenza intrecciata...»

«*Ayya!*» la interruppi. «Vi imbrogliano in modo vergognoso! Quegli uomini poi barattano le perle con oggetti infinitamente più preziosi, e l'intermediario successivo le vende a prezzi ancora più elevati, e così via lungo la catena degli scambi. Dopo tutti i passaggi quelle perle, quando arrivano sui mercati delle città...»

Grillo alzò le spalle inargentate dalla luna. «Gli uomini potrebbero avere le kinúcha senza pagare nulla, se Xarátanga decidesse che possono imparare a tuffarsi. Questi baratti ci forniscono quanto ci occorre, quindi che altro potremmo desiderare? Poi, una volta scambiate le merci, Kukú riunisce le donne che vogliono avere una figlia – e anche quelle che non ne hanno tanta voglia, se Kukú decide che è il loro turno – e sceglie i maschi più robusti. Le donne si sdraiano in fila sulla spiaggia e i maschi fanno quell'akuáreni che a noi tocca sopportare se vogliamo avere delle figlie.»

«Continui a parlare di figlie. Qualche volta nasceranno anche dei maschi, suppongo.»

«Sì, qualcuno. Ma la dea Luna Nuova ha decretato che queste fossero le Isole delle Donne, quindi c'è un solo modo per mantenerle tali. I figli maschi, non voluti dalla dea, vengono annegati alla nascita.»

Persino al buio Grillo doveva aver visto la mia espressione ma, equivocandola, si affrettò ad aggiungere: «Non è uno spreco, come potresti pensare. Diventano nutrimento per le ostriche, e quello è un buon uso dei piccoli».

Be', in quanto maschio, non potevo certo approvare quell'impietosa selezione dei neonati. D'altra parte, come molti comandamenti degli dei, aveva il merito di essere di una chiarezza e una semplicità assolute. Le isole restavano una riserva femminile nutrendo quelle ostriche da cui dipendeva la sopravvivenza delle abitanti.

Grillo continuò: «Mia figlia ha quasi l'età in cui può cominciare a tuffarsi. Quindi mi aspetto che Kukú mi ordini di fare akuáreni al prossimo arrivo degli uomini».

A quel punto dovetti dire la mia. «Da come ne parli, si direbbe che è piacevole quanto l'attacco di un mostro marino. Nessuna di voi giace con un maschio solo per il piacere che se ne trae?»

«Piacere!?» si stupì lei. «Ma che piacere si può mai ricavare dall'avere un palo di carne dentro di te che si muove un po' avanti e indietro facendoti male e poi, sempre provocandoti dolore, viene tirato fuori? È una cosa che ti dà l'impressione di essere stitica nel punto sbagliato.»

«Invitate dei veri gentiluomini per l'accoppiamento!» borbottai tra me. Poi ad alta voce, le spiegai: «Mia cara Ixínatsi, quello che descrivi è stupro, non un atto d'amore, come invece dovrebbe essere. Quando quell'atto è fatto con amore – e tu stessa hai parlato di cuori colmi d'amore – può diventare un piacere sublime».

«Com'è, quand'è fatto con amore?» chiese lei, incuriosita.

«Be'... l'amore può iniziare molto prima che entri in gioco il palo di carne. Tu sai di avere un cuore capace d'amore, ma forse ignori di avere anche una kinú. Che è infinitamente più suscettibile all'amore di qualsiasi ostrica. È lì.»

Le indicai il punto, e lei parve perdere interesse per l'argomento. «Ah, quello», si limitò a dire. Si sciolse il perizoma, spostò l'addome verso un raggio di luna e, con le dita, dischiuse i petali della tipíli e guardò incuriosita la perla dello xacapíli dichiarando: «È un giochetto da bambini».

«Cosa?»

«Una ragazza impara da giovanissima che quel cosino è sensibile ed eccitabile, e ci gioca parecchio. Sì... proprio come stai facendo tu con la punta del dito. Ma, crescendo, si annoia di quest'abitudine infantile, trovandola inadatta a una donna. Inoltre, la nostra Kukú ci ha insegnato che quest'attività influisce negativamente sulla forza e sulla resistenza. A volte lo faccio – proprio come me lo stai facendo tu adesso – ma solo per avere un po' di sollievo quando mi sento tesa o di cattivo umore. È un po' come grattarsi quando si ha prurito.»

Sospirai. «Prurito, andare avanti e indietro, stitichezza. Che orrende parole usi per parlare di sensazioni che possono essere sublimi. E la vecchia Kukú ha torto. Fare l'amore può darti maggior forza e soddisfazione di *qualsiasi* altra cosa tu faccia. Ma lasciamo perdere questo particolare. Dimmi una cosa: quando sono *io* a toccarti, è proprio come se tu ti grattassi perché hai il prurito?»

«N...no», ammise lei con voce esitante. «Sento... non so... qualcosa di diverso...»

Cercando di controllare la mia eccitazione per poter parlare con il distacco di un tícitl che visita un malato, le domandai: «Ma è una bella sensazione?»

«Sì», sussurrò lei.

Quando le baciai i capezzoli, lei mormorò: «Sì».

Mentre la baciavo scendendo lungo il corpo vellutato e illuminato dalla luna, lei, quasi impercettibilmente, disse: «Sì».

La baciai là dove avevo posato la mano, che poi scostai. Ixínatsi ebbe un sussulto e ansimò: «*No!* Non puoi... non è così che... oh, sì, sì! Sì che puoi! E io... oh, posso anch'io!»

Le ci volle un po' di tempo per ricomporsi, e respirò a fondo come se fosse appena emersa dalle profondità marine prima di dire: «Uiikíiki! Mai... da sola... mai è stato così!»

«Cerchiamo di recuperare il tempo perduto», suggerii, e le feci cose che la riportarono in quegli abissi – o su quelle vette – ben due volte prima che le facessi sapere che avevo un palo di carne disponibile qualora avesse voluto assaggiarlo. E quando ciò avvenne fui avvolto e trascinato da una creatura agile e sinuosa quanto un cuguar di mare nel proprio elemento.

Fu allora che scoprii qualcosa di assolutamente nuovo in Ixínatsi, mentre da tempo avevo giurato che nessuna donna avrebbe più potuto riservarmi delle sorprese. Lo scoprii solo dopo aver fatto l'amore con lei, perché quella deliziosa diversità era proprio nelle parti intime. Chiaramente, quando gli dei avevano forgiato Grillo nel grembo della madre, la dolce dea dell'amore, dei fiori e della felicità coniugale doveva aver detto: «Voglio conferire a questa bimba una piccola peculiarità negli organi femminili in modo che, da adulta, potrà fare akuáreni con uomini mortali con la stessa gioiosa voluttà con cui lo potrei fare io». L'alterazione voluta dalla dea era davvero minuscola, ma *ayyo!...* posso testimoniare che aggiungeva uno slancio incredibile all'accoppiamento.

Da noi aztéca la dea dell'amore è chiamata Xochiquétzal, ma i Purémpecha e le donne di quelle isole la chiamano Petsíkuri. Quale che sia il suo nome, ecco che cos'aveva fatto: aveva sistemato la tipíli di Grillo in una posizione un po' più arretrata rispetto alla norma, di modo che le parti interne non erano semplicemente rivolte verso l'alto, ma si ripiegavano in avanti. Quando ci accoppiammo faccia a faccia e io la penetrai, la punta del mio tepúli si curvò verso di me o, per meglio dire, verso l'ombelico di lei.

Nella lingua náhuatl, spesso si parla del corpo femminile come di uno xochitl, un "fiore", e l'ombelico è lo yoloxóchitl, lo "stame" di quel fiore. Dentro di lei, il mio tepúli diventava letteralmente il "gambo" di quel fiore. Il pensiero che Grillo e io eravamo così intimamente congiunti – per non parlare poi delle vivide sensazioni che questo comportava – portò il mio ardore a vette che non avevo mai ritenuto possibili.

E, nel dare questa peculiarità agli organi femminili di Ixínatsi, la dea aveva fornito – a Grillo e a me – un ulteriore potenziamento alle gioie dell'amore. Data la posizione arretrata dell'orifizio della tipíli, nella penetrazione il mio pube premeva contro la perla dello xacapíli di lei con maggior forza di quanto avrebbe fatto con una donna di conformazione normale. E così, mentre ci stringevamo e ondeggiavamo e sussultavamo insieme, la sua piccola kinú rosa veniva sfiorata, premuta, massaggiata sino all'erezione, seguita da un'intensa pulsazione e infine dal parossismo dell'estasi. E la reazione sempre più focosa di Grillo naturalmente scatenò in me una risposta altrettanto ardente, ed entrambi arrivammo all'orgasmo con una gioia e un'esultanza da capogiro.

Alla fine fu lei, con i suoi prodigiosi polmoni, a ritrovare per prima il fiato. Mentre giacevo ancora illanguidito, Ixínatsi sgusciò nel rifugio sotto l'albero e quando uscì mi mise qualcosa in mano. Brillava nella luce lunare come un frammento della luna stessa.

«Una kinú significa un cuore che ama», disse baciandomi.

«Quest'unica perla ti basterebbe per comprare molte cose», le risposi con voce fievole. «Una casa come si deve, per esempio. Una bella casa.»

«Non saprei che farmene di una casa. Adesso so come godere dell'akuáreni. La kinú è per ringraziarti di avermelo insegnato.»

Prima che potessi ritrovare il fiato per parlare, lei era scattata in piedi e si era messa a gridare in direzione del rifugio vicino: «Marúuani!» chiamando la donna che lo occupava. Pensavo che Grillo intendesse scusarsi per gli insoliti rumori che avevamo fatto. Invece strillò: «Vieni qui! Ho scoperto una cosa meravigliosa!»

Marúuani aggirò il tronco caduto, passandosi le mani tra i capelli e fingendo di non essere affatto incuriosita; tuttavia aggrottò la fronte quando ci vide entrambi nudi. Disse, rivolta a Ixínatsi, ma fissando me: «Dal rumore... pareva che vi steste divertendo».

«Appunto», confermò Grillo con gioia. «Senti questa!» Si avvicinò per sussurrare qualcosa all'orecchio dell'altra donna, la quale continuava a guardarmi con occhi sempre più sbarrati. L'essere lì sdraiato e oggetto di descrizioni e delucidazioni mi fece sentire un po' come un'ignota creatura marina appena arenata su una spiaggia e quindi fonte di curiosità. Sentii

Marúuani esclamare, in un sussurro: «Davvero?» e, dopo altri bisbigli: «Sarebbe disposto?»

«Ma certo», rispose Ixínatsi. «Vero, Tenamáxtli? Vero che farai akuáreni con la mia amica Marúuani?»

Mi schiarii la voce e rivelai: «C'è una cosa che devi imparare sugli uomini, mia cara. Hanno bisogno di un po' di riposo prima che il palo si drizzi di nuovo».

«Davvero? Oh, che peccato. Marúuani non vede l'ora di provare.»

Dopo averci riflettuto, consigliai: «Be', ti ho mostrato alcune cose che non richiedono necessariamente la mia partecipazione. Mentre riacquisto le forze, tu puoi insegnare i preliminari alla tua amica».

«Hai ragione», convenne lei. «Dopotutto, non avremo sempre a nostra disposizione dei maschi con un palo. Marúuani, togliti il perizoma e sdraiati qui.»

Marúuani obbedì, sia pure con una certa diffidenza, e Ixínatsi si stese accanto a lei. Al primo tocco di natura intima, Marúuani ebbe un sussulto e lanciò un gridolino.

«Sta' ferma», disse Grillo, con la sicurezza dell'esperta. «È così che si fa. Tra un attimo capirai.»

E di lì a poco mi trovai a contemplare *due* scattanti, agili cuguar di mare che si torcevano nell'accoppiamento – in modo non dissimile da quello degli animali – con la differenza che queste erano molto più aggraziate avendo lunghe gambe e braccia con cui allacciarsi l'una all'altra. Quella vista accelerò la mia disponibilità e così fui pronto quando Marúuani fu pronta per me.

Ripeto: ero innamorato di Ixínatsi ancor prima di fare l'amore con lei. Quella stessa notte avevo già deciso di portare lei e la sua bimba con me quando avessi lasciato l'isola. Avrei cercato di persuaderla, se possibile. Altrimenti l'avrei rapita, come un rude yaki. E adesso, dopo aver scoperto la conformazione fisica che rendeva Grillo ideale per l'atto d'amore, ero più determinato che mai.

Ma sono un essere umano. E per giunta un maschio. E quindi sono inguaribilmente, insaziabilmente curioso. Non potevo fare a meno di chiedermi se *tutte* le donne dell'isola avessero la stessa peculiarità fisica di Grillo. Benché la giovane Marúuani fosse attraente, non avevo mai provato alcun desiderio per lei, e certamente non ciò che avevo sentito e sento ancora per Ixínatsi. Tuttavia, dopo aver assistito a quella scena che aveva scatenato in me una lussuria sfrenata, e visto che Ixínatsi altruisticamente mi incoraggiava...

Be', fu così che il mio soggiorno nelle isole si protrasse a tempo indeterminato. Ixínatsi e Marúuani fecero sapere alle altre che la vita non era limitata al lavoro, al sonno e a qualche giochetto solitario... e le loro compagne chiesero a gran voce di essere iniziate. Kukú, scandalizzata, sollevò obiezioni ma, forse per la prima volta nel corso del suo regno, fu costretta a tacere dalle vibrate proteste delle donne e si rassegnò alla nuova situazione quando notò un deciso miglioramento nell'umore e nella produttività delle sue sottoposte. Kukú pose un'unica condizione: che l'akuáreni si facesse solo nelle ore notturne; cosa che mi andava benissimo perché mi consentiva di dormire durante il giorno e di recuperare le energie.

Voglio precisare che non avrei soddisfatto le richieste delle altre donne se Grillo avesse mostrato il sia pur minimo segno di gelosia. Lo feci solo perché sembrava felice che le sorelle scoprissero qualcosa di nuovo, e pareva fiera che fosse il "suo uomo" a illuminarle. A dire il vero, avrei preferito riservare a lei le mie attenzioni poiché era la donna che amavo profondamente – l'unica, allora e sempre – e so che anche lei amava me. Persino Tirípetsi, che dapprima aveva mostrato un certo disagio in mia presenza, finì col dimostrarmi quello stesso affetto di cui le bimbe, altrove, danno prova nei confronti del padre.

Inoltre – e questo è un particolare importante – le altre donne dell'isola *non* avevano la stessa conformazione di Ixínatsi. Sotto quell'aspetto, erano come tutte le altre femmine con cui mi sono accoppiato in vita mia. In breve, ero tanto preso da Grillo che nessun'altra donna sarebbe mai stata alla sua altezza. Era solo per obbedire a lei che mi prodigavo con le altre abitanti dell'isola. Lo facevo più come un dovere che per autentico desiderio, e imposi persino una sorta di programma: una donna a notti alterne, mentre le altre sere le dedicavo solo a Grillo... e quelle erano notti d'amore, non notti in cui si faceva semplicemente l'amore.

Forse perché di rado mi erano mancate le donne – e decisamente non in quel momento – ero in qualche modo stanco di tutto ciò che rientrava nella norma, e la *novità* rappresentata da Ixínatsi mi aveva rivitalizzato. So solo che le sensazioni da entrambi condivise suscitavano in me un ardore che non avevo mai provato, neppure nelle massime punte di bramosia giovanile. Quanto a Grillo, sono certo che non avesse idea di essere fisicamente superiore alle altre donne. Nulla poteva farle sospettare di essere stata così favorita alla nascita. E, naturalmente, non si può escludere che fosse la *sola* donna al mondo cui una dea aveva dato quella conformazione. Magari qualche anziana levatrice, avendo assistito un numero infinito di donne, avrebbe potuto riferire di aver *talvolta* trovato una femmina con questa peculiarità.

Ma non m'importava affatto. Da quel momento in poi non avrei mai più avuto bisogno né avrei cercato un'altra amante – per quanto straordinaria – visto che possedevo la più eccezionale al mondo. Non so se Ixínatsi sapesse che nei nostri frequenti e infuocati accoppiamenti provava estasi superiori a quelle di norma concesse alle donne dalla dea dell'amore... so solo che le *piaceva* molto. E anche a me... moltissimo. *Ayo ayyo*, quanto mi piaceva!

Nel frattempo ebbi almeno un rapporto con ogni donna e fanciulla dell'isola fisicamente matura al punto da apprezzare quell'esperienza. Benché l'akuáreni venisse sempre fatto al buio, so di aver avuto anche rapporti con donne piuttosto mature – ma, per mia fortuna, con nessuna veramente vecchia. Avrei potuto perdere il conto delle donne cui impartii i miei insegnamenti se non fossi stato ricompensato per i miei servigi. Finii col possedere sessantacinque perle, le più perfette pescate quell'anno. Fu un'idea di Grillo, la quale stabilì che era giusto che ogni allieva mi desse una perla.

All'inizio l'entusiasmo era tale che la notte c'era un andirivieni costante di donne che si spostavano tra le due isole a bordo di zattere. Ma poiché io ero uno solo, e disponibile solo a notti alterne, in quel periodo molte di loro cercarono di imparare per imitazione, com'era avvenuto tra Ixínatsi e Marúuani. Talvolta capitava che stessi con una donna, procedendo dalle carezze iniziali al compimento dell'atto, mentre altre due – la sorella e la figlia, per esempio – giacevano accanto a noi guardando quello che facevamo e cercando, per quanto possibile, di imitarci.

Dopo aver personalmente copulato con tutte le fanciulle e le donne nella giusta fascia di età, il mio intervento non fu più così necessario, e le donne continuarono per conto proprio a scoprire innumerevoli modi per godere, e si scambiavano liberamente le compagne e lo facevano anche in gruppi di tre o quattro... senza tenere affatto conto della consanguineità. Talvolta, nella notte, Ixínatsi e io sentivamo, tra gli altri rumori della foresta, quello degli stupendi seni di quelle donne che battevano ritmicamente gli uni contro gli altri.

Per tutto quel tempo cercai di persuadere Ixínatsi a venire con me, portando la figlioletta che ormai consideravo mia, nell'Unico Mondo. La tempestai con tutte le ragioni che riuscivo a escogitare. Le dissi, con tutta onestà, che nel mio dominio ero l'equivalente di Kukú, che lei e Tirípetsi avrebbero vissuto in un palazzo vero e proprio, che avrebbero avuto tutto ciò che potevano desiderare, che lei non avrebbe mai più dovuto tuffarsi per cercare perle, né scuoiare cuguar di mare, né temere le tempeste che spazzavano le isole, né accoppiarsi con sconosciuti.

«Ah, Tenamáxtli», mi rispondeva lei con un sorriso accattivante, indicando il riparo sotto il tronco, «ma per me questo *è* un palazzo quando ci sei tu.»

Meno onestamente, non accennai all'occupazione spagnola di gran parte dell'Unico Mondo. Queste isolane non sapevano neppure che esistessero degli uomini bianchi. Evidentemente, anche gli uomini di Yakóreke non avevano parlato degli spagnoli, temendo forse che le donne avrebbero smesso di barattare le perle nella speranza di poter iniziare un commercio con mercanti più ricchi. Quanto a me, non ero neppure certo che Aztlan non fosse caduta in mano spagnola, nel qual caso non avrei più avuto un regno con cui allettare Grillo. Ma ero fermamente convinto che lei, Tirípetsi e io avremmo potuto rifarci una vita *da qualche parte*, e la intrattenni con descrizioni dei molti luoghi belli, fertili e tranquilli che avevo visto nei miei viaggi e in cui avremmo potuto stabilirci.

«Ma queste isole sono *casa mia.* Fa' che siano anche la tua. Ormai la Nonna è abituata a vederti qui. Non ti chiederà più di partire. La nostra vita non è forse all'altezza di quella che potremmo condurre altrove? Non abbiamo motivo di temere le tempeste e gli sconosciuti. Tirípetsi e io siamo sopravvissute a tutte le intemperie, e tu farai altrettanto. Quanto agli estranei, sai che non giacerò mai più con loro. Sono tua.»

Invano cercai di farle immaginare le numerose alternative di vita offerte dalla terraferma: l'abbondanza di cibo, bevande e divertimenti, i viaggi, la possibilità di educare la figlia, l'opportunità di conoscere gente diversa da quella con cui era vissuta.

«Là potremmo avere altri figli, che farebbero compagnia alla picccola Tirípetsi. Potrebbe anche avere dei *fratelli,* cosa che qui è esclusa.»

Ixínatsi sospirò, come se la mia insistenza cominciasse a stancarla, e affermò: «Lei non potrà mai sentire la mancanza di ciò che non conosce».

Le chiesi, ansioso: «Sei arrabbiata?»

«Sì», rispose, ma con un sorriso felice. «Ecco... riprenditi i tuoi baci», e cominciò a baciarmi, e continuò a farlo ogni volta che cercavo di aprire bocca.

Ma sempre, con tenera ostinazione, continuava a respingere o a contestare ogni mia proposta, e un giorno alluse perfino alla mia invidiabile situazione: «Ma non capisci che qualsiasi uomo della terraferma non chiederebbe di meglio che prendere il tuo posto? Non solo hai me da amare – e, al momento giusto, avrai anche Tirípetsi – ma puoi avere qualunque donna tu voglia in queste isole. Tutte. E, in futuro, le loro figlie».

Non ero certo nella posizione di poter fare delle prediche moralistiche. Riuscii solo a protestare, con tutta sincerità: «Ma io voglio solo *te*!»

Adesso devo confessare una cosa vergognosa. Quello stesso giorno me ne andai nella foresta a riflettere e mi dissi: «*Lei* è l'unica che voglio. Sono infatuato, stregato, ossessionato da lei. Se la trascinassi via contro la sua volontà, non mi amerebbe più. E poi dove potrei portarla? Che cosa mi attende sulla terraferma? Solo una guerra sanguinosa, la prospettiva di uccidere o di essere ucciso. Perché non dovrei fare quello che mi chiede e restare in queste belle isole?»

Lì avevo pace, amore, felicità. Adesso che non ero più una novità, le altre donne esigevano meno da me. Ixínatsi, Tirípetsi e io avremmo potuto essere un nucleo familiare autosufficiente. Poiché avevo violato una delle sacre tradizioni delle isole – vivendo lì, come non aveva mai fatto nessun altro uomo prima di me – ero convinto di poter infrangere anche altre regole. La Nonna era stata disobbedita già una volta, e poi non sarebbe vissuta per sempre. Contavo di poter distogliere le donne dal culto di Luna Nuova, nemica dei maschi, e convincerle ad adorare la mite Coyolxaúqui, dea della luna *piena*. I neonati maschi non sarebbero più stati gettati in pasto alle ostriche. Grillo e io avremmo potuto avere dei *figli*. Con il passare degli anni sarei diventato il patriarca e il benevolo sovrano di quelle isole.

Per quanto ne sapevo, gli spagnoli potevano aver già conquistato tutto l'Unico Mondo e io, tornando sulla terraferma, avrei potuto sperare di compiere ben poco contro di loro. Su quelle isole avrei avuto un Unico Mondo tutto mio, e potevano passare covoni e covoni di anni prima che gli esploratori spagnoli capitassero da quelle parti. Anche se i bianchi si fossero impadroniti di una tale estensione di territorio da rendere impossibile l'accesso alle isole da parte dei pescatori di Yakóreke, ero certo che costoro non avrebbero mai rivelato la loro ubicazione. Quand'anche i pescatori non fossero più arrivati, io conoscevo comunque la rotta. E, a tempo debito, i miei figli avrebbero raggiunto quei lidi in canoa per procurarci quegli oggetti – coltelli, pettini e così via – che dovevano essere barattati con le perle...

Insomma, stavo ignominiosamente meditando di abbandonare la missione in cui mi ero impegnato per anni e anni, sin da quando avevo visto mio padre bruciato vivo, la missione che mi aveva spinto a percorrere tanti cammini, a correre tanti rischi, a vivere tante avventure. Ignominiosamente stavo cercando di giustificare la rinuncia al piano di vendetta per ciò che mio padre e tutto il resto della mia gente avevano patito per mano dei bianchi. Ignominiosamente cercavo di trovare scuse per dimenticare quei tanti – Citlális e Ome-Ehécatl, l'indomita Pakápeti, il cuáchic Comitl, il tícitl Ualíztli e tutti gli altri – che erano periti per favorire i miei piani di vendetta. Ignominiosamente volevo trovare una scusa plausibile per aver abbandonato Nochéztli e l'esercito radunato con tanta fatica e, in effetti, tutti i popoli dell'Unico Mondo...

Da quel giorno non ho mai cessato di provare vergogna per aver anche solo potuto nutrire pensieri di tale bassezza. Avrei perso la corsa in cui non mi ero mai impegnato. Se effettivamente avessi ceduto all'amore di Ixínatsi e alla tranquillità delle isole, non credo che avrei potuto convivere con quella vergogna. Avrei finito per odiare me stesso, poi avrei rivolto il mio odio verso Grillo, che ne era la causa. Ciò che avrei potuto fare per amore avrebbe distrutto l'amore stesso.

E, cosa ancor più vergognosa, non posso neppure sostenere che *non* avrei mai scelto di rinunciare alla mia missione – e al mio onore – perché, anche questa volta, furono gli dei a scegliere per me.

Verso il tramonto ritornai presso la riva dove le pescatrici stavano rientrando con i cesti di ostriche. C'era anche Ixínatsi, la quale, non appena mi vide, mi gridò allegramente, con un sorriso birichino e allusivo: «Caro Tenamáxtli, credo ormai di doverti almeno un'altra kinú. Mi rituffo e ti porto la Kukú delle kinúcha». Rientrò velocemente in acqua e nuotò verso gli scogli più vicini, dove alcuni pigri cuguar di mare si godevano gli ultimi raggi di sole.

Le gridai: «Torna indietro, Grillo. Voglio parlarti».

Forse non mi sentì. Luminosa e dorata come gli animali intorno a lei, radiosa e stupenda, si issò su uno scoglio e mi salutò con la mano, poi si tuffò e non riemerse più.

Non appena capii che neppure la donna con i polmoni più capienti del mondo sarebbe potuta restare sott'acqua così a lungo, lanciai l'allarme. Le pescatrici che erano ancora nell'acqua bassa corsero spaventate verso la spiaggia pensando ch'io avessi intravisto la pinna di un pescecane. Dopo qualche esitazione le più intrepide nuotarono verso il punto da me indicato – dove avevo visto Ixínatsi sparire – e si tuffarono e rituffarono sino allo sfinimento, senza però trovare tracce della compagna.

«Le nostre donne», disse una voce stridula alle mie spalle, «non sempre raggiungono la mia età.»

Era Kukú, che naturalmente si era affrettata a raggiungere la spiaggia. Anziché rimproverarmi per aver sconvolto la tranquillità del suo regno e per essere in parte responsabile della fine prematura di Grillo, la vecchia diede l'impressione di volermi consolare.

«La pesca delle kinúcha non è solo un lavoro faticoso», riprese, «è anche pericoloso. Nel fondo del mare sono in agguato pesci con denti aguzzi, altri con aculei velenosi, altri ancora con tentacoli soffocanti. Ma non penso che Ixínatsi sia stata vittima di queste creature. Quando ci sono predatori nei dintorni, i cuguar di mare fanno degli schiamazzi allarmati. È più probabile che sia stata inghiottita.»

«Inghiottita?» ripetei, stupefatto. «Kukú, come può una donna essere inghiottita dal mare in cui ha vissuto per metà della vita?»

«Non dal mare. Dal kuchúnda.»

«Che cos'è un kuchúnda?»

«Un mollusco gigante, come un'ostrica o un pettine o una vongola, solo immensamente più grande. Grosso come quello scoglio laggiù dove sono sdraiati i cuguar di mare. Grosso al punto da inghiottire uno di quei cuguar di mare. Nei dintorni ci sono svariati kuchúndacha, e non sempre sappiamo dove si trovano perché, come le lumache, sono in grado di strisciare da un punto all'altro. Ma sono visibili e riconoscibili – i kuchúndacha tengono sempre aperta l'enorme valva superiore, pronti a richiuderla sulla preda – e quindi le nostre donne stanno alla larga da loro. Ixínatsi dev'essersi concentrata troppo sulla raccolta delle ostriche. Forse aveva visto una kinú eccezionale – talvolta capita, quando l'ostrica è aperta – e dev'essere stata meno vigile del solito.»

Mestamente confermai: «Era partita proprio con l'idea di trovare una kinú straordinaria da regalarmi».

La vecchia si strinse nelle spalle e sospirò. «Il kuchúnda avrà chiuso la valva su di lei. E, poiché non può masticare, adesso la starà lentamente digerendo con i suoi succhi corrosivi.»

Rabbrividii all'immagine evocata dalle parole della vecchia Kukú e, addolorato, mi allontanai dal luogo in cui avevo visto per l'ultima volta l'adorata Grillo. Anche le altre donne avevano l'aria mesta, ma non piangevano né levavano lamenti funebri. Sembravano considerare l'evento come un incidente sul lavoro, neanche troppo insolito. Neppure la piccola Tirípetsi, che era già stata messa al corrente del fatto, piangeva. Quindi mi astenni anch'io dal versare lacrime. Piansi Grillo in silenzio, e in silenzio maledii gli dei impiccioni. Se proprio avevano sentito la necessità di interferire nella mia vita – indicandomi con severità il mio futuro cammino – avrebbero potuto farlo senza por fine così orrendamente alla vita della mia innocente, briosa, meravigliosa compagna.

Dissi addio solo a Tirípetsi e alla Nonna, non alle altre per paura che cercassero di trattenermi. Adesso, data la mia destinazione, non potevo più portare la bimba con me, e poi sapevo che di lei si sarebbero occupate amorevolmente tutte le zie e le cugine delle isole. All'alba, indossato il bel manto preparatomi da Ixínatsi e preso il sacchetto di perle, mi recai alla punta meridionale dell'isola, dove da lungo tempo mi attendeva la canoa con i rifornimenti, e presi il mare puntando decisamente a est.

Fu così che le Isole delle Donne restarono alle donne, anche se suppongo che adesso siano un luogo più animato durante la notte. E i pescatori di Yakóreke approdati dopo il mio soggiorno non dovrebbero avere motivo di volermene. Quelli giunti subito dopo la mia partenza non possono aver generato alcuna prole – di certo ogni potenziale madre era già incinta – ma devono essere stati accolti con tale entusiasmo e intrattenuti con tanto slancio che sarebbero degli ingrati se si lagnassero della visita di un misterioso straniero.

Ma, alla partenza, pensai e sperai che forse un giorno sarei tornato in quel luogo. Un giorno, quando avessi portato a termine la mia missione, e se fossi sopravvissuto alla lotta... un giorno, quando Tirípetsi fosse cresciuta diventando l'immagine vivente della madre, l'unica donna ch'io abbia veramente amato... un giorno, al tramonto della mia esistenza...

# 27

Affranto e immelanconito com'ero, non mi sentii per nulla allarmato – anzi, me ne accorsi appena – quando le isole svanirono dal mio campo visivo e mi ritrovai nella sgomentante solitudine del mare aperto. Ero assillato da una sequela di pensieri alquanto deprimenti.

«Si direbbe», riflettevo «ch'io porti sventura a tutte le donne per le quali provo amore o affetto. Impietosamente, gli dei se le portano via e, altrettanto impietosamente, mi lasciano vivere tra i rimpianti e il dolore.»

E poi: «Ma, *ayya*, quando mi dolgo di queste perdite, do prova di egoismo, giacché è capitato ben di peggio a Ixínatsi, a Pakápeti e a Citlâli, che hanno perso tutto: il loro mondo, il loro futuro, la loro vita».

E ancora: «Sin dall'infanzia, mia cugina Améyatl e io ci siamo voluti bene, e lei per poco non è morta in prigionia».

E quindi: «La piccola mulatta Rebeca e io abbiamo condotto quello che poteva considerarsi solo un *esperimento*. Tuttavia, quando dalle mie braccia è passata alla clausura di un convento, anche lei, in un certo senso, ha perso ogni futuro possibile e ha rinunciato al mondo».

E a quel punto presi una decisione. Da quel momento in poi avrei vissuto in modo meno avventato e avrei avuto maggior riguardo verso tutte le donne dell'Unico Mondo. Non avrei più ceduto all'amore, né avrei permesso che qualcuna si innamorasse di me. Per quel che mi riguardava, il ricordo della passione condivisa con Grillo sarebbe stato un conforto sufficiente per il resto dei miei giorni. Per quel che riguardava invece le donne, avrei fatto loro un favore risparmiandole dalla maledizione che avevo addosso, quale che essa fosse.

Se, una volta approdato a Yakóreke e giunto ad Aztlan, avessi trovato la città ancora intatta e Améyatl al suo posto di sovrana, avrei respinto la sua proposta di sposarci per poi governare insieme. Da quel momento mi sarei dedicato interamente alla guerra che avevo istigato e allo sterminio o alla cacciata dei bianchi. Mai più avrei permesso a una donna di entrare nel mio cuore e nella mia vita. Se e quando avessi provato un desiderio fisico impellente, avrei sempre potuto trovare qualche femmina da usare, che per me sarebbe stata solo un ricettacolo comodo ma accantonabile senza rimpianti. Non avrei più amato né sarei mai più stato oggetto d'amore.

E, nel tempo che è intercorso dal giorno in cui feci questo giuramento a me stesso nella vasta distesa del Mare Occidentale, ho sempre mantenuto quell'impegno. O meglio, sino a quando non ho incontrato te, *querida Verónica*. Ma, per l'ennesima volta, sto precedendo i tempi nella mia narrazione.

Mentre ero immerso in queste riflessioni, tenni occupate le mani con un piccolo lavoro. Praticai dei taglietti sul rovescio del manto di pelle di cuguar di mare donatomi da Grillo – sessantacinque tagli in tutto – e in ognuno di essi nascosi una perla, poi ricucii le incisioni con l'amo d'osso e la lenza. Essendo così impegnato con la mente e con le mani, spesso non remai col ritmo costante che mi era stato suggerito e non notai che la corrente trascinava l'acáli più a sud di quanto sarebbe stato auspicabile.

Di conseguenza, quando infine avvistai terra all'orizzonte orientale, non vidi traccia di Yakóreke né di alcun altro villaggio. Be', non era grave. Perlomeno ero di nuovo sulla terraferma e al massimo avrei dovuto percorrere un tratto più lungo per raggiungere Aztlan.

Avvicinandomi alla riva, scorsi una spiaggia in cui svariati uomini del mio stesso colore e miseramente vestiti erano impegnati in un'attività che, in lontananza, non riuscii a individuare. Puntai la prora verso di loro. Quando fui più vicino, vidi che erano pescatori che riparavano le reti. Tutti abbandonarono il lavoro e si voltarono a guardarmi mentre tiravo in secco la canoa, ma non sembravano troppo stupiti di vedere uno sconosciuto con un manto piuttosto lussuoso apparire all'improvviso dal nulla.

Quando gridai «Mixpantzínco!» e loro mi risposero con «Ximopanólti», provai un gran sollievo nel ritrovarmi tra gente che parlava náhuatl. Voleva dire che ero approdato in una regione aztéca e non in una terra del tutto ignota.

Mi presentai solo come Tenamáxtli, senza ulteriori precisazioni, ma uno di loro si rivelò molto acuto e ben informato per essere un pescatore. Mi chiese: «Sei per caso quello stesso Tenamáxtli che è cugino di Améyatzin, la signora di Aztlan che una volta era sposata al defunto signore Káuritzin della nostra Yakóreke?»

«Sì», ammisi. «Quindi voi siete di Yakóreke?»

«Sì, e ci è giunta notizia che tu stai percorrendo tutto l'Unico Mondo per svolgere una missione in nome di quella signora e del nostro defunto signore.»

«Agisco in nome e nell'interesse di *tutta* la nostra gente», risposi. «Ben presto sentirete qualcosa di più di semplici voci. Ma ditemi una cosa: che fate qui? Non so con esattezza dove sono approdato, ma credo di essere più a sud delle zone di pesca di Yakóreke.»

«*Ayya,* nelle acque di quella zona eravamo in troppi. Così alcuni di noi si sono spinti a sud e – *ayyo!* – abbiamo trovato pesce in abbondanza e persino un nuovo mercato dove venderlo. Riforniamo i bianchi della città chiamata Compostela, e ci pagano molto bene. È in quella direzione», indicò l'est, «a poche lunghe-corse.»

Capii di aver deviato dalla giusta rotta molto più di quanto avessi pensato. Ero pericolosamente vicino a quegli spagnoli cui mi ero sottratto con la fuga. Ma ai pescatori mi limitai a dire: «Non temete di essere rapiti e ridotti in schiavitù quando andate in città?»

«Incredibile a dirsi, no. Di recente i soldati hanno smesso di darsi da fare per catturare schiavi. E l'uomo che viene chiamato governatore sembra meno interessato a strappare l'argento alla terra. È impegnato a organizzare l'esercito – richiamando anche truppe da altri luoghi – in previsione di una massiccia spedizione al nord. Da quanto abbiamo potuto sapere, non intende marciare su Yakóreke o Tépiz o Aztlan, né su altre comunità non ancora assoggettate. Non sarà una spedizione di conquista o di occupazione. Quali che siano i suoi piani, hanno scatenato un'ondata di eccitazione in città. Il governatore ha persino affidato l'amministrazione di Compostela a un uomo chiamato *obispo*, che sembra essere una persona ben disposta verso i non bianchi. Possiamo andare e venire come ci pare e piace e vendere i pesci stabilendone il prezzo.»

Quelle erano notizie interessanti. Di sicuro la spedizione aveva qualcosa a che fare con le mitiche Città di Antilia. E il vescovo, l'*obispo*, doveva essere una mia vecchia conoscenza, padre Vasco de Quiroga.

Stavo riflettendo su come fosse possibile trar vantaggio dalla situazione, quando il pescatore riprese a parlare: «Ci spiacerà lasciare questo posto».

«Lasciarlo?» domandai. «E perché?»

«Dobbiamo tornare a Yakóreke. È quasi tempo di andare a cercar perle.»

Sorrisi con nostalgia e una punta di tristezza, pensando: *Ayyo, beati voi!* Poi mi limitai a dire: «Se tornate a nord, amici, uno di voi potrebbe fare un favore a me e alla vedova di Káuritzin?»

«Certo. Che cosa dovremmo fare?»

«Percorrete le dodici lunghe-corse più a nord, sino ad Aztlan. Manco da così tanto tempo che mia cugina Améyatl penserà ch'io sia morto. Ditele che mi avete visto, che sto bene e che sono sempre impegnato nella mia missione. Che spero di portarla presto a compimento e che, non appena l'avrò fatto, andrò ad Aztlan a informarla.»

«Bene. C'è dell'altro?»

«Sì. Datele questo manto di pelliccia riferendole che questo indumento la proteggerà e le darà di che vivere per tutta la vita, qualora la missione dovesse fallire e lei dovesse trovarsi in pericolo per via dei bianchi o di altri nemici.»

L'uomo parve perplesso. «Una semplice pelle di daino di mare? Com'è possibile?»

«È una pelliccia molto speciale. Dotata di proprietà magiche. Améyatl le scoprirà quando e se ne avrà bisogno.»

L'uomo alzò le spalle. «Se lo dici tu. Sarà fatto, Tenamáxtli.»

Li ringraziai, li salutai e m'incamminai nell'entroterra, verso Compostela.

Non nutrivo particolari timori all'idea di tornare nella città da cui ero fuggito in modo piuttosto memorabile. Due delle persone che avrebbero potuto riconoscermi – G'nda Ké e Yeyac – erano morte. Coronado, a quanto pareva, era in tutt'altre faccende affaccendato per badare agli indios che si aggiravano per le vie di Compostela. E altrettanto occupato doveva essere frate Marcos, se era ancora in città. A buon conto, avrei tenuto presente un consiglio che mi era stato dato molto tempo prima: mettiti in spalla qualcosa e assumi l'aria di una persona che ha un compito preciso da svolgere. Nel quartiere degli schiavi, alla periferia della città, trovai una trave di legno abbandonata a terra. Me la caricai in spalla, fingendo che fosse molto pesante, e camminai ricurvo per mascherare la mia alta statura.

Mi diressi al centro di Compostela, dove sorgevano i soli due edifici di pietra: il palazzo e la chiesa. Davanti al palazzo c'erano le solite sentinelle, che però non badarono al mio passaggio. Posai la trave davanti al portale della chiesa, entrai e fermai il primo spagnolo con la chierica in cui mi imbattei. In castigliano, lo informai che recavo un messaggio di Sua Eccellenza Zumárraga per il vescovo di quella diocesi. Il frate mi lanciò un'occhiata diffidente, ma si allontanò e, al ritorno, mi fece cenno di seguirlo nelle stanze del vescovo.

«Ah, Juan Británico!» esclamò quel brav'uomo fiducioso. «È tanto che non ci vediamo, ma ti ho riconosciuto immediatamente. Siediti, caro, siediti. Che piacere rivederti!» Chiamò un servo per ordinare dei rinfreschi, poi, senza il minimo sospetto, continuò: «Stai sempre diffondendo il verbo tra gli infedeli per conto del vescovo Zumárraga, eh? E come sta il mio vecchio amico e collega Juanito? Hai detto che porti un messaggio da parte sua?»

«Ehm, sta molto bene, Vostra Eccellenza.» Padre Vasco era l'unico bianco al quale mi sentivo di dare quel titolo. «Il suo messaggio... ehm...» Mi guardai attorno in cerca di ispirazione e considerai che quella chiesa era assai più modesta di quella di Città di Mexíco. «Spera, Vostra Eccellenza, che ben presto anche qui ci sarà un luogo di culto degno di una sede episcopale.»

«Ma quant'è gentile Juanito! Senza dubbio però Sua Eccellenza sa che il piano di costruzione della cattedrale della Nuova Galizia è già in preparazione.»

«A questo punto lo saprà di certo», risposi, esitante. «Ma con i miei continui spostamenti, io...»

«Ah, allora rallegratene con me! Sì, verrà costruita nella provincia che la tua gente chiama Xalíscan, dove sta sorgendo una nuova cittadina. Al momento è chiamata col nome indigeno di Tonalá, che però credo verrà cambiato in Guadalajara, come la città della Vecchia Spagna da cui proviene la casata dei Mendoza. Mi capisci, Juan? Sto parlando della famiglia del nostro viceré.»

Chiesi: «Come vanno le comunità di Utopía intorno al Lago dei Giunchi?»

«Meglio di quanto mi aspettassi», rispose. «In quella zona ci sono state delle insurrezioni di Purémpecha ribelli. Di *donne* purémpe, pensa un po'! Sono delle *amazonas*... crudeli e vendicative. Hanno causato molte morti e danni negli insediamenti spagnoli. Ma, per qualche ragione, hanno risparmiato la nostra piccola colonia.»

«Probabilmente perché, conoscendo Vostra Eccellenza, la ritengono un cristiano esemplare», mentii, ma senza alcuna ironia. «Perché avete lasciato quei luoghi?»

«Sua Eccellenza il governatore Coronado aveva bisogno di me qui. Tra breve intraprenderà un viaggio temerario che potrebbe aumentare in modo cospicuo la ricchezza della Nuova

Spagna. E mi ha chiesto di occuparmi dell'amministrazione di Compostela in sua assenza.»

«Chiedo scusa per il mio ardire», recitai, «ma si direbbe che Vostra Eccellenza non approvi fino in fondo quest'avventura.»

«Be'... la ricchezza solo per la ricchezza...» sospirò il vescovo. «Don Francisco aspira a emulare i primi *conquistadores.* Ha lo stesso grido di battaglia: "Gloria, Dio e Oro". Vorrei solo che Dio venisse per primo. Lui non si mette in viaggio in nome della Santa Chiesa, come te, ma per trovare e depredare alcune città presumibilmente piene di tesori.»

In preda a un vago senso di vergogna per le mie menzogne, mormorai: «Ho viaggiato in lungo e in largo, ma non ho mai saputo che esistessero simili città».

«A quanto pare, ci sono davvero. Un frate vi è stato condotto di recente da uno schiavo moro che ci era già stato in precedenza. Il buon frate Marcos è appena tornato, con la sua scorta di soldati ma senza lo schiavo. Frate Marcos afferma di aver visto le città – si chiamano le Città di Cíbola, dice – ma solo da lontano, perché naturalmente sono ben protette. È stato costretto a tornare quando quel povero schiavo moro che gli faceva da guida è stato ucciso dai selvaggi guardiani delle città. Ma il fedele e valoroso frate condurrà sul posto Coronado, questa volta con l'appoggio di un invincibile contingente di soldati.»

Era la prima volta che sentivo esprimere elogi per il Monaco Bugiardo. Ed ero pronto a scommettere che Esteban era ancora vivo, era libero e avrebbe passato il resto della vita a ridere dei suoi antichi padroni creduloni... quando non fosse stato impegnato a godersi le donne del deserto.

«Se il frate ha visto le città solo in lontananza, come fa a essere sicuro che sono piene di tesori?» chiesi.

«Oh, ha visto brillare i muri delle case, rivestiti d'oro e ornati di gemme. Ed è arrivato abbastanza vicino da vedere gli abitanti che giravano per le strade vestiti di seta e di velluto. Giura che è proprio così. E, dopotutto, il frate ha fatto voto di non dire mai menzogne. Sembra proprio che don Francisco tornerà da Cíbola trionfante e carico di tesori, e sarà ricompensato con la fama, l'adulazione e il favore di Sua Maestà. Tuttavia...»

«Sarebbe preferibile che conquistasse delle anime», suggerii. «Nuovi convertiti alla Chiesa cristiana.»

«Be', sì. Ma non sono un uomo pratico.» Fece una risatina di autocompatimento. «Sono un vecchio prete ingenuo, che devotamente è ancora convinto che le vere ricchezze ci attendono nell'altro mondo.»

Con tutta sincerità, gli dissi: «Tutti i celebrati *conquistadores* messi insieme non valgono un solo Vasco de Quiroga».

Lui fece un'altra risata e, con un gesto, cercò di minimizzare il complimento. «Tuttavia, non sono il solo che nutre dubbi sull'opportunità di questa spedizione a Cíbola. Molti ritengono che sia un'avventura spericolata e azzardata, che potrebbe fare più male che bene alla Nuova Spagna.»

«In che modo?» domandai.

«Coronado sta radunando il maggior numero possibile di soldati da tutti gli angoli del territorio. E non ha neppure bisogno di ricorrere alla coscrizione obbligatoria. Dovunque, ufficiali e soldati semplici non vedono l'ora di venir distaccati dalle località in cui sono di stanza per seguire Coronado. Persino i civili – mercanti, cittadini e piantatori – si stanno armando per partecipare alla spedizione. Tutti i potenziali eroi e i cacciatori di ricchezze vedono in questo un'opportunità unica. Inoltre Coronado sta ammassando cavalli, muli, armi e munizioni addizionali, approvvigionamenti di ogni genere, schiavi mori e indios che fungano da portatori, e persino mandrie di bovini. Sta minando gravemente le difese della Nuova Spagna, e questo preoccupa la gente. Sono ben note le incursioni delle *amazonas* purémpe nella Nuova Galizia, poi ci sono gli sconfinamenti dei selvaggi delle zone settentrionali, e si sono verificate anche sanguinose ribellioni dei prigionieri e degli schiavi nelle miniere, negli opifici e nelle *obrajes*. La popolazione teme, giustamente, che Coronado lasci tutta la Nuova Spagna in una posizione molto vulnerabile, sia dall'interno come dall'esterno.»

«Capisco», ammisi, cercando di non mostrare la mia esultanza, benché quelle notizie fossero musica per le mie orecchie. «Ma il viceré di Città di Mexíco – Mendoza – non pensa anche lui che il progetto di Coronado sia una follia?»

Il vescovo parve turbato. «Come ho detto, non sono una persona pragmatica. Ma non ho difficoltà a individuare le questioni di interesse. Coronado e don Antonio de Mendoza sono vecchi amici. Coronado è anche amico del vescovo Zumárraga il quale, temo, è sempre pronto ad appoggiare qualsiasi impresa che possa arricchire e compiacere re Carlos... e mettere se stesso in buona luce agli occhi del papa, che Dio mi perdoni quest'affermazione. Metti insieme tutti questi fatti, Juan Británico. Ti sembra probabile che chiunque, quale che sia la sua posizione, oserebbe scoraggiare Coronado?»

«Sicuramente no», dichiarai, «e io sono in una posizione men che infima.» *Il verme nel frutto coyacapúli*, pensai, *avendo mangiato tutta la polpa, sta per far scoppiare il frutto.* «Ringrazio Vostra Eccellenza per avermi ricevuto, e per il vino e i dolci che mi sono stati offerti. Ora chiedo licenza di rimettermi in cammino.»

Padre Vasco, il bianco più gentile verso gli indios ch'io abbia mai conosciuto, mi invitò con calore a restare ospite sotto il suo tetto per un certo tempo – per presenziare alle funzioni, per confessarmi e comunicarmi e per conversare più a lungo con lui – ma io, mentendo anche questa volta, gli dissi che mi era stato ordinato di recarmi subito a "portare il messaggio" a una remota tribù pagana ancora da convertire.

Be', non era proprio una menzogna. Avevo davvero un messaggio da portare in un luogo piuttosto remoto. Lasciai Compostela, questa volta senza dovermi nascondere visto che nessuno badava assolutamente a me, e mi diressi di buon passo verso Chicomóztotl.

«Siano rese lodi a Huitzilopóchtli e a tutti gli altri dei!» esclamò Nochéztli. «Finalmente sei arrivato, Tenamáxtzin. E giusto in tempo. Ho radunato qui l'esercito più numeroso mai riunito nell'Unico Mondo, e tutti i soldati non vedono l'ora di mettersi in marcia. Finora sono riuscito a stento a tenerli sotto controllo in attesa dei tuoi ordini.»

«Sei stato bravissimo. Ho appena attraversato i territori spagnoli ed è evidente che nessuno si aspetta che si scateni questa tempesta.»

«Meno male. Ma tra la nostra gente la voce dev'essersi diffusa a largo raggio. Sono arrivati molti più uomini di quelli che avevamo reclutato nelle terre dei dintorni, e molti sono venuti dal nord, ondata dopo ondata, dicendo che li avevi mandati tu. Per esempio, sono convenute qui anche quelle guerriere del Michihuácan. Dicono di essere stanche di fare piccole incursioni nelle proprietà degli spagnoli: vogliono essere con noi quando sferreremo l'attacco massiccio. Inoltre ci sono molti schiavi in fuga – mori e sanguemisti – scappati dalle miniere, dalle *obrajes* e dalle piantagioni. Sono ancora più ansiosi di noi di lanciarsi contro i padroni, ma ho dovuto sottoporli a un addestramento speciale perché ben pochi di loro avevano maneggiato un'arma prima d'ora.»

«Ogni singolo uomo è importante», lo avvisai, «e ogni donna. Puoi dirmi quanti siamo in tutto?»

«Grosso modo, un centinaio di centinaia. Un gruppo possente. Da tempo hanno riempito le sette caverne qui intorno e ora sono accampati anche sulle montagne circostanti. Dato che provengono da molte nazioni e da almeno un centinaio di tribù diverse, ho ritenuto opportuno assegnare accampamenti separati ai vari popoli, a seconda delle origini. Fra molti di loro, come tu ben saprai, vi sono antiche inimicizie, e non volevo che qui scoppiasse una guerra intestina.»

«Una mossa molto accorta, Nochéztli.»

«Tuttavia, la disomogeneità del nostro esercito rende difficile il compito di organizzare i guerrieri. Ho affidato a ciascuno dei nostri migliori ufficiali e sottufficiali la responsabilità di un contingente di guerrieri. Ma ordini, istruzioni, rimproveri impartiti in náhuatl possono essere recepiti solo dai capitribù che conoscono la nostra lingua. I quali, a loro volta, li traducono ai guerrieri. Poi la comunicazione viene passata a un'altra tribù, che magari parla un dialetto diverso dello stesso gruppo linguistico, ma che più o meno riesce a capire. Questi, a loro volta, la fanno sapere a un'altra tribù ancora. Probabilmente un uomo su cento di tutti questi guerrieri passa gran parte del tempo a fare l'interprete. Naturalmente, in questa lunga catena di trasmissione, capita che alcuni ordini vengano distorti, creando straordinari equivoci. Non è ancora successo, ma uno di questi giorni, quando schiererò gli uomini e darò l'ordine "Impugnate le armi" a quelli in prima fila, quelli in fondo capiranno "Sdraiatevi e mettetevi a dormire". Quanto agli Yaki che ci hai inviato, non c'è nessuno che possa comunicare con loro.»

Dovetti soffocare un sorriso di fronte allo sfogo esasperato di Nochéztli, ma ero fiero di lui e pieno di ammirazione per il modo in cui aveva organizzato un esercito in quelle difficili condizioni, e glielo dissi.

«Be', per il momento», replicò lui, «sono riuscito a tenere a bada la loro impazienza e a frenare le liti intestine dando ordini che possono essere comunicati – persino agli Yaki – a gesti; nel frattempo li ho tenuti impegnati in vari lavori. Certi gruppi, per esempio, sono destinati alla caccia, alla pesca e alla raccolta dei vegetali, altri alla preparazione del carbone, alla miscelatura della polvere, alla fabbricazione delle palle di piombo e così via. Quei corrieri che avevi inviato a Tzebóruko e ad Aztlan sono tornati con ampie scorte di *azufre* giallo e di salnitro. Adesso abbiamo tutta la polvere e le palle che possiamo portare con noi non appena partiremo di qui. Sono lieto di informarti che abbiamo molti più tubi tonanti di prima. Le donne purémpe ne hanno portato una bella quantità, sottratti agli spagnoli della Nuova Galizia, mentre altri guerrieri della tribù del nord ne hanno rubato un discreto numero ai corpi di guardia spagnoli mentre attraversavano la Tierra Disputable. Adesso abbiamo quasi un centinaio di quelle armi, e il numero di guerrieri che sanno usarle è almeno il doppio. Abbiamo anche una discreta provvista di pugnali e spade di ferro.»

«Questa è davvero una gran bella notizia», commentai. «Hai per caso da riferirmi anche notizie meno gradevoli?»

«L'unica è che abbiamo più armi che cibo. Ti puoi immaginare che cosa sia dover sfamare un centinaio di centinaia di bocche. I cacciatori e i raccoglitori ormai hanno ucciso tutti gli animali nei dintorni, raccolto ogni frutto e ogni vegetale commestibile, e svuotato laghi e fiumi di tutti i pesci. Ho dovuto porre un limite territoriale alla loro raccolta di alimenti perché, se si fossero spinti troppo lontano, la notizia della nostra presenza qui sarebbe potuta giungere alle orecchie sbagliate. Magari tu vorrai dare un contrordine in proposito perché ormai siamo ridotti a razioni minime, e mangiamo radici e tuberi, rane e insetti. Naturalmente questa scarsità non nuoce ai guerrieri. Li rende asciutti e duri e desiderosi di trar vantaggio dalle ricche terre che invaderemo. Tuttavia, oltre alle donne purémpe che ora sono dei nostri, ci sono anche, tra gli schiavi in fuga, molte donne e bambini. Non vorrei sembrarti tenero come una donnicciola, ma provo molta compassione per quei poveretti che sono corsi da noi confidando nel nostro aiuto. Spero, mio signore, che darai subito l'ordine di spostarci in terre con maggiori risorse.»

«No», risposi. «Non darò ancora quell'ordine, né darò contrordini a quanto tu hai stabilito, anche se, per il momento, dovessimo ridurci tutti a masticare il cuoio dei nostri sandali. E ti dirò perché.»

Proseguii ripetendo a Nochéztli tutto ciò che mi era stato confidato dal vescovo Quiroga, e aggiunsi: «Quindi questo è il mio primo ordine. Invia a ovest di qui uomini dall'occhio e dal piede lesto, ognuno dei quali deve appostarsi, ben nascosto, lungo ogni strada, ogni sentiero, ogni pista di cervi diretta a nord di Compostela. Quando passerà Coronado con il suo seguito, voglio che vengano contati gli uomini, gli armamenti, i cavalli, i muli, i portatori... tutto quello che fa parte della spedizione. Non li attaccheremo, perché quel pazzo ci sta facendo un favore immenso. Non appena mi giungerà la notizia del suo passaggio, e quando riterrò che si siano inoltrati abbastanza a nord, allora – e solo allora – ci muoveremo. Sei d'accordo, Nochéztli?»

«Naturalmente, mio signore», rispose lui, scuotendo il capo per lo stupore. «Che straordinario colpo di fortuna per noi, e che straordinaria imbecillità da parte di Coronado. Ci lascia il campo completamente libero.»

Non potei fare a meno di commentare, con scarsa modestia: «Mi compiaccio con me stesso pensando che, molto tempo fa, ho dato il mio piccolo contributo per gettare le basi di questa buona sorte e di questa mossa da imbecilli. Ho cercato per anni un punto debole nell'apparente invulnerabilità dei bianchi, ed è la cupidigia».

«A proposito di bianchi», disse Nochéztli, «per poco non mi scordavo di riferirti un'altra cosa stupefacente. Tra questi fuggitivi che si sono rifugiati da noi ci sono due *uomini bianchi.*»

«Cosa?!» esclamai incredulo. «Spagnoli che fuggono dalla loro gente? Che si rivoltano contro quelli della loro razza?»

Nochéztli alzò le spalle. «Non lo so. Sembrano spagnoli piuttosto particolari. Neppure alcuni dei nostri aztéca che sanno qualche parola di spagnolo riescono a capire quello che vogliono dirci. Ma i due si parlano tra loro con suoni simili a quelli delle oche che starnazzano e stridono.» Dopo una pausa, continuò: «Ho sentito dire che agli spagnoli la religione proibisce di eliminare i bambini deboli di mente. Forse costoro sono due individui difettosi, che sono diventati adulti e non sanno quello che fanno».

«Se è così, li elimineremo anziché sfamarli. Gli darò un'occhiata più tardi. Nel frattempo, parlando di cibo, potrei avere qualcosa da mangiare... qualsiasi pastone o erbaccia sia disponibile oggi?»

Nochéztli sorrise. «Saremmo stupidi come i bianchi se facessimo morire di fame il nostro comandante supremo. Ho messo da parte della carne di cervo affumicata.»

«Grazie. E mentre banchetto con quella carne, mandami l'ufficiale che hai messo a capo delle donne purémpe.»

«Ho nominato uno dei loro... una donna. Si sono rifiutate di prendere ordini da un maschio.»

Avrei dovuto immaginarlo. Il capo era la stessa donna dalla faccia da cóyotl che portava il nome inappropriato di Farfalla. Affinché non tentasse di fare la prepotente con me, cominciai col congratularmi con lei per essere sopravvissuta e per tutte le incursioni contro i bianchi condotte nella Nuova Galizia; la ringraziai anche per aver risparmiato le comunità di Utopía, come le avevo chiesto di fare. Udendo quelle lodi, Farfalla si inorgoglì, e si mostrò ancor più compiaciuta quando le proposi: «Voglio dotare il tuo coraggioso contingente femminile di un'arma speciale, tutta per voi. È anche un'arma che le donne possono fabbricare meglio, avendo dita più sottili, agili e precise di quelle dei maschi».

«Non hai che da dare gli ordini, Tenamáxtzin.»

«È un'arma che ho inventato io stesso, sebbene gli spagnoli possiedano una cosa analoga, chiamata *granada.*»

Le spiegai come plasmare la creta attorno a un nucleo di *pólvora,* inserendo poi un poquíetl in funzione di stoppino, e come far essiccare il tutto al sole.

«Poi, quando saremo in battaglia, mia signora Farfalla, ordinerai a tutte le tue guerriere di fumare un poquíetl e di portare con loro svariate *granadas.* Al momento opportuno darete fuoco allo stoppino e lancerete la *granada* contro i nemici, meglio ancora, dentro le loro case, i corpi di guardia o i fortini. Vedrete che quell'arma provocherà danni spettacolari.»

«Sembra una meraviglia, mio signore. Ci metteremo subito all'opera.»

Divorata la carne di cervo, bevuto un po' di octli e fumato un poquíetl, chiesi che fossero convocati al mio cospetto quei due strani uomini bianchi.

Bene, risultarono non essere né spagnoli né ritardati, anche se ci impiegai un certo tempo a capirlo. Uno di essi era parecchio più vecchio di me e l'altro un po' più giovane. Entrambi erano bianchi e barbuti come gli spagnoli ma, come tutti gli altri schiavi rifugiatisi nel nostro accampamento, erano scalzi e vestiti di stracci. Evidentemente avevano capito che ero il capo di tutta quella gente lì riunita e quindi mostravano un atteggiamento rispettoso nei miei confronti. Come aveva detto Nochéztli, sapevano pochissimo lo spagnolo, ma riuscimmo comunque a capirci. Tuttavia, infarcivano i loro discorsi con parole che posso solo sperare di rendere nella mia narrazione, perché il suono della loro lingua ricordava davvero lo starnazzare delle oche.

Mi presentai parlando uno spagnolo molto elementare, comprensibile anche a un ritardato. «Sono chiamato da voi spagnoli Juan Británico. Voi siete...?»

Ma il più anziano m'interruppe: «*John British?!*» Ed entrambi mi fissarono sgranando gli occhi, poi presero a starnazzare tra di loro. L'unica parola che capii fu *British*, ripetuta parecchie volte.

«Vi prego», li interruppi, «parlate spagnolo, se possibile.»

E da quel momento ci provarono. Ma, riferendo il colloquio, lo renderò molto più spedito e articolato di quanto in realtà non si svolse, e farò anche del mio meglio per riprodurre le frequenti parole-starnazzi.

«Scusa, John British», farneticò il più anziano. «Stavo dicendo a Miles che, sacripante, finalmente ci capita un colpo di quella che chiamiamo fortuna... *buena suerte.* Anche tu devi essere un naufrago come noi. Ma Miles ha detto, e così dico anch'io... santo cielo, capitano, non hai per niente l'aria di un inglese.»

«Qualunque cosa sia un inglese, di certo non lo sono», risposi. «Sono aztécatl – voi direste indio – e il mio vero nome è Téotl-Tenamáxtli.» I due mi guardarono con quell'espressione perplessa che solo i bianchi sono capaci di assumere. «Gli spagnoli invece mi chiamano con il nome cristiano di Juan Británico.»

Ci fu un altro scambio di starnazzi e di strida, in cui ricorreva spesso la parola *cristiano.* L'anziano si rivolse di nuovo a me. «Perlomeno sei un indio cristiano, capitano. Ma non sarai mica uno di quei maledetti papisti? O sei uno dei buoni seguaci della Chiesa d'Inghilterra?»

«Non sono un cristiano di nessun genere!» scattai. «E qui sono io che faccio le domande. *Chi siete voi?*»

Lui me lo disse, e fu il mio turno di assumere un'espressione perplessa. Quei nomi sarebbero potuti essere yaki o chissà che cos'altro. Di certo non erano spagnoli.

«Ecco», riprese. «So scrivere.» Cercò una pietra aguzza spiegando: «Sono uno che disegna le rotte delle navi, quello che gli spagnoli chiamano *navegador.* Miles è solo un marinaio, ed è un ignorante». Sul terreno tracciò con la pietra i nomi che riproduco fedelmente: JOB HORTOP («Questo sono io») e MILES PHILIPS («Che è lui»).

Poiché aveva nominato le navi, domandai: «Sei nella marina di re Carlos?»

«*Re Carlos!?*» ulularono all'unisono. E il più giovane aggiunse, indignato: «Noi siamo al servizio di re Enrico d'Inghilterra, benedetti siano i suoi coglioni di ottone. Ed è per questo, che Dio lo maledica, che ci troviamo qui!»

«Scusalo, John British», intervenne l'anziano. «I marinai non brillano per le buone maniere.»

«Ho sentito parlare dell'Inghilterra», risposi, ricordando ciò che mi aveva detto una volta padre Vasco. «Per caso conoscete don Tomás Moro?»

Altra espressione perplessa. Il navigatore sospirò e disse: «Perdonami, capitano. So leggere e scrivere, un po'. Ma non ho mai letto libri».

Sospirai anch'io e chiesi: «Per favore, ditemi come siete arrivati qui».

«Sì, sì, signore. Siamo salpati da Bristol su un mercantile Hawkins, che navigava per conto dei genovesi, e trasportava un carico di ebano – ci siamo capiti, vero? – in transito tra la Guinea e Hispaniola. Be', siamo arrivati sino all'isola Tortuga. La nave si è sfasciata contro le scogliere, e io e Miles siamo stati gli unici bianchi ad arrivare vivi a terra, insieme a molti di quelli d'ebano. Alcuni boriosi e pirateschi spagnoli ci hanno ridotti in schiavitù, proprio come hanno fatto con i neri. Da allora siamo passati di mano in mano e di luogo in luogo – Hispaniola, Cuba e via dicendo – e siamo finiti a fare stoppa in un cantiere di Villa Rica de la Vera Cruz. Quando un gruppo di mori è scappato, noi siamo andati con loro. Non sapevamo dove andare, ma i neri avevano sentito dire che in queste montagne si stavano riunendo dei ribelli. E così eccoci qui, capitano. Ribelli contro quegli odiosi spagnoli possiamo esserlo anche noi, accidenti, sempre che tu ci voglia con te. E saremo felici, io e Miles, di uccidere qualsiasi presuntuoso figlio di puttana che ci indicherai. Basta che ci dai un coltellaccio ciascuno.»

Avevo capito ben poco di tutto quel discorso, salvo l'ultima parte. Allora dichiarai: «Se volete combattere al nostro fianco, vi saranno date delle armi. Ora, visto che sono l'unica persona in quest'esercito che può – sia pure con gran fatica – capirvi e farsi capire da voi...»

«Scusa ancora, John British. Molti di questi schiavi che sono qui – neri, indios e mezzosangue – parlano lo spagnolo molto meglio di noi. C'è una ragazza mulatta che sa persino leggerlo e scriverlo.»

«Grazie dell'informazione. Potrà essermi certamente utile quando vorrò inviare a qualche città spagnola una dichiarazione di assedio o dettare i termini della resa. Per il momento, essendo io l'unico *comandante* di quest'esercito che riesce a comunicare con voi, vi suggerisco, quando inizieremo i combattimenti, di stare entrambi vicino a me. Inoltre, visto che ho difficoltà a pronunciare i vostri nomi – e in battaglia potrei aver bisogno di dirli con urgenza – vi chiamerò Uno e Dos.»

«Ci hanno affibbiato nomi peggiori», replicò Dos. «E, per favore, possiamo chiamarti capitano John? Ci farebbe sentire a casa, per così dire.»

# 28

«Quel tal Coronado... mi è passato davanti... sei giorni fa...» ansimò il messaggero, inginocchiandosi ai miei piedi, sfinito, senza fiato e ruscellante di sudore.

«E allora come mai ci hai impiegato tanto a venirmelo a dire?» chiesi, irato.

«Volevi... che li contassi... mio signore. Quattro giorni per contarli... due per correre qui...»

«Per Huitzli», mormorai, adesso in tono comprensivo, posando una mano sulla spalla tremante e umida dell'uomo. «Riposati prima di dire altro. Nochéztli, fa' portare acqua e cibo per questo guerriero. Ha faticato per sei giorni e sei notti.»

L'uomo, essendo un corridore esperto, inizialmente bevve con moderazione, poi addentò avidamente la tigliosa carne di cervo. Non appena fu in grado di parlare con più calma, riferì: «In testa c'era Coronado, affiancato da un uomo in veste nera da prete, ed entrambi erano in groppa a due bei cavalli bianchi. Dietro di loro venivano molti soldati a cavallo che procedevano in fila per quattro quando il sentiero era largo abbastanza, e più spesso per due, perché Coronado ha scelto una pista non troppo battuta, e quindi invasa dalla vegetazione. Tutti i cavalieri, salvo quello in nero, portavano l'elmo e l'armatura di ferro e cuoio, e tutti erano armati di tubo tonante e spada. Ogni cavaliere conduceva dietro di sé uno o due cavalli. Seguivano poi altri soldati, armati come gli altri ma a piedi, forniti di tubi tonanti e lunghe lance dalla punta larga. Ecco, mio signore, il conto di tutti quei soldati».

Mi porse tre o quattro foglie di vite da un mazzetto che aveva portato con sé, e su di esse c'erano segni bianchi tracciati con un ramoscello aguzzo. Fui lieto di vedere che il messaggero sapeva contare in modo corretto: i puntini per le unità, le bandierine per le ventine, gli alberelli per le centinaia. Consegnai le foglie a Nochéztli e dissi: «Calcola il totale».

Il messaggero proseguì dicendo che la colonna avanzava a passo d'uomo ed era così lunga che aveva impiegato quattro giorni a transitare davanti al suo nascondiglio. Benché gli spagnoli si accampassero tutte le notti, lui aveva preferito vegliare per paura che gli sfuggisse il passaggio di qualcuno o qualcosa che Coronado preferiva far avanzare nell'oscurità. Nel corso del rapporto, il messaggero mi porse altre foglie: «il numero delle cavalcature, mio signore», «il numero di bestie da soma», «il numero degli uomini in armatura... alcuni bianchi, alcuni neri, alcuni indios... che conducevano gli animali o facevano i portatori» e infine «il conto delle bestie con corna chiamate bovini, che chiudevano la colonna».

A mia volta passai le foglie a Nochéztli, poi confermai: «Messaggero, hai fatto un ottimo lavoro. Qual è il tuo nome e il tuo grado?»

«Mi chiamo Pozonáli, mio signore, e sono solo una recluta yaoquízqui.»

«Ora non più. Da questo momento sei un iyac. Adesso va' a riposarti, e mangia e bevi finché vuoi. Poi prenditi una donna... una qualsiasi purémpe o una schiava, come preferisci, e dille che l'ho ordinato io. Ti meriti tutti i migliori ristori che possiamo concederti.»

Nochéztli, dopo aver esaminato le foglie borbottando tra sé, esclamò: «Se il conto è corretto – e posso garantire dell'affidabilità di Pozonáli – è una cosa che ha dell'incredibile. Ecco le somme. Oltre a Coronado e il frate, ci sono duecentocinquanta cavalieri con seicentoventi cavalli da sella. I soldati a piedi sono settantaquattro. Mille bestie da soma. Altri mille uomini senza armatura: schiavi, portatori, mandriani, cuochi... qualunque cosa essi siano. E quattrocentoquaranta capi di bovini». E concluse, un po' mestamente: «Quanto invidio agli spagnoli tutta quella carne fresca».

«Possiamo dare per scontato», affermai, «che Coronado abbia portato con sé solo gli ufficiali e i soldati meglio addestrati, i cavalli migliori e gli schiavi più forti e fedeli, oltre agli archibugi più nuovi e precisi, le spade e le lance più affilate e resistenti, nonché grandi quantità di polvere e di palle di piombo. Ciò vuol dire che ha lasciato la Nuova Galizia – e forse tutta la zona occidentale della Nuova Spagna – nelle mani della soldataglia più scadente, armata con armi di scarto e a disagio, in quanto affidata al comando di ufficiali che Coronado ha ritenuto indegni di partecipare alla spedizione.» Tra me, aggiunsi: «Il frutto è maturo».

Sempre con un certo avvilimento, Nochéztli commentò: «A questo punto persino un frutto mi sembrerebbe buonissimo».

Ridendo risposi: «Sono d'accordo. Anch'io ho fame. Non aspetteremo oltre. Se la coda di quella colonna è a due giorni di cammino da qui in direzione nord, e noi procediamo a sud, è improbabile che a Coronado giunga notizia del nostro spostamento. Comunica l'ordine al nostro esercito. Partiremo domani all'alba. Adesso fa' in modo che i cacciatori e i raccoglitori ci precedano, così da poterci procurare un buon pasto per domani sera. Convoca anche tutti gli ufficiali ai quali impartirò gli ordini».

Quando tutti questi uomini – e l'unico ufficiale femmina, Farfalla – furono radunati, proclamai: «Il nostro primo obiettivo sarà una cittadina chiamata Tonalá, a sudest di qui. Mi risulta che stia crescendo con grande rapidità, attirando molti coloni spagnoli, e che stiano progettando di costruirvi una cattedrale».

«Scusa, Tenamáxtzin», intervenne un ufficiale. «Che cos'è una cattedrale?»

«È un grande tempio della religione dei bianchi. Questi edifici particolari vengono eretti solo in luoghi destinati a diventare importanti città. Per questo sono convinto che Tonalá prima o poi debba sostituire Compostela come capitale della Nuova Galizia. Faremo il possibile affinché ciò non avvenga radendola al suolo.»

Gli ufficiali annuirono e si scambiarono sorrisi pregustando l'impresa.

«Quando saremo nelle vicinanze di quella cittadina», continuai, «ci fermeremo e manderemo degli uomini in avanscoperta. Non appena avrò sentito i loro rapporti, stabilirò le modalità dell'assalto. Inoltre, voglio che la nostra avanzata sia preceduta da dieci esploratori aztéca che si allargheranno a ventaglio sul territorio verso cui siamo diretti. Se dovessero notare lungo il nostro cammino qualsiasi abitazione – foss'anche la capanna di un eremita – devono venire a riferirmelo. Se si imbattono in qualsiasi essere umano, di qualunque colore, anche un bambino che raccoglie funghi, lo devono portare da me. Adesso andate e assicuratevi che tutti capiscano gli ordini.»

Una volta che la colonna fu in marcia dietro di me, non so per quanti giorni avrebbe sfilato davanti a un qualsiasi punto di osservazione. L'entità delle nostre forze era otto volte maggiore di quelle di Coronado ma, a differenza di lui, non avevamo branchi di cavalli, muli e bovini. Possedevamo solo i due cavalli senza sella che Nochéztli aveva recuperato dall'imboscata nei dintorni di Compostela. Lui e io saltammo in groppa ai due animali non appena lasciammo l'accampamento di Chicomóztotl e prendemmo un sentiero tortuoso in direzione sudest che ci portò pian piano in pianura. Devo dire che, quando mi giravo a guardare la lunga e serpentina colonna irta di armi che mi seguiva, non potevo impedirmi di provare un senso di orgoglio non dissimile da quello di un *conquistador.*

Con gran sollievo e gioia di tutti, i cacciatori e raccoglitori che ci avevano preceduto ci fornirono un pasto sostanzioso al termine della prima giornata di marcia, e cibi sempre migliori man mano che avanzavamo. Inoltre, con grande conforto delle nostre schiene, Nochéztli e io riuscimmo a procurarci due selle. Accadde il giorno in cui uno dei ricognitori tornò a riferirmi che a una lunga-corsa sul nostro cammino c'era un corpo di guardia spagnolo. Era come quello in cui mi ero imbattuto con Pakápeti: una baracca con due soldati e un recinto con quattro cavalli, due dei quali sellati.

Feci fermare la colonna e convocai sei guerrieri armati di maquáhuime, ai quali ordinai: «Non voglio sprecare polvere e piombo per un ostacolo così banale. Se voi sei non riuscite ad avvicinarvi furtivamente a quel corpo di guardia e a far fuori quegli uomini in un istante, non meritate di portare la spada. Andate e fate come vi ho detto. Un avvertimento: cercate di non strappare o macchiare di sangue gli abiti che indossano».

Gli uomini si chinarono a baciare la terra e scomparvero nel sottobosco. Di lì a poco tornarono tutti soddisfatti: due di loro tenevano per i capelli le teste mozzate e grondanti di sangue dei due spagnoli.

«Abbiamo fatto un lavoro pulito, mio signore», affermò uno di loro. «Il sangue ha macchiato solo la terra.»

Ci avvicinammo al corpo di guardia dove ci impossessammo dei cavalli, di altri due archibugi con relativa polvere e palle di piombo, di due coltelli e di due spade di ferro. Diedi ordine che venissero tolte ai soldati le armature e gli altri indumenti, che erano davvero in ordine salvo per le incrostazioni di sporcizia e di sudore tipiche dei lerci spagnoli. Mi congratulai con i sei guerrieri e con i ricognitori che avevano avvistato gli spagnoli e rispedii questi ultimi in avanscoperta. Poi convocai i *nostri* due bianchi, Uno e Dos.

«Vi faccio un regalo», annunciai. «Non solo vi do abiti migliori degli stracci che indossate, ma anche elmi e armature di ferro e stivali robusti.»

«Per tutti i fulmini, capitano John, ti siamo più che grati», esclamò Uno. «Marciare è già una brutta cosa per le nostre gambe da marinaio, ma farlo a piedi nudi è un tormento.»

Immaginai che quegli starnazzi fossero una protesta per il fatto di dover procedere a piedi, perciò aggiunsi: «Non dovrete più camminare, se sapete cavalcare».

«Se abbiamo cavalcato un naufragio come quello alla Tortuga», replicò Dos, «immagino che potremo cavalcare qualsiasi cosa.»

«Capitano, posso chiederti come mai ci fornisci tutti questi lussi anziché darli ai capi del tuo esercito?» volle sapere Uno.

«Perché, una volta arrivati a Tonalá, voi sarete i miei topi.»

«*Topi,* capitano?»

«Ve lo spiegherò al momento giusto. Adesso, mentre gli altri si mettono in marcia, voi vi vestite, vi mettete la spada al fianco, montate sui due cavalli e ci raggiungete il più presto possibile.»

«Sissignore.»

Fu così che Nochéztli e io ci ritrovammo ad avere comode selle e due cavalli in più che usai come bestie da soma, liberando alcuni guerrieri dai carichi più pesanti.

Un altro evento degno di nota si verificò qualche giorno dopo, e questa volta non mi venne annunciato dagli esploratori aztéca. Nochéztli e io arrivammo sulla cresta di un'altura e, guardando in basso, vedemmo un gruppo di casupole di fango costruite intorno a un grande stagno. I nostri ricognitori erano là e stavano tranquillamente bevendo acqua e fumando poquíetin con gli abitanti del villaggio. Levai la mano per arrestare la marcia e dissi a Nochéztli: «Raduna i tuoi ufficiali e raggiungimi nel villaggio».

Mi protesi verso uno dei guerrieri in ricognizione e gli chiesi: «Chi è questa gente?»

Il tono della mia voce lo spinse a balbettare leggermente. «So... solo... semplici pescatori, Tenamáxtzin.» E mi indicò il più anziano di loro.

Il vecchio si avvicinò con cautela, impaurito dal mio cavallo, e si rivolse a me con tutto il rispetto che avrebbe tributato a un cavaliere spagnolo. Parlava la lingua dei Kuanáhuata, un idioma abbastanza simile al náhuatl da permettermi di capire quanto diceva.

«Mio signore, come dicevo a questo guerriero, noi viviamo del pesce che prendiamo in questo stagno, come hanno fatto i nostri antenati da tempo immemorabile.»

«Perché proprio qui?»

«Qui c'è un pesce piccolo e delizioso che non si trova altrove. Sino a poco tempo fa era la nostra merce di scambio con altri insediamenti di Kuanáhuata.» Puntò l'indice a est. «Ma adesso a Tonalá, che è a sud, ci sono i bianchi. Questo pesce particolare piace anche a loro, e così possiamo barattarlo con cose di lusso come mai è avvenuto prima d'ora...»

S'interruppe vedendo Nochéztli e i suoi ufficiali fermarsi alle mie spalle con aria minacciosa, brandendo le maquáhuime e circondando le capanne. Tutti gli abitanti del villaggio si raggrupparono impauriti, gli uomini cingendo in modo protettivo le spalle di donne e bambini.

Voltai il capo e intimai: «Nochéztli, da' ordine di uccidere i ricognitori».

«Cosa? Sono quattro dei nostri migliori...» Ma s'interruppe anche lui vedendo il mio sguardo e, obbediente, diede il segnale agli ufficiali più vicini.

Prima che potessero fare un gesto o levare una protesta, gli sbalorditi esploratori vennero decapitati. Gli abitanti del villaggio fissarono inorriditi i quattro corpi sussultanti caduti al suolo e le teste in cui le palpebre battevano ancora, quasi a esprimere lo stupore di fronte a quella sorte.

Al vecchio ordinai: «Non potrai più commerciare con i bianchi. Stiamo marciando su Tonalá per fare in modo che ciò non avvenga mai più. Chi vuol venire con noi per aiutarci a eliminare i bianchi può farlo e sarà ben accetto. Gli altri saranno giustiziati immediatamente».

«Mio signore», supplicò il vecchio. «Noi non abbiamo niente contro i bianchi. Sono stati onesti negli scambi commerciali con noi. Da quando sono arrivati, siamo stati meglio che...»

«Questa è una giustificazione che ho sentito anche troppe volte», lo interruppi. «Lo ripeto: non ci saranno più bianchi, quale che sia la loro onestà nel commercio. Hai visto che cosa ho fatto ai miei stessi uomini che hanno preso alla leggera le mie parole. Chi vuol venire con noi, si muova adesso.»

Il vecchio si girò verso la sua gente e allargò le braccia a esprimere la propria impotenza. Diversi uomini e fanciulli, e due o tre donne robuste, una delle quali con un bimbo, si fecero avanti e baciarono la terra ai miei piedi.

Il vecchio scosse mestamente il capo e disse: «Quand'anche non fossi troppo vecchio per marciare e combattere, non lascerei il luogo dei miei antenati. Fa' quello che devi fare».

Ciò che feci fu di decapitarlo con la mia stessa spada di ferro. A quel punto tutti gli altri uomini e ragazzi del villaggio si affrettarono a farsi avanti e a baciare la terra. Altrettanto fecero quasi tutte le donne e le fanciulle. Solo tre o quattro donne con bambini piccoli in braccio rimasero dov'erano.

«Tenamáxtzin», suggerì l'ufficiale Farfalla con una sollecitudine che non mi sarei aspettata da lei, «queste sono donne innocenti con bimbi molto piccoli.»

«Ne hai uccise altre proprio come loro», ribattei.

«Ma quelle erano *spagnole*!»

«Queste donne possono parlare. Questi bimbi possono indicare la direzione con un dito. Non voglio testimoni.» Le lanciai la mia spada di scorta, una maquáhuitl di ossidiana appesa al pomolo della sella, perché lei era armata solo di archibugio. «Tieni. Fa' finta che siano spagnole.»

E così fece, ma con mosse maldestre perché chiaramente avrebbe preferito non ucciderle. Di conseguenza quelle vittime soffrirono molto più delle altre, cercando di sfuggire ai fendenti e ricevendo ripetuti colpi. Quando Farfalla ebbe finito, il loro sangue era già colato verso lo stagno macchiando di rosso le acque. Quelli che si erano arresi furono condotti gementi e disperati nel gruppo degli schiavi, con l'ordine che fossero sorvegliati affinché non cercassero di fuggire.

Avevamo percorso un bel tratto di cammino prima che Nochéztli trovasse il coraggio di parlarmi. Tossicchiò nervosamente e osservò: «Quella era gente della nostra razza, Tenamáxtzin. I ricognitori erano della nostra stessa *città*».

«Li avrei uccisi anche se fossero stati miei fratelli. Ammetto che abbiamo perso quattro bravi guerrieri, ma ti assicuro che d'ora in poi nessuno disobbedirà più ai miei ordini come hanno fatto quei quattro.»

«Questo è sicuro», ammise Nochéztli. «Ma quei Kuanáhuata che hai fatto giustiziare... non ce l'avevano con te...»

«In cuor loro erano alleati e dipendenti dagli spagnoli al pari di Yeyac. Quindi ho offerto loro la stessa alternativa che avevo proposto ai suoi guerrieri. O noi o la morte. Hanno fatto la loro scelta. Vedi, Nochéztli, tu, a differenza di me, non hai avuto il bene di apprendere i dettami del Cristianesimo. Ai preti piaceva molto raccontarci storie prese dagli annali della loro religione. In particolare amavano raccontare le imprese e i detti di uno dei loro dei minori, un certo Jesucristo. Ne ricordo uno in particolare: "Chi non è con me è contro di me".»

«Capisco che non volessi lasciar vivo alcun testimone del nostro passaggio. Ma, come saprai anche tu, è inevitabile che gli spagnoli, prima o poi, vengano a conoscenza della nostra avanzata e dei nostri intenti.»

«*Ayyo,* certamente. Anzi, voglio che lo sappiano. Ho intenzione di provocarli proprio con questa minaccia. Ma voglio che i bianchi sappiano solo quel tanto che basta per tenerli nell'incertezza, nell'apprensione, nel terrore. Non voglio che conoscano l'entità delle nostre forze, dei nostri armamenti, la nostra posizione e la direzione della nostra marcia. Voglio che i bianchi sussultino di paura a ogni rumore inatteso, che si ritraggano di fronte a ogni scena insolita, che diffidino di ogni sconosciuto che incontrano, che si facciano venire il torcicollo a furia di guardarsi alle spalle. Voglio che ci considerino schiere di spiriti maligni, impossibili da stanare, che possono colpire qui, là, ovunque. Non devono esserci testimoni che possano dire cose precise su di noi.»

Alcuni giorni dopo, un ricognitore arrivò di corsa da sud per riferire che la cittadina di Tonalá distava circa quattro lunghe-corse dal punto in cui ci trovavamo. I suoi compagni, mi disse, al momento stavano perlustrando i dintorni della cittadina per stabilirne l'estensione. Dal poco che aveva visto lui, Tonalá sembrava essere costituita di case quasi tutte di recente costruzione e non c'erano grossi tubi tonanti che ne difendessero il perimetro.

Feci cenno alla colonna di fermarsi e ordinai ai vari contingenti di dividersi e accamparsi separatamente, come avevano fatto a Chicomóztotl, per un tempo che poteva durare più di una notte.

Chiamai Uno e Dos: «Un altro regalo per voi, *señores.* Nochéztli e io vi presteremo i nostri cavalli sellati».

«Sii benedetto, capitano John», sospirò Dos. «Che il buon Dio ci liberi dal male!»

Uno sogghignò: «Miles si vantava di poter cavalcare qualsiasi cosa, ma, per Dio, non ci aspettavamo una tortura simile. Le chiappe ci fanno male come se ce le avessero frustate».

Non chiesi che mi venisse spiegata quella tiritera, ma mi limitai a dar loro le istruzioni. «La cittadina di Tonalá è laggiù. Questo ricognitore vi ci accompagnerà. Voi sarete i miei topi a cavallo. Altri ricognitori stanno ispezionando i dintorni della città, ma voi la esplorerete all'interno. Non entrate prima che faccia buio, poi cercate di sembrare soldati spagnoli e girate il più possibile. Cercate di fornirmi una descrizione il più possibile accurata della città: il numero approssimativo degli abitanti – di qualsiasi colore essi siano – e, cosa fondamentale, una stima dei soldati di stanza in quel luogo.»

«E se qualcuno ci ferma?» chiese Uno. «Non saremo in grado di rispondere e men che meno di fornire la parola d'ordine. Gli diamo un assaggio delle nostre spade?» E si toccò l'arma che portava al fianco.

«No. Se qualcuno vi rivolge la parola, limitatevi a strizzare l'occhio con fare ammiccante e a portarvi un dito alle labbra. Poiché vi sposterete in silenzio e nel buio, penseranno che stiate facendo di nascosto una visita al vostro maátime.»

«Il nostro cosa?»

«Il bordello dei soldati. Una casa di baldracche.»

«Sissignore!» esclamò Dos, entusiasta. «E possiamo anche avere un assaggio di passera, già che siamo lì?»

«No. Non dovrete né battervi né andare a puttane. Limitatevi a entrare in città, a dare un'occhiata in giro e a tornare qui. Le spade le userete solo durante l'assalto e, dopo che avremo preso la città, avrete femmine in abbondanza.»

Dalle informazioni riportate dai ricognitori – inclusi Uno e Dos, i quali riferirono che la loro presenza non aveva suscitato alcuna curiosità – riuscii a figurarmi la cittadina di Tonalá. Era più o meno grande come Compostela, con una pari popolazione. Ma, a differenza dell'altra città, non era cresciuta intorno a un insediamento indigeno, bensì era stata fondata dagli spagnoli da poco arrivati sul posto. Quindi, salvo per le solite baracche per servi e schiavi, le case erano solidi edifici di adobe e legno. Inoltre, come a Compostela, c'erano due costruzioni di pietra: una piccola chiesa – che ancora non era stata ampliata per farne una sede vescovile – e un modesto palazzo per gli uffici amministrativi e gli alloggi dei soldati.

«I soldati sono solo quel tanto che basta a mantenere tranquillo il posto», affermò Uno. «Guardie di pattuglia, sentinelle e roba simile. Sono armati di archibugi e alabarde, ma non sono veri combattenti. Io e Miles ne abbiamo visti solo tre a cavallo. Nessuna traccia di artiglieria. Direi che la cittadina viene considerata abbastanza all'interno della Nuova Spagna da non correre alcun rischio di assedio.»

«Saranno quattromila persone in tutto», precisò Dos. «Metà sono spagnoli, panciuti e unti, con l'aria sfaticata direi. L'altra metà sono schiavi e servi. Un assortimento di colori... indios, neri e sanguemisti.»

«Grazie, *señores*», dissi ai due inglesi. «Adesso mi riprendo i cavalli sellati. Quando assaliremo la città, spero che voi sarete abbastanza intraprendenti da procurarvi delle selle.»

Dopo aver riflettuto per un certo tempo, mandai a chiamare Nochéztli e gli esposi il mio piano: «Per prendere Tonalá avremo bisogno solo di una piccola parte dell'esercito. Manderemo avanti gli Yaki perché la loro ferocia terrorizzerà i bianchi. Inoltre mobiliteremo gli uomini armati di archibugi, le donne purémpe fornite di *granadas* e un contingente dei migliori guerrieri aztéca. Il resto delle forze resterà accampato qui, lontano dagli occhi dei cittadini».

«E questi contingenti si muoveranno tutti insieme?»

«No, no. Prima dell'attacco si avvieranno le donne con le *granadas* fumando i poquíetin: si avvicineranno con prudenza, senza farsi vedere, portandosi al capo opposto della città. Quando darò l'ordine, muoveranno all'assalto gli Yaki – da *questo* lato della città – avanzando allo scoperto e lanciando urla le più terrificanti possibili. Questo farà accorrere tutti i soldati spagnoli a un'estremità della città, convinti di dover fronteggiare l'incursione di qualche piccola tribù di gente a petto scoperto e armata di lance di canna che può essere facilmente respinta. Quando i soldati accorreranno, i nostri Yaki dovranno ritirarsi come se fossero spaventati. Nel frattempo, sempre da questo lato della città, avrai fatto appostare in fila tutti i guerrieri armati di archibugi, nascosti tra l'erba. Non appena gli Yaki in ritirata saranno passati accanto a loro e gli spagnoli saranno in vista, dovranno prendere la mira e sparare. Questo dovrebbe eliminare un numero tale di spagnoli da permettere agli Yaki di tornare indietro e di far fuori i sopravvissuti. Nel contempo, non appena odono gli spari, le donne purémpe dovranno correre in città dal lato opposto e cominciare a lanciare le *granadas* verso tutti gli edifici. Il contingente di guerrieri aztéca – condotti da te e da me e dai due bianchi a cavallo – seguirà gli Yaki in città facendo una carneficina dei residenti bianchi. Come ti sembra il mio piano?»

«Ingegnoso, mio signore. Più che fattibile. E divertente.»

«Pensi di poter comunicare, con l'aiuto dei tuoi ufficiali, le istruzioni in modo che tutti capiscano quello che devono fare? Persino quegli zoticoni di Yaki?»

«Credo di sì. Il piano non è complicatissimo. Ma ci vorrà un certo tempo per fare i gesti necessari e per tracciare i disegni sulla terra.»

«Non c'è fretta. La cittadina sembra cullarsi nell'illusione di essere al sicuro. Quindi, per darti il tempo di impartire tutte le istruzioni, non muoveremo all'assalto prima dell'alba di dopodomani. Ho altre due istruzioni da darti... o meglio, restrizioni. Un certo numero di uccisioni fortuite e inutili sarà inevitabile. Tuttavia, per quanto possibile, voglio che i guerrieri uccidano solo *uomini* bianchi, risparmiando le femmine bianche e tutti gli schiavi, maschi e femmine, di qualunque colore essi siano.»

Nochéztli mi guardò stupito. «Questa volta vuoi lasciar vivi dei testimoni?»

«Le donne bianche resteranno in vita solo il tempo necessario per essere usate dai nostri guerrieri. Il tradizionale premio per i vincitori. Le donne probabilmente non sopravviveranno a quella prova, ma quelle rimaste dovranno essere uccise, per pura clemenza. Quanto agli schiavi, potranno unirsi a noi se vogliono. Oppure restare ed ereditare le rovine di Tonalá.»

«Ma non appena ce ne andremo, potrebbero sparpagliarsi per tutta la Nuova Spagna – almeno quelli rimasti fedeli ai loro vecchi padroni – e dare l'allarme agli altri spagnoli.»

«Che lo facciano pure. Non potranno fornire una stima accurata dell'entità delle nostre forze. Ho dovuto uccidere quei pescatori kuanáhuata perché, grazie all'imprudenza dei nostri ricognitori, avevano visto tutta la nostra colonna. A Tonalá nessuno vedrà qualcosa di più di alcuni piccoli contingenti.»

«È vero. Hai altri ordini, mio signore?»

«Sì, un'ultima cosa. Di' alle donne purémpe di non sprecare le *granadas* contro i due edifici di pietra, la chiesa e il palazzo: non gli arrecherebbero alcun danno. Poi ho buone ragioni per voler prendere personalmente quelle due costruzioni. Adesso va' e comincia i preparativi necessari.»

La fase iniziale dell'assalto di Tonalá andò come avevo previsto, salvo per un intoppo, che avrei dovuto prevedere e prevenire. All'alba, io, Nochéztli, Uno e Dos ci posizionammo su una collinetta da cui si vedeva bene la cittadina e seguimmo con lo sguardo l'avanzata degli Yaki nel quartiere degli schiavi alla periferia, accompagnata da un clamore di urla disumane e da un feroce agitar di clave e lance a tre punte. Come avevo ordinato, gli Yaki fecero più rumore che danni, uccidendo (come avrei appreso in seguito) solo qualche schiavo destatosi di soprassalto che, stoltamente e coraggiosamente cercando di difendere la propria famiglia, si era buttato sul loro cammino.

Come avevo previsto, i soldati spagnoli – alcuni dei quali a cavallo – accorsero dalla guarnigione del palazzo e dai corpi di guardia verso il lato della città che era attaccato. Alcuni, all'arrivo, stavano ancora allacciando l'armatura, ma erano tutti armati. E, sempre obbedendo ai miei ordini, gli Yaki si dileguarono al loro apparire, ritirandosi fino alla piana fuori della città. Ma si allontanarono saltellando all'indietro, rivolti verso gli spagnoli e agitando minacciosamente le lance. Quell'esibizione provocò alcune perdite nelle loro file, perché gli spagnoli, per quanto colti di sorpresa e impreparati, erano pur sempre dei soldati. Schierati in file, si inginocchiarono, presero la mira e spararono con sufficiente accuratezza da colpire svariati Yaki prima che i sopravvissuti smettessero di fare i buffoni e si mettessero in salvo scappando. Questo lasciò il campo libero ai miei archibugieri – novantaquattro in tutto – che si levarono dai nascondigli e, all'ordine dell'ufficiale, fecero fuoco simultaneamente.

Fu un'azione efficace. Un buon numero di fanti cadde e qualche cavaliere venne sbalzato dalla sella. Pur guardando da una certa distanza, riuscii a vedere l'agitazione stupefatta degli spagnoli che erano scampati a quella grandine di piombo. A questo punto però si verificò l'intoppo cui ho accennato poco fa. I miei archibugieri avevano usato le armi con la stessa efficienza di qualsiasi soldato spagnolo, ma avevano fatto fuoco tutti *insieme.* E adesso, tutti insieme, si diedero a ricaricare le armi. Come ben sapevo – ed era un particolare di cui avrei dovuto tener conto – quell'operazione richiedeva un certo tempo, anche al soldato meglio addestrato.

Gli spagnoli non avevano sparato tutti insieme, ma sporadicamente, a seconda del bersaglio e dell'occasione, e quindi gran parte delle loro armi era ancora carica. Mentre i miei archibugieri stavano infilando polvere, stoppa e palle nelle canne dei tubi tonanti, caricando le *cazoletas,* facendo girare la rotella e alzando la zampa di cane, gli spagnoli ritrovarono la presenza di spirito sufficiente a riprendere la sparatoria, sporadica ma letale. Molti dei miei archibugieri furono colpiti e quasi tutti gli altri si buttarono a terra, in una posizione che rendeva ancor più lenta la ricarica delle armi.

Imprecai in diverse lingue e sbraitai a Nochéztli: «Manda avanti di nuovo gli Yaki!»

Lui allungò un braccio e gli Yaki, che avevano atteso quel segnale, ripassarono accanto agli archibugieri adesso sconcertati. Avendo visto i compagni cadere nella prima avanzata, gli Yaki adesso procedettero con furia, animati dallo spirito di vendetta, senza più sprecare fiato in grida di guerra. Alcuni caddero sotto il piombo spagnolo, ma molti altri arrivarono addosso ai nemici aggredendoli con le clave e i coltelli.

Stavo per dare l'ordine di caricare agli Aztéca guidati da noi quattro a cavallo, quando Uno allungò la mano e mi prese alla spalla dicendo: «Scusa, John British, se sono tanto presuntuoso da darti un consiglio».

«Per Huitzli, Uno!» ringhiai. «Non è il momento...»

M'interruppe subito: «Meglio che te lo dica adesso, capitano, finché sono ancora in vita per parlare e tu puoi ancora ascoltarmi».

«Avanti! Parla!»

«Io non è che sappia niente sugli archibugi, però ho navigato un paio di volte con quelli della marina militare di Sua Maestà e li ho visti in azione. Quel che voglio dire è che loro non sparano tutti in una volta, come hanno fatto i tuoi uomini. Si schierano in tre file parallele. La prima riga spara, poi arretra mentre la seconda riga prende la mira. Quando la terza fila ha sparato, la prima ha già ricaricato le armi ed è pronta a sparare di nuovo.»

Il suo discorso abbondava di parole-starnazzi, ma ne capii subito il senso e risposi: «Ti chiedo umilmente perdono, *señor* Uno. Scusa se ho reagito con impazienza. Il tuo consiglio è validissimo – e ben accetto – e ne terrò sempre conto d'ora in poi. Te lo giuro baciando la terra. Adesso, *señores,* Nochéztli...» Levai il braccio destro per ordinare la carica degli Aztéca: «Se cadete, *cadete in avanti!*»

# 29

L'aspetto più memorabile di qualsiasi battaglia – e lo posso dire con cognizione di causa, avendo molta esperienza in proposito – è la confusa, travolgente eccitazione. Ma di questa battaglia, che ha rappresentato il mio primo grande scontro con il nemico, ho ricordi molto più precisi.

Mentre noi quattro ci lanciavamo nella mischia in campo aperto, intorno a noi fischiarono solo alcune palle di piombo perché i soldati spagnoli erano impegnati nel corpo a corpo con gli Yaki. Poi, quando fummo più vicini, ricordo molto bene i rumori di quello scontro: non tanto il clangore delle armi, bensì il clamore delle voci. Io, Nochéztli e gli Atzeca lanciavamo le tradizionali grida di guerra che imitano le voci di animali selvatici. Gli spagnoli urlavano il nome del loro santo della guerra – *¡Por Santiago!* – e, con mia sorpresa, anche i nostri due bianchi, Uno e Dos, facevano la stessa cosa. Ruggivano quello che, alle mie orecchie, suonava come "*For Harry and Saint George!*", benché, ai tempi delle lezioni di Cristianesimo, non avessi mai sentito parlare di santi simili.

In lontananza, dall'interno della città, si udivano altri rumori, alcuni simili a tuoni, altri a tonfi soffocati: erano le esplosioni delle palle di creta lanciate dalle nostre guerriere. Senza dubbio gli spagnoli avrebbero voluto poter inviare parte dei soldati all'altro capo della città per appurare la causa di quelle esplosioni, ma non erano in grado di farlo perché, da questo lato, i loro uomini erano soverchiati dal nemico e dovevano lottare per sopravvivere. Né la lotta né la vita durarono a lungo.

Se davvero esistono santi di nome Harry e George, devono aver dato ai loro adoratori più forza di quanta ne abbia conferita Santiago ai suoi. Uno e Dos, benché a disagio sulle selle, menarono fendenti a destra e a manca con la stessa furia omicida e impietosa usata da me e da Nochéztli. Colpivamo i soldati alla gola e al volto, gli unici punti vulnerabili tra gli elmi e le corazze di ferro, e altrettanto facevano i nostri guerrieri, armati di maquáhuime di ossidiana. Gli Yaki, invece, non dovevano mirare con altrettanta precisione. Nel corpo a corpo avevano abbandonato le lunghe lance e menavano colpi alla cieca con le clave. Un colpo assestato sull'elmo lo ammaccava al punto tale da sfondare il cranio del soldato. Un colpo al torace faceva incavare la corazza rompendo le ossa o, peggio ancora, facendo morire la vittima di soffocamento.

In quel parapiglia, c'erano molte persone che cercavano di sgattaiolare via per sfuggire alla battaglia e altre che stavano già inoltrandosi in aperta campagna. Nessuno di loro portava l'armatura o l'uniforme, e gran parte era semisvestita, essendo appena balzata dal letto. Erano gli schiavi che vivevano nel quartiere in cui avevamo sferrato l'attacco. Naturalmente il rumore aveva svegliato tutta Tonalá, e quindi tra i fuggitivi c'erano anche alcuni spagnoli, uomini e donne, altrettanto semisvestiti, i quali chiaramente speravano di essere scambiati per schiavi e di farla franca. Non molti di loro riuscirono a fuggire. Lasciammo passare le persone del nostro colore e quelle più scure, ma tutti i bianchi, di qualsiasi sesso o età fossero, venivano infilzati o colpiti con le clave. Purtroppo, due cavalli degli spagnoli vennero uccisi per sbaglio e altri quattro o cinque si allontanarono nitrendo e sbuffando per cacciare dalle narici l'odore del sangue e della polvere.

Quando tutti i soldati e gli ufficiali spagnoli e i civili che speravano di passare per schiavi giacquero morti o morenti, i miei tre compagni a cavallo s'inoltrarono nelle vie della cittadina, seguiti dai guerrieri aztéca ululanti. Io mi attardai sulla scena del massacro, in parte per valutare le nostre perdite. Erano scarse, in confronto a quelle degli spagnoli. Tra breve sarebbero giunti gli schiavi incaricati di assistere i feriti: avrebbero fasciato quelli che potevano guarire e misericordiosamente ucciso quelli che non avevano più speranze.

Mi trattenni sul campo di battaglia soprattutto perché vi erano rimasti gli Yaki, indaffarati a scalpare le teste dei cadaveri spagnoli, usando perlopiù il pugnale che i soldati portavano alla cintola. Dopo aver fatto un'incisione circolare che partiva dalla nuca, risaliva sopra le orecchie e le sopracciglia per ridiscendere alla nuca, bastava uno strappo e lo scalpo si staccava, riducendo la testa del cadavere a una massa sanguinolenta. Gli Yaki stavano rimuovendo uno scalpo dopo l'altro. Solo che alcuni caduti spagnoli non erano *ancora* cadaveri e allo strappo urlavano e gemevano mentre il cranio scuoiato sanguinava profusamente.

Imprecando con forza, mi feci largo in quella carneficina picchiando gli Yaki con la spada tenuta di piatto e indicando il centro della città. Gli Yaki protestarono nella loro lingua gutturale e sgradevole, dal che dedussi che erano abituati a prendere gli scalpi dai cadaveri freschi, quando erano più facili da rimuovere. Feci del mio meglio per far capire, a gesti, che ci sarebbero stati altri scalpi, in numero più che sufficiente per ornare le fasce intorno alla vita di ognuno di loro, e lanciai altre imprecazioni cercando di spronarli a proseguire. Sempre protestando, mi obbedirono, dapprima lentamente, poi con più foga, come se di colpo fosse nato in loro il timore che il resto del nostro esercito stesse già procurandosi scalpi di prima qualità strappati ai cittadini.

Non mi fu difficile seguire gli uomini che mi avevano preceduto in città, poiché sembravano aver provocato devastazioni ovunque. Qualsiasi strada imboccassi, la trovavo piena di cadaveri – semisvestiti, sanguinanti, infilzati da armi da taglio o addirittura fatti a pezzi – giacenti sull'acciottolato o sulle soglie delle case. Gli abitanti che non avevano fatto in tempo a uscire erano stati uccisi all'interno, a giudicare dal sangue che scorreva fuori delle porte.

M'imbattei in un solo bianco ancora in vita. Era in mutandoni e camicia, perdeva sangue da un taglio non mortale alla gola e veniva correndo verso di me, urlando come un folle. Teneva per i capelli tre teste mozzate: quella di una donna e altre due più piccole. Non poteva immaginare ch'io capissi lo spagnolo, ma continuò a gridare, rivolto a me: «Queste cose erano mia moglie e i miei figli!»

Non dissi nulla, ma benevolmente usai la spada per spedirlo nell'aldilà in cui vanno i cristiani, quale che esso sia.

Di lì a poco raggiunsi i miei guerrieri aztéca e yaki, i quali entravano e uscivano dalle case o rincorrevano i fuggitivi per le strade. Fui lieto di vedere che, in linea di massima, stavano attenendosi ai miei ordini. Gli abitanti del nostro stesso colore e quelli più scuri venivano lasciati in pace. Gli Yaki non perdevano più tempo a strappare scalpi, ma s'impegnavano nel massacro. Solo un particolare delle mie istruzioni non veniva rispettato, ma era una cosa che m'importava ben poco. Avevo ordinato che le donne bianche venissero risparmiate per un certo tempo, ma i guerrieri avevano salvato e radunato solo le più belle e le più giovani. Non era difficile individuarle perché a quell'ora del mattino erano tutte poco coperte, e adesso erano state spogliate completamente. Così le donne avvizzite, o troppo grasse o troppo magre, e le bambine tanto piccole da essere di sesso indeterminato, venivano uccise insieme ai loro padri, mariti, fratelli e figli.

I miei uomini, non avendo più fiato da sprecare in grida di guerra, stavano compiendo le cernite e le uccisioni in silenzio. Naturalmente, le vittime non stavano zitte. Le donne bianche supplicavano, pregavano, urlavano, imprecavano o piangevano, e lo stesso facevano i vecchi, le vecchie e i bambini. Queste grida disperate si levavano da ogni dove, e con esse si udivano altri rumori: i tonfi delle porte sfondate, qualche sporadico e futile sparo d'archibugio, le esplosioni delle *granadas* delle donne purémpe e qualche rintocco della campana della chiesa che lanciava un patetico, frenetico e ormai vano allarme.

Feci voltare il cavallo nella direzione da cui veniva quello scampanio, sapendo che la chiesa doveva essere nel centro della cittadina. Durante il tragitto vidi – oltre ai miei guerrieri energicamente impegnati contro le vittime – ciò che restava di molte case, botteghe e laboratori artigiani, che dovevano essere state delle costruzioni solide e persino belle, ma che ora erano solo cumuli di macerie, chiaramente per opera delle donne purémpe armate di *granadas*. Fra le rovine c'erano altri cadaveri, ma talmente ridotti a brandelli da non poter neppure fornire scalpi agli Yaki. Stavo scrutando una bella casa davanti a me – doveva essere l'abitazione di un maggiorente spagnolo – e mi chiedevo come mai non fosse stata demolita, quando udii un grido di avvertimento in poré: *«Attento, mio signore!»* e tirai la briglia per far fermare il cavallo.

Un istante dopo, la casa si *gonfiò* – come le guance di un suonatore di flauto – ma non emise un suono altrettanto gradevole. Il rumore fu piuttosto quello del battito del cosiddetto "tamburo che strappa il cuore". Il cavallo rinculò e per poco non mi disarcionò. La casa era avvolta in una nube di fumo e, sebbene fosse troppo solida per andare in pezzi, da essa schizzarono fuori come fulmini le schegge di porte, finestre e pezzi di mobili. Per fortuna, io e il cavallo venimmo colpiti solo da un paio di frammenti che non ci fecero alcun male, essendo brandelli di carne umana. Quando la pioggia di detriti cessò, la guerriera sbucò dalla viuzza in cui si era rifugiata. Era Farfalla, che arrivò portando una sacca di cuoio e fumando un poquíetl.

«Stai facendo un ottimo lavoro», commentai. «Grazie per aver dato l'allarme.»

«Erano le mie due ultime *granadas»*, affermò scuotendo la sacca, dalla quale cadde solo una manciata di poquíetin fatti di canne. Me ne diede uno, lo accesi col suo e fumammo insieme mentre lei s'incamminava a fianco del mio cavallo.

Mi riferì: «Abbiamo seguito i tuoi ordini, Tenamáxtzin. Abbiamo scagliato le *granadas* solo contro gli edifici, cercando di scegliere quelli più imponenti. Solo in due occasioni le abbiamo sprecate per delle singole persone. Erano due soldati a cavallo. Non è rimasto molto di loro».

«Peccato. Voglio prendere più cavalli possibile.»

«Mi spiace. Ma era inevitabile. Ci sono arrivati addosso all'improvviso, nel momento in cui due guerriere stavano per lanciare le palle oltre una finestra, e brandendo le spade ci hanno intimato di arrenderci, suppongo. Naturalmente non abbiamo fatto nulla del genere.»

«Certo», approvai. «Non stavo rimproverandoti, Farfalla.»

La campana della chiesa continuò a rintoccare invano sino a che Farfalla e io arrivammo nella piazza antistante... e in quell'istante il suono cessò. I miei archibugieri avevano seguito gli altri guerrieri in città per colpire gli eventuali fuggitivi al di fuori della portata dei compagni privi di armi da fuoco, e uno di loro aveva centrato in pieno l'uomo sul campanile. Lo spagnolo, un prete o un frate in tonaca nera, cadde dal campanile, rimbalzò dal tetto della chiesa ed era già morto quando si schiantò sull'acciottolato della piazza.

«Da quel che posso vedere», m'informò Nochéztli affiancandomi sul suo cavallo spruzzato di sangue, «ben presto ci saranno solo tre bianchi ancora vivi a Tonalá. Sono nella chiesa qui davanti – tre uomini disarmati. Ho dato un'occhiata dentro, ma li ho lasciati a te, come hai ordinato, mio signore.»

I suoi ufficiali cominciarono a radunarsi intorno a noi in attesa di ulteriori ordini, mentre in piazza stavano confluendo anche altre persone. I guerrieri che non erano impegnati altrove stavano conducendo le donne bianche in quello spazio aperto per fruire di quello che è il premio tradizionale dei soldati vittoriosi. In altre parole, stavano violentando le femmine. Poiché c'erano molti più uomini che donne, e dato che molti erano troppo impazienti per aspettare il loro turno, in alcuni casi due o tre guerrieri usavano contemporaneamente i vari orifizi di una femmina.

Inutile dire che le donne ancora in grado di proferir parola urlavano, protestavano e supplicavano a pieni polmoni. Ma sono certo che quelle vittime stavano emettendo gemiti ancor più orrendi e terrorizzati di quelli che di solito si odono in simili circostanze. E ciò perché le donne bianche, tutte dotate di lunghe e fluenti chiome, avevano reso gli Yaki assai più ansiosi di strappare loro lo scalpo che di possedere altre parti dei corpi femminili. Ogni yaki che aveva trascinato in piazza una donna, la buttava a terra e le strappava il cuoio capelluto prima di lanciarsi sul suo corpo nudo. Altri Yaki, sopraggiunti senza prigioniere, si aggiravano per la piazza e strappavano lo scalpo di donne che in quel momento venivano violentate da altri guerrieri.

Personalmente, avevo difficoltà a guardare quelle donne con i crani ridotti a una polpa sanguinolenta, per quanto belle e desiderabili potessero essere sotto altri aspetti. Non sarei mai riuscito ad accoppiarmi con una di loro, neppure chiudendo gli occhi, perché avrei dovuto comunque sopportarne l'orribile fetore. Come se non bastasse l'odore ripugnante dei crani scalpati, molte di loro urinavano e defecavano per il terrore, e altre vomitavano a causa di ciò che era stato cacciato loro in gola.

«Ringrazio il dio della guerra», esclamò Farfalla, «che noi purémpe non abbiamo i capelli lunghi.»

«Vorrei invece che li aveste per poterveli tirare, stupide megere pelate!» esclamò Nochéztli.

«Che cosa succede?» chiesi sorpreso, perché il mio braccio destro di solito non dava in escandescenze. «Perché insulti le nostre nobili guerriere?»

«Non te l'ha detto? Dei due che hanno ucciso?»

Farfalla e io ci scambiammo un'occhiata stupita, e io risposi: «Sì, due soldati bianchi che le hanno sorprese mentre stavano lanciando le palle di creta».

«I *nostri* due bianchi. Uno e Dos.»

«*Yya ayya*», mormorai con profonda mestizia.

«Erano nostri alleati?» chiese Farfalla. «E come facevamo a saperlo? Erano a cavallo, erano barbuti e portavano l'armatura. Agitavano la spada. Gridavano.»

«Gridavano parole d'incoraggiamento, idiota!» sbraitò Nochéztli. «Non hai visto che i cavalli non erano sellati?»

Farfalla parve addolorata, ma alzò le spalle. «Era un assalto all'alba. Non molti erano vestiti.»

Rivolto a me, Nochéztli spiegò con tono afflitto: «Erano davanti a me e quindi ho trovato subito i loro resti. Erano talmente spappolati che non sono riuscito neppure a distinguerli l'uno dall'altro. Anzi, in tutto quel carnaio, non si distinguevano i resti umani da quelli dei cavalli».

«Calmati, Nochéztli», dissi sospirando. «Ci mancheranno, ma nelle guerre questi incidenti purtroppo capitano. Speriamo che Uno e Dos siano adesso nel paradiso cristiano con i loro Harry e George, se è lì che avrebbero voluto essere. Ora, torniamo alle faccende di guerra. Non appena avranno finito con le donne, di' agli uomini di sparpagliarsi in città per saccheggiarla. Prendete tutto quello che può esserci utile: armi, polvere, piombo, armature, cavalli, indumenti, coperte e provviste trasportabili. Quando tutti gli edifici saranno stati svuotati, date fuoco alle macerie. Di Tonalá devono restare solo la chiesa e il palazzo.»

Nochéztli smontò e andò tra gli ufficiali a riferire gli ordini, poi, tornato accanto a me, domandò: «Perché, mio signore, vuoi salvare questi due edifici?»

«Per prima cosa, perché non brucerebbero con facilità», risposi, smontando a mia volta. «E non potremmo fare abbastanza *granadas* da farli crollare. Ma soprattutto li lascio per un amico spagnolo... un bianco cristiano davvero *buono.* Se sopravvivrà a questa guerra, avrà un nucleo intorno al quale potrà cominciare la ricostruzione. Mi ha già detto che questa città avrà un nuovo nome. Adesso vieni con me: andiamo a dare un'occhiata dentro al palazzo.»

Il pianterreno di quella costruzione di pietra era stato adibito ad alloggio dei soldati e, com'era prevedibile, era in un gran disordine dato che i militari ne erano usciti precipitosamente poco tempo prima. Salimmo le scale e ci trovammo in un labirinto di stanze, tutte arredate con sedie e tavoli, alcune piene di libri, altre di carte geografiche e documenti. Sul tavolo di una di esse c'era un pacco di bella carta spagnola, un corno per l'inchiostro, un coltellino e un vaso pieno di piume d'oca. C'erano anche una penna macchiata d'inchiostro e un foglio scritto solo a metà.

Guardai quegli oggetti per qualche istante, poi ordinai a Nochéztli: «Mi è stato detto che, nel contingente di schiavi, c'è una ragazza che sa leggere e scrivere lo spagnolo. Una mora o una mezzosangue. Torna al galoppo all'accampamento, cerca la ragazza e portala qui il più presto possibile. Manda anche degli uomini a prelevare dalla caserma tutto quello che può esserci utile. Dopo aver ispezionato la chiesa accanto, tornerò qui ad aspettare te e la ragazza».

La chiesa di Tonalá era modesta e disadorna quanto quella del vescovo Quiroga a Compostela. Uno degli uomini rifugiatisi all'interno era un prete con la consueta tonaca nera, gli altri due invece avevano l'aria di essere mercanti, ed erano grassocci e ridicolmente coperti da camicie da notte e da altri indumenti che si erano infilati frettolosamente al momento della fuga. Entrambi arretrarono verso la balaustra davanti all'altare, ma il prete venne coraggiosamente avanti blaterando in quella lingua della Chiesa che avevo sentito durante le poche messe cui avevo presenziato.

«Neppure gli altri spagnoli riescono a capire quel tuo insensato *guirigay*, padre», scattai. «Parlami in una lingua comprensibile.»

«Molto bene, rinnegato pagano!» gridò lui. «Ti stavo scongiurando, nel nome e nella lingua del Signore, di uscire da questo luogo sacro.»

«Rinnegato?» ripetei. «A quanto pare, mi ritieni uno schiavo sfuggito a un padrone bianco. Non è così. Questo luogo è *mio*, costruito sulla terra della mia gente. E sono venuto a riprendermelo.»

«Questa è una proprietà della Santa Madre Chiesa! Chi credi di essere?»

«Io *so* chi sono. Ma la tua Santa Chiesa mi ha dato il nome di Juan Británico.»

«Oh Dio!» esclamò stupefatto. «Allora sei un apostata! Un eretico! Peggio ancora di un pagano!»

«Molto peggio», replicai con tono affabile. «E chi sono questi altri due?»

«L'*alcalde* di Tonalá, don José Osado Algarve de Sierra. E il *corregidor*, don Manuel Adolfo del Monte.»

«Sono i due cittadini più importanti, quindi. Che cosa ci fanno qui?»

«La casa del Signore è un asilo. Un rifugio inviolabile. Sarebbe un sacrilegio se venisse fatto loro del male qui dentro.»

«E allora si nascondono dietro la tua sottana, padre, abbandonando i loro concittadini all'infuriare della battaglia? Inclusi i loro familiari, magari? In ogni modo, io non condivido le vostre superstizioni cristiane.»

Andai alle sue spalle e, con la spada, li trapassai entrambi al cuore.

Il prete gridò: «Questi signori erano importanti e valenti funzionari di Sua Maestà re Carlos!»

«Non ci credo. Chiunque abbia un briciolo di maestà non può certo essere fiero di persone come quelle.»

«Ti scongiuro ancora, mostro! Esci da questa casa di Dio! Porta via i tuoi selvaggi da questa parrocchia!»

«Lo farò», risposi andando a guardare fuori del portale, «non appena saranno stufi di starci.»

Lui mi seguì e implorò con voce fattasi supplichevole: «In nome di Dio, alcune di quelle povere donne sono *bambine.* Molte erano vergini. Alcune sono suore. Le spose di Cristo».

«Allora ben presto si riuniranno al consorte. Spero che si mostri tollerante di fronte alla loro perduta verginità. Vieni con me, padre. Voglio farti vedere qualcosa, forse meno sconvolgente di questa scena.»

Lo feci uscire dalla chiesa e, tra gli uomini che in quel momento non stavano facendo nulla, scovai il fido iyac Pozonáli, al quale dissi: «Ti affido questo prete bianco, iyac. Non credo che ci si debba aspettare alcuna reazione da parte sua. Stagli accanto e impedisci che i nostri gli facciano del male».

Poi condussi entrambi nella stanza del palazzo in cui c'era il documento incompleto e ordinai al prete: «Leggimi questo, se puoi».

«Certo che posso. È solo l'inizio di una lettera. Dice: "All'illustrissimo *Señor* don Antonio de Mendoza, viceré e governatore di Sua Maestà nella Nuova Spagna, presidente dell'*Audiencia* e della Regia Cancelleria..." È tutto. Evidentemente l'alcalde stava per dettare allo scrivano un rapporto o una petizione destinata al viceré.»

«Grazie. Basta così.»

«E adesso ucciderai anche me?»

«No. E per questo devi ringraziare un altro padre che ho conosciuto tempo fa. Ho già dato ordine a questo guerriero di proteggerti.»

«Allora posso andare? Devo impartire l'Estrema Unzione a molti sventurati parrocchiani, e il tempo stringe.»

«*Vaya con Dios, padre*», gli dissi senza ironia, e feci cenno a Pozonáli di andare con lui. Poi rimasi alla finestra a guardare la piazza e i fuochi che cominciavano a divampare in vari punti della città, in attesa che Nochéztli tornasse con la schiava che sapeva leggere e scrivere.

Era praticamente una bimba, e non certo mora dato che aveva una carnagione appena più bronzea della mia ed era troppo graziosa per avere una grossa componente nera. Ma chiaramente era una mezzosangue di qualche genere, perché quelle fanciulle maturano molto presto, e lei aveva già il corpo di una donna. Immagino che fosse uno di quegli incroci di cui mi aveva parlato una volta Alonso de Molina – *pardo, cuarterón* o quel che erano – e questo poteva spiegare il fatto che avesse ricevuto una certa istruzione.

Per metterla alla prova le parlai in spagnolo: «Mi risulta che tu sappia leggere la scrittura degli spagnoli».

Lei capì e, con deferenza, rispose: «Sì, mio signore».

«Allora leggimi questo.» Le indicai il documento sul tavolo.

Senza esitazioni, la fanciulla lesse in modo scorrevole: «*Al muy ilustrísimo Señor don Antonio de Mendoza, visorrey e gobernador por Su Majestad en esta Nueva España, presidente de la Audiencia y la Chancellería Real*... Finisce qui, mio signore. E, se posso permettermi di dirlo, lo scrivano non conosce molto bene l'ortografia».

«Mi è stato detto che sai anche scrivere questa lingua.»

«Sì, mio signore.»

«Voglio che tu scriva una cosa per me. Usa un altro foglio di carta.»

«Certo, mio signore. Dammi solo un momento per preparare il necessario per la scrittura.»

«Mentre aspettiamo, Nochéztli, va' a cercare quel prete. È insieme con l'iyac Pozonáli. Fallo venire qui.»

Nel frattempo la ragazza aveva messo da parte la penna usata, ne aveva presa una nuova, l'aveva affilata con il coltellino, aveva sputato nel corno che conteneva l'inchiostro, lo aveva mescolato e infine aveva detto: «Sono pronta, mio signore. Che cosa devo scrivere?»

Guardai fuori della finestra, riflettendo. Si stava avvicinando la sera, i fuochi erano più numerosi e divampanti, ben presto tutta Tonalá sarebbe stata in fiamme. Mi girai verso la ragazza e pronunciai alcune parole tanto lentamente che lei aveva quasi finito di scrivere non appena io tacqui. Andai alle sue spalle e, allungata una mano, disposi il foglio dello scrivano e il suo l'uno accanto all'altro. Naturalmente, non ero in grado di giudicare nulla, ma mi parve che la calligrafia della fanciulla apparisse più decisa e netta di quella esitante dello scrivano.

Lei chiese timida: «Vuoi che te lo rilegga, mio signore?»

«No. Ecco che è arrivato il prete. Lasciamo che sia lui a farlo.» Indicando il foglio, gli chiesi: «Padre, riesci a leggere anche questo?»

«Ma certo», si spazientì lui. «Però non ha molto senso. Dice solo: "Lo vedo ancora bruciare".»

«Grazie, padre. È proprio quello che volevo dire. Molto bene, ragazza mia. Adesso prendi la lettera incompiuta e aggiungici queste parole: *Questo è solo l'inizio.* Poi scrivi il mio nome, Juan Británico. Sai anche tracciare le parole-rappresentazioni del náhuatl?»

«Spiacente, no, mio signore.»

«Allora scrivi in spagnolo, come meglio puoi, il nome Téotl-Tenamáxtzin.»

Lo fece, ma con lentezza, cercando di rendere quei suoni nell'alfabeto spagnolo in modo che fossero più chiari possibile. Quand'ebbe finito di scrivere, soffiò sul foglio e me lo porse. Lo tesi al prete e chiesi: «Riesci ancora a leggerlo?»

Il foglio si agitò fra le sue mani e la voce assunse un tono tremulo.

«"All'illustrissimo... eccetera eccetera. Questo è solo l'inizio. Firmato: Juan Británico." Segue quell'altro nome tremendo. Vedo com'è scritto, ma non riesco a pronunciarlo bene.»

Fece per restituirmi il foglio, ma io gli ordinai: «Tienilo, padre. Era destinato al viceré. E lo è ancora. Se e quando troverai un bianco ancora in vita che possa fungere da messaggero, ordinagli di consegnarlo all'illustrissimo Mendoza a Città di Mexíco. Sino a quel momento, limitati a mostrarlo a tutti gli spagnoli che passano da queste parti».

Il prete uscì tenendo fra le mani ancora tremanti il foglio, e Pozonáli lo seguì.

Rivolto a Nochéztli, dissi: «Aiuta la ragazza a riunire tutta la carta e gli strumenti per scrivere, che porterà con sé. Ne avrò ancora bisogno. Come avrò bisogno di te, bimba. Sei intelligente e obbediente e oggi hai dato un'ottima prova delle tue qualità. Come ti chiami?»

«Verónica», mi rispondesti.

# 30

Alla fine, Tonalá fu un deserto di ceneri ardenti e fumanti, popolata solo dal prete e dai pochi schiavi che avevano scelto di restare, e con due soli edifici ancora in piedi. Ce ne andammo anche noi, e i nostri guerrieri avevano assunto un aspetto vistoso, per non dire ridicolo. Gli Yaki avevano tali e tanti scalpi alla cintola che sembravano camminare in un mare di capelli umani. Le donne purémpe si erano impadronite degli abiti più sfarzosi delle defunte signore spagnole – sete, velluti e broccati – e (benché alcune, poco esperte di moda, li avessero indossati al contrario) formavano un corteo splendente e colorato. Molti archibugieri e guerrieri aztéca ora avevano corazze di ferro sopra le armature imbottite. Preferirono non servirsi degli stivali alti e degli elmi, ma anche loro avevano saccheggiato i guardaroba delle signore spagnole e adesso portavano eleganti copricapi piumati e *mantillas* di pizzo. Tutti gli uomini e le donne recavano involti e sacchi di oggetti sottratti al nemico: cose d'ogni genere, dai prosciutti ai formaggi, alle monete, a quelle armi che Uno aveva chiamato alabarde, che sono una combinazione di scure, lancia e uncino. Gli schiavi addetti ai feriti chiudevano la colonna sostenendo gli uomini meno malconci; una quindicina di loro conduceva i cavalli recuperati, muniti di selle e briglie, su cui sedevano quelli che non erano in grado di camminare.

Quando tornammo all'accampamento, quei guerrieri feriti furono affidati ai vari tíciltin, giacché quasi tutte le tribù si erano portate appresso i loro uomini della medicina. Persino gli Yaki avevano il loro, ma poiché quel tícitl avrebbe al massimo potuto assisterli con qualche danza e qualche nenia, diedi ordine che anche i feriti degli Yaki fossero curati da uomini più illuminati di altre tribù. Come al solito, gli Yaki protestarono irati di fronte a quella mancanza di rispetto per le loro sacre tradizioni, ma io insistetti e loro dovettero piegarsi.

Non fu il solo dissenso che emerse quando le nostre forze si radunarono dopo l'assalto. Gli uomini e le donne che avevano preso parte alla conquista di Tonalá volevano tenere per sé l'intero bottino raccolto, e furono molto contrariati quando diedi ordine che tutto venisse diviso, il più equamente possibile, fra i guerrieri e gli schiavi. Inoltre quella ridistribuzione forzata non soddisfece molte bande che *non* avevano partecipato all'assalto. Benché sin dall'inizio fossero state a conoscenza delle ragioni per cui non avevo dispiegato tutte le nostre forze in quell'impresa, il successo stesso della nostra missione sembrava motivo di scontento. Borbottavano che ero stato ingiusto a lasciarle indietro e che avevo mostrato delle preferenze per i miei "favoriti". Giuro che mostrarono perfino invidia per le ferite dei guerrieri "favoriti". Feci del mio meglio per placare gli scontenti promettendo che ci sarebbero state molte altre battaglie e vittorie, che ogni contingente prima o poi avrebbe avuto l'opportunità di procurarsi gloria, bottino e ferite, e persino una morte grata agli dei. Ma proprio come molto tempo prima avevo scoperto che il compito di Uey-Tecútli non era semplice, così adesso stavo imparando quanto fosse difficile essere a capo di un grande esercito formato da popoli eterogenei.

Stabilii che saremmo rimasti accampati mentre riflettevo sulla prossima mossa. Avevo svariate ragioni per restare in quel luogo per un certo tempo. Volevo dare alle donne purémpe il tempo di plasmare altre palle di creta, che si erano rivelate molto efficaci nella presa di Tonalá. E dato che adesso avevamo un buon numero di cavalli, volevo che altri guerrieri imparassero a montare. Inoltre, avendo perso molti archibugieri – in parte per colpa mia – volevo che altri imparassero a sparare quelle armi di cui ora avevamo una buona scorta, seguendo la tecnica raccomandata dallo scomparso Uno.

Delegai quindi a Nochéztli gran parte dei compiti di ordinaria amministrazione, sottraendomi così al peso di dover dare ascolto alle piccole lagnanze, alle petizioni, alle liti e a simili seccature, per dedicare più tempo e attenzione alle cose di cui solo io potevo occuparmi. La più importante di queste era un progetto che volevo iniziare mentre eravamo ancora tranquillamente accampati. Per questo, un giorno, ti convocai, Verónica.

Quando mi comparisti davanti, con l'aria sveglia e attenta, ma con un atteggiamento schivo e le mani nascoste dietro la schiena, ti dissi ciò che avevo ripetuto infinite volte in precedenza: «È mia intenzione riconquistare l'Unico Mondo sottraendolo ai conquistatori e oppressori spagnoli».

Al tuo accenno di assenso, continuai: «Quale che sia l'esito di questa impresa, può darsi che, in futuro, gli storici dell'Unico Mondo siano felici di avere a disposizione un resoconto vero della guerra di Tenamáxtzin. Tu sai scrivere e hai tutto l'occorrente per farlo. Voglio che cominci a mettere sulla carta quella che potrebbe essere l'unica cronaca che mai esisterà di questa ribellione. Pensi di poterlo fare?»

«Farò del mio meglio, mio signore.»

«Ora, tu hai visto solo la conclusione della battaglia di Tonalá. Ti racconterò le circostanze e gli eventi che hanno portato a questo risultato. Possiamo stendere questa cronaca con tutta calma, dando a me il tempo di riordinare la sequenza dei fatti, e a te il modo di abituarti a scrivere sotto dettatura, così entrambi potremo correggere i rispettivi errori.»

«Ho la fortuna di avere una buona memoria, mio signore. Non credo che faremo molti errori.»

«Speriamo di no. Tuttavia, non avremo sempre l'agio di potercene stare seduti insieme, io a parlare e tu a scrivere. Questo esercito deve percorrere innumerevoli lunghe-corse, affrontare innumerevoli nemici, combattere innumerevoli battaglie. Vorrei che tutto fosse annotato: le marce, i nemici, le battaglie, i risultati. Poiché io devo condurre le marce, scovare i nemici e guidare le battaglie, chiaramente non potrò sempre descriverti ciò che avviene. Gran parte di queste cose le dovrai vedere con i tuoi occhi.»

«Ho anche una buona vista, mio signore.»

«Ti sceglierò un cavallo, ti insegnerò a cavalcare e ti terrò al mio fianco... salvo nell'infuriare delle battaglie, quando ti terrai a debita distanza. Perciò vedrai molte cose da lontano. Dovrai cercare di capire ciò che vedi e tentare di narrarlo in modo coerente. Di rado avrai lunghi intervalli di tranquillità in cui sederti a scrivere. Quindi devi escogitare un modo per prendere appunti rapidi che in seguito potrai puntualizzare...»

«Sono in grado di farlo, mio signore. Anzi...»

«Lasciami finire, fanciulla. Stavo per suggerirti il vecchio metodo che i mercanti pochtéca adottavano quando erano in viaggio. Prendi le foglie della vite selvatica e...»

«E con un rametto appuntito vi tracci dei segni. I tratti bianchi sono durevoli quanto l'inchiostro sulla carta, mio signore. Lo sapevo già. L'ho persino fatto adesso, mentre tu parlavi.»

E tendesti le mani mostrando le foglie di vite e un rametto. Le foglie recavano piccoli segni che avevi tracciato senza neppure guardare.

Oltremodo stupito, dissi: «Riesci a decifrare quei segni? Puoi ripetermi ciò che ho detto?»

«I segni, mio signore, servono solo a rinfrescarmi la memoria. Nessun altro può interpretarli. E non pretendo di aver registrato ogni tua parola, ma...»

«Provamelo, ragazza mia. Ripetimi qualche brano di questa conversazione.» Allungai la mano indicando una foglia a caso. «Che cosa dice questa?»

Ci impiegasti solo un attimo a esaminarla. «"Può darsi che, in futuro, gli storici dell'Unico Mondo siano felici di avere a disposizione..."»

«Per Huitzli!» esclamai. «È meraviglioso. *Tu* sei meravigliosa. Ho conosciuto solo un altro scriba in vita mia, un religioso spagnolo. Non era neppur lontanamente bravo come te, ed era quasi di mezza età. Quanti anni hai, Verónica?»

«Dieci o undici, credo. Non ne sono sicura.»

«Davvero? Dalle tue forme e dal modo forbito con cui ti esprimi, ti avrei dato tre o quattro anni di più. Come hai fatto a imparare tante cose pur essendo così giovane?»

«Mia madre aveva studiato nelle scuole cristiane ed era stata allevata in un convento. Ha cominciato a darmi lezioni sin da quand'ero piccola. Poco prima di morire mi ha messo nello stesso convento.»

«Questo spiega il tuo nome. Ma se tua madre era una schiava, non poteva essere una comune sguattera mora.»

«Era mulatta, mio signore», dicesti, senza alcun imbarazzo. «Non le piaceva molto parlare delle sue origini... né delle mie. Ma naturalmente i bambini intuiscono molte cose non dette. Ne dedussi che sua madre doveva essere stata una mora, ma il padre uno spagnolo piuttosto ricco e importante, visto che aveva potuto permettersi di mandare a scuola una figlia bastarda. Su mio padre non posso neppure fare congetture, tanto mia madre è stata reticente.»

«Ho visto solo il tuo volto», dissi. «Fammi vedere il resto. Spogliati, Verónica.»

Ci impiegasti un istante, perché indossavi solo una veste di stile spagnolo, logora e lunga sino alle caviglie.

«Una volta mi sono state illustrate tutte le possibili gradazioni e combinazioni dei mezzosangue, ma non li so riconoscere a vista. Ho conosciuto solo una ragazza che credo fosse figlia di una bianca e di un nero. Quanto a te, Verónica, direi che il sangue moro di tua nonna è evidente solo nei seni già sviluppati, nei capezzoli scuri e nell'inizio di ymáxtli in basso. Il sangue del nonno spagnolo direi che spiega i tratti delicati del tuo volto. Però non hai gambe e ascelle pelose, quindi il sangue bianco del nonno dev'essere stato molto diluito in seguito. Inoltre sei pulita e profumata come le femmine della mia razza. È chiaro che il tuo ignoto padre deve aver apportato ulteriori perfezionamenti al tuo fisico.»

«Se la cosa ti può interessare, mio signore, sono ancora vergine. Non sono ancora stata violentata da alcun uomo né ho ancora avuto la tentazione di darmi a nessuno.»

Mi fermai a riflettere su quanto avevi detto – avevi parlato di "tentazione", precisando "non ancora" – mentre mi godevo la vista del tuo corpo. E ora ti confiderò onestamente una cosa. Persino allora, a quella tenera età, eri talmente femminile, talmente attraente – oltre a essere intelligente e istruita in modo eccezionale per la tua età – che rappresentasti una vera tentazione per me. Avrei potuto chiederti di diventare qualcosa di più di una compagna e di uno scrivano. Ma l'idea mi balenò solo per un istante nella mente, perché ero ancora vincolato dal mio giuramento. In verità, anche se non avrei chiesto nulla di meglio che entrare in intimità con te, non osai farti proposte perché avrei corso il rischio di innamorarmi di te. E avevo giurato di non amare più nessuna donna.

E, sempre con tutta sincerità, è stato meglio così, alla luce di quello che in seguito emerse dai nostri discorsi.

E, sempre con tutta sincerità, finii comunque per amarti.

Ma in quel momento mi limitai a dire: «Rivestiti e vieni con me. Prenderemo alle donne purémpe alcuni degli abiti che hanno sottratto nei guardaroba di Tonalá. Tu meriti i più begli abiti femminili, piccola Verónica».

Non tutte le nostre successive conquiste si svolsero con la stessa facilità della presa di Tonalá. Mentre eravamo accampati, inviai ricognitori e messaggeri in tutte le direzioni e, alla luce dei loro rapporti, stabilii che la nostra prossima mossa sarebbe stata un *doppio* assalto: un attacco simultaneo in due luoghi diversi e distanti l'uno dall'altro. Certamente questo avrebbe rafforzato le paure degli spagnoli per quanto riguardava la nostra entità numerica, la potenza dei nostri armamenti, la nostra determinazione e la nostra capacità di colpire ovunque. Avrebbero capito che non era solo la furibonda ribellione di alcuni gruppi tribali, ma una vera e propria insurrezione in tutto il territorio contro gli invasori bianchi.

Alcuni ricognitori mi dissero che a sudest, a una certa distanza, c'erano molte ricche *estancias*, i cui proprietari si erano insediati in un nucleo di abitazioni vicine le une alle altre – per proteggersi a vicenda e farsi compagnia – al centro di quella grande distesa di terra. Altri ricognitori mi riferirono che a sudovest, a un incrocio di piste, sorgeva una stazione commerciale che prosperava grazie al passaggio dei mercanti itineranti e dei proprietari terrieri del luogo, ma era fortificata e presidiata da un nutrito contingente di fanti spagnoli.

Quelli erano i due luoghi che intendevo attaccare contemporaneamente. Nochéztli avrebbe condotto l'assalto alla comunità delle *estancias*, io quello alla stazione commerciale. E adesso avrei dato ai guerrieri esclusi dalla prima battaglia (e rosi dall'invidia) l'opportunità di battersi, di saccheggiare, di coprirsi di gloria o di morire nelle grazie degli dei. Assegnai a Nochéztli gli uomini cora e huichol e tutti i guerrieri muniti di cavallo (inclusa Verónica, che sarebbe stata la cronista della battaglia). Con me presi i guerrieri rarámuri e otomí e tutti gli archibugieri. Lasciammo al campo quelli che avevano partecipato alla presa di Tonalá, scatenando le solite lagnanze degli Yaki. Nochéztli e io calcolammo con cura la durata dei rispettivi spostamenti in modo da stabilire il giorno esatto in cui avremmo sferrato gli assalti, e anche il giorno in cui ci saremmo riuniti, vittoriosi, nell'attuale accampamento. Ciò fatto, marciammo in direzioni divergenti.

Come ho detto, non tutte le mie azioni di guerra andarono lisce. In un primo momento, il mio assalto alla stazione commerciale non parve offrire molte speranze di vittoria.

Il luogo consisteva soprattutto di baracche in cui alloggiavano i servi e gli schiavi degli spagnoli. Ma queste costruzioni formavano una barriera intorno alla stazione stessa, che a sua volta era circondata da una palizzata di tronchi puntuti alla sommità e munita di un cancello altrettanto massiccio, chiuso e sprangato dall'interno. Dalle fessure della palizzata sporgevano le bocche dei grandi tubi tonanti. Quando i nostri, ruggendo e ululando, corsero allo scoperto lungo il terreno a un lato della stazione, mi aspettavo che dovessero solo schivare le pesanti palle di piombo che avevo sempre visto sparare dai grossi tubi tonanti. Ma *questi* erano stati caricati con frammenti di metallo, di selce, di chiodi, di vetri rotti e cose simili. Quando si diffusero intorno a noi, non ci fu verso di evitare quelle raffiche letali, e moltissimi guerrieri in prima linea caddero orrendamente mutilati, ridotti a brandelli.

Per nostra fortuna, la ricarica dei grandi tubi tonanti richiedeva ancor più tempo di quella degli archibugi. Prima che gli spagnoli finissero di ricaricarli, noi sopravvissuti eravamo riusciti a portarci così vicino alla palizzata da non poter più essere presi di mira dai grandi tubi tonanti. I miei uomini rarámuri scavalcarono la recinzione ed entrarono nella stazione commerciale. Mentre alcuni di loro s'impegnavano subito in uno scontro con gli spagnoli, altri corsero ad aprire il pesante cancello per far entrare il resto delle nostre forze.

Ma quei soldati spagnoli non erano codardi, né erano ancora fiaccati al punto da arrendersi. Alcuni, schierati in file a una certa distanza, ci presero di mira con gli archibugi. Ma i miei uomini, ormai ben addestrati nell'uso di quell'arma, esibirono pari accuratezza e pari capacità di uccidere. Nel frattempo, noi armati di lance e spade e maquáhuime affrontavamo gli altri soldati corpo a corpo. Fu una lunga battaglia: quei coraggiosi spagnoli sembravano decisi a combattere sino alla morte. E, infine, quella morte venne per tutti loro.

La stessa sorte colpì molti dei miei uomini, dentro e fuori la palizzata. Poiché questa volta non avevo portato schiavi addetti all'assistenza dei feriti, e dato che nella stazione non c'erano cavalli da usare per trasportarli, potei solo dar ordine che gli uomini caduti ma ancora vivi, che non erano però in grado di marciare, fossero uccisi in modo rapido e misericordioso.

Quella conquista, onerosa dal punto di vista delle perdite umane, era stata però proficua. La stazione era colma di merci utili e pregiate: polvere e palle di piombo, archibugi, spade e pugnali, coperte e indumenti, provviste di ottimi alimenti affumicati o sotto sale e persino giare piene di octli e chápari e vini spagnoli. Perciò, col mio permesso, noi sopravvissuti celebrammo la vittoria sino a ubriacarci, ed eravamo ancora barcollanti quando, la mattina seguente, ci rimettemmo in marcia. Come avevo fatto in precedenza, invitai le famiglie degli schiavi a venire con noi, e gran parte di esse accettò e trasportò per noi i fardelli di beni requisiti.

Tornando all'accampamento, fui lieto di apprendere che Nochéztli e i suoi uomini avevano incontrato meno difficoltà di me. La comunità delle *estancias* non era presidiata da soldati addestrati, bensì da schiavi che fungevano da guardiani, i quali non erano armati di archibugi né ansiosi di respingere un'invasione. Quindi Nochéztli non aveva perso un sol uomo, e i suoi avevano ucciso, violentato e saccheggiato con tutta calma. Anche loro erano tornati con grandi provviste di alimenti, sacchi di mais, tessuti e abiti spagnoli. E soprattutto avevano razziato molti cavalli e una mandria di bovini grande quasi quanto quella che Coronado aveva portato con sé a nord. Per sfamarci non avremmo più dovuto dedicarci assiduamente alla caccia e alla raccolta. Avevamo cibo sufficiente a mantenere un intero esercito per un lungo periodo di tempo.

«Ed ecco qui, mio signore», disse Nochéztli. «Un mio regalo personale per te. Le ho prese dal letto di un nobile spagnolo.» Mi porse un paio di splendide lenzuola di seta, solo leggermente macchiate di sangue. «Credo che l'Uey-Tecútli degli Aztéca non debba essere costretto a dormire sulla nuda terra o su uno strato di paglia come un comune guerriero.»

«Ti ringrazio, amico mio», risposi in tutta sincerità, prima di scoppiare a ridere. «Anche se temo che tu possa incoraggiare in me la mollezza e l'indolenza dei nobili spagnoli.»

Al campo mi attendeva un'altra buona notizia. Alcuni miei ricognitori si erano spinti molto lontano e adesso erano tornati a riferirmi che la guerra veniva combattuta anche da altri al di fuori del nostro esercito.

«Tenamáxtzin, la notizia della tua insurrezione si è sparsa di nazione in nazione, di tribù in tribù, e molti vogliono emulare le tue gesta per salvare l'Unico Mondo. Tra qui e la costa del Mare Orientale, bande di guerrieri stanno facendo incursioni fulminee nelle fattorie e negli insediamenti spagnoli. Il Popolo del Cane – i Chichiméca – il Popolo del Cane Selvatico – i Téochichiméca – e persino il Popolo del Cane Rabbioso – gli Zácachichiméca – compiono razzie e assalti contro i bianchi. Anche gli Huaxtéca delle zone costiere, notoriamente fiacchi, hanno assalito il porto che gli spagnoli chiamano Villa Rica de la Vera Cruz. Naturalmente, con le loro armi primitive, non hanno potuto arrecare grandi danni, ma di certo hanno scatenato paura e allarme tra gli abitanti.»

Queste notizie mi fecero immensamente piacere. Le tribù nominate dai ricognitori erano di certo male armate e mancavano di organizzazione militare, ma mi stavano aiutando a seminare sconcerto e timore nei bianchi, che forse non dormivano più sonni tranquilli. Ormai tutta la Nuova Spagna doveva essere a conoscenza di quelle sporadiche incursioni e dei miei ben più devastanti attacchi. Speravo e credevo che la Nuova Spagna, in qualità di dominio della Vecchia Spagna, cominciasse a temere di non poter più sopravvivere.

Gli Huaxtéca e gli altri popoli potevano compiere quasi impunemente le loro rapide razzie, mentre io ormai ero al comando di quella che in pratica era una città viaggiante – guerrieri, schiavi, donne, famiglie intere, molti cavalli e una mandria di bovini – i cui spostamenti rappresentavano, a dir poco, un problema. Decisi che ci occorreva una base stabile, un luogo ben protetto da cui avrei potuto inviare forze di qualsiasi entità in ogni direzione, e nel quale i guerrieri potevano trovare rifugio al ritorno dalle battaglie. Perciò convocai svariati ufficiali che avevano viaggiato molto in quelle zone dell'Unico Mondo e chiesi loro consiglio.

Un cavaliere di nome Pixqui disse: «Conosco il posto adatto, mio signore. Il nostro obiettivo ultimo è l'assalto a Città di Mexíco, a sudest di qui, e il luogo che ho in mente è a mezza strada fra il nostro accampamento e quella città. Le montagne chiamate Miztóapan: Dove si Nascondono i Cuguar. I pochi bianchi che vi sono stati le chiamano i monti Mixton. Sono impervie e solcate da strette gole. Là potremo trovare una vallata grande abbastanza da contenere tutto il nostro esercito. Anche quando gli spagnoli verranno a sapere che ci siamo insediati in quei luoghi – cosa che senza dubbio avverrà – avranno difficoltà a raggiungerci, a meno che non imparino a volare. Le vedette appostate sulle rupi potranno segnalare l'eventuale arrivo di forze nemiche. E poiché i contingenti spagnoli sarebbero costretti ad avanzare nelle gole procedendo in fila per uno, basterà qualche archibugiere a fermarli, mentre gli altri guerrieri li tempesteranno con frecce, lance e massi».

«Eccellente», commentai. «Sembra inespugnabile. Grazie,

cavaliere Pixqui. Diffondete nell'accampamento l'ordine di prepararsi a muoversi. Partiremo all'alba per i monti Miztóapan. Uno di voi vada a chiamare la giovane schiava Verónica, la mia scrivana.»

Fu l'iyac Pozonáli a convocarti quel giorno fatale. Da tempo avevo notato che era spesso in tua compagnia e ti guardava con occhi desiosi. Non sono cieco di fronte a questi particolari, essendo stato spesso innamorato anch'io. Sapevo che l'iyac era un giovane di valore e, anche prima della rivelazione che emerse quel giorno, non avrei potuto essere geloso se avessi scoperto che tu gradivi le sue attenzioni.

Poiché tu avevi già scritto il resoconto dell'assalto condotto contro le *estancias* da Nochéztli – dato che eri stata presente al fatto – ti dettai la cronaca della mia ben più difficile azione contro la stazione commerciale e anche dell'incontro appena avvenuto, che si era concluso con la decisione di trasferirci nei monti Miztóapan.

Quand'ebbi finito, tu mormorasti: «Sono felice di apprendere che hai intenzione di attaccare ben presto Città di Mexíco. Spero che tu la rada al suolo, come hai fatto con Tonalá».

«Anch'io lo spero. Ma tu quali ragioni hai per auspicare quest'evento?»

«Perché distruggerà anche il convento in cui ho vissuto dopo la morte di mia madre.»

«Il convento era a Città di Mexíco? Non me l'hai mai detto prima. Io ne conosco solo uno in quella città. Era accanto alla Mesón de San José, dove un tempo ho soggiornato.»

«È proprio quello, mio signore.»

Cominciavo a nutrire un sospetto fastidioso ma non inquietante.

«E tu hai del risentimento nei confronti di quelle suore, ragazza? Da tempo ti volevo chiedere come mai sei fuggita dal convento per diventare una vagabonda e finire poi nel nostro contingente di schiavi.»

«Perché le monache sono state crudeli, prima con mia madre e poi con me.»

«Dimmi di più.»

«Dopo aver frequentato la scuola cristiana e aver raggiunto un certo livello d'istruzione religiosa, mia madre, all'età consentita, fece la Comunione e la Cresima, prese il velo, come dicono loro – divenne una sposa di Cristo, tanto per usare un'altra delle loro espressioni – ed entrò in convento come novizia. Però, alcuni mesi più tardi, si scoprì che era incinta. Venne spogliata dell'abito, crudelmente frustata e cacciata dall'ordine. Come ti ho detto, non mi ha mai svelato il nome dell'uomo che l'ha resa madre.» Hai aggiunto con amarezza: «Dubito che sia stato il suo sposo Cristo».

Rimuginai quelle parole per qualche istante, poi domandai: «Tua madre, per caso, si chiamava Rebeca?»

«Sì», rispondesti tu, stupefatta. «Ma come fai a saperlo, mio signore?»

«Ho frequentato anch'io per un breve periodo la stessa scuola cristiana, quindi so parte della sua storia. Ma ho lasciato la città all'incirca quando lei è entrata in convento, per cui ignoravo il resto della vicenda. Che ne è stato di Rebeca dopo che le suore l'hanno cacciata?»

«Portando in grembo un bastardo, non osò tornare a casa dalla madre e dal padre, il padrone bianco. Per un certo tempo si mantenne lavorando qua e là nel mercato, vivendo letteralmente per strada. Sono nata su un giaciglio di stracci, in qualche vicoletto.»

«E in seguito?»

«A quel punto aveva due bocche da sfamare. Arrossisco a dirlo, mio signore, ma mia madre si diede a "cavalcare la strada", come dite voi. Ed essendo una mulatta – be', te lo puoi immaginare – non poteva certo attrarre ricchi nobili spagnoli e neppure facoltosi mercanti pochtéca. Trovava solo portatori del mercato, schiavi mori e gente simile, che intratteneva in squallide locande e persino per la strada. Verso la fine – dovevo avere poco più di quattro anni – ricordo di aver dovuto assistere a questi accoppiamenti.»

«Verso la fine. Quale fu la fine?»

«Arrossisco di nuovo, mio signore. Da uno di questi incontri, mia madre prese la nanáua, una malattia ripugnante e vergognosa. Quando capì che stava per morire, tornò al convento portandomi per mano. Secondo le leggi dell'ordine, le monache non potevano respingermi, ma naturalmente, conoscendo la mia storia, mi disprezzavano ed esclusero di potermi accogliere come novizia. Fecero di me una sguattera, una schiava. Mi assegnavano i lavori più infimi, ma perlomeno mi davano vitto e alloggio.»

«E l'istruzione?»

«Come ti ho detto, mia madre mi aveva già insegnato tutto quello che aveva imparato lei. Inoltre, sono piuttosto attenta e ho un certo spirito di osservazione. Perciò, anche quando facevo la serva, ascoltavo e assimilavo quello che le suore insegnavano alle novizie e alle fanciulle rispettabili che studiavano lì. Quando infine decisi che avevo imparato tutto quello che potevano insegnarmi, per quanto in modo crudele... e quando la fatica e le percosse divennero intollerabili... fuggii.»

«Sei una ragazza davvero eccezionale, Verónica. Sono immensamente felice che tu sia sopravvissuta al tuo vagabondare per finire tra noi.»

Riflettei ancora. Qual era il modo migliore per dirtelo?

«Da quel poco che sapevo della mia compagna di scuola Rebeca, credo che il sangue bianco venisse da parte materna, mentre suo padre era un moro, non un padrone spagnolo. Ma questo ha poca importanza. Ciò che importa è che *tuo* padre – chiunque egli fosse – doveva essere un indio, un mexícatl o un aztécatl. Quindi sei il risultato della mescolanza di tre razze, e questo, secondo me, spiega la tua insolita bellezza. Il resto lo posso dedurre solo dai pochi accenni fattimi da Rebeca. Ma, se non vado errato, tuo nonno paterno era un nobile appartenente alla gente dei Mexíca, un uomo coraggioso e saggio e *veramente* nobile sotto tutti i punti di vista. Un uomo che ha sfidato i conquistatori spagnoli sino alla fine dei suoi giorni. Il *suo* contributo al tuo carattere spiegherebbe la tua straordinaria intelligenza, e in particolare la tua bravura nello scrivere. Se non vado errato, quel nonno era un mexícatl di nome Mixtli – o meglio, Mixtzin – il nobile Mixtli.»

# 31

La marcia dell'esercito attraverso le campagne fu più lenta che mai, perché adesso dovevamo tirarci dietro quegli stupidi bovini recalcitranti. Poiché i miei guerrieri cominciavano, comprensibilmente, a spazientirsi – molti di loro infatti avevano dovuto trasformarsi in mandriani – mi fermai una volta durante il cammino per dar loro l'opportunità di uccidere, violentare e saccheggiare.

Avvenne nel luogo che un tempo era stato il villaggio principale degli Otomí, chiamato N't Tahí, che adesso era diventato una cittadina di rispettabili dimensioni, popolata quasi interamente da spagnoli con il loro solito seguito di servi e schiavi. La città era stata ribattezzata Zalaya. La lasciammo rasa al suolo e bruciata come Tonalá, e la distruzione fu quasi interamente opera delle *granadas* delle donne purémpe. E la lasciammo spopolata, salvo per i cadaveri... cadaveri calvi, grazie agli Yaki.

Sono lieto di poter dire che i miei guerrieri lasciarono Zalaya con un aspetto più dignitoso e meno appariscente di quello che avevano avuto alla partenza da Tonalá: in altre parole, non erano ornati da sottane, cuffiette e *mantillas* spagnole. Anzi, già da un certo tempo, tutti – donne e mori inclusi – avevano cominciato a vergognarsi di quegli ornamenti e di quegli accessori e persino delle corazze. Oltre a provare imbarazzo nell'indossare tenute non proprio da guerrieri, avevano trovato che gli indumenti spagnoli in battaglia erano pericolosamente ingombranti. Quindi, durante gli spostamenti, si erano man mano liberati degli abiti e degli ornamenti dei bianchi

– con l'eccezione delle calde coperte di lana e dei mantelli – e il nostro esercito aveva riacquistato l'aspetto di un *vero* esercito indio.

Infine, impiegandoci moltissimo tempo, giungemmo in quelle Montagne Dove si Nascondono i Cuguar, che erano esattamente come il cavaliere Pixqui le aveva descritte. Guidati da lui, ci inoltrammo in un labirinto di gole tortuose, alcune così strette da permettere il passaggio di un singolo uomo a cavallo (o di una vacca), e finalmente sbucammo in una vallata piuttosto stretta ma lunga, ben fornita di acqua, grande abbastanza da permetterci di accamparci comodamente e persino verde abbastanza da offrire sufficiente cibo agli animali.

Quando ci fummo sistemati e ci fummo riposati per due o tre giorni, convocai l'iyac Pozonáli e la mia amata scrivana Verónica e dissi loro: «Vi devo incaricare di una missione. Non credo che sarà pericolosa, anche se comporta un arduo viaggio. Tuttavia», sorrisi, «penso che a voi due non spiaccia percorrere un lungo cammino in compagnia l'uno dell'altra». Tu, Verónica, arrossisti, come pure Pozonáli.

Continuai: «Di sicuro, tutti a Città di Mexíco, dal viceré Mendoza al più infimo schiavo del mercato, sono al corrente della nostra insurrezione. Ma vorrei scoprire *quanto* sanno, e quali misure stanno eventualmente prendendo per difendere la città o per venire ad affrontarci in campo aperto. Quello che dovete fare è questo: a cavallo e con gran rapidità, portatevi il più possibile a sudest, fermandovi solo quando riterrete di essere pericolosamente vicini ai corpi di guardia spagnoli. Secondo me, dovrebbero essercene alcuni nella zona orientale del Michihuácan, lungo il confine con i territori dei Mexíca. Lasciate i cavalli con qualcuno dei nostri che possa accudirli. Da quel punto procedete a piedi, indossando abiti da contadini. Portate sacchi pieni di mercanzia: frutta, verdura, qualsiasi cosa riusciate a procurarvi. La città potrebbe anche essere protetta da barriere di ferro, ma dovranno pur far entrare e uscire le merci. E penso che le guardie non si insospettiranno vedendo un giovane contadino con... diciamo... la cuginetta, che se ne va al mercato».

Entrambi arrossiste di nuovo.

Proseguii: «Una cosa non devi fare, Verónica: parlare spagnolo. Non parlare per niente. Quanto a te, Pozonáli, suppongo te la possa cavare borbottando in náhuatl e usando le poche parole spagnole che conosci, gesticolando come un *indio rústico*».

«Entreremo in città, bacio la terra», promise l'iyac. «Una volta giunti a destinazione, che cosa dobbiamo fare?»

«Voglio soprattutto che vi guardiate attorno e ascoltiate. Tu, Pozonáli, hai dato prova di essere un guerriero molto valido. Non dovresti aver difficoltà a riconoscere gli eventuali preparativi per la difesa della città o per l'offensiva contro di noi. Nel mentre, gira per le strade e i mercati e chiacchiera con la gente comune. Voglio sapere in che stato d'animo è e che opinioni ha della nostra insurrezione, perché so per esperienza che *alcuni*, forse molti, si schiereranno con gli spagnoli dai quali ormai dipendono. Poi devi recarti personalmente a far visita a un aztécatl, un orafo ormai anziano.» Gli fornii le indicazioni per trovarlo. «È stato il mio primo alleato in questa campagna, quindi voglio che sia preavvertito del nostro arrivo. Magari vorrà nascondere l'oro oppure lasciare la città. Inoltre gli porterai i miei migliori saluti.»

«Sarà fatto, Tenamáxtzin. E Verónica? Devo starle sempre vicino per proteggerla?»

«Non credo che ce ne sarà bisogno. Verónica, tu sei una ragazza piena di risorse. Voglio che ti avvicini ai gruppi di spagnoli che parlano fra loro e che ne ascolti i discorsi, specie se è gente in uniforme o dall'aria importante. Non sospetteranno che tu sappia la loro lingua, e forse apprenderai più cose sui preparativi militari degli spagnoli contro il nostro attacco di quanto non possa venire a sapere Pozonáli.»

«Sì, mio signore.»

«Devi fare anche un'altra cosa. In città c'è un solo bianco al quale voglio dare lo stesso avvertimento che Pozonáli comunicherà all'orafo. Si chiama Alonso de Molina – ricordatene – ed è un alto funzionario della cattedrale.»

«So dov'è la cattedrale, mio signore.»

«Non devi parlargli direttamente. Dopotutto è uno spagnolo. Potrebbe prenderti come ostaggio. E lo farebbe senz'altro se sospettasse, anche remotamente, che tu sei mia... la mia scrivana personale. Perciò annota l'avvertimento su un pezzo di carta, piegalo, scrivici sopra il nome di Alonso e, senza parlare ma esprimendoti a gesti, consegnalo al primo ecclesiastico di basso rango che trovi nella cattedrale. Poi scappa più in fretta che puoi. E sta' alla larga da quel posto.»

«Sì, mio signore. C'è altro?»

«Ancora una cosa. L'ordine più importante che possa darvi. Quando riterrete di avere appreso tutto il possibile, tornate al luogo in cui avete lasciato i cavalli e rientrate all'accampamento. Tutti e due. Iyac, se osassi tornare senza Verónica... be'...»

«Rientreremo sani e salvi. Bacio la terra. Se dovesse capitare qualche brutto imprevisto, e uno solo di noi dovesse far ritorno, quell'uno sarà Verónica. E questo lo giuro baciando la terra quattrocento volte!»

Quando i due furono partiti, noi rimasti ci godemmo appieno il luogo in cui ci eravamo accampati. Di sicuro vivevamo bene. Benché avessimo bovini in abbondanza, i nostri cacciatori si spingevano nei dintorni della vallata solo per variare la dieta con carne di cervo, di coniglio, di quaglia, di anatra e di altra selvaggina. Abbatterono anche due o tre cuguar, da cui prendevano il nome quei monti, sebbene la carne di quell'animale sia tigliosa e non molto saporita. I pescatori trovarono nei torrenti montani una varietà di pesce, di cui ignoro il nome, che forniva un gradito cambiamento rispetto alle consuete carni. I raccoglitori portarono ogni genere di frutta, verdura, radici e così via. Ci mancava solo qualcosa di particolarmente dolce, come la noce di cocco della mia terra natia. Credo che molta della mia gente – soprattutto le varie famiglie di schiavi che avevamo liberato e portato con noi – sarebbe stata felice di vivere in quella vallata per il resto della vita. E probabilmente avrebbe potuto farlo sino alla fine dei tempi, senza essere disturbata dai bianchi.

Non voglio dire che ci siamo limitati a vegetare e a poltrire in quel luogo. Benché la notte dormissi fra lenzuola di seta e sotto una bella coperta di lana spagnola – sentendomi quasi un viceré o un marchese – ero occupato tutto il giorno. Spedivo i ricognitori nelle campagne oltre i monti e ascoltavo i loro rapporti. Mi aggiravo nella vallata come una sorta di supervisore perché avevo dato ordine a Nochéztli e agli altri ufficiali di insegnare a cavalcare ad altri guerrieri, dato che avevamo molti cavalli, e di addestrarli nell'uso dell'archibugio.

Quando un ricognitore venne a dirmi che a ovest delle montagne, non troppo lontano da noi, c'era una stazione commerciale spagnola a un incrocio di piste – simile a quella che avevamo preso – decisi di tentare un esperimento. Scelsi dei guerrieri sobáipuri perché non avevano ancora avuto il piacere di partecipare a una battaglia e perché avevano ormai acquisito una grande abilità sia nel cavalcare che nello sparare, e chiesi al cavaliere Pixqui di accompagnarmi. Ci mettemmo in marcia alla volta della stazione commerciale a ovest.

Non volevo impegnarmi in una vera e propria battaglia, ma fare solo un attacco simulato. Uscimmo allo scoperto al galoppo, fischiando e ululando e caricando gli archibugi. E, come già era avvenuto in passato, dalle feritoie della palizzata partirono raffiche letali di pezzi di metallo e altri frammenti, ma io, prudentemente, mi ero tenuto alla larga e solo uno dei miei uomini riportò una lieve ferita alla spalla. Restammo indietro danzando sui cavalli, lanciando grida minacciose e facendo gesti altrettanto minacciosi, sino a che il cancello del recinto non si aprì e da esso uscì un gruppo di cavalieri al galoppo. A quel punto, fingendoci impauriti, riprendemmo il sentiero da cui eravamo venuti. I cavalieri ci inseguirono e io feci in modo che non ci perdessero di vista senza però permettere loro di raggiungerci. Li portammo sino alla gola che avevamo percorso per uscire dalla vallata.

Sempre avendo cura che i soldati non ci perdessero di vista in quel labirinto di gole, li adescammo sino a una strettoia ai cui lati avevo fatto piazzare gli archibugieri. Come aveva previsto Pixqui, i primi spari fecero cadere un numero sufficiente di uomini e cavalli da bloccare il passaggio a quelli dietro di loro. E costoro, aggirandosi confusi, vennero in men che non si dica uccisi con lance, frecce e massi scagliati da altri guerrieri appostati sulle alture circostanti. I Sobáipuri furono lieti di sottrarre armi e cavalli alle vittime spagnole, ma io fui soprattutto felice di aver appurato che il nostro nascondiglio era davvero inespugnabile. Se fosse stato necessario, saremmo potuti restare lì sempre, al riparo da qualsiasi assalitore.

Poi un giorno svariati ricognitori vennero a riferirmi di aver trovato un nuovo e importante obiettivo da attaccare.

«A est di qui, a tre giorni di cammino, c'è una grossa cittadina, quasi una città, di cui non conoscevamo neanche l'esistenza, e l'abbiamo scoperta solo seguendo di soppiatto un soldato spagnolo a cavallo. Uno di noi, che conosce un po' di spagnolo, è sgusciato in città alle sue spalle, e ha appreso che è un luogo ricco, chiamato dai bianchi Aguascalientes.»

«Sorgenti Calde», dissi.

«Sì, mio signore. Evidentemente è un luogo in cui gli spagnoli vanno a fare bagni curativi e a divertirsi. Spagnoli *ricchi*. Immagina che bel bottino potremmo ricavarne. Per non parlare delle donne bianche *pulite*, tanto per cambiare. Devo dirti però che il luogo è ben fortificato e presidiato. Non potremo prenderlo senza usare tutti i nostri guerrieri.»

Convocai Nochéztli e gli riferii la notizia. «Prepara l'esercito. Ci metteremo in marcia fra due giorni. Questa volta devono partecipare *tutti*, inclusi i tíciltin e gli addetti ai feriti. Questo sarà l'assalto più audace che abbiamo mai fatto, una sorta di prova generale dell'eventuale attacco a Città di Mexíco.»

Per caso, proprio il giorno seguente, tornarono al campo Pozonáli e Verónica, sani e salvi, anche se sfiniti dal lungo e arduo viaggio, e vennero immediatamente a rapporto da me. Erano talmente eccitati che cominciarono a parlare insieme, uno in náhuatl e l'altra in spagnolo.

«L'orafo ti ringrazia per l'avvertimento, e ti manda i suoi migliori saluti...»

«Sei già famoso a Città di Mexíco, mio signore. Dovrei dire famoso e *temuto*...»

«Un momento», li interruppi, ridendo. «Verónica, parla tu per prima.»

«Ti reco buone nuove, mio signore. Tanto per cominciare, ho consegnato il tuo messaggio alla cattedrale e, come avevi previsto, non appena il tuo amico Alonso l'ha ricevuto, truppe di soldati hanno cominciato a perlustrare la città alla ricerca del messaggero che lo aveva portato. Ma non ci sono riusciti, essendo io indistinguibile da molte altre ragazze come me. Obbedendo ai tuoi ordini, ho ascoltato molte conversazioni. Gli spagnoli, chissà come, sanno che il nostro esercito è accampato tra i monti Miztóapan. Così chiamano la nostra insurrezione "la guerra di Mixton" e – gioisco nel dirtelo – gran parte della Nuova Spagna è in preda al panico. Intere famiglie di Città di Mexíco e di altri luoghi stanno precipitandosi verso i porti – Villa Rica de la Vera Cruz, Tampico, Campeche e altri ancora – cercando di imbarcarsi per la Vecchia Spagna su ogni genere di imbarcazione in rotta verso quei luoghi: galeoni, caravelle, mercantili, qualsiasi cosa. Molti affermano con terrore che questa è la *ri*conquista dell'Unico Mondo. A quanto pare, mio signore, stai raggiungendo la meta che ti eri prefissa: cacciare tutti gli stranieri – perlomeno tutti i bianchi – dalle nostre terre.»

«Ma non tutti», intervenne Pozonáli aggrottando la fronte. «Benché Coronado abbia portato un gran numero di soldati nella sua spedizione, il viceré Mendoza ha ancora forze considerevoli a Città di Mexíco, centinaia di cavalieri e fanti, al comando dello stesso Mendoza. Inoltre, come avevi previsto, molti Mexíca *domati* si sono schierati al suo fianco. Come pure altri popoli infidi – i Totonáca, i Texcaltéca, gli Acólhua – che molto tempo fa avevano favorito la caduta di Motecuzóma per mano di Cortés. Per la prima volta, Mendoza permette agli indios di montare a cavallo e di armarsi di archibugi, e adesso è impegnato ad addestrarli.»

«La nostra gente schierata contro di noi», commentai mestamente.

«La città avrà difese sufficienti», continuò Pozonáli. «Grossi tubi tonanti e cose simili. Ma mi par di capire che il viceré Mendoza intenda passare all'offensiva marciando verso di noi per stanarci e distruggerci ancor prima che arriviamo a Città di Mexíco.»

«Bene, buona fortuna a Mendoza», affermai con disinvoltura. «Per quanti uomini porti, per quanto ben armati essi siano, saranno sterminati prima di arrivare qui. Ho fatto un esperimento e ho constatato che, come aveva detto Pixqui, queste montagne sono imprendibili. Nel frattempo darò al viceré un'ulteriore prova della nostra potenza e della nostra determinazione. Domani marceremo a est – tutti i guerrieri, tutti gli uomini a cavallo, tutti gli archibugieri, tutte le donne purémpe con le *granadas,* tutti coloro che possono maneggiare un'arma. Marceremo contro una città chiamata Sorgenti Calde e, quando l'avremo presa, il viceré forse deciderà di cercare di *nascondere* Città di Mexíco. Adesso voi due andate a mangiare e a riposare. Conoscendoti, so che tu, iyac, vorrai essere nel cuore del combattimento. Quanto a te, Verónica, sarai al mio fianco per fare la cronaca della battaglia più epica in cui ci siamo finora impegnati.»

# 32

Della battaglia della "guerra di Mixton" – che fu una sconfitta e segnò la fine della guerra – parlerò solo brevemente, perché il disastro fu tutta colpa mia, e di questo mi vergogno molto. Anche questa volta, come già in passato, e persino con alcune delle mie donne, avevo sottovalutato l'astuzia del nemico. E pago quest'errore giacendo qui a morire lentamente... o a guarire lentamente, non so bene quale delle due cose, e poco m'importa.

Il mio esercito potrebbe essere ancora qui tra le montagne Miztóapan, al sicuro e intatto e forte e pronto a sferrare battaglia, se io non l'avessi condotto fuori della vallata. Proprio come noi avevamo attirato gli spagnoli sin qui per tendere loro un'imboscata, così gli spagnoli ci stanarono dal nostro rifugio sicuro. Fu opera del viceré Mendoza. Sapendo che in questi monti saremmo stati invincibili, quasi intoccabili, fece in modo di tirarci fuori *offrendoci,* per così dire, Aguascalientes. Non faccio una colpa ai ricognitori che avevano trovato quella città – sono morti ormai, insieme a tanti altri – ma sono certo che quello spagnolo a cavallo che loro avevano seguito rientrava nel piano di Mendoza.

Presi tutto l'esercito, lasciando nella vallata solo gli schiavi e gli uomini troppo vecchi o troppo giovani per combattere. Aguascalientes distava tre giorni di marcia, e persino prima di avvistarla cominciai a sospettare che qualcosa non quadrasse. C'erano baracche di corpi di guardia, ma del tutto abbandonate. Quando fummo vicino alla città, non si udì il rombo di nessun grande tubo tonante. Quando inviai i ricognitori che dovevano sgusciare non visti in città, non si sentì alcun fracasso di archibugi, e i ricognitori tornarono indietro perplessi, riferendo che Aguascalientes sembrava abbandonata.

Era una trappola. Voltai il cavallo per gridare: «In ritirata!» ma era troppo tardi. Gli archibugi esplosero tutt'intorno a noi. Eravamo circondati dai soldati di Mendoza e dai loro alleati indios.

Oh, resistemmo e ci battemmo, certo. Lo scontro proseguì per tutta la giornata, con centinaia di perdite in entrambi i campi. Come ho detto, qualsiasi battaglia è tutto un clamore e una gran confusione, e alcune vittime perirono in modi strani. Nochéztli e Pixqui vennero colpiti da palle dei nostri stessi archibugieri, troppo avventati nell'uso delle loro armi. Al lato opposto, Pedro de Alvarado – uno dei primi *conquistadores* dell'Unico Mondo, e l'unico ancora in servizio attivo nell'esercito – morì cadendo da cavallo per essere poi calpestato dalle cavalcature di altri spagnoli.

Poiché i due eserciti, il mio e quello di Mendoza, erano più o meno pari per numero di soldati e per armamenti, quella avrebbe dovuto essere una battaglia campale la cui vittoria sarebbe andata al più coraggioso, forte e astuto. Ma la ragione della nostra sconfitta fu questa. I miei uomini coraggiosamente affrontarono ogni bianco in cui si imbattevano, ma molti di loro (eccezion fatta per gli Yaki) non se la sentivano di uccidere gente della loro stessa razza – i Mexíca, i Texcaltéca e gli altri – che si battevano al fianco degli spagnoli. Al contrario, quei traditori della nostra razza, cercando di ingraziarsi i padroni spagnoli, non esitarono a massacrare *noi.* Io stesso fui colpito da una freccia al fianco, che certamente non era stata lanciata da uno spagnolo. A quanto ne sapevo, poteva anche provenire da un qualche mio ignoto *parente.*

Uno dei nostri tíciltin me la strappò via – e quello fu piuttosto doloroso – poi passò sulla ferita il corrosivo xocóyatl, provocandomi un male così lancinante che, poco virilmente, urlai. Il tícitl non poté fare altro per me perché in quell'istante cadde, colpito da una palla di archibugio.

Quando infine calò la notte, gli eserciti – o quello che restava di essi – misero fine allo scontro e i nostri sopravvissuti, laceri e sfiniti, quelli che avevano ancora un cavallo, si affrettarono a ritirarsi a ovest. Pozonáli, uno dei pochi superstiti che conoscevo per nome, trovò Verónica su una collina da cui aveva assistito alla carneficina e la portò con sé verso il nostro rifugio sulle montagne. Riuscivo a stento a stare in sella tanto mi doleva la ferita al fianco, e quindi non ero in condizione di preoccuparmi se i nemici ci seguissero.

Se lo avevano fatto, non ci avevano raggiunto. Tre giorni più tardi – giorni di dolori atroci per me, che tuttavia non ero tra i feriti più gravi – giungemmo sui monti Miztóapan e imboccammo il labirinto di gole (spesso perdendoci perché non eravamo più guidati dall'esperto Pixqui) e infine, stremati dalla sete, la fame, la stanchezza e la perdita di sangue, ritrovammo la nostra vallata.

Non ho neppure tentato di calcolare le perdite della battaglia di Aguascalientes, benché forse lo potrei fare senza ricorrere alle bandierine, agli alberi e ai puntini incisi sulle foglie. Molti di quelli che sono rientrati qui sono morti per le ferite riportate in battaglia, poiché non ci sono più tíciltin per curarli. Sono morti tutti ad Aguascalientes, con centinaia e centinaia di guerrieri. Un tícitl yaki è ancora con noi, e si è gentilmente offerto di danzare e cantare per me, ma preferirei precipitare nel Míctlan piuttosto che sottopormi a quel genere di cura. La mia ferita si è infettata, è diventata verde e piena di pus. Brucio di febbre, poi rabbrividisco di freddo e cedo a una sorta di delirio, come mi era successo sulla canoa nel Mare Occidentale.

Verónica mi ha fedelmente e teneramente assistito come meglio poteva, mettendo panni caldi sulla ferita e applicandovi succhi di cactus e linfa di alberi, raccomandati dai vecchi dell'accampamento, ma questi rimedi non sembrano sortire alcun effetto.

In uno dei miei momenti di lucidità, mi hai chiesto, Verónica: «Che cosa facciamo adesso, mio signore?»

Cercando di sembrare incrollabile e ottimista, ho risposto: «Restiamo qui a leccarci le ferite. Non possiamo far altro, e perlomeno qui siamo al riparo. Sino a che non guarisco da questa maledetta ferita, non sono neppure in grado di *fare piani* per ulteriori azioni. Poi vedremo. Nel frattempo, mi è venuto in mente che la cronaca di quella che gli spagnoli chiamano la guerra di Mixton inizia con la distruzione di Tonalá. Forse i futuri storici dell'Unico Mondo potranno trar vantaggio dal resoconto degli eventi che hanno preceduto quell'assalto, vorranno sapere che cosa c'è stato all'origine di tutto questo. Sarebbe troppo, mia cara, se ti raccontassi tutta la mia vita?»

«Certo che no, mio signore. Non solo sono qui per servirti, ma mi piacerebbe molto... sapere tutto della tua vita.»

Riflettei per un certo tempo. Come cominciare dal principio? Poi sorrisi come meglio potevo, e dissi: «Verónica, credo di averti già detto tempo fa la frase con cui inizia questa cronaca».

«Credo di sì, mio signore. Ho ancora il foglio con me.»

Hai frugato tra le carte, ne hai tratto un foglio e hai letto ad alta voce: «*Lo vedo ancora bruciare*».

«Sì», confermai con un sospiro. «Che ragazza intelligente. Cominciamo di lì.»

E nel corso di non so quanti giorni, benché talvolta vaneggiassi nel delirio o fossi ammutolito per il dolore, ti ho raccontato tutto ciò che hai scritto.

Infine ho detto: «Ti ho raccontato tutto quel che ricordo, tutte le conversazioni e gli eventi significativi. Ma immagino che sia ancora un racconto piuttosto scarno».

«No, mio signore. A tua insaputa, sin da quando siamo insieme, ho preso appunti di tutto ciò che dicevi e di quanto avevo osservato io su di te, il tuo carattere, la tua indole. Perché, a dire il vero, ti ho amato anche prima di sapere che eri mio padre. Con il tuo permesso, vorrei inserire queste mie osservazioni nella cronaca. Metterà carne sulle nude ossa.»

«Fa' pure, mia cara. Sei tu la cronista, e sai ciò che è meglio fare. Comunque ora sai tutto quello che c'è da sapere e quello di cui gli storici dovranno venire a conoscenza.»

Dopo una pausa, continuai: «Sai pure che hai una cugina ad Aztlan. Se mai mi riprenderò da questa febbre, ti accompagnerò là, dove Améyatzin ti accoglierà a braccia aperte. Te e Pozonáli. Spero, bimba, che voi due vi sposerete. Gli dei lo hanno risparmiato in quest'ultima battaglia, e credo che l'abbiano salvato proprio per te».

La mia mente cominciava a vacillare, ma mi sforzai di aggiungere: «Dopo Aztlan, forse potremo proseguire alla volta di... delle Isole delle Donne, dove sono stato tanto felice...»

«Ti stai addormentando, padre mio. E in questi giorni hai consumato molte energie parlando e parlando. Adesso dovresti riposare.»

«Sì. Voglio dire solo un'altra cosa, che ti prego di apporre alla fine della tua cronaca. La guerra di Mixton è stata perduta, e giustamente. Non avrei mai dovuto iniziarla. Dal giorno dell'esecuzione di tuo nonno Mixtli, ho guardato di malocchio l'intrusione degli stranieri. Ma col tempo ho conosciuto e ammirato molti di loro – il bianco Alonso, il nero Esteban, padre Quiroga, tua madre Rebeca e infine te, mia adorata figlia, che riunisci tante razze diverse. Adesso capisco – e accetto e sono persino fiero – che il tuo delizioso volto è il volto dell'Unico Mondo. A te, ai tuoi figli e figlie e a tutto l'Unico Mondo auguro tutto il bene possibile.»

# 33

Mio padre morì nel sonno quella notte stessa. Ero accanto al suo giaciglio e gli coprii il volto con il lenzuolo di seta. È in pace – spero in perfetta beatitudine – nell'aldilà dei guerrieri di uno dei suoi dei.

Non so che ne sarà del resto di noi.

*Verónica Tenamáxtzin de Pozonáli*

# Ringraziamenti

Questo libro, come molte altre cose della vita dell'autore, non sarebbe potuto venire alla luce senza gli insegnamenti, l'assistenza, l'incoraggiamento, la pazienza e la tolleranza di molti buoni amici: Il defunto Edward Amos, Radford, Virginia; Alex e Patti Apostolides, El Paso, Texas; il defunto Sadie Atkins, Paterson, New Jersey; Victor Avers, Canoga Park, California; Herman e Fran Begega, Pompton Lakes, New Jersey; Jo Bertone, Dallas Texas; il defunto L.R. Boyd, Jr., Teague, Texas; il defunto col. James G. Chesnutt, The Presidio, San Francisco, California; Grant Chorley, Vienna, Austria; Eva Clegg, Greensboro, North Carolina; Copycat, Feather e Ditto; Angelita Correa, San Miguel de Allende, Gto., Messico; Sonja Heinze Coryat, Santa Rosa, California; Dino e Martha De Laurentiis, Beverly Hills, California; Henry P. Dickerson III, Staunton, Virginia; Robert M. Elkins, Cincinnati, Ohio; Hugo e Lorraine Gerstl, Carmel, California; Robert Gleason, New York, New York; Gus Heinze, Mill Valley, California; Stephen de las Heras, New York, New York; il defunto Les Hicks, Hicksville, Long Island, New York; Bill e Shirley Jones, McGaheysville, Virginia; Peter Kirsch, M.D., Philadelphia, Pennsylvania; la defunta Elizabeth Lucas, Radford, Virginia; il defunto A. Louis Ginsberg-Martin, Paterson, New Jersey; Donna Marxer; New York, New York; Melva Elizabeth Mann Newsom, Xenia, Ohio; Raúl G. Oviedo, M.D., Elkton, Virginia; Ernesto Pacheco, Dallas, Texas; il defunto Vance Packard, Martha's Vineyark, Massachusetts; David e Phyllis Parker, Lexington, Virginia; Robert Pastorio, Staunton, Virginia; Sam Pinkus, Hastings-on-Hudson, New York; Evva Pryor, New York, New York; il defunto James Rutherfoord, Redford, Virginia; Clark L. Savage, Monterey, California; Joyce O. Servis, Caldwell, New Jersey; il defunto Robert Shea, Glencoe, Illinois; Lewis J. Singer, M.D., Lexington, Virginia; Shirley Snyder, Harrisonburg, Virginia; Gayle Tatarski, Reidsville, North Carolina; Neil Thornton, Tawas City, Michigan; Francesca Todaro, San Miguel de Allende, Gto., Messico; Frank Vos, Stamford, Connecticut; il defunto Edie Williams, San Francisco, California; Eugene e Ina Winick, Hastings-on-Hudson, New York; Rita Yancey, McGaheysville, Virginia; Yu Ok Ki, Taegu, Corea.

BUR
Periodico settimanale: 23 maggio 2001
Direttore responsabile: Evaldo Violo
Registr. Trib. di Milano n. 68 del 1°-3-74
Spedizione in abbonamento postale TR edit.
Aut. N. 51804 del 30-7-46 della Direzione PP.TT. di Milano
Finito di stampare nel maggio 2001 presso
il Nuovo Istituto Italiano d'Arti Grafiche - Bergamo
Printed in Italy

# ANNOTAZIONI

ANNOTAZIONI

ANNOTAZIONI

# ANNOTAZIONI

ANNOTAZIONI

ANNOTAZIONI

# ANNOTAZIONI

ISBN 88-17-20265-7